Kohlhammer
Urban-
Taschenbücher

Band 459

Friedo Ricken (Hrsg.)

Philosophen der Antike II

Mit Beiträgen von

Guido Bonelli, John Dillon, Achim Engstler, Michael Erler, Maximilian Forschner, Woldemar Görler, Pierre Hadot, Jackson P. Hershbell, Ian G. Kidd, Klaus Kremer, Gregor Maurach, David T. Runia, Andrew Smith, Christian Wildberg

Verlag W. Kohlhammer
Stuttgart Berlin Köln

Die Deutsche Bibliothek – CIP-Einheitsaufnahme

Philosophen der Antike / Friedo Ricken (Hrsg.). – Stuttgart ; Berlin ; Köln :
Kohlhammer
NE: Ricken, Friedo [Hrsg.]
2. / Mit Beitr. von Guido Bonelli ... – 1996
(Urban-Taschenbücher ; Bd. 459)
ISBN 3-17-012720-9
NE: Bonelli, Guido; GT

Umschlagabbildung: Epikur. Bildvorlage: Bildarchiv
Foto Marburg

Stuttgart Berlin Köln
Verlagsort: Stuttgart
Umschlag: Data Images
audiovisuelle Kommunikation GmbH
Gesamtherstellung:
W. Kohlhammer Druckerei GmbH + Co. Stuttgart
Printed in Germany

Inhaltsverzeichnis

Vorwort

Ich danke den Kolleginnen und Kollegen, durch deren Beiträge die *Philosophen der Antike* verwirklicht wurden. Maximilian Forschner (Universität Erlangen-Nürnberg), Jackson P. Hershbell (University of Minnesota) und Arthur Madigan (Boston College) schulde ich Dank für Rat und Hilfe bei der Planung.

Das Projekt wurde vom Verlag W. Kohlhammer angeregt. Mein besonderer Dank gilt Jürgen Schneider für die umsichtige Betreuung und die ausgezeichnete Zusammenarbeit.

Katja Vogt übersetzte die englischen, Hanna Lauterbach die französischen Beiträge und Franz-Josef Bormann den italienischen Beitrag.

Hanna Lauterbach half bei der Planung und der Redaktion. Manuel Fierlbeck hat die Korrekturen mitgelesen und die Personenregister angefertigt. Ohne Christine Jakubik und Johannes Wallacher wäre ich dem Problem, wie die Disketten mit den in verschiedenen Programmen geschriebenen Beiträgen zu konvertieren sind, hilflos gegenübergestanden. Ihnen allen sei auch an dieser Stelle gedankt.

München, den 31. Juli 1996 *Friedo Ricken*

Zur Transkription der griechischen Wörter

Die griechischen Wörter sind ohne Akzent transkribiert. Die langen Vokale Eta und Omega sind, um jede Verwechslung mit einem Akzent zu vermeiden, durch Unterstreichung von den kurzen Vokalen Epsilon und Omikron unterschieden. Das Iota subscriptum steht neben den betreffenden Vokal. Um das Ypsilon, auch in den Diphtongen, durch *ein* Zeichen wiedergeben zu können, wurde, enssprechend einer in der angelsächsischen Literatur verbreiteten Praxis, das Zeichen ›u‹ gewählt.

Abkürzungen

ANRW	Aufstieg und Niedergang der Römischen Welt, hg. von W. Haase und H. Temporini, Berlin 1972 ff.
CAG	Commentaria in Aristotelem Graeca, hg. von der Preußischen Akademie der Wissenschaften, 23 Bde., Berlin 1882–1909 (Nachdruck 1960 ff.)
CIG	Corpus inscriptionum Graecarum
DK	Die Fragmente der Vorsokratiker, griech./dt. hg. von H. Diels/W. Kranz, [6]Berlin Bd. 1 1951, Bd. 2 u. 3 1952
DL	Diogenes Laertius, Vitae philosophorum, ed. H.S. Long, 2 vols., Oxford 1964; Leben und Meinungen berühmter Philosophen, übers. u. erl. von O. Apelt, [2]Hamburg 1967
KD	Epikur, Kyriai doxai (Hauptlehrsätze)
M	Sextus Empiricus, Adversus mathematicos
PE	Eusebios von Caesarea, Praeparatio evangelica
PH	Sextus Empiricus, Pyrrhoneae hypotyposes
RE	Paulys Real-Encyclopädie der classischen Altertumswissenschaft. Neue Bearbeitung, begonnen von C. Wissowa, Stuttgart 1894 ff.
SVF	Stoicorum veterum fragmenta, ed. H. von Arnim, 4 Bde., Leipzig 1903–1924 (zitiert nach Band und Fragment)

Achim Engstler

Die pyrrhonischen Skeptiker

1. Skepsis als Orientierungshilfe

Ausgangspunkt der pyrrhonischen Skepsis ist ein Orientierungsproblem: man weiß nicht, wohin man sich wenden, welcher Meinung man zustimmen soll (PH I 12). Während die Skeptiker selbst ihre jeweiligen philosophischen und weltanschaulichen Gegner als Urheber der Orientierungskrisen ausmachen, auf die sie reagieren – Sextus z. B. »die Dogmatiker«, Montaigne »die Wissenschaft«, G. E. Schulze »den absoluten Idealismus« –, erscheinen diese Krisen aus der Außenperspektive eher als Reflex tiefgreifender politischer Umbrüche. Die pyrrhonische Skepsis entsteht im 4. und 3. Jh. v. Chr. in Griechenland zur Zeit der Diadochenkämpfe, sie wird erneuert und entwickelt im 2. bzw. 1. Jh. v. Chr. zur Zeit der vollständigen Auflösung der griechischen Poleis, sie wird wieder aufgegriffen im 16. Jh. in Frankreich zur Zeit der Religionskriege und weitreichender sozialer Umschichtungen (vgl. Horkheimer 1938,211 ff.), nach dem Zweiten Weltkrieg in Deutschland in einer Phase umfassender Kompromittierung von Politik und Kultur (Marquard 1981,5), und man sympathisiert mit ihr, angesichts wachsender wirtschaftlicher und politischer Ernüchterung, auch im wiedervereinigten Deutschland (Walser 1994).

Den Pyrrhoneern ist die Skepsis ein Mittel, angesichts von Krisen öffentlicher, gemeinschaftlicher Orientierung Instanzen subjektiver, individueller Orientierung zu restituieren. Pyrrhon von Elis, auf den diese philosophische Position zurückgeführt wird, wurde um 360 v. Chr. in Elis im Nordwesten des Peloponnes geboren und starb dort um 270 v. Chr. Er habe zuerst, berichtet Antigonos von Karystos, als Maler ein unbemerktes und karges Dasein gefristet, bis er sich dem Demokriteer Anaxarch von Abdera anschloß, mit dem er an den Feldzügen Alexanders teilnahm, die ihn bis nach Indien führten (DL IX 61), nahe an die Gegend, die man für den östlichen Rand der bewohnten Welt hielt. Nach Alexanders Tod (323 v. Chr.) kehrte Pyrrhon nach Elis zurück, wo er, bei seiner Schwester Philista wohnend, die Hebamme war, die übrigen fünf Jahrzehnte seines Lebens verbrachte. Trotz seiner Zurückgezogenheit erlangte Pyrrhon in seiner Vaterstadt beträchtliches Ansehen: er wurde zum Oberpriester gewählt, man gewährte um seinetwillen allen Philosophen Steuerfreiheit (DL IX 64) und errichtete ihm, wie Pausanias in den

Beschreibungen Griechenlands erwähnt, in der Markthalle von Elis ein Standbild (Pausanias VI 24,5).

Pyrrhon hat, wie Sokrates, nichts geschrieben (DL IX 102). Wir kennen seine Lehre nur aus dritter und vierter Hand, aus Referaten von Äußerungen seiner Schüler und Gegner. Eine Rekonstruktion der pyrrhonischen Lehre in größerem Rahmen gestatten die Quellen nicht. Die Hauptpunkte jedoch lassen sich angeben, da die Quellen, was den Kern der pyrrhonischen Position anlangt, im wesentlichen übereinstimmen. Pyrrhons Philosophie ist zunächst, dem hellenistischen Philosophieverständnis entsprechend (vgl. Hossenfelder 1985,19), ein Versuch, mit Argumenten zum glücklichen Leben zu führen. Sie sagt, was man tun muß, um glücklich zu werden, und sie gibt Gründe dafür an, warum man, um glücklich zu werden, gerade das tun muß. Unter einem glücklichen Leben (*eudaimonia*) wird im Hellenismus ein entspanntes, ruhig und unerschüttert dahingehendes Leben verstanden; die Pyrrhoneer nennen den angestrebten Zustand *ataraxia*, wörtlich »Unerregtheit« (PH I 8.10; M XI 141; DL IX 107). Pyrrhons Lehre besteht im Kern in der Auskunft, daß man, um glücklich zu werden, »meinungslos« bleiben, sich des Urteils über alles enthalten müsse.

Zur Begründung dieser Lehre hat Pyrrhon, soweit sich sehen läßt, erstens die Unerkennbarkeit bzw. Unbestimmbarkeit der Dinge (*akatalepsia*) angeführt (DL IX 61; PE XIV 18,3). Für diese These boten die frühen Pyrrhoneer eine ganze Reihe von Gewährsleuten auf, darunter Homer, die Sieben Weisen, Euripides, Zenon von Elea und sogar Platon (DL IX 71–73). Timon von Phleios (ca. 325–235 v. Chr.), Pyrrhons wohl bedeutendster Schüler, hat vor allem auf Xenophanes hingewiesen. Weil Xenophanes äußert, daß »kein Mensch die Wahrheit erkannte und keiner sie erkennen wird« (DL IX 72), nimmt Timon ihn in seiner satirischen Schrift *Silloi*, den »Schielenden Versen«, als einzigen Philosophen neben Pyrrhon von dem Vorwurf totaler Verblendung aus (PH I 224). Pyrrhon selbst hat, nach der Mitteilung seines Schülers und Freundes Philon, »am häufigsten des Demokrit gedacht« (DL IX 67), und von Demokrit sind in der Tat mehrere Äußerungen überliefert, die mit Pyrrhons These zusammentreffen (z. B. DL IX 72; M VII 137).

Zweitens hat Pyrrhon gesagt, wie Diogenes Laertios unter Berufung auf einen Askanios von Abdera schreibt, daß nichts von dem, was wir zu erkennen meinen, »in Wahrheit existiere«, sondern unser Tun von »Übereinkunft und Sitte (*nomoi kai ethei*) gelenkt« werde (DL IX 61). Auch diese These ist demokriteisch: Nichts existiert in Wahrheit so, wie wir es wahrnehmen, sagt Demokrit, sondern »nur aufgrund von Übereinkunft (*nomoi*) existiert Süßes, nur aufgrund von Übereinkunft Bitteres, nur aufgrund von Übereinkunft Warmes, Kaltes und Farbe« (M VII 135). Pyrrhon hat, so darf man annehmen, diese These von seinem Lehrer Anaxarch übernommen, der Demokriteer war, und von dem der Satz überliefert ist, alles Seiende sei nur »Kulisse« (M VII 88; vgl. v.Fritz 1963,94).

Drittens schließlich hat Pyrrhon auf die »Unbeständigkeit der Menschen« verwiesen, wofür er sich auf Homer berief, dessen er, wiederum laut Philon, nach Demokrit am häufigsten gedachte. Oft habe er den homerischen Vergleich der Menschen mit »Blättern im Walde« zitiert (*Ilias* VI 146) und Homer gelobt »wegen seiner Vergleiche der Menschen mit Wespen, Fliegen und Vögeln«, sowie ferner alle homerischen Verse angeführt, die sich auf die Unbeständigkeit und den eitlen und kindischen Charakter menschlichen Tuns beziehen (DL IX 67–68).

Faßt man diese drei Punkte zusammen, so könnte folgender Gedankengang der Lehre Pyrrhons zugrundeliegen: Menschliches Tun kann, weil die Dinge – das, was in Wahrheit existiert – für uns unerkennbar sind, nicht auf objektiv gültiger Erkenntnis beruhen. Was als ›Wirklichkeit‹ gilt, fußt vielmehr lediglich auf Übereinkunft und Sitte, also auf menschlichen Meinungen. Die Menschen aber sind unbeständig wie Blätter im Walde und schwirren umher wie Wespen und Fliegen. Sich nach der ›Wirklichkeit‹ zu richten, heißt somit, sich nach ganz und gar Unbeständigem zu richten. Ein glückliches und d. h. ein beständiges Leben kann also nur führen, wer meinungslos bleibt, wer sich des Urteils über alle Dinge enthält.

Daß die Dinge unerkennbar sind und ein ruhiges und unerschütterliches Leben Ziel ist, hat auch Pyrrhons Lehrer Anaxarch gelehrt. Er zog jedoch anscheinend nicht den Schluß, daß man, um zu einem ruhigen und unerschütterlichen Leben zu gelangen, sich des Urteils über alles enthalten müsse. Ganz im Gegenteil, Anaxarch hat am Hofe Alexanders handfest politisiert und kam im Zuge einer politischen Auseinandersetzung ums Leben (DL IX 58–60). Daher darf man als Pyrrhons originellen Gedanken wohl die Auffassung betrachten, weil die Dinge unbestimmbar und die Menschen unbeständig seien, müsse man, um glücklich zu werden, meinungslos bleiben.

Pyrrhon hat diese Auffassung zugleich – und das ist es, was ihn eigentlich populär werden ließ – mit großer Konsequenz in seine Lebenspraxis umgesetzt. Seiner Praxis, nicht seiner Theorie wegen ist Pyrrhon bewundert und gerühmt worden. Timon preist ihn in einer seiner zahlreichen, der Propagierung des Pyrrhonismus dienenden Schriften dafür, daß er »so mühelos und ruhig« handle, »einem Gotte gleich« (DL IX65), und sein Schüler Nausiphanes verwarf zwar Pyrrhons Lehre, stellte sein Leben jedoch als beispielhaft hin (DL IX64). Man darf vermuten, daß auch die Ehrungen, die Pyrrhon in Elis erfuhr, eher seinem Leben galten als seiner Theorie: Pyrrhon gab, so scheint es, das nahezu vollkommene Beispiel eines Menschen, der ruhig, beständig und ohne irgendeinem äußerem Einfluß anheimzufallen dahinlebt. Pyrrhons Unerschütterlichkeit, Ruhe und Beständigkeit geht, so will es die pyrrhonische Überlieferung, auf seine völlige Meinungslosigkeit, seine konsequente Urteilsenthaltung (*epochē*) zurück. *Indem* er sich jedes Urteils enthielt, sei Pyrrhon glücklich geworden.

Aber wie geht das zu? Beständig und ruhig kann doch anscheinend nur ein Leben sein, das einen *Leitfaden* hat. Wer sich aber des Urteils über *alles* enthält, begibt sich damit auch, wie es scheint, jedes Leitfadens – wie also kann er ein beständiges, ja »das beständigste»(M XI 20) Leben führen? In einer poetischen Fiktion hat Timon diese Schlüsselfrage Pyrrhon selbst gestellt: »Dies, o Pyrrhon, verlangt mein Herz von dir zu hören,/wie du, obwohl Mensch, wandelst so mühelos und ruhig,/ ... einem Gotte gleich« (DL IX 65). Und Pyrrhon antwortet (jedenfalls wird gemeinhin folgendes von Sextus überlieferte Timon-Fragment als Antwort aufgefaßt): »Ich sage, wie es mir erscheint;/wahre Rede, den rechten Maßstab besitzend;/wie nämlich das Wesen des Göttlichen und Guten für alle Zeit in dem besteht,/was das Leben eines Menschen am beständigsten macht« (M XI 20; Übersetzung und Deutung dieser Verse sind umstritten, vgl. Burnyeat 1980; Decleva Caizzi 1981,255 ff. ; Long/Sedley 1987 Bd. 2,11). In dem, was ihm »erscheint«, was sich ihm subjektiv in jedem einzelnen Moment als Eindruck aufdrängt, meint Pyrrhon also den »rechten Maßstab« zu haben, den Leitfaden, der sein Leben »am beständigsten« und damit glücklich macht.

»Erscheinungen« (*phainomena*) (DL IX 106), einzelne, momentane Eindrücke (nicht zu verwechseln mit den intersubjektiven »Erscheinungen« Kants), sind nämlich das, was dem, der sich des Urteils über alles enthält, diesseits aller Meinungen übrigbleibt. Das »Erscheinende« (*to phainomenon*) hat, so stellt Timon fest, »volle Bedeutung, wo immer es auftritt« (DL IX 105; M VII 30). Seine *phainomena* sind, wie der Pyrrhoneer erfährt, *skepsisresistent*: daß ihm jetzt und hier diese Sache so erscheint, *kann* er nicht bezweifeln. Wer »hungrig oder durstig ist, kann durch skeptische Argumente nicht davon abgebracht werden« (M XI 148 f.). Und eben weil sie nicht eliminierbar und zugleich eindeutig und »unstrittig« (PH I 22) sind, können die Phänomene als Orientierungsinstanz des Skeptikers fungieren: »Das Erscheinende« ist, wie Sextus programmatisch erklärt, »das Kriterium des Handelns, an das wir uns im Leben halten, wenn wir das eine tun und das andere lassen« (PH I 21).

Man könnte einwenden, damit sei das Problem doch nur verschoben: Denn mag auch der Leitfaden von Leben und Handeln des pyrrhonischen Skeptikers das Erscheinende sein – wieso ist ein Leben am Leitfaden der Erscheinungen ein *beständiges*, ruhig dahingehendes und damit glückliches Leben? Diese Frage ist in der Wirkungsgeschichte des Pyrrhonismus verschiedentlich erwogen worden. Eine Antwort lautet, ein Leben, das sich darauf beschränke zu konstatieren, wie die Dinge jeweils subjektiv erscheinen, und sich jedes Urteils darüber enthalte, wie sie sind, gehe deshalb ruhig dahin, weil, wer so lebe, keiner Täuschungsgefahr unterliege. Darin, daß ihm diese Sache jetzt so erscheint, kann er ja schlechterdings nicht irren. Diese »Sicherheit vor möglichem Irrtum«, die in der *epoche* liege, flöße dem Pyrrhoneer ein »seelenerhebendes, stärkendes Gefühl« ein: »er kann aufhören zu fürchten« (Boost 1797,95). Indes war Furcht vor Täuschung nicht das, was den Pyrrhoneer beunruhigt hatte. Den Ausgangspunkt pyrrhonischer Skepsis bildet vielmehr Orientierungslosigkeit, Ratlosigkeit, wonach man sich richten, wohin man sich wenden solle. Dies Problem löst die Gewähr, sich nicht zu täuschen, nicht, denn wer vor Täuschung sicher ist, ist damit nicht auch schon orientiert.

Plausibler und der Position der antiken Pyrrhoneer näher ist die andere, von Michel de Montaigne gegebene Antwort: Sich von den Erscheinungen leiten zu lassen, heißt, so Montaigne, nichts anderes, als »der Natur« zu folgen. Die Natur aber, eine »liebreiche und kluge Wegweiserin«, bewahre vor unstetem und aufgeregtem Tun. Indem sie uns nur das uns Zuträgliche suchen und das uns Abträgliche meiden heiße und auf nichts sonst unseren Blick lenke, lasse sie unser Leben beständig und in relativer Ruhe dahingehen (vgl. *Essais* III 304 f. 352 f.380 ff.441; *Essais* II 110 ff.122 ff.).

Sextus nennt, in ähnlichem Sinne, das Erscheinende den »unphilosophischen Leitfaden« (*aphilosophos teresis*) des Pyrrhoneers (M XI 165). Zwar bleibe der Pyrrhoneer, da er nicht aus Holz, sondern ein Mensch sei, von seinen Phänomenen nicht »völlig unbelästigt«, aber die Unruhe, in den sie ihn versetzten, indem sie ihn dies zu wählen und jenes zu meiden zwängen, bleibe eine »maßvolle Erregung« (*metriopatheia*:M XI 160–164; PH I 29; vgl. M XI 155 f.). Und so laufe sein Leben an der Hand des Erscheinenden beständig und in weitgehender Ruhe dahin.

Diese Überzeugung, daß Skepsis – die Herstellung umfassender Meinungslosigkeit – das Leben an eine ursprüngliche, diesseits aller Meinungen liegende Orientierungsinstanz zurückbinde, bildet die

Basis des Pyrrhonismus. Wer von aller Bindung an Meinungen freikommt, das ist die Überzeugung, die alle pyrrhonischen Skeptiker von der Antike bis zur Gegenwart teilen, der wird nicht orientierungslos, sondern gewinnt im Gegenteil gerade *kraft* seiner Urteilsenthaltung einen sicheren Leitfaden für ein glückliches Leben.

2. Techniken der Skepsis

Das Mittel zum Glück bildet im Pyrrhonismus umfassende *epoche̱*, die Enthaltung des Urteils über alle Dinge. Umfassende Urteilsenthaltung ist offensichtlich ein Zustand, der hergestellt werden muß – man enthält sich nicht ›immer schon‹ des Urteils über alle Dinge. Gerade umgekehrt: Man urteilt immer schon, hat immer schon Meinungen. Denn die Dinge begegnen uns nicht gleichsam indifferent, vielmehr drängen sie sich als bestimmte auf – Ainesidemos spricht von ihrer »überredenden Einwirkung« auf uns (DL IX 78). Nicht Urteile zu *fällen*, bedarf daher besonderer Anstrengung, sondern sich des Urteils zu *enthalten*. Im Laufe der rund fünfhundertjährigen Geschichte des antiken Pyrrhonismus sind verschiedene Techniken zur Herstellung umfassender *epoche̱* entwickelt worden.
Pyrrhons Auskunft lautete – in der von Aristokles referierten Darstellung Timons –, daß man umfassende Urteilsenthaltung erreichen könne, indem man »zu jedem einzelnen Ding« sage, »daß es nicht eher *(ou mallon)* ist als nicht ist, oder ist und nicht ist, oder weder ist noch nicht ist« (PE XIV 18,3). Dies zu einem Ding zu sagen, bedeutet, es für unbestimmbar und damit für unbeurteilbar zu erklären, denn über eine Sache urteilen, heißt, sie bestimmen. Auf den ersten Blick scheint freilich die Annahme naiv, die bloße Deklaration der Unbestimmbarkeit einer Sache könne gegen ihre »überredende Einwirkung« etwas ausrichten. Um sich vom Urteil über sie abhalten zu können, muß man ihre Unbestimmbarkeit nicht bloß bekunden, vielmehr muß man sich von ihr überzeugen oder, zum mindesten, überreden. Und dafür braucht man, so scheint es doch, Argumente. Pyrrhon hat seine, allen Zeugnissen zufolge sehr weitreichende *epoche̱* jedoch offenbar auf andere Weise erlangt: Seine Technik bestand – dem Bilde nach, das die Quellen geben – nicht darin, sich mit Argumenten davon zu überzeugen, daß ein Ding nicht eher dies als das sei, sondern darin, sich *willentlich* von einem Urteil über die Dinge abzuhalten. An erster Stelle suche er sich, soll er gesagt haben, »durch Taten der Dinge zu erwehren«, erst wo das nicht gelinge, greife er zu Argumenten (DL IX 66). Diese Art, zur Meinungslosigkeit zu gelangen, könnte Pyrrhon auf Alexanders Feldzug indischen Weisen abgesehen haben (vgl. Flintoff 1980). Daß Pyrrhons Technik wil-

lentlicher *epochē* indischen Yoga-Techniken ähnlich war, ist immerhin möglich. Angeblich hat ihn jedenfalls seine außerordentliche Willensstärke und Körperbeherrschung sogar in die Lage versetzt, unwillkürliche Regungen wie das Zusammenzucken bei heftigem Schmerz zu unterdrücken (DL IX 67; dazu Flintoff 1980,98).
Aber worin auch immer Pyrrhons Technik, sich »durch Taten« von Urteilen über die Dinge abzuhalten, bestanden haben mag, sie ist von den Pyrrhoneern der späteren Generationen nicht weiter verfolgt worden. Die späteren Pyrrhoneer haben vielmehr, ganz in der Tradition griechischer Philosophie, ausschließlich auf *Argumente* gesetzt. Ihre argumentative Technik zur Erzeugung von *epochē* besteht, allgemein gesprochen, in der »Entgegensetzung der Dinge«. Jedem Eindruck wird ein mit ihm unvereinbarer Eindruck oder Gedanke, jedem Gedanken ein mit ihm unvereinbarer Gedanke oder Eindruck entgegengesetzt, und aus diesem »Widerstreit« von *phainomena* und *nooumena* soll sich die *epochē* ergeben (PH I 31). Nun ist, daß jedes Ding ›zwei Seiten‹ hat, daß es in jeder Sache Pro und Contra gibt, eine alltägliche Erfahrung, die kaum jemanden hindert zu urteilen. Um Urteilsenthaltung herbeizuführen, müssen die Dinge daher *auf bestimmte Weise* konfrontiert werden, es bedarf einer speziellen ›Technik der Entgegensetzung‹.
Die pyrrhonische Technik der Entgegensetzung der Dinge ist wohl von Ainesidemos von Knossos, dem laut Aristokles »ersten Erneuerer des Pyrrhonismus« (PE XIV 18,29), begründet worden. Ainesidemos war zunächst Mitglied der platonischen Akademie, die seit Arkesilaos von Pitane, einem Altersgenossen Timons, keine eigene Lehre mehr vertrat, sondern sich auf die skeptische Kritik anderer philosophischer Positionen, zumal der Stoa, beschränkte. Arkesialos lehrte wie Pyrrhon die *epochē*, wenngleich vermutlich aus anderen Gründen, und Sextus meint, er habe »sehr vieles mit den pyrrhonischen Lehren gemeinsam« (PH I 232). Arkesilaos' Nachfolger jedoch schwächten die Skepsis immer weiter ab, bis Antiochos von Askalon schließlich, im 1. Jh. v. Chr., als Lehre der Akademie einen modifizierten Stoizismus vertrat (vgl. Glucker 1978).
Über Ainesidemos' Lebenszeit wissen wir nichts Genaues, vermutlich hat er der Akademie unter dem Scholarchat von Antiochos' Vorgänger Philon von Larissa angehört, vielleicht auch unter dem des Antiochos selbst (vgl. dazu Glucker 1978, 116ff.). Jedenfalls kehrte er der Akademie den Rücken, weil ihre Skepsis, wie er meinte, dogmatisch geworden war, und erneuerte die seines Erachtens einzig konsequente Skepsis, nämlich die Pyrrhons.
Wie aus einem kurzen Exzerpt seiner *Pyrrhonischen Abhandlungen* hervorgeht, erblickte Ainesidemos die Inkonsequenz der akademi-

schen Skepsis vor allem darin, daß sie behauptete, der Widerstreit der Meinungen über die Dinge sei unentscheidbar (s. Photios' Exzerpt bei Long/Sedley 1987 Bd. 1,468 f.). Eine Position, die umfassende Urteils*enthaltung* dadurch erreichen will, daß sie *urteilt*, der Widerstreit der Meinungen über die Dinge sei unentscheidbar, hebt sich nämlich offensichtlich selbst auf. Die akademische Skepsis ist nicht mehr Skepsis, sondern (negativer) Dogmatismus (vgl. PH I 226; Gellius, *Attische Nächte* XI 5); die Akademiker sind, wie Ainesidemos sagt, Dogmatiker, die gegen Dogmatiker kämpfen. Konsequenterweise kann umfassende *epochē* nicht dadurch hergestellt werden, daß man die Unentscheidbarkeit der widerstreitenden Meinungen objektiv nachweist. Die Unentscheidbarkeit der entgegengesetzten Dinge und damit die *epochē* muß sich vielmehr subjektiv ergeben; *epochē* darf im Rahmen konsequenter Skepsis nicht Folgerung – und somit Urteil – sein, sie muß sich als »Erlebnis« (PH I 190,192) einstellen.

Gibt es in einer Sache Pro und Contra, so wird man subjektiv nun genau dann an einem Urteil über sie gehindert, wenn beide Seiten *gleich stark*, *gleich plausibel* sind. Man steht dann gleichsam zwischen Pro und Contra wie Buridans Esel zwischen den Heuhaufen. Die späteren Pyrrhoneer entwickelten daher, ausgehend von Ainesidemos, Techniken, die Dinge so einander entgegenzusetzen, daß die »Gleichwertigkeit des Entgegengesetzten« (PH I 190) hervortritt. »Gleichwertigkeit« (*isostheneia*) meint dabei »Gleichheit in Glaubwürdigkeit und Unglaubwürdigkeit« (PH I 10), ist also ein *subjektives* Kriterium, denn glaubwürdig ist etwas nicht an sich, sondern stets nur für jemanden. »Die Skepsis ist«, definiert Sextus, »die Kunst, auf alle mögliche Weise Eindrücke und Gedanken einander entgegenzusetzen, von wo aus wir wegen der Gleichwertigkeit der entgegengesetzten Sachen und Argumente zuerst zur *epochē*, danach zur *ataraxia* gelangen.« (PH I 8)

Die pyrrhonische Technik zur Erzeugung von *epochē* anzuwenden heißt also, die Dinge argumentativ so zu bearbeiten, daß subjektiv eine Balance von Pro und Contra, ein Plausibilitätsgleichgewicht erreicht wird. Da es um *umfassende epochē* geht – darin liegt ja, wie der Pyrrhoneer meint, das Glück –, müssen *alle* Dinge auf diese Weise bearbeitet werden. Sextus Empiricus, ein im 3. Jh. n. Chr. wirkender Arzt, dessen zu großen Teilen erhaltene Schriften die Hauptquelle unserer Kenntnis des Pyrrhonismus bilden, schreitet in seinem Werk *Adversus mathematicos* konsequenterweise den Kreis der Gegenstände aller Disziplinen seiner Zeit ab, von der Logik über Naturlehre, Ethik, Geometrie, Rhetorik, Astrologie bis zur Musik. Da es um ein *Gleich*gewicht geht – nur das erbringt ja *epochē* –, muß sich der pyrrhonische Skeptiker elastisch auf die Güte der jeweils anderen Seite einstellen: gegen subtil begründete Theorien sind subtile Gegengründe aufzubieten, auf einen groben Klotz hingegen gehört ein grober Keil.

Die Dinge in den »gleichwertigen Widerstreit« (PH I 26.31), in die Isosthenie zu bringen, bedeutet de facto, gegen die gegebenen und geläufigen Meinungen zu argumentieren. Wir leben eben nicht in einem Meinungsvakuum, sondern haben aufgrund der »überredenden Einwirkung« der Dinge über so gut wie alles, was uns begegnet, Meinungen. Die skeptische Arbeit besteht daher im wesentlichen darin, jeweils ›die andere Seite‹ aufzubauen (vgl. M VII 443).

Eine typische pyrrhonische Argumentation ist etwa Sextus' Behandlung des Themas ›Bewegung‹. *Dafür*, daß es Bewegung gibt, spricht die sinnliche Evidenz: die Sonne wandert von Osten nach Westen, Schiffe stechen von Häfen aus in See und laufen in andere Häfen ein, jemand geht aus dem Haus und kehrt wieder zurück (PH III 66). Eine Reihe philosophischer Argumente aber sprechen *dagegen*, daß es Bewegung gibt. Denn wenn sich etwas bewegt, so bewegt es sich entweder durch sich selbst oder durch etwas anderes. Wenn durch etwas anderes, dann bedarf, da das Bewegende tätig ist und das Tätige sich bewegt, dieses wieder eines anderen, das es bewegt, und so fort *in infinitum*, so daß die Bewegung anfangslos wird; eine anfangslose Bewegung aber ist widersinnig. Wenn sich das Betreffende durch sich selbst bewegt, dann entweder ohne Ursache oder durch irgendeine Ursache. Ohne Ursache aber geschieht, wie allgemein zugegeben wird, nichts. Wenn es sich aber durch irgendeine Ursache bewegt, wird diese Ursache das Bewegende und bedarf, da das Bewegende tätig ist und das Tätige sich bewegt, wieder eines anderen, das sie bewegt, usf.; man gerät in denselben infiniten Regreß wie oben (PH III 67f.). Ein anderes, von Diodoros Kronos stammendes Argument besagt, daß sich etwas, das sich bewegt, entweder an dem Ort bewegt, an dem es ist, oder an dem, an dem es nicht ist. Weder aber kann es sich dort bewegen, wo es ist – denn wenn es dort ist, ruht es ja –, noch dort, wo es nicht ist – denn wo etwas nicht ist, dort kann es auch nichts tun oder leiden (PH III 71; vgl. M X 85–90). Sextus resümiert, daß er weder diese Argumente noch die sinnliche Evidenz widerlegen könne, weshalb er, da er den Widerstreit gleichwertig finde, sich des Urteils darüber enthalten müsse, »ob es Bewegung gibt oder nicht« (PH III 65.81; vgl. M X 69.168).

Wie dies Beispiel zeigt, kann der Skeptiker sich bei seiner Argumentation für ›die andere Seite‹ – gegen die sinnliche Evidenz, gegen die herrschende Meinung, gegen geläufige Annahmen – einerseits auf vorhandene Argumente der Philosophen stützen – im Beispiel auf das Argument von Diodoros Kronos –, muß andererseits aber, um wirklich ›Gleichstand‹ zu erzielen, auch selbst Argumente formulieren. Zu diesem Zweck haben die späteren Pyrrhoneer, wiederum ausgehend von Ainesidemos, sog. *tropoi* entwickelt, »Weisen« der Argumentation, die die skeptische Arbeit vereinfachen sollen. Insgesamt sind vier Listen solcher Tropen überliefert, die auf die Relativierung der Glaubwürdigkeit von sinnlichen Wahrnehmungen, argumentativen Begründungen und Kausalbehauptungen zielen. Dabei werden die »Zehn Tropen« Ainesidemos zugeschrieben (M VII 345; PE XIV 18,11), ebenso die »Acht Tropen gegen die Ursachenforscher« (PH I 180), während die »Fünf Tropen« auf einen nicht näher bekannten Agrippa zurückführt werden (DL IX 88). Über die Herkunft der vierten Liste, der »Zwei Tropen«, finden sich keine Angaben.

Die größte Bedeutung kommt den zehn Tropen des Ainesidemos und den fünf Tropen Agrippas zu, die auch sachlich zusammengehören. Ainesidemos' Tropen (PH I 36–163; DL IX 78–88) dienen dazu zu zeigen, daß sich auf der Basis sinnlicher Wahrnehmungen nicht über die Dinge urteilen läßt. Man kann stets nur sagen, wie die Dinge einem erscheinen, nicht aber bestimmen, wie sie an sich sind. Denn jede sinnliche Wahrnehmung ist relativ: sie geschieht mit bestimmten Sinnesorganen, unter bestimmten Umständen, aus bestimmten Stellungen, aus bestimmter Entfernung usf. Anderen Sinnesorganen, unter anderen Umständen, in anderen Stellungen, aus anderer Entfernung usf. erscheint dieselbe Sache anders. Ein Stein etwa erscheint dem Gesichtssinn glatt, dem Tastsinn rauh, ein Getränk erscheint dem Gesunden süß, dem Kranken bitter, ein Ruder erscheint im Wasser gebrochen, außerhalb des Wassers gerade, ein Turm erscheint aus der Ferne rund, von nahem eckig. Wie das jeweilige Ding an sich ist, läßt sich anhand sinnlicher Wahrnehmung nicht entscheiden. Denn jede Wahrnehmung geschieht notwendigerweise mit bestimmten Sinnesorganen, unter bestimmten Umständen, aus bestimmten Stellungen, aus bestimmter Entfernung usf., damit ist sie stets selbst »Glied des Widerstreits« (PH I 112) und kann, eben weil sie keinen unabhängigen Standpunkt bietet, nicht zu einer Entscheidung zwischen den konfligierenden Wahrnehmungen herangezogen werden. Wie der Turm, der aus der Ferne rund, von nahem eckig erscheint, an sich ist, läßt sich aufgrund sinnlicher Wahrnehmung nicht beurteilen, da jeder, der den Turm wahrnimmt, ihn entweder von nahem oder aus der Ferne sieht und somit selbst »Glied des Widerstreits« ist.

Die fünf Tropen Agrippas (PH I 164–177; DL IX 88 f.) wollen unter Voraussetzung der Tropen Ainesidemos' (deren Resultat Agrippas

dritter Tropus resümiert) zeigen, daß sich über die Dinge weder auf der Basis von Sinneswahrnehmungen noch auf der Basis von Argumenten urteilen läßt. Jedes Argument nämlich sei umstritten (erster Tropus), daher müsse es begründet werden. Jeder Versuch der Begründung führe aber entweder in einen infiniten Regreß, indem das herangezogene Argument, aus dem genannten Grund, seinerseits begründet werden müsse und so fort *in infinitum* (zweiter Tropus), oder in einen Zirkel, indem zur Begründung des letzteren Arguments das erstere herangezogen werden müsse (fünfter Tropus), oder aber in eine »Voraussetzung«, indem man sich auf etwas zurückziehen müsse, dessen Annahme man »durch Zugeständnis« fordert – womit die Begründung aufgegeben wird (vierter Tropus).
In der argumentativen Praxis des Pyrrhoneers, wie sie uns Sextus Empiricus' umfangreiches Werk anschaulich macht, werden die Tropen ausschließlich zur Herstellung von Argumenten für ›die andere Seite‹ verwandt. Es sind Weisen der Argumentation gegen die »Voreiligkeit (*propeteia*) der Dogmatiker« (PH I 177); sie dienen zur Balancierung herrschender Meinungen, geläufiger Annahmen und Urteile aufgrund sinnlicher Evidenz. Im Rahmen pyrrhonischer Skepsis besteht ihre Funktion ausdrücklich *nicht* darin, die *prinzipielle Unentscheidbarkeit* einer oder aller Fragen zu erweisen – sich dessen zu enthalten, ist ja gerade das, was Ainesidemos zufolge die konsequenten pyrrhonischen Skeptiker von den dogmatischen Skeptikern der Akademie unterscheidet.
Rezipiert wurden und werden die Tropen jedoch vielfach, gelöst von ihrem pyrrhonischen Kontext, als ›dogmatische‹ Instrumente. Die Gedankenfigur der fünf agrippinischen Tropen beispielsweise hat in der Gegenwartsphilosophie unter der Bezeichnung »Münchhausen-Trilemma« als Argument gegen jeden Versuch einer »Letztbegründung« Popularität erlangt (Albert 1968, 11 ff.). Aber sie fungiert dabei nicht als Argument für ›die andere Seite‹, um in der Frage, ob sich etwas letztbegründen lasse oder nicht, *epochē* herbeizuführen, sondern sie dient dazu, die prinzipielle Unmöglichkeit von Letztbegründungen überhaupt zu erweisen. Auch die Gedankenfigur der zehn Tropen Ainesidemos' ist in der Gegenwartsphilosophie aufgenommen worden, aber auch sie in ›dogmatischer‹ Absicht, indem mittels ihrer gezeigt werden soll, daß es keinen absoluten Standpunkt gibt und daher nichts als »vernünftige Relativität zu Standpunkten« bleibe (Strawson 1985, 46 f.). Ein Pyrrhoneer wäre weder Relativist noch Kritischer Rationalist – er würde sich selbst bezüglich der Geschichten eines Barons von Münchhausen des Urteils enthalten.

3. Orientierung oder Desorientierung durch Skepsis?

Die pyrrhonische Skepsis ist, wie auch anders, schon in der Antike heftig angegriffen worden. Ihre Kritiker kamen zunächst aus den Lagern der beiden rivalisierenden Glückslehren, der Stoa und des Epikureismus. In erster Linie äußerten die Kritiker den Verdacht, daß die *epochē* der Pyrrhoneer, wirklich konsequent durchgehalten, zu nichts weniger führe als zu einem beständigen, ruhig dahingehenden Leben. Zur Illustration dieses Einwands wurde ein ›Pyrrhon‹ gezeichnet, wie er – nach Meinung der Kritiker – gelebt haben müßte, wäre er konsequent gewesen: der Sinneswahrnehmung hätte er »keinerlei Einfluß« einräumen dürfen, vor nichts hätte er, blindlings dahinstolpernd, ausweichen dürfen, »mochten es nun heranrollende Wagen sein oder Abgründe oder Hunde oder anderes dergleichen« (DL IX 62). Keine fünf Minuten würde, meinen die Kritiker, ein wirklich konsequenter pyrrhonischer Skeptiker überleben, es sei denn, ständige Begleiter zwängen ihn dazu (denn ihnen freiwillig zu folgen, hätte er ja wiederum keinen Grund).

Umsonst haben sich die Pyrrhoneer von Timon bis Sextus gegen dieses Zerrbild gewandt und betont, weder Pyrrhon noch einer seiner Nachfolger sei »vom Üblichen« abgewichen (DL IX 105 f.). Die Entgegnung liegt auf der Hand: Wenn der Pyrrhoneer normal oder gar so lebt, daß er, wie der authentische Pyrrhon, für öffentliche Ehrenämter ausersehen wird, dann ist er eben kein konsequenter Skeptiker – und desavouiert damit seine eigene Position.

Daß der *konsequente* Skeptiker so wie der ›Pyrrhon‹ aussehen müsse, leuchtete ein. Und zugleich wurde damit schlagend deutlich, daß eine in diesem Sinne konsequente Skepsis philosophisch unmöglich ernstgenommen werden könne. Noch Descartes beruft sich, um zu unterstreichen, daß sein Zweifel lediglich methodisch sei und sich nicht auf die Praxis erstrecke, auf dies Bild des Pyrrhoneers: »wenn es sich um die Lebensführung handelt, wäre es wirklich albern, den Sinnen nicht zu glauben, und geradezu lächerlich haben sich jene Skeptiker gemacht, die alles Menschliche so vollkommen ignorierten, daß sie von ihren Freunden behütet werden mußten, wenn sie sich nicht in Abgründe stürzen sollten« (Descartes 1641,323). Der Einwand karikiert die Pyrrhoneer jedoch nicht nur erfolgreich, sondern bereitet ihnen auch in der Sache Probleme.

Pyrrhonische Lehre ist, wie ausgeführt, daß, wer sich jedes Urteils enthalte, einen Leitfaden in »dem Erscheinenden« bekomme. Und wer sich an das Erscheinende halte, der stolpere nicht blindlings umher, sondern weiche, wie Timon sagt, »vom Üblichen« nicht ab. Führe beispielsweise »ein Weg zu einem Abgrund«, so werde er »wegen des Abgrundes vom Weg abgehen«, eben weil ihm das Begegnende als ein Abgrund erscheint, werde er es vermeiden (PH II 252). Die Gegner der Pyrrhoneer können zugeben, daß nicht vom Üblichen abweichen mag, wer sich an seine Phänomene hält. Aber sie bestreiten eben, daß man sich durch seine Phänomene zu Handlungen bewegen lassen könne, wenn man sich jedes Urteils enthalte. Denn wer, wie es die Pyrrhoneer von sich sagen, »vom Durst zum Getränk, vom Hunger zur Nahrung usw. geführt wird« (PH I 238, vgl. 24) – *urteilt* der nicht, das, was ihm jetzt z. B. als Hunger *erscheine*, *sei* auch wirklich Hunger? Angenommen, dem Pyrrhoneer erscheint es so, als sei das da ein heranspringender Tiger. Wird ihn dies Phänomen dazu veranlassen, sich in Sicherheit zu bringen? Kaum. Denn mit diesem Phänomen steht z. B. das Argument des Diodoros Kronos im Widerstreit, demzufolge es keine Bewegung geben kann. Das Ding, das mir zwar unbezweifelbar als heranspringender Tiger erscheint, ist also – müßte, wie es scheint, der konsequente Pyrrhoneer sagen – nicht eher dies als das, nicht eher etwas sich Bewegendes als etwas sich nicht Bewegendes. Sagt er das aber, gerät er also in die Isosthenie, so wird er *nichts tun.*

Und das scheint zu zeigen, daß einen die Phänomene, *als* Phänomene genommen, keineswegs zu irgendeiner Handlung führen. Da die Pyrrhoneer, wie Sextus einräumt, »gänzlich untätig nicht sein können« (PH I 23), müssen sie, wie es scheint, ihren Phänomenen gegenüber ihre Urteilsenthaltung aufgeben. Um zu irgendeiner Handlung zu gelangen, müssen sie nicht nur sagen, das Ding da erscheine ihnen als ein heranspringender Tiger oder als ein Abgrund, sondern sie müssen urteilen, es *sei* ein Tiger oder ein Abgrund - sie müssen, so scheint es, was ihre Phänomene anbelangt, dogmatisieren (vgl. Hossenfelder 1994).

Es ist nicht klar zu sehen, wie die Pyrrhoneer diesem Einwand begegnen wollten. Selbst bei Sextus finden sich ausdrücklich zu diesem Punkt nur wenige Zeilen (M XI 162–165). Anhand verschiedener Hinweise läßt sich jedoch rekonstruieren, daß die Pyrrhoneer gegen den genannten Einwand die Auffassung setzten, die Phänomene – jedenfalls gewisse Phänomene – führten den, der sie habe, *unwillkürlich* zu Handlungen, ohne daß es irgendeiner verstandesmäßigen Zustimmung bedürfe. Auch wenn der Skeptiker nicht *wisse*, ob das da, das ihm als heranspringender Tiger erscheint, wirklich ein heranspringender Tiger *ist*, da ja ebensogut Diodoros recht haben könnte, und, wenn es keine Bewegung gibt, kein Tiger heranspringen kann, so werde er doch unwillkürlich und diesseits jeden Urteils einfach dazu *gebracht* zu handeln. Er *findet* sich in diesen Fällen sozusagen handeln, als ob die Dinge so seien, wie sie ihm erscheinen (vgl.

Engstler 1995). Wie plausibel diese Theorie ist, und vor allem, ob sie wirklich so entwickelt werden kann, daß sie alle Handlungen abdeckt, die der Skeptiker ausführt, steht dahin. Für den praktizierenden Pyrrhoneer selbst reicht es freilich aus, die skizzierte Theorie so gegen den Einwand der Kritiker zu setzen, daß Isosthenie entsteht – er will ja nichts wissen, er will nur in die Lage kommen, sich bezüglich jeder Sache, also auch in dieser Frage, des Urteils enthalten zu können.

4. Die Dogmatik der Skepsis

Wenn sich der Einwand, der Pyrrhoneer könne *de facto* gar nicht anders, als zumindest über bestimmte Dinge zu urteilen, mit Bezug auf die Praxis wie skizziert entkräften läßt, bleibt gleichwohl das Problem der Theorie. Wenn nämlich der Pyrrhoneer davon ausgeht, daß sich des Urteils über alles enthalten müsse, wer glücklich werden wolle, so enthält er sich ganz offensichtlich in *dieser* Frage *nicht* des Urteils. In diesem Punkt ist er Dogmatiker und muß es anscheinend auch sein. Denn wenn er sich auch in der Frage, was man tun müsse, um glücklich zu werden, des Urteils enthielte, so würde er nicht Bücher füllen mit dem Versuch, in jeder Frage Isosthenie herzustellen. Er hätte einfach kein Motiv, das zu tun. Urteilt er aber, scheint er damit sein Unternehmen, durch umfassende *epochē* zum Glück zu gelangen, gleich anfangs preiszugeben.

Sextus hat dies Problem gesehen und versucht, es dadurch zu lösen, daß er das pyrrhonische Unternehmen als ein absichtsloses Unterfangen darstellt, als etwas, das sich zufälligerweise so ergibt und nicht auf irgendwelchen Meinungen beruht. Die Pyrrhoneer hätten, so stellt er es dar, ihr Orientierungsproblem zunächst lösen wollen durch die Untersuchung, »was wahr ist in den Dingen und was falsch« (PH I 12; vgl. M I 6). Dabei aber seien sie »in den gleichwertigen Widerstreit« geraten und zur *epochē* gelangt. Als sie sich nun des Urteils über die Dinge enthalten hätten, habe sich, »zufällig«, das Glück eingestellt (PH I 26.29).

Diese Darstellung des pyrrhonischen Unternehmens ist jedoch ganz und gar unglaubwürdig. Denn das genannte Erlebnis würde dem Pyrrhoneer erstens nicht den Weg zum Glück weisen, da sich das Glück aus seiner Sicht ja *zufälligerweise* in Verbindung mit *epochē* einstellt, und kein Grund besteht, einen kausalen Zusammenhang anzunehmen. Zweitens müßte der Pyrrhoneer, wenn dies wirklich sein initiales Erlebnis gewesen sein sollte, versuchen, es zu wiederholen. Das hieße aber: Er müßte bezüglich jeder Sache versuchen festzustellen, »was wahr ist und was falsch«, und d. h., er müßte sich

Techniken der *Wahrheitssuche* bedienen. Die Ausrüstung des Pyrrhoneers bilden aber, was Sextus sogar hervorhebt, die Tropen, also Techniken, die jede Entscheidung über Wahrheit und Falschheit von Meinungen gerade *verhindern* sollen.

Eben weil sie eine Glückslehre ist, scheint die pyrrhonische Skepsis um das Zugeständnis, sie gehe von einem Dogma aus, nicht herumzukommen. Ihre dogmatische Basis muß aber kein Problem darstellen. Denn die Pyrrhoneer könnten, mittels einer von ihnen auch öfter verwendeten Figur (PH I 206; II 188; M VIII 480f.; DL IX 76), folgendermaßen argumentieren: Unser Unternehmen, der Versuch, mit bestimmten Techniken zu völliger Meinungslosigkeit zu gelangen, beginnt in der Tat mit einer Meinung, der Meinung nämlich, glücklich werde man dadurch, daß man sich des Urteils über alles enthalte. Diese Meinung motiviert unser Unternehmen. Ist sie jedoch erfolgreich, wird sie sich, wie ein wirksames Abführmittel, zusammen mit dem, was sie austreiben soll – den Meinungen –, selbst abführen. Das Ziel, von Meinungen loszukommen, verhindert unsere anfängliche Dogmatik ebensowenig, wie die Einnahme eines Purgativs dem Ziel entgegensteht, fremde Substanzen auszuscheiden.

Der Pyrrhoneer beginnt somit zwar als Dogmatiker, kann aber, schlagen seine Techniken zur Herstellung umfassender *epochē* an, durchaus als glücklicher Skeptiker enden. Da es um *umfassende epochē* zu tun ist, wird man auf dem pyrrhonischen Wege freilich nur mittels einer herkulischen Anstrengung glücklich: jeder begegnende Eindruck, jedes begegnende Argument, jede begegnende Theorie oder Norm muß auf die skizzierte Weise bearbeitet werden. Sextus' im 3.Jh. n. Chr. geschriebenes Werk *Adversus mathematicos* umfaßt bereits elf Bücher – wer heute als Pyrrhoneer praktizieren wollte, würde wohl nicht fertig.

Maximilian Forschner

Die ältere Stoa

1. Zur Geschichte der Schule

Die Stoa ist die bedeutendste und einflußreichste Bewegung der hellenistischen Philosophie. Über mehr als vier Jahrhunderte hingen ihr eine große Zahl der Gebildeten im griechisch-römischen Kulturkreis an. Ihr Einfluß blieb nicht auf die Antike beschränkt. Christliche Theologie und Lebensform sind über die Patristik tief von der Stoa geprägt. Und von der Renaissance über die Aufklärung bis in die Moderne sind die Auswirkungen insbesondere der stoischen Staats-, Rechts- und Moralphilosophie auf die westliche Kultur und Zivilisation von durchdringender Bedeutung.

Die Philosophiegeschichtsschreibung unterscheidet zwischen Alter, Mittlerer und Jüngerer bzw. Später Stoa. Wir konzentrieren uns im Folgenden, soweit dies aufgrund der Quellenlage überhaupt möglich ist, auf die erste Phase der Schule. Der Zugang zur altstoischen Philosophie wird durch den Umstand erschwert, daß die Werke der ersten Schuloberhäupter (Zenon, Kleanthes, Chrysipp) sämtlich verlorengegangen sind und auch ihre Biographien sich weitgehend im Dunkeln bzw. im Anekdotischen verlieren.

Schulgründer war Zenon von Kition auf Zypern (ca.333/2–262/1). Er entstammte einer wohlhabenden Kaufmannsfamilie (vgl. DL VII 31 = SVF I 6) wahrscheinlich phoinikischer Abkunft, kam um 311 nach Athen, hat sich dort zunächst dem Kyniker Krates angeschlossen und wohl auch beim Akademiker Xenokrates und beim Megariker Stilpon gehört (vgl. DL VII 2.25). Um 300 soll er in der von Polygnot ausgemalten bunten Halle (*stoa poikilē*) gegenüber der Akropolis selbständig zu lehren begonnen haben (vgl. DL VII 5). Die stoische Philosophie nimmt – in der Tradition der Sokratik stehend (vgl. DL VII 2.31) – ihren Ausgang von einem zentralen öffentlichen Ort, und läßt sich, wie die Überlieferung über Zenons frühe Schrift *Politeia* belegt (vgl. DL VII 4.32f.; SVF I 262), zunächst von einem stark kultur- und zivilisationskritischen Interesse an praktischen Fragen leiten.

Diese kynische Tradition gewann im Denken Zenons allerdings keine bleibende Dominanz. Andernfalls wäre eine der wenigen mit Sicherheit zu ermittelnden Nachrichten über sein Leben kaum erklärbar: Als er im Jahre des Archons Arrheneides in Athen starb (262 /1), beschloß die athenische Volksversammlung, ihn durch einen goldenen Kranz und ein Ehrengrab auf dem Kerameikos zu ehren (vgl. DL VII 10–12 = SVF I 7.8; vgl. SVF I 36a). Sein hohes Ansehen verdankte er offensichtlich der Ernsthaftigkeit und Strenge seines Philosophierens, einer einfachen und bescheidenen Lebensweise (vgl. DL VII 6. 26–27 = SVF I 5.6), einem großen Schülerkreis sowie seiner Beteiligung an öffentlichen Stiftungen in Athen (vgl. DL VII 12 = SVF I 3; vgl. SVF I 26–27; Steinmetz 1994,520).

Zenons Nachfolger als Schulleiter, treuer Interpret und Verteidiger seiner Lehre war Kleanthes. Er ist vermutlich um 310 in Assos geboren und 281 nach Athen gekommen. Seine ärmliche Herkunft soll ihn genötigt haben, über längere Zeit als Faustkämpfer und Lohnarbeiter sich den Lebensunterhalt zu verdienen (vgl. DL VII 170 = SVF I 463). Ein bei Diogenes Laertios (VII 174–175 = SVF I 481) erhaltenes Schriftenverzeichnis zeigt Kleanthes vornehmlich mit Themen der Ethik und Naturphilosophie, aber auch mit Fragen der Erkenntnistheorie beschäftigt. Es belegt, daß er die Naturphilosophie Zenons in enge Beziehung zur Lehre Heraklits gesetzt und einer Verbindung von Philosophie und Poesie das Wort geredet hat. Nicht die Prosa-Rede, sondern das Gedicht erscheint ihm als geeignete Ausdrucksform für die in der Anschauung der Natur und im harmonischen Einklang mit ihr erkannte und empfundene Größe des Göttlichen (vgl. SVF I 486). Sein Hymnus auf Zeus (SVF I 537) war vermutlich für kultische Feiern der Schulgemeinde bestimmt.

Nach seinem Tod (230/29) übernahm Chrysipp die Schulleitung. Dessen überragende Intelligenz und wissenschaftliche Energie haben die Stoa zur beherrschenden philosophischen Schule des Hellenismus gemacht. Chrysipp ist zwischen 281 und 277 in Soloi in Kilikien als Sohn eines wohl begüterten Kaufmanns geboren (vgl. SVF II 1.1a). Wann er nach Athen kam, läßt sich nicht mehr genau ermitteln. Er hörte beim Akademiker Arkesilaos und dessen Schüler Lykades und hat sich wahrscheinlich bei ihnen das dialektische Rüstzeug erworben. Fasziniert haben ihn indessen die Persönlichkeit des Kleanthes und die von ihm interpretierten Dogmen der Philosophie Zenons. Er schloß sich deshalb der Stoa an und sah seine zentrale Aufgabe darin, dieser Philosophie eine argumentativ stringente und unangreifbare Struktur zu geben (vgl. DL VII 179 = SVF II1). Der Erfolg seiner Lehre und Schriften im Schülerkreis und in der breiteren Öffentlichkeit war so groß, daß am Ende seines Scholarchats und Lebens (zwischen 208 und 204) die stoische Philosophie mit seinem Namen identifiziert wurde.

Chrysipp hat sein Leben offensichtlich (ähnlich wie Kant) ganz der Wissenschaft gewidmet. Äusserlich von zierlicher Gestalt, schon aufgrund der Einnahmen durch Honorare nicht unvermögend, lebte er als Junggeselle in großer Bescheidenheit und ließ sich sein Hauswesen von nur einer Dienerin besorgen (vgl. SVF II 1.4.6; Steinmetz 1994,584f.). Seine persönliche Bedürfnislosigkeit setzte ihn offensichtlich für eine immense intellektuelle Arbeitsleistung frei; nach Diogenes Laertios (VII 180.181 = SVF II 1) hat er 705 Bücher verfaßt, Schriften, die von größtem dialektischem Scharfsinn und stupender Gelehrsamkeit zeugten, aber, wie Cicero (*De or.* I 50 = SVF II 26) und Diogenes Laertios (VII 180) monieren, zu wenig Gewicht auf die ansprechende Form der Darstellung legten.

Chrysipp gilt als der große Systematiker der Alten Stoa und hat zweifellos die Logik und Sprachphilosophie der Schule zur Blüte gebracht. Diogenes aus Seleukeia (geb. kurz nach 240, gest. kurz vor 150) und Antipater von Tarsos (geb. vor 200, gest. 129), die Nachfolger Chrysipps, sieht man gemeinhin als Männer des Übergangs an, die vor allem mit der schulmäßigen Verteidigung der stoischen Lehre gegen die Angriffe der Akademischen Skepsis (Karneades) beschäftigt waren.

Die Vermittlung der ganz aus griechischen Traditionen erklärbaren altstoischen Philosophie mit dem Geist der römischen Führungsschicht haben in der Mittleren Stoa Panaitios von Rhodos (ca. 185–109) und Poseidonios von Apamea (ca. 135–50) geleistet. Ihre Annäherung an die römische Sittlichkeit *(mos maiorum)* läßt sie, zum Teil in Distanz zu Chrysipp, auf Elemente platonischer Anthropologie und aristotelischer Ethik zurückgreifen, während in der Alten Stoa peripatetisches Gedankengut nur höchst spärlich präsent gewesen zu sein scheint (vgl. dazu F.H.Sandbach, Aristotle and the Stoics, Cambridge 1985).

Die Wirkungsgeschichte der Stoa, die die neuzeitliche Rede und Auffassung von ›Stoizismus‹ bestimmt, ist zu einem wesentlichen Teil von der mißlichen Quellenlage geprägt. Nur die Späte Stoa ist durch authentische Quellen repräsentiert. Die Originalwerke der Alten und Mittleren Stoa sind sämtlich verloren. Die praktische Philosophie (auch in ihrer Verschränkung mit Theologie und Naturphilosophie) der Mittleren Stoa ist über das sympathetische philosophische Werk Ciceros noch vergleichsweise gut greifbar; für die Alte Stoa sind wir dagegen völlig auf Zitate, gegnerische Referate und Stellungnahmen und doxographische Abrisse späterer Autoren verwiesen. Dies bedingt, daß wir über die stoische Logik und Physik nur Umrißhaftes wissen, und daß die eminente Wirkung der Stoa auf Spätantike, Mittelalter und Neuzeit nicht vom ›harten‹ und argumentativ ausdifferenzierten wissenschaftlichen Kern des stoischen Systems, sondern von der praktischen Philosophie, und zwar von deren popularphilosophischer Ausprägung bestimmt ist.

Zur Rekonstruktion der Philosophie der Alten (und Mittleren) Stoa besitzen wir: (a) eine Fülle kurzer, wenige umfangreichere Original-Zitate bei antiken Autoren; die meisten bietet Plutarch in seinen Schriften *De stoicorum repugnantiis* und *De communibus notitiis*; (b) Referate stoischer Lehren von nichtstoischen antiken Autoren. Als wichtigste sind hier Cicero, Plutarch, Sextus Empiricus, Clemens von Alexandreia, Alexander von Aphrodisias, Galen und Diogenes Laertios zu nennen; (c) stoische Lehrbücher, die zumindest seit dem 1.Jh. vor Chr. verfügbar waren (wie z. B. das Dialektiklehrbuch des Diokles von Magnesia) und über spätere doxographische Werke rekonstruierbar sind. So verfaßte Areios Didymos, der Lehrer des Kaisers Augustus, ein Kompendium der stoischen und peripatetischen Ethik (vgl. W.W.Fortenbaugh [ed.], *On Stoic and Peripatetic ethics. The Work of Arius Didymus*, New Brunswick/London 1983), das dann von Johannes Stobaios (5.Jh. n. Chr.) in seinen uns erhaltenen Eklogen verwendet wurde (*Eclogae physicae et ethicae*, ed. C.Wachsmuth, Berlin 1884, repr. 1958). Auch Diogenes Laertios stützte sich in seinem Abriß der Stoa auf Diokles von Magnesia, wahrscheinlich auch auf Areios Didymos und ähnliche lehrbuchartige Kompendien. Cicero, unsere älteste und wichtigste indirekte Quelle, hat allem Anschein nach sowohl Lehrbücher benützt als auch Primärquellen gelesen.

Es ist Zufall, aber gewiß ein signifikanter Zufall, daß die beiden umfangreichsten Fragmente, die vom altstoischen Schrifttum auf uns gekommen sind, religiösen und logischen Inhalts sind, die 39 Verse des Zeushymnus des Kleanthes (SVF I 537) und größere Teile des Buches *Logikọn zẹtẹmatọn* von Chrysipp (SVF II 298a). Denn die stoische Philosophie ist (vor dem geschichtlichen Hintergrund einer sich auflösenden partikulären, geschlossenen Poliskultur) gekennzeichnet durch ein pantheistisches Weltbild und Lebensgefühl, das die Wirklichkeit im ganzen als durch und durch vernünftiges Ordnungsgefüge verstand und dieser Einsicht einen begrifflich und gedanklich konsistenten und stringenten Ausdruck zu verschaffen suchte.

Da diese Eigenart der stoischen Philosophie literarisch für uns nur noch im Zeushymnus des Kleanthes greifbar wird, sei dieser philosophisch und theologisch hochbedeutsame Text (in der Übersetzung von Steinmetz 1994,577 ff.) hier im ganzen wiedergegeben:

> »Erhabenster der Unsterblichen, der du viele Namen hast, immer Allmächtiger, Zeus, Herr und Führer der Natur, der du mit deinem Gesetz alles lenkst, sei gegrüßt! Es ist Recht und Pflicht für alle Sterblichen, dich feierlich anzusprechen; denn wir sind deines Geschlechts, die wir der Sonne Abbild

erlangt haben als einzige, was immer an Sterblichen lebt und sich bewegt auf Erden. Deshalb will ich dich preisen und immer deine Macht besingen. Ja, dir gehorcht diese Welt, indem sie sich um die Erde dreht, wie du sie steuerst, und willig lässt sie sich von dir beherrschen. Einen solchen Gesellen hältst du in deinen unbesiegbaren Händen, den doppeltgespitzten, feurigen, immer lebendigen Blitz, unter dessen Schlägen alle Dinge der Natur vollendet werden; durch ihn richtest du auf das allgemeine Gesetz, das durch alles geht, beigemischt den großen und den kleinen Lichtern der Welt.
Durch ihn bist zu so groß, der oberste König des Alls. Und nichts kommt zustande auf Erden ohne dich, waltender Gott, noch im göttlichen Bezirk der Luft noch im Meer, außer was schlechte Menschen tun auf Grund ihrer Unvernünftigkeit. Aber du verstehst auch das Krumme gerade zu machen und zu ordnen das Ungeordnete, und was nicht lieb ist, ist dir schon lieb. Denn du bist es, der schon immer so alles zu einem Verbund zusammengefügt hat, das Gute mit dem Schlechten, daß nur ein Logos zutage tritt in allem, immer seiend; diesen meiden und vernachlässigen die Sterblichen, soweit sie schlecht sind, die Unglücklichen, die zwar immer nach dem Erwerb des Guten verlangen, aber weder hinblicken auf das allgemeine Gesetz Gottes noch auf es hören; wenn sie ihm mit Vernunft gehorchten, hätten sie ein seliges Leben. Aber sie selbst drängen ohne Vernunft hierin und dorthin, die einen des Ruhmes wegen Mühsal voll üblen Streites erduldend, die anderen aus Gewinnsucht ohne Ordnung und Ziel umhergetrieben, wieder andere zu Zügellosigkeit und zu den Genüssen des Körpers.

Hierhin und dorthin treiben sie sich mühend gar sehr darum, daß das Gegenteil des wahren Guten eintrete. Wohlan Zeus, gütiger Spender, der du in dunklen Wolken thronst mit dem helleuchtenden Blitz, errette du die Menschen vor der unheilvollen Torheit, verjage sie, Vater, von der Seele! Gib, daß sie die Einsicht erlangen, auf die gestützt du mit dem Recht alles lenkst, damit so geehrt wir im Wechsel dich ehren, stets besingen deine Werke, wie es sich ziemt für den sterblichen Menschen. Denn weder den Sterblichen ist eine grössere ehrenvolle Aufgabe noch den Göttern als immer und zu Recht das allgemeine Gesetz zu besingen.«

Die Stoa gliedert, wie in der hellenistischen Zeit im Ausgang von Xenokrates üblich, ihre Philosophie in Logik, Physik und Ethik. Doch wie keine andere Schule der Zeit betont sie die organische Verbindung der Disziplinen (vgl. DL VII 39) und befördert die sog. Logik (*logikon meros*) vom Instrument zum wesentlichen Bestandteil des Systems (Vgl. SVF II 49). Im Zentrum ihrer Philosophie steht denn auch (neben dem Begriff der Physis) der Begriff des Logos, der, als menschliche Sprachfähigkeit, gestaltendes Prinzip des Naturgeschehens und alle Praxis orientierende göttliche Weltvernunft verstanden, die verschiedenen Bereiche zur Einheit eines zweckmäßigen Ganzen verbindet.

2. Die stoische Logik

Eigenständigkeit und wissenschaftlicher Wert der stoischen Logik wurden (aufgrund der Quellenlage) erst spät klar erfaßt. Seit Łukasiewicz (*Zur Geschichte der Aussagenlogik*, in: Erkenntnis 5 (1935) 111–131) weiß man, daß es in der Antike neben der aristotelischen Syllogistik, die (einem Teil) der modernen Prädikatenlogik entspricht, eine ihr wissenschaftlich gleichwertige stoische Aussagenlogik gegeben hat. Ihre Grundzüge (vgl. Frede 1974) und Teile ihrer Entstehungsgeschichte (vgl. Ebert 1991) wurden inzwischen rekonstruiert. Allerdings ist der stoische Begriff der Logik ungleich weiter als der moderne.

Logos als der eine Grundbegriff der stoischen Philosophie bedeutet sowohl Sprache als auch Vernunft; und Sprache wird betrachtet sowohl vom phonetischen als auch vom semantischen Gesichtspunkt aus. Ferner diskutiert die Stoa unter »Logik« die formalen Regeln des Denkens und korrekten Argumentierens ebenso wie die Teile der Sprache, durch die Gedanken und Argumente ausgedrückt werden. Dabei kommen Logik und Grammatik in enge Parallelität. Etwas wissen heißt für die Stoa, eine Aussage behaupten können, die nachweisbar wahr ist. So wird auch Erkenntnistheorie zum Teil der stoischen »Logik«.

Die Stoa teilte selbst, wahrscheinlich seit Chrysipp, ihre »Logik« als Wissenschaft vom rationalen Diskurs in zwei Disziplinen, die Rhetorik und die Dialektik (DL VII 41).

Rhetorik (vgl. dazu v.a. Barwick 1957) ist ihr die Fachkunde vom guten Sprechen in fortlaufender Rede. Sie unterschied drei Redetypen: die politische (*symbouleutikon*), die forensische (*dikanikon*) und die Lob- bzw. Festrede (*enkōmiastikon*), gliederte das rhetorisch relevante Können nach den Bereichen des Auffindens thematisch wichtiger Gesichtspunkte (*heuresis*), der Ausdrucksweise (*phrasis*), der Anordnung (*taxis*) und der Form des Vortrags (*hypokrisis*) und sah eine gelungene Rededisposition in der Abfolge von Einleitung (*prooimion*), Erörterung bzw. Schilderung (*diēgēsis*), Antwort auf Gegner (*ta pros tous antidikous*) und resumierendem Schluß (*epilogos*) (DL VII 41–44).

Die Dialektik ist ihr allgemein die Fachkunde der richtigen dialogischen Rede im Wechselspiel von Frage und Antwort. Sie umfaßt im groben zwei Dinge, das Bezeichnende (*semainon*) bzw. all das, was zur Verlautbarung gehört (*topos tes phones*) und das Bezeichnete (*semainomenon*)(ebd.). Im einzelnen behandelte sie jedoch eine Fülle von Themen, außer der Grammatik, Semantik und formalen Logik auch die Stilistik, Poetik und noch einiges mehr (DL VII 55–62; vgl. K.Hülser, *Stoische Sprachphilosophie*, in M.Dascal, D.Gerhardus, K.Lorenz, G.Meggle [Hg.], *Philosophy of Language-La philosophie de language*, Berlin–New York 1992, 17–34,18).
Die Stoiker scheinen die ersten gewesen zu sein, die in ihrer Dialektik die äußere Gestalt der Sprache, ihre Teile, ihre Anordnung und ihre Geschichte zum Gegenstand detaillierter wissenschaftlicher Untersuchung erhoben. Ihre Sprachentstehungslehre und etymologische Forschung (über deren Grundzüge uns Origenes, *Contra Celsum* I 24, das sechste Kap. von Augustinus' *Liber de dialectica* sowie Varros Schrift *De lingua latina* unterrichten) leitet der Gedanke, daß zwischen dem Lautbild eines Wortes und seinem Vorstellungsinhalt bzw. seiner Bedeutung natürlicherweise eine Korrespondenz bestehe. Die Lautbilder ahmen die Dinge nach (*mimountai ta pragmata*). Dies gilt im strengen Sinn allerdings nur für die Wörter, die am naturwüchsigen Ursprung der Bezeichnung einer Sache stehen (für die *protai phonai* bzw. *cunabula verborum*). Ihre Lautgestalt wird dann auch auf die Symbole von Dingen übertragen, die den ursprünglich bezeichneten ähnlich, benachbart oder entgegengesetzt sind; Prozesse der Zusammensetzung und Verschiebung bestimmen die weitere Sprachentwicklung (vgl. Barwick 1957, Kap.II und IV).
Ihre systematische Lehre vom sprachlichen Zeichen (vgl. DL VII 55–62) setzt an bei der akustischen Äußerung (*phone*); in der tierischen Stimme bekundet sich der Trieb (*horme*), beim Menschen der Verstand (*dianoia*). Ein stimmlicher Laut als bloßes Geräusch (*echos*) ist von einem gegliederten Lautgebilde (*lexis*) zu unterscheiden; die Artikulierung leisten die mit den einzelnen Buchstaben bezeichneten Laute; diese haben von Natur einen lautsymbolischen Wert. Von der Lexis als lediglich artikuliertem Lautgebilde (Phonemreihe) unterscheidet sich wiederum der Logos als bedeutungsvolle Rede, mit der der (menschliche) Verstand etwas zu verstehen gibt (DL VII 56). Die bedeutungsvolle Rede gliedert die Stoa ursprünglich (bei Zenon und Kleanthes) wohl in vier Teile: Name (*onoma*), Verbum (*rhema*), Konjunktion (*syndesmos*) und Artikel (*arthron*). Vom Logos als sinnvollem Lautgebilde grenzt sie das ab, was dieses besagt (das Lekton). Lekta sind demnach die Bedeutungen von Wörtern oder Sätzen (vgl. Schubert 1994). Die Bedeutungen sind allerdings nicht

ohne die phonetischen Gebilde identifizierbar. Dies erklärt die stoische Tendenz, Bedeutungsanalyse und grammatische Analyse zu verbinden; sie führte zur glücklichen Entwicklung der Grammatik als gewichtigem Teil der Sprachanalyse. Die Erkenntnis und Benennung der Teile der Rede, der Fälle der Nomina, der Zeitformen der Verben sind weitgehend eine stoische Leistung, wurden von Diogenes von Seleukeia in eine schulintern endgültige Form gebracht, und sind über Dionysios Thrax, Krates von Mallos und die Lateiner Varro und Priscian auf uns gekommen (Vgl. Sandbach 1975,99f.; R.H.Robins, *Ancient and Medieval Grammatical Theory*, London 1951,25–36).
Nach Sextus Empiricus (*Adv.math.* VIII 11–12) unterscheiden die Stoiker in der Frage nach der Lokalisierung von Wahrheit drei Dinge: das Bezeichnende, das Bezeichnete und das Ding bzw. Sichereignende (*tynchanon*). Das bezeichnende Lautgebilde und das »ausserhalb« (sc. von Sprache und Gesagtem) Vorliegende (*to ektos hypokeimenon*) seien körperlich, während das Bezeichnete als der vom Bezeichnenden über das Vorliegende eröffnete Sachverhalt, das Lekton, unkörperlich sei. Ein Lekton allein kann die Eigenschaft haben, wahr oder falsch zu sein. Es ist das, was jemand versteht, der eine Sprache versteht und was nur relativ zu sprachfähigen und entsprechend vorstellenden Subjekten existiert (DL VII 63). Die Gliederung der Lekta erfolgt nach vollständig (*autoteles*) und unvollständig (*ellipes*) (DL VII 63f.); zu den unvollständigen Lekta gehört insbesondere das *kategorema*, d. h. das, was von etwas ausgesagt wird bzw. was mit einem Subjekt im Nominativ zu verbinden ist, um eine Aussage (*axioma*) zu bilden (DL VII 64); es entspricht dem, was wir heute unter der Bedeutung eines Prädikatausdrucks oder einer Aussagefunktion verstehen (Vgl. F.Ricken, *Philosophie der Antike*, Stuttgart ^{2}1993,164). Die vollständigen Lekta werden nach pragmatischem Gesichtspunkt in Behauptungen, Fragen, Bitten, Befehle, Eide etc. unterteilt, wobei allein die Aussage im Behauptungsmodus wahr oder falsch ist (DL VII 65).
Die Stoa unterschied die Aussagen (*axiomata*) in einfache (*hapla*) und zusammengesetzte (*ouch hapla*); für beide Gruppen wurden weitergehende Unterteilungen entwickelt (vgl. DL VII 68–75). Wichtig ist dabei vor allem die neue, nicht-wahrheitsfunktionale Definition der Wahrheit der Konditionalaussage (*synemmenon*) durch das Kriterium des »Zusammenhangs« (*synartesis*): Eine Konditionalaussage ist genau dann wahr, wenn das kontradiktorische Gegenteil des Succedens (*legon*) mit dem Antecedens (*hegoumenon*) nicht verträglich ist. In ihrer Schlußlehre unterscheiden die Stoiker von den Axiomen ihres aussagenlogischen Systems, den »beweisunbedürftigen Argumen-

ten« (*anapodeiktoi logoi*) erstmals auch eigene Ableitungsregeln (*themata*). Die antiken Quellen erwähnen vier Themata; nur zwei davon lassen sich aber mit Sicherheit identifizieren (vgl. M.Mignucci, *The Stoic Themata*, in: Döring/Ebert 1993, 217–238). Chrysipp kennt fünf solcher *anapodeiktoi logoi*:

1. Wenn p, dann q; nun aber p; also q.
2. Wenn p, dann q; nun aber nicht q; also nicht p.
3. Nicht beides: p und q; nun aber p; also nicht q.
4. p oder q; nun aber p; also nicht q.
5. p oder q; nun aber nicht q; also p.

Mit Hilfe der Themata wurden komplexe Argumente auf diese fünf Grundformen reduziert (vgl. DL VII 79–81; Sext.Emp.,*Adv.math.* VIII 229–236).

Die stoische Wissenschaft vom Logos untersuchte nicht nur die Struktur der Sprache und die Gültigkeit verschiedener Argumentationsformen, sondern auch die Beziehung der Wörter zu unseren Vorstellungen und den Dingen/Ereignissen in der Welt. Zu den Grundvoraussetzungen der stoischen Erkenntnistheorie gehört die Annahme, daß der Mensch als Träger des Logos die vom Weltlogos gebildeten Strukturen und Gliederungen der Wirklichkeit erkennen und in Form von Sätzen über sie zum Ausdruck bringen kann. Das menschliche Denken verfügt über keinen apriorischen Inhalt; die Fähigkeit zu denken entwickelt sich aus einem von Geburt vorhandenen Keim. Externe Dinge affizieren unsere Sinne und verursachen einen Eindruck (*typosis*) im Bewußtsein (dem Hegemonikon), das diesem Eindruck bzw. dieser Vorstellung (*phantasia*) eine Form gibt, auf die das Reden referieren und die im Gesagten dargestellt werden kann (*logike phantasia*)(Sext. Emp., *Adv.math.* VIII 70). Auf diese über die Aisthesis vermittelten Vorstellungen bezieht sich der Geist mit seinen Operationen der Begriffsbildung (Vergleichen, Entgegensetzen, Zusammensetzen, Analogisieren) (DL VII 53).

Die Frage nach dem Wahrheitskriterium scheint von der Stoa primär über eine Untersuchung der Vorstellungen (*phantasiai*) und der Allgemeinbegriffe (*ennoiai*) beantwortet worden zu sein (DL VII 42). Bei den über die Wahrnehmung vermittelten Vorstellungen zeichnet sie solche aus, die evident (*enarges*) bzw. schlagend (*plektike*) sind (Sext. Emp. *Adv.math.*VII 242 257 403) in dem Sinne, als das Wahrnehmungsbild die Wirklichkeit adäquat zu erkennen gibt (*phantasia kataleptike*)(DL VII 50; SVF II 54; Cicero, *Acad.post.*I 40–42; II 144; F.H.Sandbach, *Phantasia Kataleptike*, in: Long 1971,9–21). Bei den Begriffen, die der Interpretation der Wirklichkeit dienen, privilegiert sie jene, die auf der Basis der Vernunftanlage sich naturhaft (*physikos*) bilden (die sog. Prolepseis), und unter ihnen nochmals jene, die allgemein verbreitet sind (die *koinai ennoiai*) (DL VII 53–54; Plutarch, *Stoic.rep.*17,1041E; *De comm.not.*1060A; F.H.Sandbach, *Ennoia and Prolepsis*, in: Long 1971,22–37; M.Schofield, *Preconception, Argument and God*, in: M.Schofield/M.Burnyeat/J.Barnes [eds.], *Doubt and Dogmatism*, Oxford 1980,283–308). Letztere sind nicht nur von theoretischer, sondern auch von eminenter praktischer Bedeutung. Ihre Kriterienlehre hat die stoische Philosophie in der Sicht der antiken Skepsis zu einer dogmatischen gemacht (G.Striker, *Kriterion tes aletheias*, Göttingen 1974, v.a. 82–101) .

3. Die stoische Physik

Auch Physis, der zweite Grundbegriff der stoischen Philosophie, muß im weiten Sinn verstanden werden derart, daß er das Unbelebte, die Pflanzen und die Tiere (inc. Menschen und Götter) umfaßt. So schließt »Physik«, wie in der Antike üblich, Theologie ebenso wie Forschungsgegenstände ein, die wir den exakten Naturwissenschaften zuordnen würden. Die stoische Physik ist spekulative Naturphilosophie, die sich auf die Beobachtung und Interpretation von Einzelphänomenen stützt. Sie arbeitet mit zwei als ewig unterstellten Prinzipien, dem Passiven, Leidenden, Unbestimmten (der *hule*) einerseits, dem Tätigen, Formenden, Belebenden (dem *logos*) andererseits (DL VII 134). Aus der Synthese von beiden resultiert das eine Weltgeschehen, das sich in einen ewigen Prozeß der Weltentfaltung und Weltauflösung (Weltbrand, *ekpurosis*) periodisiert (DL VII 137; Plutarch,*Stoic. rep.* 39,1052C; SVF II 299.526.604).
Neben dem Begriff des *logos* gebraucht die Stoa auch den Begriff der *phusis* in ihrer naturphilosophischen Prinzipienlehre. Dabei meint *phusis* manchmal das Prinzip, das den Kosmos zusammenhält, manchmal das Prinzip, das die Dinge auf Erden wachsen läßt (DL VII 148). Charakterisiert wird es als »künstlerisch gestaltendes Feuer, das seinen (geordneten) Weg zum Hervorbringen geht«, als »feuer- und kunstartiger Lebenshauch« (DL VII 156). Die Stoa betrachtet also die Welt im ganzen als einen einzigen Organismus, mit einem ihm immanenten Prinzip des Werdens, das in seiner Wirksamkeit dem jedem individuellen Organismus eigenen Prinzip der Gestaltung und Entwicklung gleicht.
Der Unterschied von Physis und Logos liegt in der Betrachtungsweise: Die Physis entwickelt den Organismus nach einem im Samen angelegten Plan (*spermatikos logos*)(DL VII 148), »Physis« betont also den Bewegungsursprung, und »Logos« die Information, die den Prozeß leitet (F.Ricken, Philosophie der Antike 165). Der Logos bzw.

das Feuer oder das Pneuma, das das materielle Universum durchdringt, bindet dieses zu einer organischen Einheit zusammen und begründet die Kommunikation und Interdependenz der Teile ebenso wie die Selbstempfindung des Ganzen (=*sumpatheia*) (vgl. SVF II 441).
Das Pneuma, dem alle Dinge ihre Gestalt und Eigenart verdanken (vgl. SVF II 449), durchzieht zwar kontinuierlich die ganze Hyle, aber in verschiedener Reinheit und Stärke. Darin gründet der Stufenbau des Seienden (der so geartet ist, daß das höherstehende Ding die Qualitäten der niederen in sich hat und durch neue überbietet). Als Prinzip des Zusammenhalts und der Organisation wird es im Anorganischen Hexis, bei den Pflanzen Physis (im engeren Sinn), bei den Tieren Psyche und beim Menschen Logos genannt (DL VII 139.159; SVF II 368.710.714).
Der spezifische (*koine poiotes*) und individuelle Charakter (*idia poiotes*) eines realen Gegenstandes verdankt sich der besonderen energetischen Verfassung, in der sich das göttliche Pneuma in dem betreffenden Ausschnitt der Welt befindet. In Gegenständen, die als bestimmte körperliche Dinge auszumachen und zu bezeichnen sind, liegt ein kohärentes Spannungsfeld mit vom Zentrum zur Peripherie und wieder zurückgewendeter Bewegungsenergie (*tonike kinesis*) vor, das den Zusammenhalt, die Konstanz und Eigenart des Dinges (auf Zeit) bewirkt (SVF II 442.451.458.471; Sambursky 1959, 29 ff.).
Der Logos als Prinzip der Weltgestaltung wird mit Gott identifiziert. Der Gedanke der notwendigen Verbindung von Hyle und Logos zur Konstitution von Wirklichkeit nimmt die platonische Trennung von phänomenaler und noumenaler Welt zurück; die Stoa formuliert mit ihm erstmals ein konsequent pantheistisches Weltbild aus: Gott ist die eine Weltvernunft, die als *spermatikos logos tou kosmou* alles gestaltet (DL VII 135–136). Die ausführlichsten Berichte über die stoische Theologie bieten Cicero, *De natura deorum* II und Sextus Empiricus, *Adversus mathematicos* IX. Sie zeigen, daß die Stoa erstmals den Gedanken einer teleologisch vollkommen durchstrukturierten Welt entwickelt hat. Natur und Menschenwelt sind von göttlicher Vorsehung (*pronoia*) und Fügung (*heimarmene*) bestimmt. Die göttliche Weltverwaltung (*dioikesis kosmou*) hat zur Folge, daß das Gesamtgeschehen eine vernünftige Ordnung darstellt, daß alle Ereignisse ausnahmslos und unausweichlich miteinander kausal verkettet sind (SVF II 1000; DL VII 149), und daß eine vollständige Erklärung und Rechtfertigung allen Geschehens möglich ist.
Um die ethischen Folgeprobleme dieses Determinismus zu lösen, hat die Stoa eine differenzierte Ursachenlehre ausgearbeitet, die sich an der Praxis der Zurechnung orientiert, nach der wir jemanden für

etwas alleinverantwortlich (*autoteles*) erklären, eine gemeinschaftliche Verantwortung unterstellen (*sunaitios*) oder eine untergeordnete Mitverantwortung (*sunergos*) in Rechnung stellen (SVF II 945; Sext.Emp., *Pyrrh.hyp.*III 13–16). Dabei ist der Gedanke leitend, artspezifische und charakteristische Bewegungen und Zustände, die ein Ding hauptursächlich kraft der ihm eigenen immanenten Beschaffenheit bewirkt, von Vorgängen an ihm mit starkem Widerfahrnis- bzw. Zwangscharakter zu unterscheiden und bei der Eigenbewegung einen immanenten Faktor und externe auslösende oder mitspielende Faktoren in Ansatz zu bringen (Cicero, *De fato* 17,40; 18,41 ff.).

Diese Unterscheidungen erlauben der Stoa, einerseits von einer lükkenlosen Kausalverkettung allen Geschehens zu sprechen, andererseits die ›Verantwortung‹ eines Dinges zu betonen für das, was es aufgrund der ihm eigenen Form und Dynamik in der Welt bewirkt. Ob damit das moralphilosophische Determinismusproblem gelöst ist, sei dahingestellt; die handlungstheoretische Fruchtbarkeit der Ursachenlehre liegt auf der Hand. Nach der Darstellung, die Sextus Empiricus von der stoischen Zustimmungslehre gibt (*Adv.math.* VIII 197 ff.), ist die Wahrnehmungserkenntnis (*katalepsis*) eine Sache, die unwillentliche und willentliche Elemente enthält: die Vorstellung (*phantasia*) und die Zustimmung (*synkatathesis*). Die *phantasia* ist das mentale Bild, das ein Ding bzw. Ereignis durch die Affektion unserer Sinne in uns hervorruft, das Resultat eines unwillentlichen Vorgangs (*abouleton*). Die Zustimmung dagegen liegt in unserer Hand (*eph' hemin*). Die *phantasia* ist lediglich Voraussetzung, nicht die eigentlich wirkende Ursache im Akt der Zustimmung. Wahrnehmung (*katalepsis*) ebenso wie appetitives und aversives Streben (*horme* und *aphorme*) bestehen nach stoischer Ansicht wesentlich in einer beurteilenden Zustimmung oder Ablehnung des Hegemonikon gegenüber vorgängigen Vorstellungen (SVF II 72.71.73.74.91; SVF I 60; III 141; Sext.Emp., *Pyrrh.hyp.*III 241).

4. Die stoische Ethik

Die Stoiker waren praktische und nicht theoretische Moralisten. Sie boten eine Analyse moralischer Begriffe und Sätze, aber dies als Propädeutik zum Nachweis, warum solche Sätze sinnvoll und gültig und was tatsächlich die Voraussetzungen und Prinzipien eines geglückten menschlichen Lebens sind. Dabei ist der Gedanke leitend, daß die menschliche Vernunft Abkömmling und Teil der göttlichen Vernunft ist, die das Natur- und Weltgeschehen bestimmt und der in bewußter und willentlicher Entsprechung sich einzufügen das Ziel des menschlichen Lebens ist (DL VII 88; Cicero, *De nat.deor.*II 37). Dieses Ziel ist zweifach bestimmt: als theoretisches Verstehen und praktische Interpretation der göttlichen Allnatur und ihres Ordnungswillens, mit den Worten Epiktets, der hier Chrysippsche Gedanken zum Ausdruck bringt: Der Gott hat den Menschen als Betrachter (*theatēs*) seiner und seiner Werke in die Welt gebracht und nicht nur als Betrachter, sondern auch als Interpret (*exēgētēs*) (*Diss.*I 6,19–20).

Im Zentrum der stoischen Ethik stehen zwei Gedanken; einmal der, daß man nur über eine Erkenntnis der Natur und der Einrichtung der Welt zur Einsicht in gut und schlecht gelangt (Cicero, *De fin.*III 72f.; Plutarch, *Stoic.rep.*1035 C-D = SVF III68); und zum anderen der, daß einzig das sittlich Gute (=Tugend und tugendhaftes Handeln) wahrhaft gut ist (*monon to kalon agathon; solum honestum bonum est*) (DL VII 101; Cicero, *De fin.*III 29) und das Glück des Menschen ausmacht. Die Vermittlung der beiden Gedanken leistet die sog. Oikeiosislehre, mit der die Stoa den Einstieg in die Ethik vollzog (Vgl. Cicero, *De fin.*III 16–22.62–71; DL VII 85f.).

Die prägnantesten Zielformeln (*homologoumenōs zēn; homologoumenōs tēi phusei zēn ; convenienter vivere; secundum naturam vivere)* (vgl. DL VII 87–89; Cicero, *Tusc. disp.*V 81f.; *De fin.*III 21f.; Stobaios II 75, 11–77,27), die ein gelungenes menschliches Leben in den vernunftbestimmten Einklang mit sich und der göttlichen Allnatur setzen, lassen die stoische Ethik als »theologische Vernunftethik« erscheinen (F.Ricken, Philosophie der Antike 170f.). Die theologischen Prämissen vom künstlerisch und vernünftig tätigen Prinzip des Weltgeschehens ermöglichen eine teleologische Sicht der nicht-vernünftigen Natur; dadurch werden die Impulse und Ziele, die sich in ›ursprünglicher‹, d. h. von Menschen (noch) nicht depravierter Natur auffinden lassen, sittlich bedeutsam. Sie geben aber auch der gelassenen Adiaphorie des Weisen (DL VII 160; *De fin.*III 35) Grund, daß alles, was ohne sein Verschulden in der Welt unvernünftig zu sein scheint, in der Vernunft der göttlichen Weltverwaltung aufgehoben ist (SVF I 537), in einer Vernunft, in die hinein der menschliche Geist beim Tod sich wieder auflösen wird.

Die stoische Ethik enthält als zentrale These (vgl. DL VII 101–104; Stobaios II 79–85; Sext. Emp., *Adv.math.*XI 64–67), daß die in Begriffen nicht-graduierbarer Weisheit (*sophia*) definierte Tugend (*aretē*) und das aus ihrem Besitz unmittelbar Folgende das einzige Gut, alles andere dementsprechend nicht-gut ist. Die riesige Klasse nicht-guter Dinge ist aber nicht unterschiedslos wertfrei oder völlig belanglos (*haplōs adiaphoron*). Das Laster ist selbstverständlich etwas Schlechtes (*kakon*); alles andere hat, für sich genommen, als indifferent (*adiaphoron*) zu gelten: Gesundheit, Schönheit, Macht, Ehre etc., indifferent im Verhältnis zum *summum bonum* des Weiseseins. Zu einigen der grundsätzlich indifferenten Dinge hat der Mensch indessen eine seiner Natur entspringende Zuneigung (*oikeiosis*): dies sind die naturgemäßen Dinge (*ta kata phusin*), die handlungstheoretisch »vorgezogene« Dinge (*proegmena*) bzw. Dinge »mit Wert« (*axian echonta*) genannt werden. Ihre Grundlage (vgl.Cicero, *De fin.*III 16ff.; DL VII 85f) bildet für jedes Lebewesen, auch für den Menschen, von Geburt an das eigene Sein, die Liebe zu diesem Sein und das Auslangen nach den Dingen, die der Erhaltung seines Seins dienen; sie fundiert »das erste Naturgemäße« (*ta prota kata phusin*). Im Zuge der natürlichen Entwicklung des Menschen aktualisieren sich weitere natürliche Triebe (Sexualtrieb, Sozialtrieb, Wissenstrieb etc.), die dann zusammen eine Vielzahl und ein Geflecht von artspezifisch wertvollen Dingen konstituieren. Der entscheidende Punkt im Argumentationsgang der Oikeiosislehre besteht in der Betonung der Vernunftnatur des Menschen, deren natürliche Entwicklung in der Einsicht gipfelt, daß die Selbstliebe des Menschen nicht in den naturgemäßen Dingen, sondern nur in der uneingeschränkten Liebe zum eigenen Vernünftigsein und der Vernunftqualität des Handelns (im *ordo rerum agendarum*) (*De fin.*III 20ff.) seine Erfüllung findet. Die definitive gedankliche und strebensmäßige Habitualisierung dieser Einsicht macht das Wesen der stoischen Tugend aus. Diese realisiert sich in vernünftiger Theoria, in vernünftiger Einstellung, in vernünftiger Wahl (*ekloge*), in vernünftigem Umgang und Gebrauch (*chresis*) (mit) der/den naturgemäßen Dingen (vgl. SVF III 491; Stobaios II 76). Diese gilt es zu verfolgen, zu bewahren, zu nehmen, wenn sie sich bieten (*lepta*; sumenda), aber nicht bedingungslos zu erstreben (*haireta; expetenda*). Ihr tatsächlicher Erwerb, Besitz oder Verlust ist für Tugend und Glück des Weisen ohne Belang (vgl. *De fin.*III 26).

Dieser ist deshalb von unsinnigen, weil auf der Verabsolutierung derartiger Güter und Übel gründenden Affekten der Lust, des Schmerzes, der Furcht und des Verlangens frei (*apathes*) und mit einer unerschütterlich heiter-gelassen-zuversichtlichen Gemütsverfassung (*eupatheia*) ausgestattet (vgl. Stobaios II 88–90; DL VII 115f.; Galen, *Placita* IV, 2-V,6). Die Eigenart der stoischen Affektenlehre mit ihrem Ideal der Apathie ist nur verständlich vor dem Hintergrund der zentralen Stellung der (beglückenden) Theoria im Rahmen der stoischen Tugend. Diese ist ja nicht nur moralisch-praktisch, sondern auch theoretisch definiert (vgl. Plutarch, *Stoic.rep.*1035D; Epiktet, *Diss.*I 6,16–20; Cicero, *De nat.deor.*II 37; *De fin.*III 72f.; SVF II 35); der *phusikos logos* steht bei Chrysipp am Anfang und am Ende der Ethik; die stoische Freiheit und der mit ihr verbundene Seelenfriede ruhen auf einem über Kontemplation vermittelten wissenden (Ein)verständnis und Gleichklang mit der göttlichen Allnatur. Dieses ist auch der Grund, warum dem Stoiker natürliche Neigungen Verhaltensorientierungen bieten (vgl. Epiktet, *Diss.*II 6,9).

Verhaltensweisen und Handlungen eines Lebewesens, die in ihrer inhaltlichen Ausrichtung seiner Artnatur entsprechen, die ihm »zukommen«, nennt die Stoa *kathekonta.* Cicero übersetzt *kathekon* etwas mißverständlich mit *officium* (*De fin.*III 20). Inhalt derartiger Handlungen ist entsprechend der Oikeiosislehre beim Menschen alles, was die Erhaltung und Entfaltung der spezifischen menschlichen Natur umfaßt und was sich im Blick auf dieses Ziel generell (*kathekonta aneu peristaseos*) oder lediglich in außergewöhnlichen Umständen (*kathekonta peristatika*) plausibel rechtfertigen läßt (Cicero, *De fin.*III 58; vgl. DL VII 107.109).

Von den *kathekonta,* die als solche auch vom Nichtweisen vollzogen werden können und ob ihrer Mittelstellung (mitunter) *mesa kathekonta, media officia* genannt werden, unterscheiden sich die sittlich guten Handlungen (*katorthomata, teleia kathekonta, perfecta officia*), die allein der Weise vollbringt (*De fin.*III 45; SVF III 362 501). Ihr unterscheidendes Merkmal ist nicht ihr Inhalt, sondern das sie leitende Wissen und Motiv; sie werden situationsgerecht (*eukairos*) getan, aus vollendeter Vernunft heraus, um des sittlich Guten selbst willen, im Einverständnis mit der göttlichen Natur, kurz: gemäß der richtigen Vernunft (*kata ton orthon logon*) (SVF III 501).

Die Kenntnisse des sozialethischen und politischen Aspekts der stoischen Philosophie verdanken wir (neben wenigen fragmentarischen Hinweisen zu Zenons und Chrysipps *Politeia*) (vgl. Schofield 1991) im wesentlichen Cicero, der in *De finibus* III 62–71 die sozialen Gesichtspunkte der stoischen Oikeiosislehre referiert, in *De officiis* die mittelstoische Lehre von den *kathekonta* unter dem dominanten Gesichtspunkt der staatlichen, politischen und gesellschaftlichen Gerechtigkeit entfaltet, und in *De legibus* und *De re publica* die stoische Theorie des natürlichen praktischen Gesetzes verarbeitet.

Den Ausgangspunkt bildet der Stoa offensichtlich der Hinweis auf den Sachverhalt, daß Natur die Lebewesen nicht nur mit dem Trieb der Zeugung, sondern konsequenterweise auch mit dem Trieb zur Pflege der Nachkommenschaft ausgestattet hat (*De fin.*III 62). Zum zweiten glaubte sie durch Beobachtung natürlicher Anlagen, Neigungen und Bedürfnisse des Menschen zur Behauptung berechtigt zu sein, daß der Mensch von Natur zur Gruppe der Herdentiere gehört (*sunagelastikon*, bzw. *koinonikon zoion*)(vgl. SVF III 686 346; Cicero, *De fin.*III 65) und auf ein Leben in Gemeinschaft ausgerichtet und angewiesen sei. Der dritte Schritt dürfte in dem Gedanken bestanden haben, daß aus der Vernunftnatur eine natürliche Wohlgeneigtheit zwischen allen Menschen erwächst, die der Reflexion zur Einsicht verhilft, daß der Mensch dem Menschen gerade deshalb, weil er Mensch ist, nicht als etwas Fremdes erscheinen darf (*De fin.* III 63). Die Teilhabe an Vernunft stiftet Gemeinschaft, gibt ein verbindendes Gesetz des Handelns vor und privilegiert zum vernünftigen Gebrauch alles Nichtvernünftigen (vgl. SVF II 528).

In Verbindung mit den Prämissen der pantheistischen Naturphilosophie führt dieser Ansatz zur Idee der Kosmopolis, zum Gedanken der Welt als eines gemeinsamen Staates von Göttern und Menschen, die auf ein ewiges, unabänderliches, göttliches Vernunft-Gesetz (*lex naturae*) verpflichtet sind, dem die geschichtlichen Staaten, wenn sie denn Anspruch auf Legitimität besitzen, in ihrem positiven Rechtssystem situationsgerechten Ausdruck verleihen müssen (vgl. Cicero, *De rep.* III 33). Der Verlust des bergenden und verbindlichen Polisrahmens findet im Gedanken einer göttlichen Weltordnung seinen Ausgleich.

Michael Erler

Epikur

1. Leben und Werk

Epikur wurde im Jahre 341 v. Chr. als Athener Bürger auf der Insel Samos geboren. Sein Vater Neokles hatte sich dort mit seiner Frau Chairestrate im Jahre 352 niedergelassen. Epikur hatte drei Brüder, Neokles, Chairedemos und Aristoboulos. Der Philosophie wandte sich Epikur einer Anekdote zufolge schon früh zu, weil sein Lehrer ihm Hesiods Bericht über das Chaos nicht hinreichend erklären konnte (DL X 2). Epikur schloß sich dem Platoniker Pamphilos an, hörte dann auf der Insel Teos an der kleinasiatischen Küste Nausiphanes, einen Demokriteer und Bekannten des Skeptikers Pyrrhon. Mit achtzehn Jahren ging Epikur für zwei Jahre nach Athen, um als Ephebe zu dienen. Über die folgenden Jahre sind wir nur spärlich unterrichtet. Er blieb offenbar einige Zeit in Kolophon (nordwestlich von Ephesos) und sammelte Schüler. Fünf Jahre verbrachte er in Mytilene auf der Insel Lesbos und in Lampsakos an der Ostküste des Hellespont und unterrichtete an beiden Orten. In dieser Zeit entwickelte Epikur offenbar die Grundlagen seiner Philosophie, wohl auch in kritischer Auseinandersetzung mit der benachbarten Schule des Eudoxos in Kyzikos. Aus dieser Zeit stammen Freundschaften mit für die weitere Geschichte wichtigen Schülern wie Menoikeus oder Metrodor, mit Hermarchos, dem er später testamentarisch Haus und Bibliothek in Athen übertrug, oder mit Timokrates, mit dem er sich später entzweite und dessen Angriffe eine Fundgrube für die Gegner der Schule wurde. Im Jahre 307/6 kam Epikur nach Athen und begründete seine Schule. Sein Status als Athener Bürger erlaubte Epikur Grunderwerb. Er kaufte ein Gartengrundstück, nach dem seine Schule ›Garten‹ (Kepos) genannt wurde, und ein Haus im Demos Melite. Im Jahre 271/0 ist Epikur in Athen gestorben (DL X 15). Wir hören von einer langanhaltenden Krankheit. Die Art und Weise, wie Epikur dennoch seine philosophische Haltung bewahrte, beeindruckte auch seine Gegner und verlieh seiner Lehre Glaubwürdigkeit. Seinen Schülern war diese Haltung Vorbild und Verpflichtung. Sie lebten nach der Maxime »Handle stets so, als ob Epikur dich beobachtet« (Seneca *ep.*25,5).

Diogenes Laertios bietet eine Liste von vierzig Titeln, die nur die besten Werke nennt (X 27), und überliefert 3 Briefe Epikurs: den Brief an Herodot (*Hdt.*), der Epikurs Naturlehre zusammenfaßt, den in seiner Echtheit nicht unumstrittenen Brief an Pythokles (*Pyth.*) über

Meteorologie und Astronomie und den Brief an Menoikeus (*Men.*), einen Protreptikos ethischen Inhalts. Weiterhin verdanken wir Diogenes Laertios die sogenannten ›Hauptlehrsätze‹ (*kuriai doxai*: KD), eine Art Katechismus seiner Lehre, das Testament Epikurs und Informationen über Epikurs Leben, seine Lehre sowie über seine Schüler und deren Werke. Eine wichtige Quelle für unsere Kenntnis ist T. Lucretius Carus, dessen bedeutendes Lehrgedicht *De rerum natura* einer ›summa‹ epikureischer Naturlehre gleichkommt. In dem Gedicht werden die Grundlagen der Physik (Buch I und II), der Psychologie (Buch III und IV) dargestellt, die Entstehung der Welt und der Kultur geschildert, meteorologische und astronomische Phänomene erklärt und außergewöhnliche Ereignisse analysiert (Buch V und VI).

Dieses Material wird ergänzt durch umfängliche Sekundärüberlieferung durch Zitate, Exzerpte, Berichte und Polemik bei griechischen und lateinischen Autoren späterer Zeit, von denen Cicero, Seneca, Lactanz, Sextus Empiricus und Plutarch genannt seien. Das weitverstreute Material wurde von Usener (Us.) in seinen *Epicurea* aus dem Jahre 1887 zusammengestellt. Dies war lange Grundlage unserer Kenntnis, die jedoch in den vergangenen hundert Jahren erheblich erweitert werden konnte. In einer Vatikanischen Handschrift wurde ein epikureisches Gnomologium mit 81 teils schon bekannten, teils neuen Lehrsätzen entdeckt. Die Reste von Buchrollen einer epikureischen Bibliothek im durch den Vesuvausbruch von 79 v. Chr. verschütteten Herkulaneum sind im 18 Jh. wiederentdeckt, nach und nach entziffert und veröffentlicht worden. Sie liegen jetzt zum großen Teil durch moderne Edition und Kommentar erschlossen vor. Wir verdanken dem Fund nicht nur große Teile von Epikurs Hauptwerk *Über die Natur* in 37 Büchern und anderer seiner Schriften, sondern auch umfangreiche Reste von Werken der Schüler Epikurs. Auf diese Weise können wir auch die epikureische Tradition, ihre Entwicklung und ihre Auseinandersetzug mit konkurrierenden Schulen besser kennenlernen. Von großem Wert schließlich ist die monumentale Wandinschrift wohl aus dem 2. Jh. n. Chr., die der Epikureer Diogenes im kleinasiatischen Oinoanda hatte aufstellen lassen. Die umfangreichen Fragmente sind seitdem gesammelt und ediert worden. Die Inschrift behandelt Physik, Ethik, Freundschaft und das Alter und bietet Briefe und Sentenzen. Sie ist ein wertvolles Zeugnis für Verbreitung und Konstanz der epikureischen Tradition.

2. Allgemeine Charakteristik seiner Philosophie

Nach Epikurs Ansicht steht die Philosophie im Dienst einer Lebensführung, die dem Menschen Glück (Eudaimonie) verschaffen soll. Ihr ist die Aufgabe zugedacht, Hindernisse auf dem Weg zu diesem Ziel zu beseitigen. Hierzu gehören vor allem die Angst des Menschen vor dem Unbekannten: Furcht vor Gott, vor dem Tod und generell vor einer Welt, die voll ist von oftmals befremdlichen Phänomenen, für viele Anlaß für Irritation und deshalb der erstrebten Seelenruhe abträglich. Wer die Haltlosigkeit derartiger Besorgnisse erkennt und sich vor unbegrenztem und deshalb unerfüllbarem Begehren freihält, ist auf dem rechten Weg und gelangt zur Eudaimonie. Epikurs Naturerklärung (Physiologie), seine erkenntnistheoretischen Überlegungen und seine ethischen Grundprinzipien sollen beitragen, beunruhigende Faktoren auszuschalten, indem sie Unbekanntes verständlich machen, Unerreichbares als irrelevant und Unvermeidbares als akzeptabel erweisen (KD XI). ›Aufklärung‹ und ›Seelentherapie‹ sind deshalb zwei wesentliche Merkmale epikureischer Philosophie, die sich als Lebenskunst *(ars vitae)* versteht. Durch Lehre und Gemeinschaft von Schüler und Meister möchte sie eine sichere Grundlage für ein glückliches Leben bieten (Fr.219 Us.). Mit Blick auf dieses Ziel instrumentalisiert Epikur die Dreiheit der philosophischen Disziplinen: Logik, Physik und Ethik und ordnet Logik und Physik der Ethik unter. Die Theorie wird somit zwar zur Dienerin der Praxis, behält aber einen hohen Stellenwert, da Glück ohne Naturerklärung nicht möglich ist (KD XII). Der therapeutische Charakter seiner Philosophie äußert sich in Intention und auch in der Form, in welcher die als Medizin verstandene Lehre – als ›Tetrapharmakos‹ werden die vier wichtigsten Lehrsätze Epikurs bezeichnet – verabreicht wird.
Neben zusammenhängender Argumentation werden dem Leser eingängig formulierte Sentenzen oder einprägsame Zusammenfassungen schwieriger Sachverhalte bereitgestellt, die dazu bestimmt sind, auswendig gelernt zu werden. Bei irritierenden Situationen sollen sie als Wegweiser dienen und zur Beruhigung beitragen. Vor diesem Hintergrund wird verständlich, warum sich unter den epikureischen Schriften Gnomologien, Epitomai, Handbücher oder Briefe finden, kommen doch gerade diese literarischen Gattungen einer Funktion als Meditationshilfe besonders entgegen (*Men.*135). Ihre Lektüre und die beständige Meditation ihres Inhalts verhilft nach Epikurs Überzeugung zu der ruhigen Betrachtung der Dinge, die Lukrez zu Beginn des zweiten Buches von *De rerum natura* (II 1 ff.) anpreist.
Nicht zuletzt wegen dieser Art von Wissensaneignung bietet der

Epikureismus das Bild einer geschlossenen Einheit, die Abweichung von der Lehre des Meisters nicht duldet. Mit einem Staat ohne Bürgerkrieg wird die Schule noch in der Kaiserzeit verglichen (Numenios Fr.24 Des Places), und tatsächlich sind in den 500 Jahren zwischen Epikur und Diogenes aus Oinoanda Änderungen im Grundsätzlichen nicht zu beobachten. Epikurs Texte und diejenigen seiner Meisterschüler wurden als geradezu sakrosankt angesehen und genauester philologischer Interpretation unterzogen. Dies geschieht ausdrücklich mit dem Ziel, Beunruhigung beim geneigten Leser vorzubeugen. Deshalb wird immer wieder versucht, scheinbar zur orthodoxen Lehre Unpassendes durch Aussagen des Meisters zu legitimieren. Auch auf diese Weise manifestiert sich der therapeutische Aspekt von Epikurs Lehre. Das Streben der Epikureer nach Orthodoxie war einerseits Garant für das Überleben der Lehre bis in die Spätantike, vermittelt andererseits vielen modernen Interpreten den Eindruck von Starre und mangelnder Originalität. Doch zeigen die Texte späterer Epikureer, daß dieser Eindruck nicht gerechtfertig ist. Es gab Epikureerkreise z. B. in Rhodos, die keineswegs in allen Belangen mit der Mutterschule in Athen einer Meinung waren. Unter dem Schutzmantel der autoritativen Aussagen Epikurs blieb vielmehr ein Freiraum für Interpretation, der auch innerhalb des scheinbar monolithischen Blocks des Epikureismus lebendige Diskussionen und Entwicklungen ermöglichte, die sich in Schwerpunktverlagerungen und Aspektverschiebungen manifestierten. Dabei haben neben der Integration fremder Dogmen offenbar auch Anpassungsbestrebungen eine Rolle gespielt, welche die Einbürgerung des Epikureismus in Rom erleichtern sollten. Diese betreffen nicht den Kern der Lehre, zeugen aber von einer Flexibilität, die an dem zeitweilig großen Erfolg der Lehre Epikurs nicht schuldlos gewesen sein dürfte.

3. Erkenntnistheorie

Diogenes Laertios unterteilt Epikurs Philosophie in ›Kanonik‹ genannte Erkenntnistheorie, Physik und Ethik, wobei die Erkenntnistheorie den Zugang zu Epikurs Lehre gleichsam eröffnet (DL X 29f.). Eng mit der Naturlehre verbunden, soll sie Mittel und Methode bereitstellen, mit deren Hilfe Antworten auf irritierende Fragen gegeben werden können. Epikur hat seine Erkenntnislehre in einem uns verlorenen Werk dargelegt, das den Titel *Über das Kriterium oder Kanon* trug. Das Wort ›Kanon‹ erinnert an das von Bauleuten verwendete Lot und bedeutet ›Richtlinie‹. Die Kanonik ist also die Lehre von den Kriterien, mit denen man zu gesicherter Erkennt-

nis gelangen kann. Daß wir über derartige Mittel verfügen, ist Grundvoraussetzung für den erstrebten Glückszustand. Wesentlich für Epikur ist die These, daß Wissen alleine durch sinnliche Wahrnehmung gewonnen werden kann. Epikur vertritt mit aller Konsequenz eine empirische Erkenntnistheorie. Allein Wahrnehmung soll eine korrekte Widergabe der Gegenstände garantieren. Dies wird u. a. mit der Vernunftlosigkeit der Wahrnehmung begründet. Logik und Dialektik steht Epikur skeptisch gegenübersteht, lehnt sie aber nicht prinzipiell ab. Epikur und seine Schüler haben eine auf Empirie basierende Methode entworfen und weiterentwickelt, mit deren Hilfe auch Aussagen über solche Dinge möglich sind, die sich selbst sinnlicher Wahrnehmung entziehen. Drei Kriterien für die Beurteilung von Erkenntnis hat Epikur unterschieden (DL X 31 ff.): die Wahrnehmung (*aisthesis*), die sogenannten Allgemein- oder Vorbegriffe (*prolepseis*) und die Empfindungen (*pathe*). Spätere Epikureer haben ein viertes Kriterium, die ›vorstellende Hinwendung des Verstandes‹ (*phantastike epibole tes dianoias*) hinzugefügt (DL X 31).
Daß die Sinnenswahrnehmung als untrügliches Kriterium fungiert, ist in Epikurs atomistischem Weltbild begründet. Sinnliche Wahrnehmung ergibt sich demnach aus einer durch die Sinne vermittelten Erfahrung und wird durch den Zustrom feiner Bilder verursacht (*Hdt.*46). Kontinuität des Bilderstromes und Passivität des Rezipienten innerhalb dieses Wahrnehmungsprozesses sorgen für Zuverlässigkeit der Wahrnehmung (DL X 31). Deshalb kann Epikur die vieldiskutierte und in ihren Implikationen umstrittene These äußern, nach der allen Wahrnehmungen gleicher Wert zukommt (KD XXIII). Die Zuverlässigkeit gewährleistet darüber hinaus der Umstand, daß sinnliche Wahrnehmungen sich nicht gegenseitig widerlegen können. Denn sie sind auf jeweils spezifische Objekte ausgerichtet (Lucr.IV 379–386). Da auch die Vernunft (*logos*) von der Wahrnehmung abhängig ist, scheidet auch sie als Widerlegungsinstanz aus (Lucr.IV 722 ff.). Anders als die Meinung (*doxa*) nimmt Wahrnehmung von den Gegenständen weder etwas fort noch fügt sie etwas hinzu (Sext.Emp.*math.*VIII 9). Deshalb haben alle Wahrnehmungen als wahr zu gelten (KD XXIV). Natürlich bestreitet Epikur keineswegs, daß es irritierende Wahrnehmungen gibt, z. B. wenn ein ins Wasser getauchtes Ruder gebogen zu sein scheint. Als Quelle der Irritation hat jedoch nicht die Wahrnehmung, sondern der Verstand zu gelten, wenn er aus der Wahrnehmung schließt, daß das Ruder wirklich gebogen ist, und er dies nicht durch die sinnliche Wahrnehmung bestätigen oder widerlegen läßt (*Hdt.*50f.). Wenn Orest in Aischylos' *Choephoren* Furien wahrnimmt, dann ist nicht diese Wahrnehmung falsch. Irrig ist vielmehr, wenn der Verstand

meint, daß es solche Furien wirklich gibt (Fr.253 Us.). Fehler entstehen also, wenn Behauptungen über Dinge aufgestellt werden, die nicht durch sinnliche Beobachtung legitimiert sind.

Neben der Sinneswahrnehmung haben Empfindungen (*pathe*) als wichtiges Kriterium zu gelten. Alle Wahrnehmungen werden nämlich von einer Empfindung der Lust oder Unlust begleitet, die als Kriterium für eine positive bzw. negative Bewertung dient (DL X 31–34). Allerdings ist darauf hingewiesen worden, daß wir uns mit der Beurteilung richtiger oder falscher Handlungen eigentlich im Bereich der Ethik befinden (vgl.*Men.*129). Man hat deshalb bezweifelt, ob Epikur die Empfindungen (*pathe*) wirklich zu den Wahrheitskriterien gerechnet hat. Doch kann man Empfindungen unter zwei Aspekten betrachten. Zum einen kann man unter Empfindung als Affektion von außen wie etwa eine Sinneswahrnehmung verstehen – Hören und Riechen bezeichnet Epikur als Affekt (*Hdt.*52 f.) –, zum anderen aber als innere Affektion, die das praktische Handeln bestimmt. Diese Doppelfunktion mag erklären, warum Empfindung auch als Wahrheitskriterium fungieren kann. Denn auch sie fügt von sich aus nichts hinzu, was die Beurteilung einer Wahrnehmung verfälschen könnte.

Um nun eine einzelne Sinneswahrnehmung richtig einordnen zu können, um also z. B. die Frage beantworten zu können, ob das, was ich da vorne sehe, ein Rind oder ein Mensch ist, muß die jeweilige Wahrnehmung auf Allgemeinbegriffe zurückgeführt werden (DL X 33). Epikur führt deshalb als weiteres Kriterium den ›Vorbegriff‹ oder die ›Vorwegnahme‹ (*prolepsis*) ein. Eine solche ›Vorwegnahme‹ oder ›Prolepsis‹ ist eine Allgemeinvorstellung, die durch wiederholte Einwirkung äußerer Bilder bei sinnlicher und nicht sinnlicher Wahrnehmung entsteht. Mit ihrer Hilfe ist es möglich, Wahrgenommenes zu klassifizieren und sich Vorstellungen allgemeiner Art zu bilden. Die ›Prolepsis‹ ist also keine eigene Quelle der Erkenntnis, stellt aber einen Maßstab dar, nach dem das jeweils Besondere – z. B. Sokrates – oder eine Handlungsweise beurteilt werden können. Als gerecht hat z. B. zu gelten, was sich der ›Prolepsis‹ Gerechtigkeit fügt (KD XXXVII.XXXVIII). Man darf vermuten, daß Epikur mit seiner Theorie der ›Vorwegnahme‹ die Frage beantworten will, wie man etwas suchen oder beurteilen kann ohne Wissen von dem, was man sucht. Platon stellt diese Frage im *Menon* und beantwortet sie unter Hinweis auf die im rein geistigen Bereich angesiedelten Ideen, an die sich die Seele des Menschen nach der Verbindung mit dem Körper wieder erinnert. Epikur will das Problem offensichtlich mit Hilfe der empirisch gewonnenen ›Vorbegriffe‹ lösen. Neben der Wahrnehmung ist eine weitere Quelle, aus der man Vorbegriffe schöpfen kann, die Sprache. Worte begleiten nämlich eine mit der Wortbedeutung wesentlich verbundene Vorstellung, der unmittelbare Evidenz zukommt (DL X 33). Beim Anhören des Wortes ›Mensch‹ stellt sich nach Epikurs Überzeugung die Allgemeinvorstellung mit Evidenz ein.

Schwierig und in Bedeutung und Funktion umstritten ist die Erklärung des Kriteriums, das spätere Epikureer beigefügt haben, ›die vorstellende Hinwendung des Verstandes‹ (DL X 31). Vermutlich steht der Ausdruck für einen aktiven Aspekt im Denkprozeß, der mit der Fähigkeit zusammenhängt, Dinge geistig sichtbar werden zu lassen. Vermutlich soll er Phänomene wie das Gedächtnis mit seinen internen Prozessen auf der Grundlage des Empirismus besser verstehen helfen. Die vorstellende Hinwendung des Verstandes ist auf den Bereich des sinnlich nicht Erfaßbaren ausgerichtet (Fr.255 Us.) und bezeichnet ein aktives Konzentrieren auf bestimmte unter den auf den Verstand einströmenden Bildern.

Wenn Wahrnehmung die Grundlage aller Erkenntnis ist, stellt sich die Frage, wie Erkenntnis gewonnen werden kann, wenn Beobachtung auf irgendeine Weise behindert oder wenn sie gar unmöglich ist. Ersteres gilt, wenn man sich z. B. nicht sicher ist, ob ein Turm in der Ferne wirklich rund ist, wenn Aussagen über einen Gegenstand also der Verifikation harren (Hdt. 38). Für diesen Fall führt Epikur das Prinzip der Bezeugung (*epimarture̱sis*) ein. Dieses Verfahren erlaubt unter Rekurs auf Evidenz (*enargeia*) die Überprüfung, ob der fragliche Gegenstand (Turm), über den eine Aussage getroffen wurde (rund), tatsächlich so beschaffen ist, wie behauptet wurde (vgl. Sext.Emp.*math.*VII 212). Für den Bereich dessen, das prinzipiell nicht beobachtet werden kann (*ade̱la*), stellt sich die Frage nach einem Verfahren ihrer Beurteilung besonders dringlich. Denn zu diesem Bereich gehören die Grundbausteine des epikureischen Kosmos: die Atome und das Leere. In diesem Bereich muß Erkenntnis auf anderen Wegen gewonnen werden. Hier ist eine Überprüfung des Wahrheitsgehaltes nur indirekt möglich. Epikur bietet für diese Fälle das Verfahren der Gegenbestätigung (*antimarture̱sis*), bzw. Nicht-Gegenbestätigung (*ouk antimarture̱sis*) an.

Offenbar geht Epikur von der Regel aus, daß Aussagen über nicht sinnlich wahrnehmbare Dinge den Phänomenen nicht widersprechen dürfen. Eine Aussage über nicht beobachtbare Sachverhalte oder Dinge hat dann als wahr zu gelten, wenn ihr kontradiktorisches Gegenteil in Widerspruch zu beobachtbaren Erscheinungen steht. Die These, daß es einen leeren Raum und daß es Atome gibt, ist demnach wahr, da ihr kontradiktorisches Gegenteil zu evidenten Widersprüchen mit Phänomenen im beobachtbaren Bereich führt.

Die Thesen stimmen vielmehr mit den Phänomenen zusammen (DL X 112). Allerdings läßt diese Methode auch die Möglichkeit offen, daß mehrere Erklärungen von Phänomenen gleichberechtigt nebeneinanderstehen (*Hdt.*80). In der Tat scheint Epikur in diesem Fall jede Erklärung als wahr zu akzeptieren. Dies gilt nicht nur für die Himmelserscheinungen (*Pyth.*96), sondern offenbar generell für alles, was zum Bereich dessen gehört, das sinnlicher Wahrnehmung nicht zugänglich ist (*Hdt.*79 f.). Mag man darin auch einen Mangel an Eindeutigkeit sehen, so wird dieser doch aufgewogen durch den Beitrag, den die bloße Existenz von Erklärungsmöglichkeiten für die Seelenruhe des Menschen leistet.

Wie z. B. ein Traktat Philodems, eines Epikureers des 1. Jh.v. Chr., mit dem Titel *De signis* zeigt, wollten spätere Epikureer offenbar das Verfahren verfeinern, wobei die Phänomene als Zeichen (*sēmeia*) verstanden und die Möglichkeiten einer Inferenz von diesen Zeichen auf die Dinge diskutiert wird, die sinnlich nicht wahrnehmbar sind. Bemerkenswert ist auch, daß in späteren Quellen (Sext.Emp.*math.*VII 213–214) die Nicht-Widerlegung als ›Folgerung‹ (*akolouthia*) bezeichnet und dadurch der Zusammenhang von These (es gibt das Leere) und Phänomen (Bewegung existiert) enger und präziser wird. Wir fassen hier möglicherweise eine innerschulische Entwicklung, die Folge von Auseinandersetzungen mit konkurrierenden Schulen, insbesondere der Stoa, ist.

4. Physik

Die Naturlehre (*phusiologia*) Epikurs will durch Erklärung unbekannter und oftmals befremdlicher Naturvorgänge dem Menschen Seelenruhe und Glück verschaffen. Durch Aufklärung soll Furcht vor Tod, unbegrenztem Begehren, Gott und verunsichernden Phänomenen beseitigt und auf diese Weise für eine der Eudaimonie zuträgliche Lebensweise gesorgt werden. Allerdings sollten Bemerkungen Epikurs, wonach Naturforschung ohne Furcht vor Himmelserscheinungen oder vor dem Tode unnötig sei (KD XI), nicht zum Schluß verleiten, epikureische Physik sei weniger ernstzunehmen als die Darlegungen in Platons *Timaios*. Vielmehr lassen die Reste von Epikurs Hauptwerk *De natura* erkennen, daß physikalische Probleme anspruchsvoll und auch um ihrer selbst willen behandelt werden.

Grundlegend sind die Sätze, daß nichts aus nichts entsteht, daß nichts zu nichts vergeht (*Hdt.*38 f.) und daß das All sich nicht verändert. Diese Thesen erinnern an die Ontologie des Parmenides. Epikur jedoch begründet sie seiner Erkenntnistheorie entsprechend durch einen Hinweis auf die empirische Erfahrung. Hätten die ge-

nannten Sätze keine Gültigkeit, könnte entweder gleichsam ohne Samen alles aus allem entstehen oder alles plötzlich vergehen. Zudem hätte in der langen, zurückliegenden Zeit alles bereits untergehen müssen. Dies ist jedoch nicht der Fall. Zudem zeigt sinnliche Wahrnehmung, daß alle Dinge aus einer ihnen gemäßen Ursache entstehen. Die Kanonik erweist also die beiden Grundsätze als richtig. Eine Folgerung aus diesen Grundsätzen ist die Konstanz des ›Alls‹, das alle Dinge enthält. Das All kann sich nicht wandeln, weil es nichts gibt, das von außerhalb für einen solchen Wandel sorgen könnte (*Hdt.*39). Von zentraler Bedeutung für Epikurs Physik ist seine These, daß das All aus zwei Bausteinen zusammengesetzt ist: dem ›Körper‹ und dem ›leeren Raum‹ (*Hdt.*39). Der Körper wird durch Anschauung und den Grundsatz, daß nichts zu nichts vergehen kann, als Element erwiesen. Die Beobachtung, daß es Bewegung gibt, und daß für Bewegung leerer Raum notwendig ist, zeigen, daß das Leere als weiteres Element hinzutreten muß (*Hdt.*39 f.). Körper existieren in Form unwandelbarer Atome oder als Atomverbindungen (*Hdt.*40). Etwas Drittes neben Körper und Leerem ist weder empirisch beweisbar noch durch Analogie zu erschließen. Denn alles, was selbständig existiert, hat Ausdehnung. Kann man es berühren, ist es körperlich. Im anderen Fall gehört es zum Leeren. Was nicht selbständig existiert, ist als Eigenschaft eines Körpers anzusehen, wobei Epikur zwischen wesentlichen Qualitäten (*sumbebekota*) wie Gestalt, Schwere und Größe (*Hdt.*54) und äußerlichen Eigenschaften (*sumptomata*) wie Freiheit oder Armut unterscheidet.
Die Atome sind unteilbar, unvergänglich und unwandelbar. Da das All unbegrenzt ist – eine Grenze würde es von etwas anderem trennen, doch gibt es nichts außerhalb des Alls – sind auch der leere Raum und die Anzahl der Atome unbegrenzt groß (*Hdt.*41). Wäre die Zahl der Atome begrenzt, das Leere aber unbegrenzt, gäbe es keine Möglichkeit für die Atome zusammenzutreffen und Verbindungen einzugehen. Wäre das Leere begrenzt, die Zahl der Atome aber nicht, gäbe es keinen hinreichenden Raum für sie. Die Atome haben unfaßbar viele Formen – hieraus erklärt sich die Vielzahl der Unterschiede bei den Atomverbindungen –, doch ist die Zahl der Formen nicht unbegrenzt (*Hdt.*42). Andernfalls müßten die Atome beliebig vergrößerbar sein, so daß sie schließlich die Grenze zum Bereich des Sichtbaren überschritten. Dies widerspräche jedoch aller empirischen Erfahrung (*Hdt.*55 f.).
Zur Begründung, daß Atome keine unbegrenzt große Anzahl an Form haben können, dient auch Epikurs Lehre von den Atomteilen, den ›minima‹, die als wichtige Neuerung gegenüber seinen Vorgängern anzusehen ist (*Hdt.*55 ff.; Lucr.I 599–634). Demnach sind die

Atome zwar nicht physikalisch, wohl aber mathematisch teilbar, wobei auch diese mathematische Teilbarkeit nicht bis ins Unendliche fortgesetzt werden kann. Epikur argumentiert, daß bei unendlicher Teilung die Teile noch Ausdehung hätten und sich eine unendlich große Anzahl solcher Teile zu etwas unendlich Großem addieren würde (*Hdt.*57). Andererseits könnten die Atome bei unendlicher Teilung in nichts zerfallen. Das eine widerspricht der Anschauung, das andere einem Grundsatz Epikurs. Deshalb gibt es kleinste, auch theoretisch nicht mehr teilbare ›minima‹. Mit der nicht unproblematischen Lehre von den ›minima‹ reagiert Epikur vielleicht auf Ausführungen des Aristoteles in der *Physik*. Jedoch ist nicht sicher, daß er diese gekannt hat. Jedenfalls stellt er sich gegen die Auffassung der zeitgenössischen Geometrie. Hier spielte die Unteilbarkeit z. B. in der Diskussion der Inkommensurabilität von Linien eine Rolle. Spätere Epikureer – z. B. Polyainos – haben sich dann ebenfalls mit den Folgen der Minimalehre für die Geometrie befaßt und eine lebhafte Diskussion ausgelöst.

Nicht nur für die Diskussion der Atome, sondern auch für Epikurs Bewegungslehre ist die These von den ›minima‹ von Bedeutung. Allen Atomen ist nämlich eine ständige, zueinander parallele Bewegung nach unten eigen. Diese Bewegung wird durch ihre Schwere verursacht und ist nach unten gerichtet (*Hdt.*61), wobei dieses ›nach unten‹ wegen des unbegrenzten Raumes relativ und eine Festlegung Epikurs ist: Unten ist die Richtung, in welche die Atome fallen, wenn sie nicht durch Kollision mit anderen Atomen abgelenkt werden (*Hdt.*60). Die Geschwindigkeit der Atome ist im Verhältnis zur wahrnehmbaren Geschwindigkeit zwar nicht unbegrenzt, aber doch unvorstellbar hoch – als »gedankenschnell« bezeichnet sie Epikur (*Hdt.*61). Zur Begründung mag man auch hier auf die *minima*-Lehre verweisen. Wenn nämlich eine Strecke in letztlich unteilbare Streckeneinheiten zerlegbar ist, dann addieren sich die unendlich großen Geschwindigkeiten innerhalb der Teilabschnitte nicht notwendig zu einer unendlich großen Gesamtgeschwindigkeit. Es ist allerdings nicht klar, ob Epikur selbst in diesem Zusammenhang auf die *minima*-Lehre zurückgegriffen hat. Die Atomgeschwindigkeit im leeren Raum ist trotz unterschiedlichen Gewichtes für alle Atome gleich, weil es im leeren Raum keinen Widerstand für die Bewegung der Atome gibt (*Hdt.*60f.). Einen Hinweis auf langsamere und schnellere Bewegungen im empirischen Bereich läßt Epikur in diesem Fall als Gegenargument nicht gelten. Denn im empirischen Bereich handelt es sich um Bewegungen von Atomverbindungen, die durch Eigenbewegung der Atome oder durch Kollision mit anderen Körpern beeinflußt und behindert werden (*Hdt.*43f.).

Vor dem Hintergrund dieser Bewegungslehre wird jedoch zum Problem, wie derartige Atomverbindungen überhaupt entstehen können. Denn die konstant parallele Bewegung der Atome scheint es unmöglich zu machen, daß es zu einem Zusammentreffen der Atome kommen kann. Epikur führt deshalb die Lehre von der spontanen, nicht von außen verursachten Abweichung der Atome während ihres Falles ein (*clinamen: parenklisis*). Mit ihrer Hilfe soll erklärt werden, warum es Atomverbindungen und damit die Phänomene der sinnlich wahrnehmbaren Welt geben kann. Zwar wird die Lehre in keinem der erhaltenen Werke Epikurs erwähnt. Darstellungen finden wir vielmehr erst bei Lukrez (II 216–250) und bei Diogenes aus Oinoanda (Fr.54 III 6 Smith). Doch wird man sie Epikur nicht absprechen wollen. Vielleicht hat er die These erst später, etwa nach der Abfassung des Herodotbriefes, entwickelt. Die These von der spontanen Atomabweichung ist oft kritisiert worden, hat aber mit Blick auf neuere Erkenntnisse in der Atomphysik (z. B. Quantensprungtheorie) in jüngerer Zeit wachsendes Interesse gefunden. Da die Abweichung aber nur minimal ist, bleibt im Bereich der sinnlichen Wahrnehnung der Eindruck strenger Gesetzmäßigkeit erhalten. Auf diese Weise wird ein ausnahmsloser Determinismus gemieden und Freiraum für Spontaneität gelassen (Lucr.II 244 ff.), weshalb sie in der Diskussion des freien Willens in einem atomistischen System eine Rolle spielt.
Als wichtiger Teile der Physik dient auch die Kosmologie nicht allein wissenschaftlicher Erkenntnis, sondern will dem Menschen durch Aufklärung zum Glück verhelfen (KD XX). Unter Kosmos versteht Epikur einen abgeschlossenen Teil des Himmels, der die Gestirne, die Erde und alle Phänomene umfaßt (*Pyth.*88). Anders als nach modernem Verständnis des Wortes wird also die Möglichkeit offengelassen, daß es sich beim Kosmos nur um einen Teil der Welt handelt, daß es also mehrere Kosmoi gibt, deren Gestalt divergiert. In der Tat spricht Epikur auch von Welten im Plural und führt die Möglichkeit dieser Vielzahl auf die unbegrenzte Anzahl der Atome zurück (*Hdt.*45). Gleichzeitig dient ihm diese Vielzahl als Argument dafür, daß es keine Vorsehung der Götter gibt. Kein Gott kann sich nämlich um alle Welten kümmern (Cic. *nat.d.*I 20,52 f.). Dies wäre eine der seligen Existenz der Götter unangemessene Tätigkeit. Da Epikur alle Erscheinungen auf mechanische Prozesse zurückführt, lehnt er eine teleologische Weltsicht, wie sie etwa Platon (vgl. *Phaid.*99af.) findet, ab, bedient sich bei der Beschreibung allerdings bisweilen eines Vokabulars, das aus dem Bereich der Biologie stammt (*Hdt.*73 f.). Kein Demiurg hat die Welt hergestellt. Sie ist vielmehr das Resultat zufälliger Atomkollisionen. Ihre Existenz wird durch

Atomabweichung, unbegrenzte Zeit und unbegrenzte Anzahl der Atome ermöglicht (vgl. Lucr.V 419ff.). Die auf diese Weise ausgelöste Weltentstehung vollzieht sich in mehreren Stufen, die vom ersten Zusammentreffen der Atome bis hin zu den Lebewesen reicht, für deren weitere Entwicklung die jeweilige Lebenstüchtigkeit wichtig ist (Lucr.V 837ff.). Natur und Vernunft (*Hdt.*75f.), nicht die Götter spielen in diesem Prozeß als wichtige Komponenten eine Rolle. Wie mit der Kosmologie verfolgt Epikur auch mit der Erklärung der Himmelserscheinungen (Meteorologie) das Ziel, Irritationen beim Menschen zu beseitigen, die aus Unwissenheit und Furcht vor unerklärten Phänomenen entsteht. Da im Bereich der Himmelserscheinungen eine letzte Nachprüfbarkeit nicht möglich ist, akzeptiert Epikur hier mehrere Erklärungen des gleichen Phänomens, solange keine von ihnen den Phänomenen in irgendeiner Weise widerspricht. Lukrez bietet im sechsten Buch von *De rerum natura* (96ff.) zahlreiche Erklärungen z. B. für Blitz oder Donner, von denen zwar nur eine wirklich wahr sein kann. Jedoch das Bewußtsein, daß es überhaupt eine Erklärung gibt, fördert das Sicherheitsgefühl des Menschen und trägt damit zu einem glücklichen Leben bei. Dies ist als Konsequenz aus Epikurs Methode und seinem Bestreben zu sehen, die Analyse von Phänomenen nicht als reinen Selbstzweck anzusehen, sondern allein schon durch den Hinweis auf die prinzipielle Erklärbarkeit irritierender Phänomene Furcht zu beseitigen.
Die Psychologie Epikurs dient nicht zuletzt der Beseitigung der Todesfurcht als einer wesentlichen Quelle menschlichen Unglücks. Denn Todesfurcht verursacht nach Epikurs Überzeugung moralisches Fehlverhalten, das von übermäßigem politischen Ehrgeiz bis hin zu Mord führt (KD VII; Lucr.III 59ff.). Deshalb weist Epikur nach, daß der Tod für den Menschen keine Bedrohung darstellt (KD II), indem er sich bemüht, die zweite der von Sokrates in der *Apologie* (40bc) angesprochenen Alternativen als richtig zu erweisen, wonach es nach dem Tode kein Weiterleben der Seelen gibt. Der Tod ist demnach ein Zustand der Empfindungslosigkeit und daher für den Menschen ohne Belang. Wenn wir sind, ist der Tod nicht da; wenn der Tod da ist, sind wir nicht (*Men.*124). Die Empfindungslosigkeit im Zustand des Todes resultiert aus der atomistischen Auffassung der Seele. Die Seele wird mit dem Körper geboren und vergeht mit ihm, wie Lukrez mit Hilfe von 28 Beweisen zeigt (III 417–829). Mit dem Nachweis der Körperlichkeit und Vergänglichkeit der Seele soll eine Furcht als gegenstandslos erwiesen werden, die aus der Erwartung eines Lebens nach dem Tode resultiert. Allerdings ist zu fragen, ob diese Argumentation nicht nur die Furcht vor dem Zustand des Todes, nicht aber diejenige vor dem Übergang in diesen Zustand besei-

tigen kann. Unter der Seele versteht Epikur ein besonders feinteiliges, körperliches Gebilde, das im Körper verteilt ist und mit ihm in Verbindung steht (*Hdt.*63). Die Seele ist Ursache von Affizierbarkeit, Bewegung und Denken (*Hdt.*63). Epikur vergleicht sie mit einem Windhauch, der mit Wärme vermischt ist. Bei Lukrez erfahren wir von einem Element der Seele, das für die Weitergabe der Informationen der Sinne an den Verstand verantwortlich ist und keinen Namen hat (III 238 ff.).

Von großer Bedeutung, wenn auch nicht in allen Aspekten plausibel, ist Epikurs Analyse der Sinneswahrnehmung (*Hdt.*63). Sie ist bemerkenswert, weil Epikur hier von einem passiven Vorgang ausgeht und sich damit von der verbreiteten Sehstrahltheorie anderer Schulen absetzt (*Hdt.*49). Wie die Kanonik zeigt, macht diese Passivität Wahrnehmung zu einem geeigneten Wahrheitskriterium. Wahrnehmung entsteht, wenn von der Oberfläche des Objektes Atome abfließen und auf das zuständige Organ treffen. Der Wahrnehmungsvorgang wird durch Bilder ermöglicht, die von gleicher Struktur wie das Objekt sind, von dem sie stammen. Beim Flug derartiger Bilder können allerdings spontan Mischbilder entstehen (z. B. Kentauren), bei deren Beurteilung zu beachten ist, daß zwar den Bildern, nicht aber deren scheinbaren Quellen Realität zukommt. Ein Rückschluß wäre fehlerhaft und Ursache für unnötige Furcht.

Dient Epikurs Psychologie dazu, Furcht vor dem Tode zu beseitigen, so soll die Theologie als Teil der Naturlehre den Menschen vor Götterfurcht bewahren. Diese ist nach Epikurs Ansicht unbegründet, weil die Götter weder für die Schöpfung der Welt verantwortlich sind noch sich um die Menschen kümmern (*Hdt.*81). Merkmal des Gottes ist vielmehr seine Unvergänglichkeit und seine selige Existenz (*Men.*123 f.) in einem Bereich, der in späteren Quellen ›Zwischenwelt‹ genannt wird (Lucr.III 18 ff.). Sie sind menschlicher Beeinflussung etwa durch Opfer oder Gebet nicht zugänglich. Epikurs Auffassung bedeutet also eine Abkehr von religiösen Vorstellungen, wie wir sie bei Homer oder auch in späterer Zeit finden. Mit seiner These von der unaffizierbaren und unbeeinflußbaren Existenz der Götter, von denen der Mensch nichts zu erwarten hat (KD I) und die durch Wohlverhalten nicht beeinflußt werden können, zieht Epikur offenbar die Konsequenz aus einer Entwicklung, die sich schon lange vor ihm andeutet. Man denkt an die Kritik z. B. bei Xenophanes, an den Ausdruck von Gottesverlassenheit bei Euripides (z. B. *Troad.*1280) und an die Kritik an der gängigen Religion als ›Handelskunst‹ in Platons *Euthyphron*.

Andererseits ist festzuhalten, daß Epikur keineswegs Atheist ist und die Existenz der Götter bezweifelt. Ihrer Existenz kommt vielmehr unmittelbare Evidenz zu. Denn alle Menschen haben eine Vorstellung davon, daß es Götter gibt. Zu fragen ist allerdings, wie in einem atomistischen Weltbild die Existenz unvergänglicher Wesen erklärt werden kann. Eine allgemein akzeptierte Antwort auf diese Frage ist bisher nicht gefunden. Mit Blick auf zwei wichtige, aber nicht in allem übereinstimmenden Quellen (Schol.KD I; Cic. *nat.d.*I 49) wird diskutiert, ob den Göttern Individualität zugesprochen oder ob die Beständigkeit ihrer Existenz nicht materialiter, sondern nur formaliter als Gestaltgleichheit zu verstehen ist. Festzuhalten ist jedenfalls, daß die Götter auch fern von den Menschen eine gleichwohl für diese wesentliche Funktion ausüben. Auch im Epikureismus spielt das für den Platonismus so wichtige Streben nach Angleichung an Gott eine wichtige Rolle. Zwar unterscheiden sich die Götter durch die zeitliche Unbegrenztheit ihrer Existenz von den Menschen, die sich mit Hilfe therapeutischer Philosophie von Unlust und Seelenschmerz zu befreien versuchen. Doch bieten sie eben durch diese selige Existenz ein Vorbild, dem es nachzueifern gilt. Indem der Mensch sich gerade infolge der Erkenntnis ihrer abgeschiedenen Existenzweise von der Furcht befreit, bereitet er sich selbst das Glück, das er von ihnen erhofft (Lucr.VI 68 ff.). Insofern der Mensch also keine falschen Vorsellungen auf die Götter überträgt, sondern sie in ihrer seligen Abgeschiedenheit akzeptiert und sich an ihnen als Vorbild orientiert, sorgt er selbst direkt, die Götter indirekt für sein Glück oder Unglück. Es ist deshalb konsequent, wenn Epikur ihre Verehrung verlangt (*Men.*123), wobei es freilich nicht um die Götter, sondern um das Wohlergehen des Menschen geht (vgl. *Gnom. Vat.*32). Auf diese Weise wird die ethisch-moralische Dimension der gleichsam verinnerlichten Religiosität Epikurs deutlich.

4. Ethik

4.1 Hedonismus

Epikur sieht das Ziel allen Handelns im guten Leben und der Eudaimonie. Konkret sieht er in diesem Ziel, an dem sich alle Handlungen messen lassen müssen, die Lust. Unter Lust ist Freiheit von körperlichem Schmerz (*aponia*) und von geistiger Verwirrung (*ataraxia*) zu verstehen (*Men.*128). Diese Bestimmung des höchsten Gutes hat Epikur Kritik eingetragen, weil sie nur negativ ist (vgl. Cic.*fin.*II 6–19). Doch läßt sich diesem Vorwurf unter Hinweis auf eine wichtige Stelle in Ciceros *De finibus* (I 37) entgegnen, daß der Zustand von den Epikureern offenbar keineswegs rein negativ angesehen wurde. Mit der Abwesenheit von Schmerz geht eine freudige Emp-

findung einher. Der Zustand absoluter Unlustfreiheit verhilft demnach seinerseits zu Freude und Lust. Da eine enge Beziehung zwischen der Beseitigung von Schmerz und dem jeweiligen Maß an Lust besteht, kann es einen mittleren, gleichsam neutralen Zustand nicht geben. Epikur beruft sich auf Erfahrung. Alle Menschen streben von Natur nach Lust als einem Gut und meiden den Schmerz als ein Übel. Deshalb hält Epikur eine Beweisführung nicht für notwendig und behauptet der Epikureer Torquatus, daß die Gleichsetzung der Lust mit dem höchsten Gut so evident sei wie der Umstand, daß Schnee weiß und Honig süß ist (vgl. Cic.*fin.*I 30).
Dennoch haben Schüler Epikurs – vielleicht in Auseinandersetzung mit Gegnern Epikurs – versucht, die These auch argumentativ zu untermauern (*fin.*I 31). Es fällt auf, daß bei Diogenes Laertios die Beobachtung, daß Lebewesen schon kurz nach der Geburt nach Lust streben und Schmerz meiden, als ›Beweis‹ bezeichnet wird (X 137). Mit diesem ›Beweis‹ ist wohl auch das bei Cicero (*fin.*I 30) überlieferte sogenannte ›cradle-argument‹ gemeint, das auf das Luststreben der unverstellten Natur des Kleinkindes verweist. Das Argument findet sich nicht in den überlieferten Schriften Epikurs, wird aber auf ihn zurückgehen. Allerdings liefert das Argument kaum einen wirklichen Beweis, daß Lust gut ist. Denn daraus, das etwas erstrebt wird, folgt nicht, daß es unter allen Umständen und immer erstrebenswert ist; Epikur selbst differenziert bei der Begründung des unten zu besprechenden Lustkalküls. Doch unterstreicht das Argument, daß es sich beim Streben nach Lust um einen natürlichen Vorgang handelt. Indem er die Empfindungen Lust und Schmerz zum Bewertungsmaßstab jeder Handlung erhebt, vertritt Epikur also eine entschieden hedonistische Position. Neben der Ablehnung göttlicher Providenz und der Unsterblichkeit der Seele galt die Lustlehre schon in der Antike als Skandalon und war ein beliebtes Angriffsziel. Auch vor Epikur haben Dichter und Philosophen die Frage zu beantworten gesucht, welche Bedeutung der Lust im Leben eines Menschen beizumessen sei. In einer berühmten Geschichte muß sich Herakles entscheiden, ob er im künftigen Leben Lust oder Tugend vorziehe sollte (Xenophon *mem.*II 1,21 ff.). Die Diskussion in der Sophistik, bei Demokrit, bei Platon und Aristoteles zeigen, daß Epikurs Position vor dem Hintergrund einer langen Auseinandersetzung zu sehen ist, der zufolge die Lust als ein Element der Eudaimonie, nicht allerdings als eigentliches Ziel des Lebens angesehen werden kann. Platon favorisiert ein aus Lust (*Phileb.*31e–32b) und Schmerz gemischtes Leben und spricht der Einsicht Vorrang über der Lust zu (*Phileb.*53cff.). Aristoteles gewinnt der Lust als Merkmal unbehinderter geistiger Aktivität positive Züge ab, wertet sie aber ebenfalls

differenziert (*Nik.Eth.*VII 1153a14 f.). Epikur hingegen sieht in der Empfindung der Lust etwas grundsätzlich Gutes. Keineswegs ist er der erste, den man mit dem seit dem 19. Jh. gebräuchlichen Begriff als Hedonisten bezeichnen kann. Man denkt an Eudoxos von Knidos, der Lust mit dem Guten identifiziert, oder an Aristipp und die Kyrenaiker, die der Lust eine zentrale Rolle zusprechen, sich jedoch u. a. darin von Epikur unterscheiden, daß sie in Lust und Schmerz keinen ausschließenden Gegensatz sehen, sondern Übergänge und einen bedürfnisfreien, gleichsam neutralen Zwischenzustand der Ruhe zulassen.

Vor diesem Hintergrund ist besonders Epikurs Unterscheidung (Cic.*fin.*II 31 f.; vgl.II 9–10) zweier Arten von Lust bemerkenswert: einer ›Lust in Bewegung‹ (*en kinesei*) und einer ›statischen‹ oder ›katastematischen‹ Lust (*katastematike hedone*) (*Ep. de electione* bei DL X 138). Mit letzterer bezeichnet er die Freiheit von leiblichem Schmerz und seelischer Unruhe. Mit kinetischer Lust meint Epikur die Empfindung, die mit der Beseitigung von Schmerz und der Befriedigung eines Bedürfnisses einhergeht, wenn z. B. Hunger gestillt und Durst gelöscht wird. Ist das Bedürfnis befriedigt, folgt der Zustand, den Epikur als katastematisch bezeichnet und der nicht mehr gesteigert, sondern nur variiert werden kann. Wegen der Bedeutung der Lust als Kriterium stellt sich die Frage nach ihrer inhaltlichen Bestimmung und einem möglichen Zusammenhang mit Epikurs Atomismus. Man zweifelte daran, daß es sich um eine subjektiv empfundene Befindlichkeit handelt und schlug vor, in diesem Kriterium eine Disposition des Menschen zu verstehen, die sich nach Befriedigung aller Bedürfnisse einstellt und die man als objektive Richtschnur für die Beurteilung von Verhaltensweisen ansehen kann. Dem steht jedoch der natürliche und besonders irrationale Charakter des Strebens nach Lust entgegen, von dem in den Quellen die Rede ist. Bemerkenswert ist, daß trotz des offenbar engen Zusammenhangs von Physik und Lustlehre an keiner Stelle eine Erklärung des Hedonismus auf atomistischer Grundlage geboten wird. Vielmehr wird Lust als beiläufiges Akzidenz bezeichnet (Sext. Emp.*math.*X 225) und erhält dadurch einen Status auf der Ebene der Phänomene und eben nicht auf der mikrokosmischen Ebene der Atome.

4.2 Lustkalkül

Wir haben gesehen, daß sowohl Sinneswahrnehmung als auch Gefühl die Lust als ein Gut erweisen. Vernünftige Überlegung (*phronesis*) verdeutlicht darüber hinaus, daß es sich bei dieser Lust in der

Tat um Freiheit von geistiger Verwirrung und physischem Schmerz handelt (*Men.* 128). Aus der These, daß jede Lust an sich gut ist, folgt allerdings nicht, daß man jede Lust wählen muß. Bisweilen hat Lust nämlich ein Übel zur Folge, schafft also Unlust und ist deshalb zu meiden. Umgekehrt kann es klug sein, ein kleineres Übel um einer größeren Lust willen in Kauf zu nehmen. Eine nüchterne Abschätzung, ein Lustkalkül, ist notwendig, um größtmögliche Lust und damit Eudaimonie zu erreichen. Der Vernunft kommt also eine hervorragende Rolle zu (*Men.* 128 f.). Sie ermöglicht, Wünsche und Begierden richtig einzuschätzen. Denn es gilt herauszufinden, welche Wünsche unbedingt befriedigt werden müssen, um das erstrebte Glück zu erreichen. Epikur analysiert deshalb die Begierden. Dabei unterscheidet er natürliche von leeren Begierden, bei den natürlichen notwendige von nur natürlichen, bei den notwendigen solche, die für das Glück, die zur Störungsfreiheit des Körpers und die zum bloßen Leben notwendig sind (*Men.* 127). Schmerz und Unlust treten auf, wenn notwendige und natürliche Begierden unbefriedigt bleiben. Ansonsten hat Schmerz als Folge bloßer Einbildung und leerer Meinung zu gelten. Die Unterscheidung zwischen notwendigen und nicht notwendigen Begierden ist traditionell. Mit der These, daß der vernünftige Mensch nur den natürlichen Begierden folgen wird, bezieht Epikur eine besondere Position. Folge seiner Analyse ist die wichtige Erkenntnis, daß die Natur alles bereithält, was zur Befriedigung der notwendigen Begierden und damit zum Erlangen der Lust notwendig ist (*Men.* 130). Der Mensch empfindet deshalb ein großes Gefühl der Dankbarkeit gegenüber der Natur (Fr. 469 Us.). Luxus ist keineswegs verboten. Doch ist er für das eigentliche Glück des Menschen irrelevant (*Men.* 131). Der gängige Vorwurf eines vulgären Hedonismus, der nur den Begierden des Magens verpflichtet ist, erweist sich vor diesem Hintergrund als Vorurteil.

Von großer Bedeutung für das Glück ist also eine auf nüchterner Überlegung beruhende Auswahl unter den Begierden. Eine freie Entscheidung muß also möglich sein. Im 25. Buch seines auf Papyrus erhaltenen Hauptwerkes *De natura* bietet Epikur mehrere Argumente, welche die Möglichkeit freier Entscheidung auch im Rahmen einer atomistischen Philosophie begründen sollen. Demnach widerlegt sich ein Determinist selbst, der für seine Sache argumentiert. Denn er setzt die Entscheidungsmöglichkeit seines Diskussionspartners schon voraus. Auch sprechen die Existenz von Lob und Tadel und eine Art ›Vorbegriff‹ (*prolēpsis*) von Eigenverantwortlichkeit für die Möglichkeit freier Entscheidung. Ein Determinist darf nicht hoffen, jemanden von einer Handlung abzubringen, da er nicht von einer eigenverantwortlichen Entscheidung ausgehen kann. Schließlich wird er sogenannten ›gemischten‹ Handlungen nicht gerecht, die freiwillig, aber widerstrebend vollzogen werden, um größeres Übel zu meiden. Freie Entscheidungen sind also möglich und werden durch drei für die Disposition des Menschen wichtige Faktoren gewährleistet: der Zustand bei der Geburt, die Umwelt und insbesondere sogenannte ›entwickelte Charakteristika‹ oder ›Erzeugnisse‹ (*ta apogegennēmena*). Diese ›Erzeugnisse‹ sind für die seelische Autonomie des Menschen verantwortlich und scheinen von den Atomen unterschieden zu sein. Allerdings ist umstritten, ob es wirklich eine grundsätzliche Differenz zwischen den physikalischen Atomen und den ›Erzeugnissen‹ gibt. Das Problem ist wichtig, denn schließlich geht es um die Frage, ob man in Epikur weiterhin einen reinen Materialisten sehen darf. Bemerkenswert ist, daß Epikur weder in *De natura* noch im *Brief an Herodot* die Lehre von der spontanen Abweichung der Atome zur Erklärung des freien Willens heranzieht, denn viele Interpreten glauben, daß auf freier Entscheidung beruhende Handlungen durch die Atomabweichung ermöglicht werden. Doch ist diese Annahme mit Schwierigkeiten verbunden. Schon Karneades hat in der Atomabweichung keine notwendige Voraussetzung für eine Begründung der Willensfreiheit gesehen. Man wird deshalb eher auf das Zusammenspiel verschiedener Komponenten hinweisen: eine bestimmte Verfaßtheit (*diathesis*) des Handelnden, über die er selbst Herr ist, eine Stimulation von außen, die auf das Stimulans ausgerichtete Aufmerksamkeit des Geistes, die daraus resultierende Willensentscheidung und schließlich auch die Atomabweichung. Diese ist aber wohl nicht als Ursache einer freien Handlung anzusehen, sondern stellt eine Erklärung für die Möglichkeit einer solchen Handlung dar.

4.3 Umwertung der Werte

Epikur verlangt eine vernünftige Abwägung von Bedürfnissen, lehnt deshalb Überfluß ab und schätzt Genügsamkeit: Auch mit geringen Mitteln ist Glück zu finden. Eine Konsequenz dieser Haltung ist die Relativierung oder Umwertung konventioneller Werte wie der Tugenden (*aretai*) oder der Bildung. Haben nämlich elementare Bedürfnisse auf dem Weg zum Glück Vorrang, werden Tugenden, die in der Philosophie der klassischen Zeit als übergeordnet galten, vom Rang des Zweckes auf den eines Mittels zurückgestuft. Kleanthes hat dies mit dem Bild der personifizierten Lust illustriert, die auf einem Thron sitzt und von den Tugenden als Dienerinnen umgeben ist (Cic.*fin*.II 69).

Diese Umwertung nimmt der Tugend auch bei Epikur nicht jeden Wert. Denn sie ist für ein lustvolles Leben auf eine Weise förderlich wie Heilkunst der Gesundheit. Jedoch wie Heilkunst nicht selbst Zweck ihres Tuns ist, so verhilft Tugend nur zum Glück. Es ist Ergebnis vernünftiger Überlegung, den Nutzen eines Verhaltens zu sehen, das dem Nachbar nicht antut, was man selbst nicht erleiden will. Die gängige Überschätzung der Tugend verkennt, daß Luststreben den Menschen von Natur aus eigen ist. Sie ist die Folge einer Verformung dieses natürlichen Zustandes durch kulturelle Konventionen. In Konsequenz dieser Einschätzung kommt es zu Umwertungen von Tugenden wie Besonnenheit, Tapferkeit oder Gerechtigkeit. Gerechtigkeit bleibt notwendig, weil sie dem Bedürfnis nach Sicherheit entgegenkommt und damit Seelenruhe bewirkt (KD 17). Ein Verbrechen bewirkt Unruhe, weil man immer befürchten muß, entdeckt zu werden (KD 31–35). Tapferkeit folgt aus richtiger Einschätzung von Tod und Angst und verhilft auf diese Weise zu Seelenfrieden. Besonnenheit schließlich kann Lust bewirken, wenn sie nicht Beschränkung als Selbstzweck predigt, sondern Beherrschung zum Zweck einer Lustmaximierung empfiehlt. Ist die Tugend also in der Tat Dienerin der Lust, so kommt ihr doch eine Sonderrolle zu. Von allen anderen Gütern unterscheidet sie sich dadurch, daß man auf diese zur Not verzichten und sie von der Lust trennen kann, nicht aber die Tugend (*Men.*132). Epikur bezieht eindeutig Position: Ein lustvolles Leben ist von einem sittlich guten Leben nicht zu trennen. Dies ist eine eindeutige Absage an eine Ethik ohne moralischen Anspruch, wie man sie Epikur unterstellt hat.

In diesen Kontext gehört das bekannteste und auch von Gegnern Epikurs gerühmte Prinzip der Epikureer, die Freundschaft. Auch die Freundschaft ist an das Telos der Lust gebunden und gilt als wichtiges Mittel, dieses Ziel zu erreichen (KD 27). Ihr Wert erweist sich u. a. durch die Sicherheit, die sie bewirken kann. Deshalb legt die nüchterne Vernunft nahe, sich um Freunde zu bemühen. Andererseits weiß Epikur, daß man für Freunde bisweilen Last und Beschwerde auf sich nimmt (Cic.*fin.*I 67–8). Pyladesfreundschaft, also für einen Freund zu sterben oder Leid für ihn zu ertragen, wird von den Epikureern positiv bewertet. Zum Freundschaftsbegriff Epikurs gehört ein philanthropischer Zug, der sich z. B. in Spenden der Epikureer für die Schulgemeinschaft manifestiert. Dies scheint ein eher altruistischer Aspekt von Freundschaft zu sein. Cicero läßt in *De finibus* drei Arten von Freundschaft diskutieren. Dabei haben offenbar manche Epikureer auch einen altruistischen Aspekt der Freundschaft betont (vgl. Cic.*fin.*I 66–68;II 82). Eine altruistische Auffassung von Freundschaft schließt Lustgewinn keineswegs aus. Doch wird auch hier nüchterne Lustabwägung eine Rolle spielen. Ein Epikureer wird einen Freund nicht preisgeben im Bewußtsein, daß möglicherweise unmittelbar unangenehme Konsequenzen dieses Verhaltens geringer einzuschätzen sind als das Wohlgefühl, das sich generell aus seinem Verhalten gegenüber seinem Freund ergibt.

4.4 Der Weise und die Lebenspraxis

Aus Epikurs Auffassung von Philosophie als Lebenskunst folgt, daß wir in seinem Werk und dem seiner Schüler praktische Anleitungen für eine rechte Lebensführung finden. Da verfügbar ist, was man zum Erreichen von Lust braucht, kann der Mensch sich dem Ideal des Weisen annähern, der in der Person Epikurs allen Epikureern vor Augen steht. Die Angleichung an Gott spielt wie im Platonismus auch bei Epikur eine Rolle. Der epikureische Weise führt ein den Göttern ähnliches Leben unter den Menschen (*Men.*135). Er ist nicht mehr von äußeren Umständen abhängig. Zufall kann ihm nichts mehr anhaben, wenn er sich ganz der Vernunft anvertraut und deshalb Zufallsbegebenheiten, Schicksal und Vorsehung richtig einzuschätzen weiß (KD 16). Erfolg ist dabei weniger von Belang. Nach Epikurs Ansicht ist es besser, etwas richtig zu beurteilen und dann möglicherweise aus irgendeinem Grunde keinen Erfolg zu haben, als trotz fehlerhaften Urteils sein Ziel durch Zufall zu erreichen (*Men.*135).

An konkreten Vorschriften für das Leben eines Epikureers ist wohl am bekanntesten Epikurs Aufforderung, sich von politischen Engagement fernzuhalten und sich nur zu engagieren, wenn es notwendig ist (Seneca *de otio* 3,2). Weiterhin rät Epikur davon ab, zu heiraten und Kinder zu haben. Er gibt Anweisung, wie man sich beim Symposium zu verhalten hat oder wie man mit seinen Sklaven umgehen soll (DL X 117–120). Trotz seiner Zurückhaltung dem Staat gegenüber geben Epikur und seine Nachfolger Hinweise auch für das tägliche Leben in Staat und Gesellschaft. Denn nach Ansicht der Epikureer ist für das individuelle Glück eine angemessene Umgebung notwendig. Zwar stoßen sie in der politischen Realität oft auf nach ihrer Ansicht falsches Verhalten infolge unaufgeklärter Furcht – etwa im religiösen Bereich – oder falschen Ehrgeizes. Sie werden deshalb auf Distanz zur Gesellschaft gehen und sich in eine Gemeinschaft von gleichgesinnten Freunden zurückziehen. Andererseits wird der Epikureer nicht verkennen, daß zur Sicherung des individuellen Glükkes auch die Sicherung der äußeren Bedingungen notwendig ist. Deshalb bedeutet politisches Engagement für einen Epikureer keinen Widerspruch zu seiner Lehre, wenn es notwendig ist. Auch hier kommt das Lustkalkül zur Anwendung: Zeitweilige, politische Tätigkeit als ein Übel wird dadurch gerechtfertigt, daß sie Sicherheit bewirken kann, also ein Gut hervorbringt. Deshalb wird einen Epikureer seine philosophische Einstellung nicht an der Verbindung mit hellenistischen Königshäusern hindern. Von daher erklären sich Hinweise und Bemühungen Epikurs und späterer Epikureer, unter religiösen, kulturellen oder politischen Aspekten Hilfestellung für angemessenes Verhalten in der Gesellschaft zu geben.

Nicht zuletzt aus diesem Streben nach Sicherheit und Seelenruhe verlangt Epikur, vorgeschriebene Kulte zu befolgen und in der Haltung gegenüber religiösen Bräuchen Flexibilität zu zeigen. Es wird kaum erstaunen, gerade hier bei späteren Epikureern wie Philodem Aspektverschiebungen zu beobachten, wenn sie sich bemühen, Hilfestellung für die Einordnung in neue kulturelle Kontexte zu leisten. Als Beispiel mag die Haltung gegenüber dem Bereich der Kultur dienen. Da die Bildung von Epikur mit dem Maß des Lustgewinnes gemessen und hier als nicht förderlich bewertet wird, lehnt er die ›Enkyklios Paideia‹ als notwendige Voraussetzung für Philosophie und das Streben nach persönlicher Eudaimonie ab. Spätere Epikureer wichen von dieser Position zwar nicht grundsätzlich ab, sahen das Problem jedoch differenzierter. Lebensklug und realitätsbezogen verweist ein Epikureer wie Philodem auf die Hilfe, welche die Paideia einem Epikureer bei der Auseinandersetzung mit einem neuen, römischen Umfeld leisten kann. Dies und ähnliche praktische Verhaltensregeln verhelfen dazu, sich in unterschiedlichen Bereichen des Lebens zurechtzufinden, bis alle Menschen Epikureer geworden und das Leben der Götter zu den Menschen gekommen ist. Dann entsteht nach der Hoffnung des Epikureers Diogenes aus Oinoanda das Paradies, weil alles voll von Gerechtigkeit und wechselseitiger Liebe sein und Gesetze und Schutzmauern nicht mehr notwendig sein werden (Diog.v.Oin. Fr.56 Smith).

Ian G. Kidd

Poseidonios

1. Leben und Werk

1.1 Leben

Poseidonios gilt mit Recht als einer der wichtigsten und einflußreichsten Philosophen und Gelehrten der griechisch-römischen Welt in der ersten Hälfte des 1.Jahrhunderts v. Chr. Er wurde ca. 135 v. Chr. in Apamea am Fluß Orontes in Syrien geboren. Apamea hatte einen starken hellenischen Bevölkerungsanteil, und es besteht kein Zweifel daran, daß Poseidonios Grieche war. Als junger Mann ging er zum Studium nach Athen, wo er unter der Betreuung von Panaitios, dem Leiter der stoischen philosophischen Schule, zu einem überzeugten Anhänger des stoischen Systems wurde. Dies war in der Zeit vor 110 v. Chr., dem Jahr, in dem Panaitios starb.

Poseidonios kehrte nie nach Syrien zurück, obgleich er ein intensives Interesse an den Angelegenheiten des mittleren Ostens beibehielt. Er ließ sich in Rhodos nieder, wo ihm die Staatsbürgerschaft gewährt wurde und er Philosophie lehrte. Daß seine Wahl auf Rhodos fiel, ist interessant. Athen war zwar immer noch das bedeutendste universitäre Zentrum. Doch die Leitung der dortigen stoischen Schule war an Mnesarchos übergegangen, und Poseidonios orientierte sich anderweitig. Rhodos war attraktiv, nicht nur als eine unabhängige Stadt mit florierendem Handel, fortschrittlich und mit guten Reiseverbindungen in alle Richtungen. Vor allem war die Stadt anziehend für Intellektuelle, da sie aufgrund der wissenschaftlichen Studien von Männern wie Hipparchos ein hohes Ansehen genoß; und Poseidonios hatte schon früh ein starkes Interesse an den Wissenschaften gezeigt.

Als er sich gerade in Rhodos niedergelassen hatte, machte sich Poseidonios, wahrscheinlich in den 90er Jahren, auf eine (oder mehrere) lange Reise durch die mediterrane Welt. Er sammelte dabei durch die Beobachtung der Menschen, der Sitten, des Landes und der Naturphänomene und durch die Berichte von Augenzeugen eine Menge Material für seine späteren Schriften. Er war in Südspanien, wo er über die Gezeiten und über Umwelt-Ethnologie (environmental ethnology) Forschungen anstellte. In Südgallien studierte er, soweit möglich, die Kelten und die nordischen Völker. Italien und Rom, Sizilien, Dalmatien und Griechenland, Nordafrika und der Osten – all diese Orte waren mit ihren physischen, menschlichen

und historischen Hintergründen Gegenstand seiner Beobachtungen.
Nach diesen Reisen scheint Poseidonios dauerhaft in Rhodos gelebt zu haben, wo er schrieb und unterrichtete. Wie es die stoischen Prinzipien verlangten, führte er nicht das zurückgezogene Leben eines weltfremden Philosophen. Obwohl er ein Neuling war, wurde er für das hohe Amt eines Prytanen gewählt, welches präsidiale und exekutive Funktionen vereinte. Zudem wurde er für mindestens eine Delegation der Rhodier nach Rom ausgewählt, und zwar in dem gefährlichen Jahr des letzten Konsulats und der tödlichen Krankheit des Marius (87/86 v. Chr.). Durch seine Schriften war er zu einer internationalen Gestalt geworden. Er empfing Besuch nicht nur von Schülern und Intellektuellen, sondern auch von einflußreichen und arroganten Sprößlingen aus Rom, Mitgliedern so großer Familien wie den Metelli. General Pompeius fand 66 v. Chr., während seines Kommandos gegen die Piraten, Zeit, zu einer Vorlesung zu kommen; er kam ein zweites Mal im Jahre 62, als er aus dem Osten zurückkehrte, und legte die Symbole seiner Macht als Zeichen des Respekts vor Poseidonios' Tür nieder. Zur Belohnung wurde er mit einer Vorlesung über das Thema ›Es gibt kein Gut außer dem moralischen Gut‹ hart traktiert. So kam es zu einer in römischen Zirkeln bekannten Anekdote. Denn der alte Poseidonios litt ernstlich an Gicht und illustrierte seine Lehre, indem er zu seinem schmerzhaften Bein sagte: »Schmerz, es hilft nichts; mühsam magst du sein, aber du wirst mich nie überzeugen, daß du ein Übel bist.« Cicero besuchte mit Ende zwanzig eine Vorlesungsreihe, und später, als er sich selbst an seine philosophischen Schriften machte, ließ er sich Werke vom ›Maestro‹, seinem Professor, schicken. Er erwies ihm sogar die hohe Ehre, ihn zu einer Monographie über sein ihm so teures Konsulat einzuladen, was Poseidonios diplomatisch ablehnte. Die Angelegenheit ist jedoch ein sicherer Beleg für den Einfluß, den Poseidonios lebendiger, kraftvoller und bildreicher Stil auf die Literatur hatte; ein Stil, der an manchen Stellen noch deutlich in den überlieferten Fragmenten zu spüren ist. Poseidonios starb in der Zeit zwischen seinem 80. und seinem 90. Lebensjahr, etwa im Jahre 51 v. Chr., als Rhodos den Vertrag mit Rom erneuerte.
Diese Skizze seines Lebens zeigt nicht nur Poseidonios' hohes Ansehen und den großen Einfluß, den er zu Lebzeiten hatte, sondern auch, daß er mit den verschiedensten Aspekten des zeitgenössischen Lebens befaßt war und aktiv an ihnen teilhatte. Ein Hauptcharakteristikum der Zeit war der Versuch einer Reduktion verstreuter unruhiger Elemente auf eine einheitliche mediterrane Weltgesellschaft unter der Führung Roms. Es mag Zufall sein, aber es ist durchaus er-

wähnenswert, daß das herausstechende Merkmal der Philosophie des Poseidonios der Versuch ist, das gesamte Feld des menschlichen Intellekts und des Universums, in dem dieser sich vorfindet, in ein rationales System zu integrieren, welches die Erklärung und Normierung menschlichen Verhaltens leisten sollte.

1.2 Das Problem der Quellen

Poseidonios war ein produktiver Autor, doch wegen des launenhaften Schicksals der Überlieferung von Texten hat keines seiner Werke vollständig überlebt. Da jedoch die Wirkung seines Einflusses und seines Rufes groß war, finden sich ausreichend viele Zitate aus seinen Büchern und gut bezeugte Hinweise auf seine Ansichten und Argumente in der späteren Literatur, um uns die Rekonstruktion seines Beitrags zur Philosophie zu ermöglichen. In der ersten Hälfte dieses Jahrhunderts ging die Forschung unter der Führung von Karl Reinhard erheblich weiter: Das wichtigste Mittel, um etwas über seine Philosophie zu erfahren, war ein mutmaßliches Echo vermeintlicher paralleler Texte des Poseidonios in der späteren Literatur. Trotz der teilweise erhellenden Resultate vernachlässigte diese auf gefährliche Weise subjektive Methode die Komplexität der Überlieferung und führte schließlich, ausgehend von unsicheren Hypothesen, zu widersprüchlichen Ergebnissen. Die neue Sammlung von Zeugnissen, welche Poseidonios als Quelle benennen (115), und Fragmenten (293), die teilweise ein beträchtliche Länge haben und insgesamt von etwa 60 verschiedenen Autoren stammen, bietet eine sicherere Basis für die Beurteilung und für die weitere Forschung.

1.3 Das Spektrum des Interesses

Was angesichts des überlieferten Materials sofort ins Auge fällt, ist das enorm breite Spektrum des Werkes. Poseidonios schrieb nicht nur über alle Aspekte der Philosophie, sondern auch über Astronomie, Meteorologie, Mathematik, mathematische Geographie, Hydrologie, Seismologie, Zoologie, Botanik, Ethnologie und Geschichte. Dabei handelte es sich nicht um gelegentliche Beobachtungen, sondern um maßgebliche Forschungen auf den verschiedenen Gebieten. Um nur zwei Beispiele (vermutlich die bekanntesten) von den etwa 30 überlieferten Titeln seiner Werke zu nennen: *Über den Ozean* und *Die Historien* waren maßgebliche Werke in der Geographie und der Geschichtsschreibung. Ein Urteil darüber, ob es sich hier einfach um Gegenstände einer alles umfassenden Neugierde und eines gewaltigen enzyklopädischen Interesses, oder um integrale Bestandteile philosophischer Untersuchungen handelt, ist entscheidend für unser Verständnis des Poseidonios.

1.4 *Die Beziehung zwischen Philosophie, Wissenschaft und den Künsten*

Was als erstes aus Poseidonios' Klassifikation der Künste und Wissenschaften, die bei Seneca (F90EK) überliefert ist, klar wird, ist die beherrschende, leitende Stellung der Philosophie unter den Künsten. In der Philosophie folgte Poseidonios der Dreiteilung in Naturphilosophie (einschließlich Metaphysik und Theologie), Logik und Moralphilosophie, mit der allgemein seit dem 4.Jahrhundert v. Chr. und während der gesamten hellenistischen Zeit gearbeitet wurde. Poseidonios wollte jedoch betonen, daß diese Teile, obwohl unterschiedliche Untersuchungen, untrennbar und auf organische Weise voneinander abhängig seien. Um dies zu verdeutlichen, gab er sogar den geläufigen stoischen Vergleich für die Philosophie, in dem die Logik die Mauer um einen Garten war, die die Bäume (die Naturphilosophie) und ihre Früchte (die Ethik) schützen sollte, auf. An seine Stelle setzte er das Bild von der Philosophie als lebendiges Wesen, in dem die Naturphilosophie für Fleisch und Blut, die Logik für Knochen und Sehnen und die Ethik für die Seele stand (F88EK).
Diese Sichtweise nun war in besonderem Maße relevant für die stoische Philosophie. Denn ihr Gegenstand, der stoische Kosmos, wurde selbst als ein organisches Wesen, das eine Einheit bildete, angesehen, – ein materielles Kontinuum, in welchem die Menschen einen der organischen Bestandteile darstellen. So ist das philosophische Ziel des Menschen, das moralische Verhalten, selbst abhängig von der Untersuchung des gesamten Kosmos, und auf diese Weise ist die Moralphilosophie organisch mit der Naturphilosophie verbunden. Weil dieses kosmische Ganze in nichts anderem als dem materiellen Universum bestand, zu dessen Wirksamkeit wir Zugang haben, schienen auch die physikalischen und die Verhaltenswissenschaften relevant zu sein.
Diese Beziehung zwischen der Philosophie und dem, was wir die Künste und Wissenschaften nennen können, hatte in der früheren Philosophie Anlaß zu Kontroversen gegeben. Platon hatte die Wissenschaften, genauer die theoretischen Wissenschaften wie die reine Mathematik, als nur propädeutisch für die Philosophie betrachtet. Epikur, die Kyniker und die Skeptiker hatten sie als nutzlos verworfen. Dagegen hatte Aristoteles sich ernsthaft der wissenschaftlichen Forschung gewidmet, und tatsächlich engagierten sich manche spä-

teren Peripatetiker mehr in den Einzelwissenschaften als in der Philosophie. Außerdem gab es einen beständigen Interessenaustausch zwischen Philosophie und Medizin, der sich jedoch oft vor allem in Beispielen, Analogien und Vergleichen niederschlug. Die Stoiker waren merkwürdig ambivalent. In seiner frühen kynischen Zeit, als er seinen *Staat* schrieb, wies Zenon die Wissenschaften zurück; später gab er zu, daß sie durchaus manches erhellen. Einer seiner Schüler, Ariston von Chios, belächelte die, die sich mit ihnen beschäftigten, während Chrysipp, der berühmteste und einflußreichste Stoiker, ihnen einen Nutzen zuschrieb, ohne sich ihnen selbst in seinen umfassenden Schriften zu widmen, so daß nicht klar ist, welches nach ihm der erklärte Nutzen sein sollte.
Für Poseidonios war die Beziehung zwischen den Wissenschaften und der Philosophie ein zentrales Thema. Er sagte deutlich, daß die Wissenschaften und Künste kein *Teil* der Philosophie seien (F90EK), selbst dann, wenn ihre Untersuchungen den gleichen Gebieten zuzuordnen sind. So studierten Astronomie und Naturphilosophie beide die Himmelsphänomene (F18EK), Geschichtsschreibung und Moralphilosophie beide menschliches Verhalten. Der entscheidende Unterschied lag aus Sicht des Poseidonios darin, daß allein die Philosophie erste Ursachen, Zielursachen und Erklärungen finden kann. Dies sah er als die zentralen Aufgaben der Philosophie an. Poseidonios vertiefte sich so unermüdlich in die Untersuchung der Ursachen, daß er in der Antike als der Aitiologe (Ursachenforscher) bekannt war. Natürlich wollte Poseidonios nicht behaupten, daß die Wissenschaften nicht Ursachen veranschaulichen und Erklärungen auf der Basis von Beobachtung anbieten könnten. Sie konnten sogar manchmal alternative Erklärungsmöglichkeiten vorschlagen. Aber es überstieg ihre technologischen Fähigkeiten, letzte Ursachen oder Erklärungen zu finden. Dies lag daran, daß ihre primäre Funktion mehr die Beschreibung als die Erklärung war, obwohl diese Deskription und Analyse die unmittelbaren Ursachen und Wirkungen aufzeigen konnte. In dieser Funktion sind die Wissenschaften für Poseidonios tatsächlich die *Werkzeuge* der Philosophie (und nehmen so die Rolle ein, die einst die Logik hatte) – und sogar notwendige Werkzeuge, wenn es darum geht, das natürliche Verhalten der Phänomene herauszufinden (F90EK). Die Relation zwischen Philosophie und Wissenschaft ist demnach komplementär, und der Versuch, dies auf einer derart kosmischen Ebene auszuarbeiten, ist die bemerkenswerteste Leistung des Poseidonios. Es ist höchst ärgerlich, daß wir kaum Beispiele dafür haben, auf welche Weise Poseidonios an der Grenzlinie, wo für ihn Philosophie und Wissenschaft aufeinanderstießen – im Niemandsland der Hypothesen und der Unterschei-

dung zwischen verschiedenen Arten der Ursachen und Erklärungen – vorging. Die Schuld hierfür liegt in den bruchstückhaften Quellen, und in besonderem Maße im begrenzten Interesse und Verständnis von Männern wie Strabon. Dieser zog die wissenschaftlicheren Schriften heran, von den tieferen aitiologischen Interessen des Poseidonios aber hielt er wenig.

2. Naturphilosophie und Naturwissenschaft

Obwohl Poseidonios die Teile der Philosophie als miteinander verbunden und voneinander abhängig ansah, empfahl er für den Unterricht oder für Zwecke der Darstellung den Beginn mit der Naturphilosophie. Die Stoiker hatten in dieser Frage unterschiedliche Präferenzen; Zeno und Chrysipp machten mit der Logik den Anfang. Innerhalb des stoischen Materialismus war Poseidonios' Standpunkt jedoch in besonderer Weise folgerichtig.

2.1 Die Grundaxiome der Naturphilosophie

Das stoische philosophische System ist von großer Sparsamkeit. Alles entwickelt sich aus der anfänglichen Annahme über die Wirksamkeit zweier Prinzipien, eines aktiven und eines passiven, innerhalb eines materiellen, bestimmten, kosmischen Kontinuums. Das aktive Prinzip ist die rationale, göttliche, vorauswissende, formgebende, individualisierende, herrschende Ursache; das passive ist unqualifizierte Substanz. Untrennbar durchziehen sie das gesamte Universum, allerdings in verschiedenen Spannungen oder Stärkegraden. Nichts ist ohne sie. Einige Positionen folgen direkt aus dieser Annahme: (a) Die Welt ist rational organisiert und daher erklärbar und verstehbar. Das Strukturmuster ist durch und durch vollständig. (b) Innerhalb der Organisation sind verschiedene Elemente dynamisch und beherrschend in ihrer Funktion, andere passiv. (c) Die Welt ist durch die Vorsehung auf einen Zweck hin festgelegt; es gibt ebensosehr einen Plan wie eine Struktur, und das gute Ziel kann entdeckt werden, indem diese rational verstanden wird. (d) Das göttliche Element ist vollständig und ausschließlich immanent. (e) Da das System ein organisches Ganzes ist, trägt das Verständnis eines Teils zum Verständnis des Ganzen bei und umgekehrt. Selbst die Wirksamkeit eines beliebigen Teils ist relevant für das Wirksamkeit des Ganzen. (f) Das operationale Gesetz von Ursache und Wirkung durchzieht das Verhalten von Naturphänomenen und Lebewesen. (g) Das Verstehen und die Erklärung seiner Wirksamkeit liegt innerhalb, und nur innerhalb, seiner selbst. Dieses stoische Schema ließ Probleme und

Kritik aufkommen, mit denen Poseidonios sich aufeinandersetzte. Einige Beispiele:

2.2 *Die Prinzipien*

Was war der Status der Prinzipien in der durch und durch materiellen Welt? Da sie bestimmende und formgebende Kräfte und die kausale Wirksamkeit der Welt waren, mußten sie nach der stoischen Theorie materiell sein, weil nur Materie wirken oder eine Wirkung erleiden kann. Auf der anderen Seite waren sie unterschieden von den Elementen (Feuer, Luft etc.), die selbst geformt und Gegenstand der Veränderung, Zerstörung und Regeneration waren. So wurde von den Prinzipien gesagt, sie seien materiell, ohne selbst Form oder Qualität zu haben. Aber was sollte die ungeformte Materie sein? Diese Frage war schon kritisch von Platon (*Tim.*50–52) und Aristoteles (*Met.*Z 3,1029a20 ff.) gestellt worden. Bisher hatten sich die Stoiker auf der Suche nach Antworten auf die Kategorie des Physikalischen beschränkt. Diese war definiert durch Begrenztheit oder die Fähigkeit, affiziert zu werden, oder als ein durch Widerstand charakterisierter Raumfüller.

Poseidonios verwarf solche physikalischen Erklärungen und vertrat aufgrund logischer Argumente folgendes: Die Prinzipien ›existieren‹ nie getrennt, sondern sie koexistieren immer in einer einzelnen Form und Materie. Als Prinzipien können sie demnach nur *begrifflich* unterschieden werden, obgleich ihre Funktion eine materiale ist. Ebenso unterscheidet sich die Substanz (Materie ohne Qualität oder Gestalt) von der Materie nur im Denken, während beide in der Realität ein und dasselbe sind (F92EK). Poseidonios wurde durch diese neuen Ansätze kein häretischer Stoiker (als solcher wurde er oft angesehen). Vielmehr leistete er mit neuen Argumenten, welche auf nachfolgende Kritik antworteten, eine Reinterpretation der fundamentalen Lehren. In der Naturphilosophie zeigte Poseidonios zudem ein Interesse an den Problemen der Veränderung von Identischem und der Veränderung zu Identischem durch substantielle und qualitative Veränderung (F96EK).

2.3 *Probleme des Finiten/Infiniten in einem Kontinuum*

Andere Probleme, mit denen Poseidonios sich auseinandersetzte, hängen mit den Begriffen des Finiten und Infiniten zusammen. Hier ging es zum Beispiel um die viel kritisierte stoische These vom Universum als finitem Kontinuum, welches von unendlicher Leere umgeben sei (F97EK). Oder auch um das Problem des ›jetzt‹ und der

Zeit – ein in der Antike heftig diskutiertes Thema. Das Problem besteht hier darin, daß eine endliche Grenze (›jetzt‹) an das unendliche Kontinuum der Zeit herangetragen wird. Da der Begriff der Grenze keine Zeitlichkeit impliziert und das Kontinuum kontinuierlich und unendlich teilbar ist, kam Poseidonios zu der Ansicht, es könne keinen nicht weiter teilbaren Moment, keine atomare Einheit der Zeit geben. So unterschied er in der Analyse des ›jetzt‹ eine begriffliche Grenze des Vorher und Nachher, die in sich zeitlos ist, vom ›jetzt‹ im temporalen Sinn als »die geringste wahrnehmbare Zeit« (F98EK) – eine bemerkenswerte Vorwegnahme des Begriffs »specious present« von William James (*Principles of Psychology* I 631).

2.4 *Gott*

Ein anderer Aspekt des aktiven Prinzips, der für Poseidonios von Bedeutung war, war das Rationale, Herrschende und Vorherwissende, das mit dem Namen des Göttlichen oder als Gott bezeichnet wurde. So ist Gott nicht nur immanent, sondern der erste *Grundbestandteil* des materiellen Universums. Es gibt nichts außerhalb des Göttlichen, obgleich das Göttliche sich in verschiedenen Spannungen – von der niedrigsten Funktion der Kohäsion zur höchsten reiner Rationalität – manifestiert. Poseidonios definierte dieses alles durchziehende göttliche aktive Prinzip als eine Triade: Gott, Natur, Fatum. Diese Definition diente offenkundig der Klärung der drei wichtigsten Aspekte derselben Sache. »Gott« beschrieb die Natur des regierenden Prinzips; »Natur« definierte sein Feld, d. h. das physische Kontinuum, dessen dominierender Bestandteil er ist; und »Fatum« bezog sich auf das Gesetz seines Wirkens.

2.5 *Weissagung und Determinismus*

Aufgrund der geordneten Entfaltung aller Ereignisse waren die Interrelationen aller Teile des zielgerichteten Geschehens im Universums lückenlos. Weil die Struktur dieser Vorgänge rational war, da das aktive Prinzip die Vernunft ist, und so zumindest theoretisch verstehbar, glaubte Poseidonios an bestimmte Formen der Weissagung als Arten wissenschaftlicher Vorhersage, deren Ergebnisse sogar verfizierbar sein sollten. Wie es möglich war, bei Naturphänomenen wie den Gezeiten das zukünftige Verhalten vorherzusagen oder die Positionen von Himmelskörpern durch Beobachtung und Analyse der Gesetzmäßigkeit irdisch-himmlischer Einflüsse, so sollte es möglich sein, zukünftige menschliche Ereignisse aufgrund ähnlicher Gesetzmäßigkeiten vorherzusagen. Spätere Autoren wie Augustinus schrieben Poseidonios sogar eine stärkere Form der Vorhersage zu, nach welcher die Sterne das menschliche Geschehen sowohl beeinflussen wie auch als Zeichen für dieses gelten; die Belege dafür können aber vernachlässigt werden.

Da das rationale Gesetz das gesamte Universum durchzieht, war Poseidonios wie andere Stoiker ein Determinist in dem Sinne, daß er annahm, alle Ereignisse seien Bestandteile einer lückenlosen Kette von Ursache und Wirkung. Doch da dieses Gesetz auf rationale Weise bestimmt war, war es (zumindest theoretisch) rational verstehbar. In anderen Worten: Wir können das Funktionieren unserer Welt und unsere eigene Rolle in ihr verstehen, indem wir das Strukturmuster der wechselseitigen Beziehung von Ursache und Wirkung beobachten.

2.6 Die Naturwissenschaften

Da sich dieses Strukturmuster bis in die direkt zugänglichen Phänomene durchhält, ist es in dieser Erscheinungsform der wissenschaftlichen Beobachtung, der Technik und Analyse zugänglich. So konnte die Struktur der Himmelsbewegungen durch die Astronomie erforscht werden, die der unteren Atmosphäre durch die Meteorologie; die Struktur der Phänomene auf der Erde durch Geologie, Meereskunde, Biologie, Geographie usw. Poseidonios beschäftigte sich mit diesen Bereichen intensiv und mit bemerkenswerten Resultaten. Zum Beispiel gelang es ihm, das natürliche Muster des Einflusses der Gestirne auf terrestrische Phänomene durch eine erstaunlich vollständige Theorie der Periodizität der Gezeiten in Abhängigkeit vom Mond, welche bis Newton maßgebend war, zu erhellen. Die Annahme von täglichen und monatlichen Zyklen wurde durch seine eigenen Beobachtungen in Gades bestätigt; und sein anfänglicher Fehler, jährliche Maxima für die Winter- und Sommerwenden statt für die Tag- und Nachtgleichen anzunehmen, unterlief ihm deshalb, weil er von den Beobachtungen des Seleukos am Indischen Ozean irregeführt wurde (F217–219EK).

Ein anderes Beispiel. Sein bemerkenswertes Werk *Über den Ozean* begann damit, daß die geographischen Zonen der Erde von den Zonen des Himmels, welche durch die sichtbaren Bewegungen der Himmelskörper und die täglichen und jährlichen Wege der Sonne festgelegt sein sollten, abgeleitet wurden. Poseidonios berühmter Versuch, den Umfang der Erde zu messen (F202EK), basierte auf der Differenz der Höhe des Sterns Canopus (α Carinae) an zwei verschiedenen Stellen eines Nord-Süd-Meridians auf der Erde (Rhodos und Alexandria). Das Verhältnis der Differenz der Visierwinkel zum vollen Himmelskreis der Ekliptik (1/48, nach den Berechnungen des Poseidonios) ist dann gleich dem Verhältnis zwischen der meßbaren Entfernung der beiden Beobachtungspunkte und dem ganzen Erdumfang. Diese Berechnungen (zugegebenermaßen ungenau, oder bestenfalls eine Annäherung) machten eine Methode möglich, anhand derer ein Modell von Breitengraden aufgestellt werden konnte. Denn aus einer Annäherung ergab sich die Gleichung 1° Breite = 500 Stadien, die später von Ptolemäus aufgenommen wurde (*Geogr.*I 11.1; VII 5.12). Die Breitengrade, im Griechischen *klimata*, sollten die Charaktere des Klimas, welche die physische und geographische Topographie und die biologischen Phänomene beeinflußten, erklären. Und von hier aus wurde das Modell schließlich auf anthropologische Geographie und erklärende Völkerkunde ausgeweitet (F49EK). Daß dieses Buch nicht vollständig überliefert ist, ist ein beträchtlicher Verlust. Obwohl es berühmt war und ein Geograph wie Strabon ausführlich daraus zitierte, verstand dieser weder die Reichweite noch den Aufbau des Werkes.

Dies mag als Illustration für die Bedeutung und das Gewicht der zahlreichen naturwissenschaftlichen Werke des Poseidonios im Hinblick auf seine philosophischen Untersuchungen genügen. In ihren erhellenden Beschreibungen und Analysen, die eine Landkarte der tatsächlichen Phänomene entwerfen sollten, und selbst in ihren alternativen hypothetischen Erklärungen waren sie jedoch nie mehr als notwendige Werkzeuge. Ein Aspekt davon zeigt sich in ihrer Methode, der induktiven Folgerung, die von einzelnen Beobachtungen ausgeht. Poseidonios wertete dieses Vorgehen sicherlich nicht ab, doch für ihn war der Plan des Kosmos etwas, das auf rationale Weise von ›oben‹ nach ›unten‹ auferlegt war. Dementsprechend mußte auch die letzte Erklärung vorgehen, um dem Strukturmuster, das in Teilen offengelegt oder durch die ›Fakten‹ –von unten nach oben -bestätigt wurde, einen Sinn zu geben. Dies zeigt sich in einem anderen Teil seiner Philosophie, der Logik.

3. Logik und Mathematik

Das Interessanteste, das wir über die Logik des Poseidonios wissen, ist, daß er die Ansicht von der philosophischen Funktion der Logik als *Organon* entschieden zurückgewiesen hat. Diese Ansicht war, zumindest seit Aristoteles, gefolgt von den Epikureern, sehr weit verbreitet gewesen. Nach ihr diente die Logik der Verteidigung der Philosophie durch die Prüfung der Schlüssigkeit von Argumenten. Denn wie wir gesehen haben, lehnte Poseidonios den in der Stoa üblichen Vergleich ab, nach dem die Logik die Verteidigungsmauer ist, die den Garten der Philosophie schützt, und setzte an seine Stelle das Bild des organischen Lebenwesens, in dem der Logik die Knochen und Sehnen für dessen Bewegung entsprachen (F88EK).

Diese zentrale und dynamische Rolle der Logik zeigt ihre Bedeutung für Poseidonios. Leider galt in der Antike Chrysipp als der stoische Logiker, und so sind uns nur wenige Details von Poseidonios' Logik überliefert. Die Quellen sagen allerdings soviel, daß er der apodeiktischen Logik, d. h. dem deduktiven Ableitungsverfahren von gültigen und wahren Schlußfolgerungen aus sicheren Prämissen oder Axiomen, eine entscheidende Bedeutung zumaß. So argumentierte er in seiner Analyse der logischen Grundlagen des relationalen Syllogismus (F191EK), die er soviel wir wissen als erster unternommen hat, dafür, daß seine Gültigkeit von der impliziten Geltung eines Axioms anhänge – ganz ähnlich der Art, wie ein mathematischer Beweis von einer vorausgesetzten Menge von selbstevidenten Axiomen abhängt. Auf eben diese Art seien ein Syllogismus über Gleichheit oder mathematische Gleichungen für ihre Validität abhängig von der impliziten Geltung des Satzes ›Dinge, die derselben Sache gleich sind, sind untereinander gleich‹, der als selbst-evidentes Axiom akzeptiert sein muß. Dieser Vergleich von Logik und Mathematik läßt deutlich werden, weshalb Poseidonios so viel Interesse und Zeit auf die Mathematik verwandt hat. Galen (T83,84EK) nannte Poseidonios den wissenschaftlichsten Stoiker, weil er in der Mathematik ausgebildet sei und weil er solches Gewicht auf den apodeiktischen Beweis gelegt habe. Die methodologische Verbindung von Mathematik und Logik macht deutlich, daß Poseidonios in der Mathematik eine Hilfswissenschaft der Logik sah. Wie eng die Verbindung war, zeigt sich in der Heftigkeit seiner Kritik an Zenon von Sidons epikureischer Mathematik (F46,47EK). Sein Angriff richtete sich hier gegen eine empirische Methodologie der Mathematik. Er selbst war nicht nur ein Anhänger der euklidischen Geometrie, sondern sah diese als das entscheidende Modell für die Methodologie seiner gesamten Philosophie an.

Dies ist so zu verstehen, daß die axiomatische Methodologie des apodeiktischen Beweises, der von ›oben‹ nach ›unten‹ vorgeht, exakt die Methode von Poseidonios' Aitiologie oder Philosophie der Erklärung ist, mit welcher er Schlußfolgerungen von ersten Ursachen ableitete (F18EK). In der Begrifflichkeit der Naturphilosophie stellt sie das Strukturmuster dar, mit dessen Hilfe es möglich ist, die deterministische Beziehung von Ursache und Wirkung, die im gesamten Kosmos wirksam ist, aufzudecken. Die ersten Prämissen oder ersten Ursachen werden von der Naturphilosophie geliefert, und die Er-

klärungen notwendig wahrer Schlußfolgerungen werden deduktiv aus diesen ›Axiomen‹ abgeleitet.
Die Verquickung von Naturphilosophie und Mathematik ging noch weiter. Poseidonios' Theorie trägt Züge eines mathematischen Realismus. Er betrachtete einige mathematischen Grenzen wie etwa die ebene Fläche nicht nur als etwas Begriffliches, sondern als etwas in der Realität Existierendes. Der Grund hierfür ist möglicherweise, daß er Gestalt oder Form als eine körperliche Eingrenzung von etwas ansah, die Ursache der Bestimmtheit, Begrenzung und Inklusion des Enthaltenen bzw. Begrenzten ist.
Auch das ethische Argumentieren des Poseidonios ist von apodeiktischen Beweisen geprägt. Es war also keine Übertreibung, wenn er, der Aitiologe, die Logik als Knochen und Sehnen seiner gesamten Philosophie bezeichnete. Es zeigt sich, daß für ihn die Logik nicht nur das dynamische Element der Philosophie war. Sie war auch die Reflexion, Verkörperung und damit die Erklärung der von ›oben‹ nach ›unten‹ verlaufenden Wirksamkeit des gesamten materiellen stoischen Universums.

4. Moralphilosophie und Geschichtsschreibung

4.1 Psychologie

Auch die Moralphilosophie gründet sich nach Poseidonios auf die Naturphilosophie. Dies liegt an ihrer Abhängigkeit von der Psychologie. Wie bei anderen stoischen Philosophen war die Philosophie des Geistes bei Poseidonios Bestandteil der Naturphilosophie. Auch heute ist ja in den Universitäten die Psychologie als Fach in den naturwissenschaftlichen Fakultäten angesiedelt, wenngleich sie natürlich in wichtigen Fragen mit den geisteswissenschaftlichen Fakultäten verbunden ist.
Die Stoiker betonten, daß die *psuchę*, der Geist oder die Seele, etwas Materielles ist. Poseidonios ging noch weiter, indem er Wert darauf legte, daß in der stoischen Sicht des Kosmos der rationale Geist des Menschen dem aktiven Prinzip des Kosmos verwandt sei. Die menschliche Rationalität entsprach diesem Prinzip selbstverständlich nicht in dessen reinster oder stärkster Spannung, aber immer noch in einer ausreichenden Stärke, um den Menschen zu leiten. Dieser Einfluß basierte auf der Analogie, nach der die menschliche rationale Seele die Entsprechung und tatsächlich sogar Teil desselben Stoffes war wie der göttliche aktive Gestalter des Kosmos. Das meint Mark Aurel, wenn er sagt, die Seele sei ein Fragment Gottes (V 27).

Zwei wesentliche Konsequenzen ergeben sich aus der axiomatischen Prämisse:

(a) *Determinismus und freier Wille.* Die Stoiker glaubten an eine rigide deterministische Ordnung der physischen Ereignisse als Ursache und Wirkung, die dem Kosmos durch den Plan des aktiven Prinzips auferlegt sei. Daraus folgt, daß die Willensfreiheit des Menschen von seiner wirklichen Teilhabe und seinem Anteil am determinierenden Faktor abhing. Er bestand in der Rationalität des Menschen und zeigte sich in Verstehen und Selbstbeherrschung.

(b) *Moralisches Ziel und Glück.* Weil das kosmische rationale Prinzip nach der stoischen Definition alles zum Guten lenkt, setzt ihr Gegenpart, die menschliche Rationalität, das Ziel und ist sie Kriterium für das richtige Verhalten und das moralisch Gute. Das Ziel und Glück der Menschen liegt im moralisch Guten und allein in ihm. So erfüllen die Menschen ihre Rolle im kosmischen Plan. Hier findet sich die reinste Form der griechischen Identifikation der Rationalität mit dem Guten, welche für die so die gesamte Geschichte der griechischen Philosophie kennzeichnend ist.

Aber nicht alle Menschen sind gut, trotz der Möglichkeit, die das rationale Prinzip eröffnet. Manche sind ganz im Gegenteil böse. Doch die meisten sind weder gut noch böse, sondern irgendwo in der Mitte oder sie sind eine Mischung aus beidem – manchmal gut, manchmal schlecht. Wie ist das möglich? Offenkundig durch störende Faktoren und Einflüsse, sowohl durch innere wie emotionale Verwirrung, als auch durch äußere. Für die inneren Faktoren wandte sich Poseidonios natürlich an die Psychologie, und hier wich er fundamental von der Lehre des Chrysipp, die orthodoxe stoische Theorie geworden war, ab. Poseidonios allerdings erklärte, er wende sich zurück zu den entscheidenden früheren Lehren der Gründer der Stoa, die Chrysipp falsch dargestellt habe. Chrysipp hatte für eine monolithische Struktur der Seele argumentiert, als einer einzigen Substanz (d. h. nicht in Teile trennbar) mit nur einem Vermögen oder einer Fähigkeit, dem Rationalen. So waren für Chrysipp Emotionen eine Art des rationalen Urteils bzw. Fehlurteils.

Poseidonios glaubte, daß Chrysipp so Emotion und Leidenschaft nicht erklären konnte. Unklar bleibe ihr Entstehen, ihr Einfluß auf Urteile, die Möglichkeit innerer Konflikte, und auch, was unter einem herrschenden Faktor oder einer Kontrolle in der Seele verstanden werden könnte. Während er akzeptierte, daß die menschliche Seele eine einzige Substanz ist und nicht eine Verbindung von Teilen (wie bei Platon), argumentierte er dafür, daß sie eine unterscheidbare Pluralität von Fähigkeiten oder Vermögen – das rationale Vermögen und zwei irrationale Vermögen der Emotion und der Begierde – hätte, die davon abhingen, wie sie beschaffen oder disponiert ist (F146EK). Poseidonios benutzte sogar die berühmte Platonische Metapher für die Seele von der Vernunft als Wagenlenker und den beiden Pferden (Platon, *Phaidros* 246aff), allerdings gänzlich innerhalb seiner eigenen stoischen Psychologie (F31EK). Die zerstörerische Emotion charakterisierte er als ein ausbrechendes Pferd. Damit ging er gegen Chrysipp zurück auf eine eher platonisch-aristotelische Psychologie; und nach allem, was wir wissen, wären die Gründer der Stoa vielleicht einverstanden gewesen – jedenfalls deutet Poseidonios dies an. Aus den doxographischen Berichten geht hervor, daß Poseidonios' Psychologie in ihrer Sicht des Zusammenspiels und der wechselseitigen Beziehungen von Zustand und Funktion dieser rationalen und irrationalen »Affinitäten« (ein stoischer *terminus technicus: oikeiosis*) typisch stoisch war.

Ausgehend von dieser Psychologie kennt Poseidonios drei natürliche Affinitäten der Menschen, bezogen jeweils auf einen der Aspekte der Seele: Lust als Affinität durch den begehrenden Faktor, Macht durch den leidenschaftlichen und das moralisch Gute als natürliches Ziel des rationalen Faktors. Er kritisierte Epikur dafür, nur die erste, und Chrysipp dafür, *nur* die letzte Affinität gesehen zu haben (F160EK). Darin zeige sich eine Blindheit für beobachtbare Fakten menschlichen Verhaltens, bei den Kindern angefangen. Wenn auch alle Affinitäten als natürlich qualifiziert waren, so gehörten sie doch keineswegs derselben ethischen Wertkategorie an. Tatsächlich hatte nur eine, das Ziel der Rationalität, absoluten Wert. In den Worten des Poseidonios: »Manche Leute lassen sich dahingehend täuschen, daß sie sich vorstellen, die den irrationalen Vermögen der Seele eigenen Ziele seien in einem unqualifizierten Sinne eigen; sie wissen nicht, daß Lust zu empfinden und Macht über seinen Nächsten zu haben Objekte des Strebens für die animalischen Aspekte der Seele sind, während Weisheit und alles, was zugleich gut und moralisch schön ist, Ziele des rationalen und göttlichen Aspekts sind« (F161EK).

Man hat häufig angenommen, Poseidonios habe, unorthodox für einen Stoiker, die sogenannten äußeren und physischen Güter wie Wohlstand und Gesundheit in den Status des moralischen Werts erhoben. Gegen diese These sprechen Seneca (F170EK) und Poseidonios' eigene Psychologie. Er bezeichnete sie als natürlich, ohne sie in die Kategorie des Guten aufzunehmen, so daß sie unmißverständlich in der stoischen Klasse der »mittleren‹ Dinge verbleiben, die zwar in relativer Weise vorzuziehen, moralisch aber indifferent sind. Poseidonios' Psychologie zeichnet sich damit aus durch eine Verbindung und gleichzeitig vollständige Trennung absoluter und relativer Werte. Das Prädikat ›gut‹ ist nur anwendbar auf das, was ohne Quali-

fikation wählenswert ist, und trotzdem wird ein relativer natürlicher Wert nicht abgelehnt. Eine weitere Besonderheit seiner Psychologie ist die Kontrolle moralischen Verhaltens durch die Funktion von Regieren und Regiertwerden. Damit ist das Ziel menschlichen Verhaltens nicht, physische oder äußere Vorteile zu erlangen oder anzuhäufen, sondern die geistige Kontrolle moralischen Handelns; sie ist definiert durch die rationale Einsicht in die menschliche Verfassung und den kosmischen Plan in seiner Beziehung auf die Menschen. Nur das moralisch Gute, der Gegenstand der Rationalität, galt als gut ohne Qualifikation. Die Ziele der irrationalen Faktoren waren zwar natürlich, aber nur ›vorzuziehen‹ in einem qualifizierten Sinne und unter der Bedingung, daß dies unter der Leitung des rationalen moralischen Urteils geschehe. Und da ›gut‹ absolut war, lag das Kriterium des Guten nicht in den Ergebnissen, die sich der Kontrolle des Handelnden entziehen konnten, sondern allein und ausschließlich in der richtigen moralischen Wahl einer Handlung oder in der Intention, die in der Kontrolle und Macht des leitenden moralischen Vermögens, der Vernunft, lag.
Mit dieser neuen Psychologie konnte Poseidonios die rationale Moralphilosophie der Stoiker über den absoluten Wert und ihre vermittelnde oder propädeutische Philosophie der ›angemessenen Handlungen‹, die auf dem ›Naturgemäßen‹ beruhen, auf differenzierte Weise miteinander in Einklang bringen. Frühere Kritiker der Stoiker hatten beanstandet, daß hier etwas nicht zusammenpaßt. Die mittleren Kriterien der ursprünglichen natürlichen Affinitäten der Kindheit und Unreife würden dem rationalen Absolutismus zum Opfer fallen. Manche Stoiker wie etwa Antipater fügten diese sogar in die Definition des Ziels ein. Poseidonios löste das Dilemma auf, indem er das Ziel kompromißlos auf die Einsicht und Ursachenerkenntnis der Rationaliät begrenzte. Doch durch sein erweitertes System der natürlichen Affinitäten konnte er nach seiner Meinung moralische Fehler und Abweichungen erklären.

4.2 Philosophie der Emotionen

Der Schlüssel zu dieser Erklärung lag für ihn in der Philosophie der Emotionen, die im Zentrum seiner Moralphilosophie lag. Er stellte sie in dem wichtigen Werk *Über Emotionen* dar, von dem uns ein großer Teil durch Galen erhalten ist. Am Anfang des 1. Buches schreibt er: »Ich glaube, daß die Untersuchung der guten und schlechten Dinge, der Ziele und der Tugenden, von der richtigen Untersuchung der Emotionen abhängt« (F30EK). An anderer Stelle führt er aus: »Alle Lehren der Ethik sind gleichsam mit einer einzigen Schnur an das Wissen von den Vermögen der Seele geknüpft... Als einmal die Ursache der Emotionen erkannt wurde, brach sie die Absurdität [der Chrysippschen Erklärung des Zieles], zeigte die Quellen der Verkehrtheit in Wählen und Meiden [des Guten und Schlechten], unterschied die Methoden der Übung, und klärte die Probleme bezüglich des Impulses, der aus den Emotionen entsteht»(150EK). Grundsätzlich erklärte Poseidonios den moralischen ›Fehler‹ so : Personen, die inadäquat erzogen sind, sei es bezüglich ihrer rationalen Einsicht oder bezüglich ihrer Lebensgewohnheiten, geben den irrationalen natürlichen Aspekten der Seele zuviel Macht und überschätzen so die Gegenstände der Emotionen und Begierden. Solche falschen Meinungen (daß diese Gegenstände auf unqualifizierte Weise richtig seien) lösen einen Impuls aus, der übermächtig wird (so die stoische Definition der Leidenschaft). Dieser Impuls kann wiederum durch seinen »emotionalen Zug« (ein Ausdruck, den Poseidonios geprägt hat) die Zustimmung zu sich erzwingen und so die rationale Entscheidung über eine bestimmte Handlung verfälschen, indem die moralische Vernunft überstimmt wird.

Diese Theorie führte zu einer fundamentalen Abweichung von Chrysipps Lehre über die Ursache des Bösen oder der Unmoral. Da die Psychologie des Chrysipp ausschließlich rational war und Leidenschaft und Begierde als Fehlurteile klassifiziert wurden, war schwer zu sehen, woher die Korruption der Vernunft kommen könnte. Denn die Vernunft kann sich nicht selbst korrumpieren oder, wie Poseidonios es ausdrückte (F34EK), ihre eigenen Grenzen verlassen, um so einen ›übermächtigen‹ oder ›exzessiven Impuls‹, d. h. eine Emotion entstehen zu lassen. Chrysipp hatte deshalb argumentiert, daß die Quellen der Korruption nur äußerlich sein könnten und in der Größe der äußeren Eindrücke oder Kräfte bestünden. Im Gegensatz hierzu behauptete Poseidonios, die ›Wurzel‹ des Bösen oder der schlechten Handlung liege im Inneren, die ›Saat‹ liege in der natürlichen Pathologie unserer Seelen (F35EK). Natürlich leugnet er nicht, daß diese Saat durch äußere Kräfte aktiviert werden kann, doch hier handelt es sich um untergeordnete Ursachen. Die erste Ursache des Richtigen und Falschen liegt in unseren eigenen Seelen und ist unsere eigene Verantwortlichkeit. Jede Person ist allein verantwortlich für seine oder ihre moralischen Urteile und Entscheidungen.

4.3 Praktische Ethik, moralische Erziehung und Therapie

Praktische Ethik, moralische Erziehung und Therapie ergeben sich aus dieser Psychologie. Traditionell schien die Stoa zwei Philosophien anzubieten: (a) Das ideale, rein rationale Training des *logos* durch Metaphysik und Naturphilosophie, in denen die notwendigen Bedingungen und Funktionen des vollkommenen Weisen analysiert wurden, der unfehlbar ist in seinem Urteil und sich in einem Zustand des unanfechtbaren Glücks befindet. (b) Ein mittleres propädeutisches Training durch moralische Regeln, die die ›angemessenen Handlungen‹ auf der Grundlage des ›Naturgemäßen‹ vorschreiben, gerichtet an den durchschnittlichen Mann (*phaulos*) oder ›Fortschreitenden‹ (*prokopton*) in der Philosophie. Wie schon gesagt, neigten Kritiker dazu, den Bruch zwischen diesen beiden Bereichen zu betonen und ihre Beziehung in Frage zu stellen.

Natürlich verzichtete Poseidonios nicht auf das ideale Ziel oder das Bild des Weisen, welches ja schließlich alles andere erklären sollte. Aber er konzentrierte sich aus praktischen Gründen auf den gewöhnlichen Menschen, und bestand darauf, daß *beide* Philosophien in seinem Interesse ausgeübt werden müßten. Chrysipps medizinische Analogie von der Gesundheit des Weisen und der Krankheit des normalen Menschen lehnte er ab. Er erklärte, es könne für kein menschliches Wesen, weise oder nicht, eine körperliche Verfassung unzerstörbarer Gesundheit geben. Ein Teil der Analogie verfälschte also die Tatsachen. Der gewöhnliche Mensch war nach Poseidonios gleichzeitig gesund und krank; gesund, obgleich ›zur Krankheit tendierend‹ (ein anderer Ausdruck, den Poseidonios geprägt hat), wenn er die richtigen, krank, wenn er die falschen Entscheidungen traf. So brauchte er *beide* Philosophien und Trainings (F163EK), die eine für auf seine rationale Seele, die andere für die seelische Pathologie seiner irrationalen Gefühlsaspekte.

(a) Der rationale Aspekt könne, wenn er gesund sei, trainiert werden, zu verstehen, daß er »in allem dem Dämon in sich selbst [d. h. der Vernunft], der dem, der das ganze Universum regiert, verwandt ist und von ähnlicher Natur wie er, folgen solle und nicht von ihm abweichen und von dem, was schlechter und den Tieren gleich sei [d. h. unseren irrationalen Aspekten], mitgerissen werden solle« (F187EK). Dieses Training ist Aufgabe der Naturphilosophie und Logik, denn das Ziel ist, »zu leben, indem man die Wahrheit und Ordnung aller Dinge zusammen betrachtet und hilft, sie zu befördern, wobei man in keiner Weise vom irrationalen Teil der Seele geleitet ist»(F186EK). Angestrebt ist das Verständnis der Struktur und der Tätigkeit des Kosmos und unserer positiven Funktion in ihm; dadurch soll unsere Rationalität, nicht unsere »emotionalen Züge«, als *leitende* Kraft erkannt werden. Mit der Hilfe der Knochen und Sehnen der Logik führt dieses Verständnis zur Erklärung von Handlungen. Anhand des Musters von Ursache und Wirkung, das durch die Zielgerichtetheit moralischen Handelns gegeben ist, können wir zur Erkenntnis der Ursachen von Handlungen gelangen. So berief Poseidonios sich in seinen Aussagen zur moralischen ›Indifferenz‹ von Gesundheit und Wohlstand nicht ausschließlich auf orthodoxe Argumente über ›natürliche Werte‹ oder ›vorzuziehende Dinge‹. Er konzentrierte sich auf deren Wirkung und Funktion in der Moralpsychologie und vertrat die Position, daß derartige physische und äußerliche Vorteile sich als nur vorausliegende Ursachen im moralischen Schema zeigten, nie aber als erste Ursache, was allein unserer Rationalität zukomme (F170EK).

(b) Wenn aber der gewöhnliche Mensch krank ist durch übermächtige »emotionale Züge«, müssen andere Wege eingeschlagen werden. Denn irrationale Zustände sind, wie Poseidonios richtig behauptete, durch rationale Argumente nicht leicht zu beeinflussen; nichtrationale Methoden müssen ergriffen werden. Es ist typisch, daß Poseidonios sich dafür auf Beobachtungen des tatsächlichen Verhaltens von Kindern und Erwachsenen berief. Er wies zum Beispiel auf die irrationale Macht von lebhaften Vorstellungsbildern oder der Phantasie hin (F162EK). So wird eine Person, die unter der Droge Nikotin steht, nicht durch rationale Argumente über die Krebsgefahr zu überzeugen sein, das Rauchen aufzugeben. Sie wird jedoch durch eine lebhafte Vorstellung davon, wie sie selbst oder ein anderer an Krebs stirbt, emotional motiviert werden, aufzuhören. Poseidonios stellte weiter die Beobachtung an, daß Emotionen, anders als logische oder mathematische Axiome, *in der Zeit* zu- und abnehmen. Aus diesem Grunde ist das irrationale Training der Gewöhnung am angemessensten, denn wenn die unmäßige Leidenschaft einmal ermüdet und befriedigt sei, könne man die Kontrolle über das durchgegangene Pferd zurückgewinnen (F166EK). So nahm er auch an, es ließe sich beobachten, daß emotionale Erregungen auf physische Zustände der Physiognomie (F169EK) oder der Umwelt folgen, was eine eigene Behandlung verdiene. Was hier zur Debatte steht, ist die Therapeutik der mentalen Pathologie, und es ist bemerkenswert, daß das griechische Wort für Krankheit und übermäßige Emotion oder Leidenschaft dasselbe ist (*pathos*). »*Übermäßige* Emotion»: Gegenüber der modernen allgemeinen Meinung muß das betont werden, da kein Stoiker, und Poseidonios sicher als letzter, die Emotionen gänzlich ausrotten wollte. Auch der ideale Mensch erfährt sie. Poseidonios betonte, daß die Emotionen ein beobachtbarer und notwendiger Teil unserer natürlichen seelischen Verfassung sind. In diesem zweiten Training müssen selbstverständlich zusätzlich äußere moralische Regeln aufgestellt werden, da der Patient nicht fähig ist, seine eigenen obersten Regeln oder kategorischen Imperative anzuwenden. Seneca machte deutlich (F176 EK), daß Poseidonios eine eigene Disziplin der ermahnenden Ethik ausarbeitete, die verschiedene Methoden der Überzeugung und Ermahnung und beschreibende Beispiele enthielt.

4.4 Die Historien

Poseidonios großes Werk *Die Historien* könnte unter anderem auch zu diesem Zweck verfaßt worden sein, so wie Plutarchs *Leben* offensichtlicher und direkter als Vorbilder moralischen Verhaltens gedacht waren. Aber *Die Historien* sind weitaus komplexer und dienen als Hilfswissenschaft oder Werkzeug für Poseidonios‹ Moralphilosophie. In *Über Emotionen* bemängelte Poseidonios drei Dinge bei Chrysipp: Mißachtung der Tatsachen, mangelnde Einsichten aus der Erklärung der Ursachen der Phänomene und das Fehlen von aus deduktiven Beweisen abgeleiteter Konsistenz. Es handelt sich hier um drei Grundregeln für Poseidonios eigene Philosophie, und *Die Historien* trugen dazu bei, Material für die ersten beiden Aspekte zusammenzutragen: als eine beschreibende Sammlung der tatsächlichen Verhaltensweisen von Personen, Gesellschaften und Nationen zueinander und in Reaktion auf ihre natürliche Umgebung, mit dem Versuch einer Analyse von historischen Ursachen der entstandenen Verhaltensmuster.

Die Historien waren ein Standardwerk innerhalb des Faches, viel verwendet und zitiert von nachfolgenden Autoren. Sie bestanden aus 52 Büchern, die die Zeit von 146 v. Chr. (hier folgt Poseidonios mit Absicht Polybios' *Historien*) bis vermutlich zur Mitte der 80er Jahre abdecken, und sie blieben möglicherweise unvollendet. Die inhaltliche Reichweite des Werkes war gewaltig: Berücksichtigt wurde die gesamte mediterrane Welt von Kleinasien bis Spanien, von Ägypten und Afrika bis nach Gallien und den nordischen Völkern bis Jütland. Im Mittelpunkt standen selbstverständlich die römische und griechische Welt. Das erste auffällige Charakteristikum in den Fragmenten ist der Detailreichtum mit der gesamten Palette der historischen Beschreibung von Fakten und Ereignissen, von größeren und kleineren, lokalen und globalen, sowie von sozialen und geographischen Phänomenen. Erwähnt werden wilde Steckrüben und Karotten in Dalmatien (F70EK); der chaotische Zustand des apameischen Militärwesens (F54EK); Einzelheiten von luxuriösen förmlichen Gastmählern (65.53.283EK) und von Eigenheiten und Gewohnheiten von Einzelpersonen oder Völkern in der Beschreibung ihres sozialen und politischen Verhaltens. Als eine planvolle Sammlung auf der Grundlage seiner ausgiebigen Reisen und der sich daran anschließenden Studien stellt das Werk eine immense Beschreibung von Tatsachen dar, welche den Hintergrund für Poseidonios' Analyse des menschlichen Verhaltens bildet.

Das Interessanteste an den *Historien* ist jedoch ihre Ursachenlehre bzw. die historische Erklärung. Hier zeigt sich der Moralphilosoph. Und tatsächlich hat Athenaios, die unermüdliche Elster gegen Ende des 2.Jahrhunderts n. Chr., in seinen *Deipnosophisten* (*Gelehrte Tischgespräche*) Poseidonios *Historien* dahingehend charakterisiert, daß sie im Einklang mit seiner Philosophie komponiert seien (T80EK), was durchaus von Poseidonios selbst stammen könnte. Das Werk bestätigt es in seiner deskriptiven Ätiologie.

(a) Die Darstellung weist durchweg darauf hin, daß, obwohl äußere Umstände sowohl menschlicher wie geographischer Art mögliche relevante Faktoren für Handlungen sind, die wahren Motive nicht von außen, sondern durch den inneren Charakter bestimmt werden, eine Analyse in direkter und sicherlich beabsichtigter Opposition zu anderen Geschichtsschreibern wie etwa Polybios. Die Sichtweise wird nicht nur an einzelnen mächtigen Individuen veranschaulicht, sondern auch am Charakter von Nationen. Die Überfälle der umherziehenden Kimbern, ein entscheidendes und aufstörendes historisches Ereignis der Zeit, wurden nicht allein anhand des Naturphänomens der Überflutung, die sie vom heimatlichen Jütland vertrieben hatte, erklärt, sondern durch den ihnen eigenen piraten- und nomadenhaften Charakter. Das erklärt Poseidonios' Beschäftigung mit der Ethnologie (der italienischen, römischen, gallischen, germanischen) als historischer Erklärung; sie wird verwendet als historische Ethologie.

(b) Um diesen Grundgedanken zu verdeutlichen ist Poseidonios durchaus bereit, einen Vorfall über seine historische Bedeutung hinaus auszubauen. Sein brillianter, im Detail lebhafter und ausführlicher Bericht der kurzen Karrierre des Athenion, des athenischen Tyrannen des Jahres 88 v. Chr., macht viel zu viel aus diesem relativ unbedeutenden Ereignis der Mithridatischen Kriege. Aber Poseidonios wollte die Vorgeschichte und die verheerende Wirkung eines unmoralischen sogenannten philosophischen Tyrannen auf die einfältige athenische Masse entlarven, in welcher Kürze (oder Länge) auch immer (F253EK).

(c) Das verweist auf ein anderes bemerkenswertes moralisches Anliegen der *Historien*: Das wiederholte Interesse an der Beziehung von Herrscher und Beherrschten in all ihren Variationen, sei es in einer freiwilligen Unterordnung oder als Herren und Sklaven: Sie schließt beide Charaktere, den des Herrschers und den des Beherrschten, und das Verhältnis zwischen beiden ein. Und natürlich reflektiert

dieses Interesse im Medium der Geschichtsschreibung die Ausarbeitung des moralischen Axioms von der Kontrolle des beherrschenden rationalen Elements über das untergeordnete bzw. das Versagen dieser Kontrolle.
Selbstverständlich findet sich noch vieles mehr, einschließlich eines wohlbegründeteten Angriffs auf volkstümliche Legenden und Aberglauben zugunsten einer rationalen Erklärung durch Ursache und Wirkung. So stellen *Die Historien*, wie die Naturwissenschaften und die Mathematik, eine für die Philosophie des Poseidonios notwendige Untersuchung dar. Doch wie gesagt kann hier nicht mehr als historische Erklärung geleistet werden; für die letzte Erklärung muß auf die Axiome, die die Moralphilosophie aufstellt, verwiesen werden.

5. Einfluß und Bedeutung

Poseidonios wurde mindestens bis zum sechsten Jahrhundert n. Chr. gelesen und für eine wichtige Autorität gehalten. Sein Einfluß wurde in der Vergangenheit überschätzt, doch in den drei Jahrhunderten nach seinem Tode wurde er mit Sicherheit vielfach herangezogen. Die uns erhaltenen Zeugnisse sprechen allerdings dafür, daß sein späterer Einfluß außerhalb seiner eigenen Schule größer war als in ihr. Die spätere Geschichte der Stoa weist nämlich darauf hin, daß Chrysipp weiterhin als die maßgebliche Autorität angesehen wurde. So stammen unsere maßgeblichen Zeugnisse zu Poseidonios wichtiger Philosophie der Emotionen von Galen, dem großen Arzt des zweiten Jahrhunderts n. Chr., einem Anhänger der Akademie, der Poseidonios benutzte, um Chrysipp anzugreifen. Es waren die wissenschaftlichen Werke des Poseidonios und *Über den Ozean* und *Die Historien*, die weiterhin auf der Suche nach Information und Details geplündert wurden, mit dem Ergebnis, daß das übergeordnete Ziel seiner enzyklopädischen Forschungen in Vergessenheit geriet. Das ist zu bedauern, denn Poseidonios Platz in der Geistesgeschichte leitet sich nicht von den verstreuten Reichtümern eines Polyhistors her, sondern von dem kühnen Versuch, unsere materielle Welt durch die Rationalität ihres Wirkens in einer Zusammenschau zu verstehen, sie so in ihrem vollständigen Kontext zu erklären und unser eigenes Verhalten in ihr zu bestimmen: ein Versuch, der, soweit das möglich ist, durch die Beobachtungen der Tatsachen geprüft wurde.
Poseidonios war kein eklektischer Denker, wie dies behauptet worden ist, sondern er glaubte fest an die kontinuierliche Entwicklung der Philosophie aus Positionen der alten und aus seiner Sicht eta-

blierten Autoritäten. Seine synoptische Entschlossenheit, die Dinge als Teile eines Ganzen zu sehen, wo die Vollkommenheit des Ganzen den Teilen einen Sinn gibt; seine Bereitschaft, bis an ihre Grenzen die These zu erforschen, daß die gemeinsame Rationalität der kosmischen Ordnung und die Tätigkeit unseres eigenen Verstandes der einzig mögliche Weg der Erklärung und des Verstehens sind und daß folglich unser Glück letztlich nur davon abhängen sollte: sie zeigen, daß es ihm tatsächlich gelungen ist, unter dem formalen Umhang des Stoizismus einige der bedeutendsten und anregensten Fäden, die sich durch die gesamte griechische Philosophie ziehen, zu verknüpfen. Sein wichtigster eigener Beitrag war jedoch, den gesamten Bereich der intellektuellen Disziplinen, welcher dem menschlichen Forschen offensteht, in den Dienst der Philosophie zu stellen und in sie zu integrieren.

Aus dem Englischen übersetzt von Katja Vogt.

Woldemar Görler

Cicero

1. Staatsmann oder Philosoph?

Daß dem römischen Staatsmann M. Tullius Cicero ein Platz in der Geschichte der Philosophie gebührt, wird heute kaum noch bestritten. Diesen Platz genauer zu bestimmen, fällt schwerer. Cicero hatte sich von früher Jugend an mit Leidenschaft philosophischen Studien gewidmet. Plutarch berichtet (*Cic.* 4,3), er habe während seines Studiums in Athen – entmutigt durch die politische Situation in Rom sogar erwogen, sein Leben ausschließlich der Philosophie zu widmen. Das ist wenig glaubhaft, denn Ciceros eigene Äußerungen zeigen, daß er an seiner Berufung zur politischen Laufbahn nie ernsthaft gezweifelt hat (Görler 1990,66f.), und er hat denn auch, wann immer er die Gelegenheit dazu hatte, dem öffentlichen Wirken als Staatsmann und als Redner den Vorrang gegeben. So blieb er – und darin liegt ein Glück für die Nachwelt – gegenüber der Philosophie ein ›Außenseiter‹ ... und Dilettant (im eigentlichen Sinne: ein ›Liebhaber‹); er wurde nicht hineingezogen in die schon lange steril gewordenen Streitigkeiten zwischen Epikureern, Stoikern, Peripatetikern und Akademikern; er konnte sich den freien Blick für das Wesentliche bewahren. Cicero war sich dieses Vorzugs bewußt und spottete gelegentlich über die ganz in den eigenen Denkgewohnheiten befangenen hellenistischen Schulphilosophen: *De oratore* II 21 ›den schwatzenden Philosophen laufen die Hörer davon, sobald eine andere Unterhaltung lockt‹; *De divinatione* II 119 ›kein Gedanke ist so absurd, daß er nicht von einem Philosophen geäußert werden könnte‹ (zur Nachwirkung: Gawlick 1995). Aus solchen Äußerungen spricht das Unbehagen darüber, daß einzelne Vertreter der Philosophie auf sonderbare Abwege geraten waren. Den Rang der Philosophie selbst hat Cicero nie in Frage gestellt; sie war und blieb ihm Mittelpunkt seines Lebens. Es war ihm Ernst damit, wenn er Platon beipflichtete, ›die Philosophen müßten zu Königen, die Könige zu Philosophen werden‹. Er maß seine politische Tätigkeit an den Forderungen der Philosophie, und einige ergreifende Stellen in seinen persönlichen Briefen zeigen, daß er dabei hart mit sich ins Gericht ging. In diesem Sinne lebte er für die Philosophie und aus der Philosophie heraus.

Er wußte auch, was er den Griechen verdankte, und deshalb fühlte

er sich berufen, griechisches Denken seinen Landsleuten zu vermitteln. Dazu war er befähigt wie kein anderer. Neben dem unbefangenen Blick war es ihm in ungewöhnlichem Maße gegeben, schwierige Sachverhalte klar und knapp darzustellen. So hat er nicht nur seinen Zeitgenossen, sondern auch der Nachwelt ein fesselndes und facettenreiches Bild der Philosophie des Hellenismus entworfen. Das kann nicht hoch genug veranschlagt werden: ohne Ciceros zusammenhängende Berichte wäre unsere Kenntnis der Lehre Epikurs, der Stoa und der skeptischen Akademie nur lückenhaftes Stückwerk. Unter einem anderen Aspekt ist sein Einfluß noch größer. Cicero mußte die griechischen Lehren in seine eigene Sprache übersetzen, die erst über ein beschränktes philosophisches Vokabular verfügte. Viele Termini in seinem Werk sind daher eigene Schöpfungen (siehe auch unten S. 94); die meisten davon sind vom mittelalterlichen Denken und von der Renaissance übernommen worden und prägen die philosophische Terminologie bis heute.
Aber Cicero ist kein bloßer Historiker der Philosophie. Seine Darstellung der älteren Lehren ist stets zugleich eine engagierte sachliche Auseinandersetzung, und das hebt ihn weit über die Rolle eines Doxographen hinaus. Der polnische Gelehrte Thaddäus Zielinski, dem das immer noch wichtigste Buch über Ciceros Nachwirkung verdankt wird, hat treffend formuliert: »Eben das war an Cicero das Unersetzliche, daß er, ohne selbst Schöpfer zu sein, gesund und selbständig über Schöpfer zu urteilen verstand; diese Kunst haben die Männer der Renaissance von ihm gelernt« (^{4}1929,198; s. auch Gawlick 1963;Schmitt 1978).
Und das ist nicht alles. Getrieben von dem nie nachlassenden Wunsch, die Wahrheit zu finden, ist Cicero auch zum ›Schöpfer‹ geworden. Er stellte sich gern dar als Anhänger der skeptischen (›neuen‹) Akademie, und dem entspricht die Form seiner größeren Schriften: in Rede und Gegenrede wird ein Standpunkt gegen den Gegenstandpunkt ausgespielt, und wie die skeptischen Akademiker zieht Cicero daraus den grundsätzlichen Schluß, in philosophischen Fragen sei gesicherte Erkenntnis nicht möglich. Aber anders als die Griechen verharrt er nicht in Resignation und konsequenter ›Urteilsenthaltung‹. Er möchte den Widerstreit der Meinungen überwinden und beschreitet einen eigenwilligen, ganz persönlichen (unten näher beschriebenen) Weg ›zur Wahrheit‹. Dieser Weg ist nicht erhaben über kritische Einwände. Die Größe des Philosophen Cicero liegt darin, daß er die Einwände kannte, daß er sie sich selbst ständig in Erinnerung rief – und daß er trotzdem ›mutig‹ hinausging über den Bereich des rational Beweisbaren: im vollen Bewußtsein dessen, was er tat.

Cicero wurde am 3. Januar 106 v. Chr. in der römischen Landstadt Arpinum geboren. Die Familie gehörte dem ›Ritterstand‹ an; keiner von Ciceros Vorfahren hatte in Rom ein Staatsamt bekleidet. Aber es bestanden verwandschaftliche Beziehungen zur ›Nobilität‹ (dem ›Amtsadel‹), und Ciceros Vater war ehrgeizig darauf bedacht, seinen beiden Söhnen, Marcus und dem um vier Jahre jüngeren Quintus, eine umfassende Bildung zuteil werden zu lassen und die traditionelle ›Ämterlaufbahn‹ zu erschließen. Mit etwa zehn Jahren ging Marcus nach Rom. Zum damals üblichen Bildungskanon gehörten neben der Redekunst (die Grammatik und Literaturkunde einschloß) und einer Einführung in die Rechtswissenschaft auch philosophische Studien. Ihnen widmete sich Cicero mit besonderem Eifer. Bereits mit etwa sechzehn Jahren hörte er den Epikureer Phaidros, kurz darauf (ab 88 v. Chr.) den skeptischen Akademiker Philon aus Larisa, den letzten Leiter der von Platon gegründeten Akademie. Beide Philosophen waren aus Athen geflohen, um den Wirren des damals gegen Mithridates geführten Krieges zu entgehen -ein Glücksfall für bildungshungrige junge Römer wie Cicero. Philon hat Cicero so beeindruckt, daß er sein ganzes Leben hindurch Akademiker blieb. Von etwa 85 v. Chr. an studierte Cicero auch die stoische Lehre bei einem sonst wenig bekannten Diodotos; mit ihm verband ihn eine persönliche Freundschaft; als Diodotos im Alter erblindete, nahm ihn Cicero in sein eigenes Haus auf. Es ist bezeichnend für seine ebenso offene wie kritische Haltung, daß Cicero seine Studien nicht auf eine ›Schule‹ begrenzte.

Erst mit fünfundzwanzig Jahren, weit später als es üblich war, trat Cicero zum ersten Mal als Anwalt auf. Rückblickend erklärte er, er habe »nicht wie die meisten anderen auf dem Forum noch lernen, sondern bereits als gebildeter Mann das Forum betreten wollen« (*Brutus* 311). Damit sind nicht nur technisch-rhetorische Fähigkeiten gemeint. Vor allem mit seiner zweiten Rede (*Für Sextus Roscius aus Ameria*) machte Cicero sich einen Namen: Er trat mutig auf gegen eine fadenscheinige Anklage wegen ›Vatermordes‹, mit deren Hilfe ein Günstling Sullas einen unerfahrenen jungen Mann aus dem Wege räumen und sich an seinem Erbe bereichern wollte. Cicero hatte Erfolg – so sehr, daß ihn der Zorn des damals allmächtigen Diktators traf. Deshalb, und auch aus gesundheitlichen Gründen, brach Cicero seine öffentliche Tätigkeit in Rom zunächst ab und unternahm eine gut zweijährige Bildungsreise nach Griechenland und Kleinasien (79–77 v. Chr.).

In Athen hörte er regelmäßig den Philosophen Antiochos aus Aska-

lon. Dieser hatte lange der von Platon gegründeten (inzwischen ›skeptisch‹ gewordenen: siehe unten S. 95) Akademie unter der Leitung Philons aus Larisa angehört, sich dann aber vom Skeptizismus abgewandt und eine eigene Schule gegründet, die er selbstbewußt ›Alte Akademie‹ nannte (Glucker 1978). Damit war ausgedrückt, daß er sich selbst (und nicht Philon und seine skeptischen Schulgenossen) als rechten Interpreten des platonischen Erbes ansah. Cicero war mit Platons Werk und Lehre von Jugend an vertraut; Antiochos wird ihn nun tiefer in die Interpretation eingeführt haben. Aber auch die eigene Lehre des Antiochos, die durchweg auf Ausgleich bedacht war und platonische Elemente mit stoischen Dogmen verband, hat Cicero beeindruckt und dauerhaft geprägt. Daneben hörte er Epikureer: wiederum Phaidros, der nach Athen zurückgekehrt war, sowie Zenon aus Sidon, den damaligen Schulleiter. Im Einleitungsgespräch zum fünften Buch von *De finibus bonorum et malorum* hat Cicero ein anschauliches Bild der unbeschwerten Studienzeit in Athen entworfen, die er gemeinsam mit seinem Bruder Quintus, seinem Vetter Lucius und seinem lebenslangen Freund T. Pomponius Atticus verbrachte. Von Athen aus begab sich Cicero nach Rhodos. Dort besuchte er neben rhetorischen Übungen die Vorlesungen des gelehrten Stoikers Poseidonios aus Apameia. Jetzt hatte er die bedeutendsten lebenden Vertreter aller hellenistischen Schulen auch persönlich kennengelernt.
Kurz darauf begegnete Cicero in Smyrna dem (zu Unrecht) aus Rom verbannten P. Rutilius Rufus, dem letzten Überlebenden einer philosophisch und literarisch interessierten Gruppe, die sich um den jüngeren Scipio Africanus (etwa 181–129 v. Chr.) zusammengefunden hatte. Dieser ›Scipionenkreis‹, dem neben prominenten Römern (C. Laelius Sapiens, L. Furius Philus u. a.) auch der Komödiendichter Terenz, der Satiriker Lucilius, der Historiker Polybios und der Stoiker Panaitios angehört haben sollen, bildet den fiktiven Rahmen von *De re publica*; in der Einleitung (I 13–17) versichert Cicero, Rutilius Rufus habe ihm bei seinem Besuch in Smyrna im Jahre 78 das im folgenden wiedergegebene Gespräch aus dem Gedächtnis erzählt. Das ist zweifellos eine (an Platons Technik angelehnte) literarische Fiktion, und wir wissen heute auch, daß Cicero den geistigen Rang des Freundeskreises um Scipio stark idealisiert hat (Strasburger 1966; Zetzel 1972). Aber es ist ganz selbstverständlich, daß der damals achtundzwanzigjährige Cicero den um etwa fünfzig Jahre älteren Rutilius Rufus wirklich nach seinen Erinnerungen an Scipio und seinen Kreis gefragt hat und daß ihm diese Gespräche viel bedeutet haben: auf diese Weise konnte er sich hineingestellt sehen in eine Tradition, die zurück-

reichte bis in die frühe Zeit der römischen Literatur und der römischen Philosophie.

Nach Rom zurückgekehrt, begann Cicero die staatliche ›Ämterlaufbahn‹ (*cursus honorum*) und wurde zu seinem Stolz ausnahmslos im jeweils frühestzulässigen Lebensjahr gewählt: 75 zum Quaestor, 69 zum Aedil, 66 zum Praetor, 63 zum Konsul. Während des Konsulats deckte er einen politischen Umsturzversuch auf (die ›Verschwörung‹ des Catilina) und ließ die Anführer ohne ausreichende gesetzliche Grundlage hinrichten. Das diente seinen politischen Gegnern als Handhabe, im März 58 eine Verbannung Ciceros aus Rom zu bewirken; im August 57 wurde ihm die Rückkehr gestattet.

Schon seit 60 v. Chr. zeichnete sich immer deutlicher ab, daß der römische Staat in eine schwere Krise geriet. Unter dem ›Ersten Triumvirat‹, einer außergesetzlichen Absprache über die Verteilung der wichtigsten Staatsämter zwischen Caesar, Pompeius und Crassus, war dem konservativen Republikaner Cicero jede ernsthafte politische Tätigkeit verwehrt. Philosophische und literarische Interessen traten wieder in den Vordergrund. In einem (bis auf Fragmente verlorenen) epischen Gedicht über das eigene Konsulat denkt Cicero wehmütig zurück an die athenische Studienzeit und läßt sich von der Muße Urania Trost spenden: ›das Vaterland habe ihn in früher Jugend der schattigen Akademie und dem ölglänzenden Lykeion (ursprünglich ein Sportplatz, auf dem die Athleten sich salbten) entrissen und hineingeworfen in die Beschwernisse tugendhafter Pflichterfüllung; trotzdem habe er stets, was ihm an Freizeit geblieben sei, in den Dienst der Musen gestellt.‹ Die Schriften *De re publica* (54 v. Chr.) und *De legibus* (51 v. Chr.) suchen beides zu verbinden: Neben der Erörterung ethischer Kernfragen bieten sie philosophisch fundierte Ratschläge für eine (auch von Cicero als unerläßlich angesehene) Verfassungsreform. Nachdem Caesar Pompeius im Bürgerkrieg (49–45 v. Chr.) besiegt hatte, hatten derartige Überlegungen keinen Bezug mehr zur Realität. Von 46 v. Chr. an entstanden nun in dichter Folge die eigentlichen philosophischen Schriften.

Caesars Tod (44 v. Chr.) erfüllte Cicero mit neuer Hoffnung; er gab sich der Illusion hin, die Republik könne doch noch gerettet werden, und setzte, wenn auch mit ungutem Gefühl, seine Autorität zugunsten von Caesars Neffen und Adoptivsohn ein. Aber Octavian, der spätere Kaiser Augustus, einigte sich im ›Zweiten Triumvirat‹ (43 v. Chr.) mit Antonius, den Cicero eben noch in 12 Reden *(Philippicae)* als den vermeintlich ärgeren Feind der Republik aufs heftigste bekämpft hatte. Ciceros Name wurde auf eine Ächtungsliste gesetzt; am 7. Dezember 43 v. Chr. wurde er von den Schergen der Triumvirn ermordet.

3. Die ›philosophischen Schriften‹

Diese oft gebrauchte Bezeichnung ist Ausdruck einer Verlegenheit. Cicero selbst spricht nur in der Einleitung zum zweiten Buch der Schrift *Über die Weissagung* zusammenfassend über seine philosophischen Werke; dort bezeichnet er sie umschreibend als Bücher, in denen er »das methodische Vorgehen der edelsten geistigen Disziplinen« (*optimarum artium vias*) seinen Mitbürgern habe nahebringen wollen. Er zählt die bislang vorliegenden im engeren Sinne der Philosophie gewidmeten Werke auf, fügt aber sogleich hinzu, auch die Schrift *Über den Staat* und die rhetorischen Schriften solle man dazu rechnen. Der Begriff der Philosophie ist also sehr weit gefaßt. Darin spiegelt sich Ciceros Überzeugung, Politik, die in ihrem Dienst stehende Rhetorik und die Philosophie seien ihrem Wesen nach eine Einheit und sollten aufeinander einwirken. In der Tat finden sich auch in den rhetorischen Schriften wichtige philosophische Aussagen.

Die wichtigsten Werke in chronologischer Folge:

De oratore – Über den (idealen) Redner
55 v. Chr. Dialog in drei Büchern (fiktives Datum 91 v. Chr.); Unterredner sind die damals bedeutendsten Redner. Buch 1 behandelt die rhetorische Ausbildung, Buch 2 inhaltliche Aspekte, Buch 3 Fragen des Stils und des Vortrags. Die Forderung, die Philosophie in alle Bereiche einzubeziehen, prägt leitmotivisch das ganze Gespräch. Mehrfach läßt Cicero seine Präferenz für die skeptische Akademie anklingen, die durch ihre Methode, stets das Für und Wider zu erörtern, dem Redner wichtige Hilfe bieten könne.

De re publica – Über den Staat
Begonnen 54, veröffentlicht 51 v. Chr.; nur teilweise erhalten. Dialog (fiktives Datum 129 v. Chr.) innerhalb des ›Scipionenkreises‹, kurz vor dem Tod des Scipio Aemilianus. Formales und (teilweise) inhaltliches Vorbild ist Platons *Politeia* (*Staat*). Buch 1: Theorie der Staatsformen, Buch 2: Geschichte der römischen Verfassung, Buch 3: Streitgespräch über die ›Gerechtigkeit‹ (Problem des Naturrechts), Bücher 5–6: der ideale Staatenlenker. Das Werk schließt mit ›Scipios Traum‹: Unsterblichkeit als Lohn für den gerechten Staatsmann.

De legibus – Über die Gesetze
51 v. Chr. (?); nur teilweise erhalten, vielleicht von Cicero selbst nicht vollendet. Gespräch zwischen Marcus Cicero, seinem Bruder Quintus und T. Pomponius Atticus (Ciceros Freund und ›Verleger‹), Schauplatz ist das väterliche Landgut der Brüder in Arpinum. Zu Unrecht nennt Cicero (I 15) als Vorbild Platons *Gesetze* (*Nomoi*):

Während Platon in seinem Alterswerk eine gegenüber der *Politeia* wesentlich veränderte Staatsphilosophie vorträgt, gilt *De legibus* der Formulierung konkreter Gesetzesvorschläge auf der Grundlage der in *De re publica* entworfenen Idealverfassung. Von philosophischem Interesse ist vor allem das erste Buch: ›Recht gilt von Natur aus und ist menschlicher Willkür entzogen‹. In der Begründung sind sokratisch-platonische und stoische Gedanken unauflösbar miteinander verwoben; Ciceros Quelle ist wahrscheinlich Antiochos aus Askalon.

Hortensius
46/45 v. Chr.; verloren, überliefert nur etwa 100 isolierte Fragmente. Gespräch (fiktives Datum zwischen 65 und 61 v. Chr.) zwischen Cicero selbst, Q. Hortensius Hortalus (Ciceros bedeutendstem Rivalen in der Redekunst), L. Licinius Lucullus (bekannt als Feldherr und als Lebemann) und Q. Lutatius Catulus (konservativer Staatsmann, Zensor 65 v. Chr.). Die Schrift gehörte zur Gattung des ›Protreptikós‹ (›hinwendende Rede‹); ihr Ziel war es, für die Philosophie zu werben und Vorurteile gegen sie zu entkräften. Im Laufe des Gespräches überzeugt Cicero den zunächst ablehnenden Hortensius in allen Punkten. 420 Jahre später wurde Augustin durch diesen Dialog für philosophisches Denken gewonnen (*Confessiones* III 4; s. auch Testard 1958; Hagendahl 1967).

Academica (oder *Academici libri*)
45 v. Chr.; nur teilweise erhalten. Ciceros erkenntnistheoretische Hauptschrift. Sie ist benannt nach der seit Arkesilaos (Schulleiter von etwa 266 bis 241 v. Chr.) skeptisch ausgerichteten Akademie und behandelt die zentrale zwischen ›Akademikern‹ (d.i. Skeptikern) und ›Dogmatikern‹ (vor allem den Stoikern) über Generationen hinweg diskutierte Frage, ob dem Menschen gesicherte Erkenntnis möglich sei (s. unten S. 95–98). Von zwei aufeinanderfolgenden Versionen ist der Anfang der zweiten erhalten (*Academica posteriora*, auch als *Varro* bezeichnet), von der ersten die zweite Hälfte (*Lucullus*), insgesamt etwas weniger als zwei Drittel. Beide Fassungen sind Dialoge; Gesprächsteilnehmer der ersten sind Cicero, Lucullus, Catulus und Hortensius (fiktives Datum 63–60 v. Chr.); in der zweiten Fassung sind neben Cicero M. Terentius Varro (der berühmte Universalgelehrte) und Ciceros Freund Atticus am Gespräch beteiligt (fiktive Zeit 46 v. Chr.). Im erhaltenen ersten Teil gibt zunächst Varro einen Überblick über die Geschichte der hellenistischen Philosophie aus der Sicht des Antiochos aus Askalon, im Anschluß daran beginnt Cicero die Darstellung der skeptischen Akademie; dann bricht die Überlieferung ab. Im *Lucullus* vertritt der Titelheld, der in persönli-

cher Verbindung zu Antiochos aus Askalon gestanden hatte, in langer zusammenhängender Rede einen gemäßigten Dogmatismus; Cicero widerspricht ihm, ebenfalls in geschlossener Rede, und trägt die Argumente der Akademie gegen die Möglichkeit sicherer Erkenntnis vor.

De finibus bonorum et malorum – Über das höchste Gut und das schlimmste Übel
45 v. Chr. Ciceros ethische Hauptschrift; drei selbständige Dialoge. Bücher I-II (fiktives Datum etwa 50 v. Chr.): L. Manlius Torquatus erläutert die epikureische Ethik, Cicero als Skeptiker widerspricht ihm; Bücher III-IV (52 v. Chr.): M. Porcius Cato (der Jüngere, später entschiedener Caesargegner) vertritt die stoische Lehre; Cicero rügt in seiner Gegenrede, daß die Stoiker, die bei der Begründung der Sittlichkeit von der Natur des Menschen ausgegangen waren, bei der Formulierung des letzten sittlichen Zieles vom menschlichen Körper und von den äußeren Bedürfnissen nichts mehr wissen wollten, sondern nur noch die Tugend als ›gut‹ gelten ließen; das sei rigoristisch und weltfremd. Buch V (79 v. Chr., während Ciceros Aufenthalt in Athen): M. Pupius Piso (damals Studienfreund Ciceros, Anhänger des Peripatos) trägt die Ethik des Antiochos aus Askalon vor, die zwischen Stoa und dem altakademisch-peripatetischen Standpunkt zu vermitteln suchte; im letzten Teil des Buches widerspricht ihm Cicero, der jetzt die innere Stimmigkeit des stoischen Systems lobt und den ›Peripatetikern‹ Inkonsequenz vorwirft. Die Schrift schließt mit einem Kompromiß. Ciceros Methode, sich durch These, Gegenthese und Synthese an die Wahrheit anzunähern, ist in *De finibus* besonders deutlich ausgeprägt.

Tusculanae disputationes – Disputationen in Tusculum
45 v. Chr. Fünf stark formalisierte Gespräche zwischen Cicero und einem anonymen Unterredner (oft als ›Schüler‹ bezeichnet), dessen Funktion fast ausschließlich darin besteht, daß er eine These aufstellt, die Cicero dann widerlegt. Cicero bezeichnet die *Tusculanen* deshalb in der Vorrede ironisch als rhetorische Übungen. Aber das gilt nur für die Form. Die Schrift ist eine Ergänzung zu *De finibus*: nach der theoretischen Grundlegung die Behandlung ethischer Einzelfragen und Ratschläge, die gegen Zweifel und Anfechtungen sichern sollen. Buch I fügt sich nur teilweise in diesen Rahmen: Thema ist die Überwindung der Todesfurcht; breiten Raum nehmen Argumente für ein Weiterleben der Seele nach dem Tode ein, gelten also eher einem ›physikalisch'-eschatologischen als einem ethischen Problem. In Buch II wird gut stoisch der Nachweis versucht, daß der Schmerz kein Übel sei oder doch ertragen werden

könne, Buch III soll zeigen, daß der ›Weise‹ auch nicht von seelischem Kummer befallen werde; Buch IV ist der Bekämpfung der übrigen Affekte gewidmet. Buch V berührt sich mit *De finibus* V: es gilt der Frage, ob tugendhaftes Verhalten allein dauerhaftes Glück garantiert. Auch hier wird der rigorose stoische Standpunkt zugunsten der ›menschlicheren‹ peripatetischen Lehre leicht abgeschwächt.

De natura deorum – Über das Wesen der Götter
Herbst 45 v. Chr. Die theologische Hauptschrift. Dialog zwischen dem Epikureer C. Velleius, dem Stoiker Q. Lucilius Balbus und dem akademischen Skeptiker C. Aurelius Cotta; der zur fiktiven Zeit des Gesprächs etwa 30jährige Cicero ist als stummer Zuhörer dabei. Buch I: Velleius erläutert die epikureische Auffassung von den Göttern (unsere Hauptquelle für die epikureische Theologie); Cotta widerspricht ihm. Im ungewöhnlich langen Buch II behandelt der Stoiker nacheinander: Existenz ›der Götter‹ (genauer: der immanenten Gottheit), ihre Eigenschaften, Gott als Weltenlenker, göttliche Fürsorge für die Menschen. In Buch III (nicht vollständig überliefert) kritisiert Cotta jetzt die Stoa; er wendet sich vor allem gegen den Anspruch, ihre Lehre sei rational beweisbar und über jeden Zweifel erhaben; den Götterglauben als solchen stellt er ausdrücklich nicht in Frage. Am Ende des Buches gibt Cicero zu verstehen, daß er selbst die stoische Lehre für ›stärker der Wahrscheinlichkeit zugeneigt‹ halte.

De divinatione – Über Weissagung
44 v. Chr. Gespräch zwischen den Brüdern Marcus und Quintus. Quintus vertritt die stoische Auffassung, die Fürsorge der Götter für die Menschen finde ihren Ausdruck auch in Hinweisen auf künftiges Geschehen. Marcus bestreitet das als Skeptiker.

De fato – Über schicksalhafte Vorherbestimmung
44 v. Chr.; unvollständig überliefert. Formale ›Disputation‹ mit A. Hirtius, der die stoische These aufgestellt hatte, alles Geschehen sei kausal determiniert. In einem zusammenhängenden Vortrag widerspricht Cicero aus der Sicht der skeptischen Akademie (Quelle wahrscheinlich Karneades).

Cato maior de senectute – Über das Alter
44 v. Chr. Gespräch zwischen Cato dem Älteren, Scipio Aemilianus und Laelius, kurz vor Catos Tod (149). Überwiegend zusammenhängender Vortrag Catos: Trostgründe gegen die Beschwernisse des Alters; am Ende bekennt sich Cato (und damit indirekt Cicero) zum Glauben an ein Leben nach dem Tode.

Laelius de amicitia – Über die Freundschaft
44 v. Chr. Gespräch im ›Scipionenkreis‹, kurz nach dem Tode des Scipio Aemilianus (129 v. Chr.). C. Laelius Sapiens berichtet, was er von Scipio, seinem besten Freunde, über das Wesen und die ›Entstehung‹ (*ortus*) der Freundschaft gehört hatte; der zweite Teil enthält Ratschläge für ihre Pflege und Erhaltung. Quellen sind stoische und peripatetische Traktate.

De officiis – Über pflichtgemäßes Handeln
44 v. Chr. Lehrbrief in drei Büchern an den Sohn Marcus, der damals – 35 Jahre nach dem Vater – in Athen Philosophie studierte. Die Bücher I und II sind eine freie Wiedergabe der Schrift *Peri tou kathekontos* des Stoikers Panaitios (etwa 185 bis etwa 110 v. Chr.). *Officium* ist Ciceros Wiedergabe des stoischen terminus *kathekon*; er bezeichnet ethisch richtige Handlungen, die jedoch – im Gegensatz zur sittlich vollendeten Handlung (*katorthoma*) – noch nicht von voller Einsicht getragen sind. Cicero nennt sie deshalb auch ›mittlere Pflichten‹ (*media officia*, I 8). *De officiis* ist ein Ratgeber für die praktische Pflichterfüllung: Buch I erörtert das richtige Handeln unter dem Gesichtspunkt der Moralität, Buch II unter dem der Nützlichkeit. Panaitios hatte als das eigentliche philosophische Problem den Widerstreit des Sittlichen mit dem Nützlichen genannt, diesen Punkt jedoch nicht mehr behandelt. Ihm widmet sich Cicero in Buch III. Es gilt zunächst, ganz im stoischen Sinne, dem Nachweis, daß es einen Konflikt zwischen Sittlich-Richtigem und Nützlichem nicht geben kann, denn wahrhaft nützlich sei nur das ethisch Richtige. Für den Durchschnittsmenschen sei das freilich nicht immer einsichtig; deshalb formuliert Cicero (im Anschluß an Poseidonios?) eine einfachere Handlungsregel (*formula*): ›Es ist erlaubt, auf den eigenen Vorteil bedacht zu sein; aber einen anderen dafür zu schädigen, ist in höherem Maß naturwidrig (und damit sittenwidrig) als Armut, Schmerz oder Tod.‹ Es schließt sich eine große Zahl von Beispielen an, die in ihrer bunten Vielfalt dem Werk immer wieder dankbare Leser gewonnen haben.

Die philosophischen Schriften haben ein doppeltes Gesicht: Einerseits ist es offenkundig und auch in der Forschung unbestritten, daß Cicero weitgehend griechischen Quellenschriften folgt; andererseits sind die Dialoge, wie sie uns vorliegen, Ciceros eigene Schöpfung. Die schriftliche Hinterlassenschaft der Epikureer, Stoiker und der skeptischen Akademiker bestand fast ausschließlich aus dürren theoretischen Traktaten. Ciceros hochentwickelter Sinn für literarische Qualität mußte sich von ihnen abgestoßen fühlen, und schon gar nicht waren die hellenistischen Schriften dafür geeignet, bei den römischen Mitbürgern Interesse für philosophische Fragen zu erwekken. Deshalb griff Cicero zurück auf die Form des literarischen Dialogs, wie ihn vor allem Platon entwickelt hatte. Aber er geht eigene Wege: Seine Dialogfiguren sind Angehörige der römischen Oberschicht, und die Gespräche finden statt in der gepflegten Atmosphäre von Villen und Parkanlagen. Das ist mehr als eine Anpassung an die neue historische Situation; es ist auch Ausdruck einer veränderten Haltung. An die Stelle des unbefangenen Fragens im Kreise um Sokrates ist ein gelehrtes, rückwärtsgewandtes Gespräch getreten. Es liegt eine leicht epigonale Stimmung über den Dialogen: Die große Zeit der Philosophie ist seit langem vorüber, alle Argumente sind bereits formuliert und immer wieder ausgetauscht worden; auch Ciceros Gesprächsfiguren lassen gelegentlich erkennen, daß sie über das gleiche Thema schon oft disputiert haben, und begnügen sich damit, allseits bekannte Argumente wie gängige Münzen hin- und herzureichen (Becker 1938; Zoll 1962; Görler 1988).

Eine andere Neuerung ist es, daß Cicero seine Figuren meist längere in sich geschlossene Reden halten läßt. Dafür war ihm Aristoteles ein Vorbild (Brief an Atticus XIII 19, 4). Er hat diese Technik aber wohl auch gewählt im Hinblick auf die ihm zur Verfügung stehenden Quellen: einzelne, auf eine bestimmte These konzentrierte Traktate. Es liegt auf der Hand, daß sich Cicero nicht damit begnügen konnte, diese Schriften zu übersetzen und szenisch ›einzukleiden‹. Da er in den Dialogen meist zwei oder mehr Standpunkte zur gleichen Frage miteinander konfrontiert, mußte er das Vorgefundene stark überarbeiten, damit die ursprünglich unabhängigen Schriften zueinander paßten und aufeinander Bezug zu nehmen schienen. Meist ist ihm das vorzüglich gelungen; der den hellenistischen Quellen entnommene Inhalt und die an Platon und Aristoteles orientierte Form sind unauflösbar miteinander verwoben.

Darum sind die oft unternommenen Versuche, einzelne griechische Originalschriften zu rekonstruieren oder auch nur ihre Autoren zu benennen, wenig aussichtsreich. Cicero selbst nennt nur selten eine Quelle: Panaitios für *De officiis* I–II; Antiochos aus Askalon für Varros Rede in den *Academica posteriora* und die dogmatische Rede des Lucullus sowie für *De finibus* V; Krantor für die verlorene ›Trostschrift‹ (Zitat bei Plinius *nat.hist.*praef.22). Für viele Schriften dürften mehrere Quellen, darunter auch Vorlesungsnotizen, Exzerpte u.ä. benutzt sein (Görler 1989). Cicero hat sein Verfahren bei der Überarbeitung seiner Vorlagen selbst so charakterisiert (*fin.*I 6): »Nicht die Aufgabe eines Übersetzers habe ich mir gestellt; ich gebe die Gedanken derer, denen ich zustimme, treu wieder, lasse aber mein eigenes Urteil mit einfließen und ordne alles an nach meinem eigenen literarischen Geschmack« (. . . *nos non interpretum fungimur munere, sed tuemur ea, quae dicta sunt ab iis, quos probamus, eisque nostrum iudicium et nostrum scribendi ordinem adiungimus . . .*).

Daß es Cicero mit der ›treuen Wiedergabe‹ des von den Griechen Gemeinten Ernst war, zeigen auch seine sorgfältigen Bemühungen um eine jeweils genau treffende Übersetzung der Fachtermini der Philosophie, die im Hellenismus oft eine sehr enge und spezielle Bedeutung hatten. Schon die Griechen empfanden manche damals geprägten Ausdrücke als schwierig, künstlich und willkürlich eingeengt; im Lateinischen mußte Cicero aus dem Nichts schöpfen. Diese Leistung wurde bereits im Altertum gewürdigt. Ciceros Biograph Plutarch, selbst Grieche, lobt (*Cic.* 40,2): ». . . er machte es sich zur Aufgabe, philosophische Dialoge zu verfassen und zu übersetzen und jeden einzelnen dialektischen und naturphilosophischen Begriff in die Sprache der Römer zu übertragen; denn er ist es ja, der *phantasia* (›Vorstellung‹, *visum*), *epochē* (›Urteilsenthaltung‹, *retentio*, siehe dazu auch unten), *sunkatathesis* (›Zustimmung‹, *adsensio*), *katalēpsis* (›Erfassung‹, *comprehensio, perceptio*) und viele andere derartige Bezeichnungen als erster den Römern verständlich und vertraut gemacht hat, teils durch ›übertragenen‹ (metaphorischen) Gebrauch, teils indem er andere vertraute Begriffe heranzog.« Ein besonders anschauliches Beispiel dafür, wie skrupulös Cicero bei seinen Übersetzungen vorging, findet sich in einem Brief an seinen Verleger Atticus (13,21,3). Cicero hatte in der ersten Fassung der *Academica* den griechischen Terminus *epechein* (die ›Zustimmung‹ zu einer ›Vorstellung‹ ›zurückhalten‹) durch *sustinere* wiedergegeben, sich dann aber von Atticus dazu überreden lassen, *sustinere* durch *inhibere* zu ersetzen. Beide wußten, daß es sich um einen Fachausdruck der Ruderer handelte. Aber beide hatten sich über die Bedeutung von *inhibere* getäuscht: sie hatten an ein ›Innehalten‹ gedacht, also an eine ›Enthaltung‹ der Ruderer von jeglicher Tätigkeit. Nun beobachtete Cicero zufällig, wie in der Nähe einer seiner Villen ein Schiff an Land manövriert wurde. Die Ruderer erhielten den Befehl, die Ruder zu ›inhibieren‹ – und Cicero sah, daß sie nicht innehielten, sondern die Ruder kräftig im entgegengesetzten Sinne bewegten (und auf diese Weise das Schiff wendeten). Sogleich stand es für ihn fest, daß *epochē* mit *inhibere* falsch übersetzt war: die ›Urteilsenthaltung‹ besteht ja nicht darin, daß man energisch an der Stelle des Naheliegenden das genaue Gegenteil annimmt, sondern in einem Verzicht auf jede Festlegung. Darum schrieb er unverzüglich an seinen Verleger und bat, in allen noch vorrätigen Exemplaren *inhibere* durch *sustinere* zu ersetzen.

Wem in dieser Weise ein Detailproblem bis in die Freizeit nachgeht, dem dürfen wir vertrauen, wenn er versichert, er habe ›das von seinen Gewährsleuten Gemeinte treu wiedergegeben‹. Aber sein eigentlicher philosophischer Rang liegt im zweiten Teil der oben zitierten Selbstcharakterisierung: überall fließt sein persönliches Urteil mit ein.

4. ›Nichts ist erfaßbar‹

Um Ciceros eigene Denkweise in der verwirrenden Fülle der von ihm referierten Lehrmeinungen zu erkennen, ist ein Blick auf die Geschichte der skeptischen Akademie, als deren Anhänger Cicero sich gerne bezeichnete, unabdingbar.

In Platons Schule vollzog sich etwa achtzig Jahre nach dem Tod des Gründers eine eigentümliche Wandlung. Die ersten Schulleiter (Speusipp, Xenokrates, Polemon und Krates) hatten sich ontologischen, kosmologischen und theologischen Fragen gewidmet; Platons Lehre wurde zunehmend systematisiert und gegen Einwände aus anderen Schulen verteidigt. Mit der Übernahme des Scholarchats durch Arkesilaos (etwa 268–264 v. Chr.) treten jedoch Platon und alle Themen der genannten Art völlig in den Hintergrund, nur noch eine Frage wird in der Akademie diskutiert: Ist es dem Menschen möglich, zu gesicherter Erkenntnis zu gelangen? Die Akademie war zwar von jeher an erkenntnistheoretischen Problemen interessiert; sie war nie eine ›dogmatische‹ Schule. Was auch immer Platon als seine Meinung vorträgt oder andere vortragen läßt, ist vorsichtig tastend formuliert. Immer wieder erinnert er an des Sokrates bekanntes Wort ›Ich weiß, daß ich nichts (sicher) weiß‹. Aber bei Platon und (soweit die spärlichen Zeugnisse ein Urteil erlauben) bei seinen ersten Nachfolgern dienten die erkenntniskritischen Bedenken doch vor allem dazu, das im folgenden Vorgetragene unter einen Vorbehalt zu stellen: ›Ich vertrete jetzt diese Auffassung, sie scheint mir richtig – völlig ausschließen kann ich einen Irrtum allerdings nicht‹. Von Arkesilaos an ist das anders: die Vorbehalte sind nicht nur verstärkt, sondern die Frage nach der Möglichkeit sicherer Erkenntnis hat alles andere verdrängt. Das ist nur folgerichtig, da Arkesilaos die Frage negativ beantwortet; wenn es aber feststeht, daß es Erkenntnis nicht geben kann, muß eben diese Feststellung das letzte Wort der Philosophie sein.

Der Bruch mit der sokratisch-platonischen Tradition erschien bereits den Zeitgenossen so ungewöhnlich, daß sie Arkesilaos mit einem Fabelwesen verglichen: Homer (*Ilias* VI 181) hatte von der Chimaira gesagt, sie sei »vorn eine Löwin, hinten eine Schlange, in der Mitte eine Ziege«; in witziger Abwandlung formulierte nun der

Stoiker Ariston über Arkesilaos »vorn Platon, hinten Pyrrhon, in der Mitte Diodoros«. Nach Ariston trug also Arkesilaos Platon eher äußerlich zur Schau; er sieht dagegen einen Einfluß Pyrrhons, des radikalen Skeptikers, und des Diodoros Kronos, eines Dialektikers der megarischen Schule, der für seine raffinierten Fangfragen berühmt war. Das ist sicher weitgehend richtig.

Aber der entscheidende Impuls für die ›skeptische Wende‹ ist vermutlich von einer anderen Seite gekommen (und Cicero hat Recht, wenn er sich in seinen historischen Skizzen ganz darauf konzentriert): Arkesilaos reagierte auf die mit provozierender Selbstsicherheit vorgetragenen ›Dogmen‹ der Stoa. Es muß ihn als Akademiker befremdet haben, daß eine erst kürzlich gegründete Schule den Anspruch erhob, mit ihrem neuen System, dessen innere Geschlossenheit sie rühmte, all die Fragen beantworten zu können, mit denen die Akademie seit ihrer Gründung rang. Cicero schildert im *Lucullus* (77) ein Streitgespräch zwischen Arkesilaos und Zenon, dem etwa zwanzig Jahre älteren Gründer der Stoa. Es ist in dieser Form sicher frei erfunden, kommt aber der historischen Wahrheit nahe: Zenon und Arkesilaos sind sich darüber einig, daß der ›Weise‹ (eine in der hellenistischen Philosophie gern gebrauchte Chiffre für den vollkommenen Vertreter der eigenen Schule) sich nicht mit bloßer Meinung begnügen dürfe; nur sicher ›erfaßtes‹ Wissen sei seiner würdig. Arkesilaos habe »nun wohl Zenon gefragt, wie es denn stehe, wenn gar nichts ›erfaßt‹ werden könne, dem Weisen aber das ›Meinen‹ verboten sei. Jener ... hat geantwortet, der Weise werde schon nicht in Meinung verfallen, denn es gebe ja etwas, das man erfassen könne. (Arkesilaos:) Was er denn damit meine? (Zenon:) Eine ›Vorstellung‹ (*visum*)«. Hier setzt Cicero, wohl mit Recht, voraus, daß der Stoiker und der Akademiker vom gleichen Mechanismus des Erkennens ausgingen: dem Menschen wird eine ›Vorstellung‹ (griech. *phantasia*) zuteil; wenn er sie für zuverlässig und wahr hält, ›stimmt‹ er ihr ›zu‹; wenn er an ihrer Zuverlässigkeit zweifelt, lehnt er sie ab. In Ciceros Fiktion fragt Arkesilaos weiter, »was für eine Vorstellung er denn meine? Da habe jener (Zenon) definiert: ›eine Vorstellung, die ausgeht von etwas Wirklichem, das sich so, wie es ist, (in das Bewußtsein des Empfangenden) eindrückt, einsiegelt und darin abformt.« Damit hat Zenon zwei wichtige Bedingungen genannt: 1. die zu prüfende ›Vorstellung‹ muß von einem realen Gegenstand ausgehen, sie darf nicht lediglich der Einbildung dessen entspringen, der sie zu empfangen glaubt; 2. sie darf ihren Gegenstand nicht verfälschen. Aber Arkesilaos gibt sich damit noch nicht zufrieden und fragt, ob Zenons Definition auch dann gelten solle, wenn nicht auszuschließen sei, daß eine wahre Vorstellung genauso aussehe wie eine falsche. »Da habe Zenon, scharfsinnig wie er war, sogleich bemerkt, daß keine einzige Vorstellung ›erfaßt‹ (d.i. mit letzter Sicherheit als richtig anerkannt) werden könne, wenn eine von etwas Wirklichem ausgehende ebenso aussehen könne wie eine von etwas Nicht-Wirklichem ausgehende Vorstellung.« Man einigte sich also auf eine dritte Bedingung: Eine zuverlässige Vorstellung müsse so beschaffen sein, daß sie unter keinen Umständen mit einer falschen verwechselt werden könne. Nur dann dürfe der Weise ihr zustimmen, denn nur dann sei sie geeignet, eine ›Erfassung‹ (*katalepsis*, *comprehensio*, *perceptio*) zu vermitteln. Eine solche in ihrer Verläßlichkeit über jeden Zweifel erhabene ›Vorstellung‹ nannten Stoiker und Akademiker *kataleptike phantasia*, etwa: ›erfassungsvermittelnde Vorstellung‹. An diesem Begriff entzündete sich der lange Streit, zwischen den dogmatischen Stoikern und den skeptischen Akademikern: Arkesilaos und seine Nachfolger bestritten, daß es auch nur eine einzige ›Vorstellung‹ gebe, die der Definition genüge, da schlechthin jede auch falsch sein könne; Zenon und die Dogmatiker bis hin zu Antiochos aus Askalon versicherten, nicht wenige ›Vorstellungen‹ seien in unverwechselbarer Weise richtig, eine ›Erfassung‹ sei mithin oft möglich. Die Akademiker verwiesen auf Sinnestäuschungen jeder Art (gebrochenes Ruder, irisierender Taubenhals), extreme Ähnlichkeiten von Zwillingen, Eiern, Abdrücken des gleichen Siegelrings, vor allem auch auf Wahnvorstellungen und Träume: nach dem Erwachen lasse sich zwar feststellen, daß man nur geträumt habe, aber während man im Wahn oder Traum befangen sei, seien die dann empfangenen ›Vorstellungen‹ von den realen durchaus nicht zu unterscheiden. Die dogmatischen Stoiker sprachen – ganz im bis heute geläufigen Sinne von ›Evidenz‹ (*enargeia*, *evidentia*, *perspicuitas*): gewisse *phantasiai* seien ausgezeichnet durch eine unmittelbar einleuchtende, keiner weiteren Begründung fähige oder bedürftige Klarheit, vor der jeder Zweifel verstummen müsse. Aber ihre Gegner bedachten dieses ›wundersame Kennzeichen‹ mit Spott (*Lucullus* 101). Hier zeigt sich der zeitlose Kern des Streits: Eine konsequent skeptische Haltung ist wesentlich dadurch charakterisiert, daß sie eine solche Klarheit nicht gelten läßt; der Skeptiker verlangt stets nach Erklärung und Begründung.

Arkesilaos und seine Nachfolger zogen den Schluß, den sie ziehen mußten: ›Nichts ist erfaßbar‹. Und daraus ergab sich: Wer nicht in bloße ›Meinung‹ verfallen wollte, mußte auf jedwede ›Zustimmung‹ zu den auf ihn eindringenden ›Vorstellungen‹ verzichten und in konsequenter ›Enthaltung‹ (*epoche*) verharren. Das galt nicht nur für die Sinneswahrnehmungen, sondern auch für die aus ihnen ›abgezogenen‹ (abstrahierten) Allgemeinbegriffe, für die Verknüpfung der Begriffe zu allgemeinen Urteilen und selbstverständlich auch für jede Art von Theorie und Spekulation. Gegenüber philosophischen Lehrmeinungen wurde in der Akademie auch ein anderes Verfahren praktiziert: die Argumentation für und wider eine These. Vor allem Karneades (etwa 214–129 v. Chr.) war dafür bekannt, daß er durch jeweils scheinbar überzeugende Argumente zwischen einander ausschließenden Positionen ein Gleichgewicht herzustellen wußte – und damit beide als unbegründete ›Meinung‹ relativierte.

Auf der Ebene der Sinnesdaten kamen die Skeptiker den Dogmatikern bald entgegen (siehe unten), aber in Bezug auf philosophische Lehren blieben sie sich treu: Von Arkesilaos an hat kein Akademiker mehr eine positive philosophische Aussage getan oder auch nur eine Präferenz erkennen lassen. Diese Konsequenz ist eindrucksvoll. Und doch bleibt es erstaunlich, daß sich Platons Schule, einst führend in Ontologie und Metaphysik, in der Auseinandersetzung mit der Stoa über zwei Jahrhunderte hin auf eine so ganz andere, verweigernd-destruktive Denkweise hat abdrängen lassen. (Gigon 1944; Krämer 1971,14–107, Glucker 1978,31–64, Lefèvre 1988; Lévy 1992,9–46, Görler 1994; Ricken 1994,29–67).

5. ›Wahrscheinliches‹ als Notbehelf

Die dogmatischen Gegner warfen den Skeptikern vor, ihr grundsätzlicher Zweifel und die daraus resultierende konsequente ›Enthaltung‹ mache menschliches Handeln und damit das Leben überhaupt unmöglich: jedes Handeln setze eine vorgängige Entscheidung voraus, wenn aber alles unsicher sei, könne und dürfe man sich nicht für ein Handlungsziel entscheiden; und zweitens setze jede konkrete Handlung voraus, daß man die Möglichkeit dazu als gegeben ansehe, den entsprechenden ›Vorstellungen‹ also ›zustimme‹ – das sei jedoch dem skeptischen Weisen verboten. Diese Einwände erkannten die akademischen Skeptiker im Grundsatz als berechtigt an und machten den Stoikern ein wichtiges Zugeständnis: Um nicht gänzlich untätig bleiben zu müssen, dürfe man sein elementares Handeln am ›Wahrscheinlichen‹ orientieren, das man ›billige‹ und dem man ›folge‹, ohne ihm ›zuzustimmen‹. Das Wahrscheinliche wurde verschieden definiert: als das ›einer vernünftigen Begründung Fähige‹ (*eulogon*) von Arkesilaos, als das ›Überredende‹ oder ›Glaubhafte‹ (*pithanon*) von Karneades, als das ›in sich Stimmige‹ und ›Evidente‹ von Philon aus Larisa (dem letzten Scholarchen der Akademie), der es damit ganz nahe an die stoische *katalēptikē phantasia* heranrückte. Das waren zunehmend gefährliche Konzessionen: Die Akademiker versicherten zwar weiterhin, die Wahrheit bleibe unerreichbar, nur vom

Wahrscheinlichen sprächen sie, und dabei könne nie ausgeschlossen werden, daß es – entgegen dem Anschein – doch falsch sei. Aber wer ein wie auch immer definiertes ›Wahrscheinliches‹ anerkennt, gibt damit zu verstehen, daß er vom Wahren doch etwas weiß; denn was außer dem Wahren könnte Maßstab sein für das Wahr-Scheinliche? Das war den Skeptikern bewußt, und deshalb verwandten sie den Begriff mit Vorsicht: nur als Notbehelf für das Handeln ließen sie Wahrscheinliches gelten. (Striker 1980; Bett 1989; Allen 1994).

6. Auf der Suche nach Wahrheit

Cicero hat sich von früher Jugend an stets zur skeptischen Akademie bekannt (Görler 1995). Die seit Arkesilaos vorgetragenen Argumente gegen die Möglichkeit einer ›Erfassung‹ finden seine Zustimmung und (vor allem in den *Academica*) seine beredte Unterstützung. Damit steht es in Einklang, daß er schon in *De inventione* (II 9) beteuert, es liege ihm fern, sich an eine nicht hinlänglich begründete Meinung zu klammern: gern werde er jederzeit seine Meinung ändern, sobald er gute Gründe dafür sehe. Dieser Gedanke durchzieht das ganze philosophische Werk, siehe z. B. *Luc.*10 »... ich bin nicht auf diesen Standpunkt festgelegt und lasse mich gern auch vom Gegenteil überzeugen«; *Tusc.*II 4 »ich habe nicht nur nichts dagegen, daß andere mir widersprechen –ich wünsche es mir geradezu«; *Tusc.*III 51 »gerne werde ich denen weichen, die die Wahrheit sagen«. Petrarca war von dieser skeptischen Offenheit beeindruckt (Brief an Giovanni d'Andrea in Bologna vom 27. Dez. 1344, *fam.* 5,7,4): »... *cum in multis, tum in hoc* (es geht um Traumgerichte) *Ciceroni meo assentior, minime quidem pertinaciter, sed paratus cum eodem mutare sententiam, siquid certius affulserit, affirmandi superbiam temeritatemque declinans. id ipse michi de Achademie sue fontibus consilium prebet.*«
Aber der Akzent ist bei Cicero anders gesetzt als bei den Griechen: Nicht der Nachweis, daß gesichertes Wissen auf keine Weise gewonnen werden kann, ist das eigentliche Ziel von Ciceros Denken, sondern die ›Annäherung an die Wahrheit‹. Seine Argumentation erschöpft sich nicht in bloßer Widerlegung. Sie ist überwiegend ›konstruktiv‹; an die Stelle von Resignation gegenüber der menschlichen Beschränktheit ist die Zuversicht getreten es sei möglich, nahe an die Wahrheit heranzukommen; sie soll »ohne parteiische Hartnäckigkeit« (*sine ulla contentione*) gesucht werden (*Luc.*7; vgl. ferner *Luc.* 36.60. 65 f.76; *Tusc.*III 46.56; *nat.d.* I 4; *div.*II 28). An einigen Stellen schreibt Cicero diese Haltung der ganzen skeptischen Akademie zu. Die griechischen Quellen wissen jedoch nichts von einer konstruktiven Wahrheitssuche durch Arkesilaos, Karneades oder Philon. Of-

fenbar hat Cicero die Griechen im Sinne seiner eigenen Neigung verstanden und interpretiert – und damit stärker an Platon angenähert, als es der historischen Wahrheit entsprach.
Ciceros erkenntnistheoretischer Standpunkt ist demnach in eigentümlicher Weise ambivalent. Er bekannte sich einerseits zur skeptischen Grundhaltung der Akademie, wie er sie bei Philon kennengelernt hatte, und sprach dem Menschen die Fähigkeit ab, zu sicherer Erkenntnis zu gelangen. Andererseits blieb ihm die Erkenntnis der Wahrheit das eigentliche Ziel. Er mochte sich nicht damit abfinden, daß Wahrheit ganz und gar unzugänglich sei, daß der Mensch verurteilt sei zu dumpfer skeptischer Resignation. Er konnte es nicht über sich bringen, auf eigenes philosophisches Fragen zu verzichten und sich wie Arkesilaos und Karneades mit der bloßen Widerlegung der Ansichten anderer zu begnügen. Er war getragen von dem durch kein Argument zu erschütternden Optimismus, daß der Suchende durch unablässiges Fragen und durch das offene philosophische Gespräch wenigstens ›Wahrheits-Nahes‹ (*Luc.*7) zu erkennen vermag. Darum hat er, anders als die Griechen, den Begriff des ›Wahrscheinlichen‹ nicht auf elementare Handlungsentscheidungen beschränkt (s. oben S. 98 f.), sondern ihm gelten auch abstrakte Sätze, ja ganze philosophische Systeme als mehr oder weniger ›wahrscheinlich‹ (Görler 1992).
Als einen erfolgversprechenden Weg, sich der Wahrheit anzunähern, nennt Cicero immer wieder die ›Argumentation nach beiden Seiten hin‹ (*disputatio in utramque partem*): *Lucullus* 7 »es ist unser Ziel, indem wir für und wider einen jeden Standpunkt argumentieren und jeweils auch die Gegenargumente zur Kenntnis nehmen, etwas hervorzulocken oder herauszupressen, was entweder wahr ist oder doch der Wahrheit möglichst nahe kommt«; *Tusc.*I 8 »es ist eine alte sokratische Methode, gegen die Meinung eines anderen zu argumentieren, denn so, meinte Sokrates, lasse sich am leichtesten finden, was jeweils das Wahrscheinlichste ist«; *off.*II 8 »wir Akademiker argumentieren gegen alle dogmatischen Positionen, weil anders das von uns gesuchte Wahrscheinliche nicht aufleuchten (*elucere*) kann.« Auch über die griechischen Skeptiker ist überliefert, sie hätten ›nach beiden Seiten hin‹ argumentiert, und Cicero gibt vor, er habe deren ›sokratisches‹ Verfahren einfach übernommen. Aber es besteht ein entscheidender Unterschied. Arkesilaos wollte zeigen, daß keine Erkenntnis möglich ist; darum war er darauf bedacht, beiden Standpunkten genau gleiches Gewicht zu geben (Cicero *Acad.*I 45): ›Arkesilaos argumentierte jeweils gegen die Ansichten aller anderen‹, »damit es beiden Seiten leichter falle, sich der Zustimmung zu enthalten, wenn man feststelle, daß über den gleichen Sachverhalt für

die gegensätzlichen Standpunkte sich Argumente gleichen Gewichts finden lassen (*paria contrariis in partibus momenta*, wörtlich ›Bewegungsimpulse‹, nämlich für den Ausschlag der Waage)«. Erklärter Zweck, eingeführt durch das finale *ut*, ist also die Hinführung zu konsequenter ›Enthaltung‹. Cicero verfolgt ein anderes Ziel: er will die Wahrheit finden oder ihr doch möglichst nahe kommen. Das Bild der Waage ist bei ihm verändert. Die ›Bewegungsimpulse‹ (*momenta*) sollen einander *nicht* aufheben; die Waage soll ausschlagen zugunsten der einen oder der anderen Ansicht (*nat.d.*I 10 *momenta quaerenda sunt*). Ciceros Erkenntnisdrang (*philosophia*, ›Liebe zur Weisheit‹ im eigentlichen Sinne) war viel zu stark, als daß er sich mit einem Gleichgewicht hätte abfinden oder darin gar einen Vorteil hätte sehen könne.

In der Tat steht in den meisten Schriften am Ende der ›dialektischen‹ Annäherung an die Wahrheit ein positives Ergebnis: eine der beiden Ansichten hat sich als die ›wahrscheinlichere‹ und damit als die stärkere erwiesen. Gelegentlich wird zwischen zwei oder mehr ›wahrscheinlichen‹ Standpunkten ein Kompromiß gesucht. So erklärt sich Cicero in *De finibus* schließlich einverstanden mit der antiocheischen Ethik, weil ihr Vertreter sie stark an die stoische herangerückt hat; im *Lucullus* nähert er die akademische Erkenntnislehre durch wichtige Zugeständnisse an den stoischen Standpunkt an.

Es erhebt sich die Frage, von welchen Kriterien sich Cicero leiten läßt, wenn er eine These einer anderen vorzieht und sie als ›wahrscheinlicher‹ bezeichnet. Zwischen seinem kaum verhüllten Wunsch (und der damit verbundenen Zuversicht), durch These, Antithese und Synthese zu positiven Ergebnissen zu gelangen, und seiner skeptischen Grundhaltung besteht eine Spannung. Wenn sich bei der Argumentation ›nach beiden Seiten hin‹ einer der beiden Standpunkte als der stärkere erweisen soll, muß es dafür erkennbare Gründe geben. Als Skeptiker wußte Cicero, daß keines der in den schon lange währenden Diskussionen über Grundfragen bereits abgenutzten Argumente einer strengen skeptischen Überprüfung standhielt. Darum versuchte er, Agnostizismus und Resignation auf andere Weise zu überwinden.

7. »Consulares philosophi«

In der Vorrede zu *De natura deorum* (I 10) fordert Cicero: »*Non ... tam auctoritatis in disputando quam rationis momenta quaerenda sunt*«, »nicht persönliche Autorität darf den Ausschlag geben beim philosophischen Disputieren, sondern Vernunftgründe muß man dafür suchen«. Diese Mahnung, die auch als Motto über der polnischen Verfassung von 1791 steht, ist einleuchtend genug. Ciceros Tadel ist in erster Linie gegen die Epikureer gerichtet, deren Autoritätsgläubigkeit berüchtigt war. Gegen sie und andere führt Cicero mancherlei ›Vernunftgründe‹ an. Erstaunlicherweise aber hält er selbst sich durchaus nicht immer an den eben zitierten Grundsatz. Gelegentlich nennt er als Grund dafür, daß er eine bestimmte Ansicht bevorzugt, eben das, was er bei den Epikureern mißbilligt: das Ansehen und die Autorität (*auctoritas*) der von ihm besonders hochgeschätzten Philosophen. Einige markante Beispiele: *Tusc.*I 49 »Selbst wenn Platon kein einziges Argument (für das Leben nach dem Tode) anbringen könnte, würde er durch sein bloßes Ansehen jeden Widerstand bei mir brechen«; *Laelius* 13 (der Titelheld mißbilligt die in Mode geratene epikureische Lehre, nach der die Seele mit dem Tode erlischt) ›mehr gilt bei mir das Ansehen der Alten: unserer Vorfahren, der griechischen Philosophen in Unteritalien, des Sokrates ...‹; *Tusc.*V 4 ›Cato hat durch sein Leben und durch sein Sterben bei mir den Zweifel an der Autarkie der Tugend behoben‹. Im *Hortensius* (Fr. 114 Grilli) hatte Cicero die ›angesehenen‹ Philosophen als *consulares philosophi* bezeichnet: als Denker, die sich wie die römischen Würdenträger durch ihre Tüchtigkeit bewährt und über die Masse der ›plebejischen‹ Philosophen erhoben haben (Ruch 1959; Glucker 1965). Cicero war sich dessen bewußt, daß das ›Ansehen‹ eines Philosophen kein gültiges Argument für die Richtigkeit seiner Lehre war, ja daß es sich um einen Zirkelschluß handelte: Er schätzte Platon deshalb hoch, weil er seine Lehre schätzte, an sie glaubte oder doch glauben wollte; aber er wußte, daß sie nicht beweisbar war, und darum dient ihm Platons ›Autorität‹ als Ersatz.

8. Postulate

Auch auf einem anderen Wege hat Cicero der Beweisnot und der skeptischen Resignation zu entrinnen versucht. Den von ihm bevorzugten philosophischen Standpunkten ist es gemeinsam, daß sie dem menschlichen Dasein einen erkennbaren Sinn geben: Der Mensch fühlt sich geborgen in einem von Gott planvoll durchwalteten Kosmos. Er findet Befriedigung darin, daß ethisch richtiges Handeln belohnt wird; da das (wie sich hundertfältig beobachten läßt) im irdischen Dasein nicht regelmäßig der Fall ist, ist ein Leben nach dem Tode die Voraussetzung für wahre Gerechtigkeit. Wir müssen frei sein in unseren Handlungen, die wir (wie wir deutlich fühlen) sittlich zu verantworten haben. Keiner dieser Sachverhalte läßt sich beweisen: es ist denkbar, daß kein Sinn und keine Gerechtigkeit waltet in dieser Welt. Aber damit kann sich Cicero nicht abfinden; deshalb

›fordert‹ er Gott, Freiheit, Unsterblichkeit und den Primat der Tugend vor allen anderen ›Gütern‹. Von hier führt eine direkte Linie zu den ›Postulaten der praktischen Vernunft‹ Immanuel Kants.
Besonders deutlich sind zwei Stellen, an denen das Verbum *postulare* verwendet ist. Im ersten Buch von *De legibus* (I 21) fragt Cicero seinen Freund Atticus: »Gibst du es mir zu, daß die gesamte Natur durch die Vernunft, die Macht, den Verstand und durch das heilige Walten der unsterblichen Götter gelenkt wird? Denn wenn du diese Meinung nicht teilst, müssen wir mit (dem Beweis) dieser These beginnen.« Als Epikureer konnte Atticus das kaum zugeben, aber er tut es doch: »Ja, ich gestehe es dir zu, wenn du es verlangst (*si postulas*)«; allerdings fügt er hinzu, er müsse jetzt nicht befürchten, daß einer seiner Schulgenossen den Verrat bemerke, »da die Vögel gerade so schön singen und das Wasser so schön rauscht«. Es ist also kein Zugeständnis aus rationaler Überzeugung heraus; nur unter dem Eindruck der schönen Landschaft ringt sich Atticus zu der von Cicero ›geforderten‹ Auffassung durch, und wohl auch nicht für immer, sondern nur für die Dauer des Gesprächs. – In *De officiis*, unmittelbar vor der Behandlung der zentralen Frage, ob Nützliches und Ethisch-Richtiges miteinander in Konflikt geraten können, wendet sich Ciero an seinen Sohn, dem die Schrift gewidmet ist (III 33): »Wie die Mathematiker nicht alles zu beweisen pflegen, sondern bei einigen Sätzen einfach fordern (*postulare*), daß man sie ihnen zugestehe, so fordere ich von dir, daß du mir zugestehst, daß nichts außer dem Sittlich-Richtigen um seiner selbst willen erstrebt werden darf... oder doch wenigstens, daß das Sittlich-Richtige mehr als alles andere seinen Wert in sich selbst hat.« An beiden Stellen gibt Cicero vor, er wolle auf den Beweis der These verzichten, um die Erörterung abzukürzen und zu entlasten. Das ist leicht erkennbar als Ironie. Cicero wußte nur zu gut, daß gerade das vorab ›Geforderte‹ seiner Natur nach unbeweisbar war. Kant hat diese Fiktion aufgegeben und charakterisiert den Inhalt seiner praktischen Postulate als »Ideen ..., die nach ihrer Möglichkeit kein menschlicher Verstand jemals ergründen, aber auch, daß sie nicht wahre Begriffe sind, keine Sophisterei der Überzeugung selbst des gemeinsten Menschen jemals entreißen wird« (*Kritik der praktischen Vernunft* A 241; Akad.-Ausg.V 133 f.). Vielleicht ist Kant auch bei seinem letzten Bild von Cicero beeinflußt, denn dieser spricht immer wieder davon, die erhabenen Ansichten dürfe man sich nicht ›entreißen‹ lassen; ›festklammern‹ müsse man sich an ihnen und sie mit allen Mittel gegen aufkommende Zweifel verteidigen; am anschaulichsten der ›Skeptiker‹ Cotta in *De natura deorum* (III 7): »Meinen Glauben an die Götter werde ich mir nicht ausbrennen lassen (*mihi ex animo exuri non potest esse deos*).«

9. »Magnus sum opinator«

Mit der Berufung auf das Ansehen der von ihm geschätzten Philosophen und mit der ›Forderung‹ nach der Richtigkeit bestimmter Thesen hat Cicero sich von skeptisch-rationaler Argumentation entfernt. Dessen war er sich bewußt – und er war stolz darauf. Ein schönes Zeugnis dafür steht am Beginn seiner (skeptischen!) Argumentation im *Lucullus* (66). Zunächst referiert Cicero den akademischen Kernsatz (siehe oben S. 96): »Das Herrlichste ist es, die Wahrheit zu erkennen; das Schimpflichste, Falsches für wahr zu halten.« Gleich darauf aber distanziert er sich für seine Person von dieser strengen Forderung: »Ich selbst freilich bin nicht der Mann, der niemals etwas Falsches gelten läßt, der nie ›zustimmt‹, der nie in ›Meinung‹ verfällt... Ich bin ganz groß im Meinen (*magnus sum opinator*)«. Der skeptische Grundsatz ist nicht aufgegeben: Cicero erinnert auch hier wiederholt an das allein richtige Verhalten des ›Weisen‹. Aber es wird deutlich, daß er es nicht bedauert, kein ›Weiser‹ zu sein: »... ich lasse mich bei meinen Überlegungen nicht vom ›Hundeschwanz‹ leiten (einem nützlichen, aber unscheinbarem Sternbild), sondern vom strahlenden Siebengestirn, das soll heißen: von weiten und erhabenen Gedanken (*rationes latiore specie*), nicht von kleinlichen Tüfteleien (*rationes ad tenue limatae*). So kommt es, daß ich weit umherschweife und irre.« Cicero ›fährt gern hinaus auf die hohe See‹ der philosophischen ›Meinung‹; ›hellstrahlend‹ ist das Leitgestirn, an dem er sein ›Irren‹ und ›Umherschweifen‹ ausrichtet; sein Denken ist ›weiträumig‹; das ausgefeilt-kleinliche Argumentieren der strengen Skepsis lehnt er für seine Person ab.

Das ist provozierend: Wie kann Cicero die Nachgiebigkeit gegenüber dem Irrtum so aufwerten, die eben noch als das ›Schimpflichste‹ schlechthin bezeichnet worden war? Anderswo argumentiert Cicero apologetisch im Sinne des Karneades: Irrtum sei nicht ganz zu vermeiden; der Mensch sei schließlich (*Luc.* 101) »nicht aus Stein gehauen oder aus Holz geschnitzt«; in seiner spezifisch menschlichen Schwäche könne er nicht in dauernder *epochē* verharren und komme gar nicht umhin, gelegentlich ›zuzustimmen‹ und damit zu irren. Aber an der eben betrachteten Stelle (*Luc.* 66) ist der Ton deutlich verschieden: ›Meinung‹ und Irrtum werden nicht als unvermeidliche Schwäche entschuldigt, sondern mit kaum verhülltem Stolz als eine mutige Tat charakterisiert.

10. »Errare malo cum Platone...«

Das Bild des ›freien Hinausschweifens‹ steht nicht allein da. Auch an anderen Stellen spricht Cicero wohlwollend über das philosophische

›Irren‹. Der ältere Cato glaubt an ein Weiterleben der Seele nach dem physischen Tod, wenn auch nicht mit letzter Gewißheit (*Cato maior* 85): »Wenn ich mich darin irre..., dann irre ich gern, und möchte mir diesen Irrtum, der mir Freude bereitet (*quo delector*),... nicht entreißen lassen.« Ähnlich der ›Schüler‹ im ersten Tusculanenbuch, nachdem Cicero angedeutet hat, die Lehren einiger Philosophen eröffneten die Hoffnung auf ein Leben nach dem Tode (*Tusc.*I 24): »Das freut mich sehr, und mein dringlichster Wunsch ist, daß es sich wirklich so verhält; aber selbst wenn es nicht so sein sollte, möchte ich diesen Glauben hegen (*me... delectat, idque primum ita esse velim, deinde, etiam si non sit, mihi persuaderi tamen velim*)«. Wenig später (*Tusc.*I 39): »Lieber möchte ich mit Platon (in dieser Hinsicht) irren als mit diesen (den Materialisten) eine richtige Auffassung hegen (*errare... malo cum Platone... quam cum istis vera sentire*)«. Für solch unverhohlenes Wunschdenken erwartet man einen Tadel des ›Lehrers‹ Cicero, aber der stimmt seinem Schüler zu: »Brav gesprochen! Würde doch auch ich recht gern im Einklang mit Platon irren«. – Im fünften Buch der *Tusculanen* geht es um den stoischen Lehrsatz, der Tugendhafte sei immer glücklich. Das ist mit der Erfahrung schwer zu vereinbaren; deshalb möchte Cicero (*Tusc.*V 20) »wie Xerxes, der für die Erfindung einer neuen Art von Lust einen Preis ausgesetzt hatte«, denjenigen belohnen, »der uns ein Mittel verschafft, noch fester (an die Autarkie der Tugend) zu glauben«. – Der Akademiker Cotta, dem Cicero viele seiner eigenen Erfahrungen und Gedanken in den Mund gelegt hat, ›wünscht‹ sich in *De natura deorum* (I 61), »fest vom Dasein der Götter überzeugt zu sein, nicht nur auf der Ebene einer vielleicht falschen Meinung, sondern im Sinne unumstößlicher Gewißheit«. Nicht Beweise wünscht sich der Skeptiker, nicht einmal Indizien für eine hochgradige Wahrscheinlichkeit – er will nur ›glauben‹.

Diese und ähnliche Äußerungen zeigen, daß Cicero auch in *Lucullus* 66 nicht an ein beliebiges Irren denkt: es sind bestimmte von ihm in eigentümlicher Weise bevorzugte ›Meinungen‹, denen zuliebe er sogar bewußten Irrtum in Kauf nimmt. Es sind solche, die dem menschlichen Leben einen erkennbaren Sinn zu geben vermögen. Im *Lucullus* sind sie durch den Glanz des Siebengestirns charakterisiert.

11. Zweifel

Es ist bereits angeklungen, daß gerade die ›erwünschten‹ Ansichten von Zweifeln bedroht sind. Über die methodisch-grundsätzlichen Zweifel der strengen Skeptiker setzt sich Cicero mit seinem freimütigen Bekenntnis zu Irrtum und zu spekulativem Denken hinweg. Andere, nachhaltigere Zweifel entspringen nicht eigentlich philosophischer Argumentation: Es sind eigene Erfahrungen, äußere wie innere, die Cicero an den ›gewünschten‹ Überzeugungen unsicher werden lassen. In der Einleitung zum fünften Tusculanenbuch preist er die Philosophie dafür, daß sie dem Menschen den Weg zu sittlichem Verhalten gewiesen habe; daß der Tugendhafte immerwährendes Glück genieße (V 1), sei »wahrlich eine erhabene und großartige Verheißung (*nihil est... quod gravius magnificentiusque dicatur*)«. Gern würde er daran glauben; »aber«, fährt er fort, »wenn ich die Schläge überdenke, mit denen das Schicksal mir so arg zugesetzt hat, befallen mich hin und wieder Zweifel an dieser Lehre, und Angst beschleicht mich angesichts der Schwäche und Zerbrechlichkeit des Menschengeschlechts«. Der erhebende stoische Grundsatz, an den er so gerne glauben möchte, findet keine Bestätigung in der Wirklichkeit, die ihn die Verbannung, den Sturz der Republik und den Tod der Tochter hat erleben lassen. Ähnlich äußert sich im Gespräch über die Götter der Skeptiker Cotta (*nat.d.*I 61, im Anschluß an die oben S. 105 ausgeschriebene Stelle): »...gar manches muß ich bemerken (oder: kommt mir in den Sinn), das mich unsicher macht, so daß ich den Eindruck gewinne, es gebe keine Götter.« Dabei denkt Cotta an Krankheiten, Not und Leid, kurz: das Übel der Welt, das nicht leicht mit der von seinem Unterredner Balbus vertretenen stoischen Auffassung in Einklang zu bringen ist.

Auch unabhänig von schlimmen persönlichen Erfahrungen melden sich Zweifel. Ein Leben nach dem Tode, die Annahme eines immateriellen Seins findet in der Empirie keine Stütze. In den *Tusculanen* berichtet der Schüler (I 24), er sei bereits mehrere Male – jeweils während der Lektüre von Platons *Phaidon* – von der Unsterblichkeit der Seele überzeugt gewesen; kaum habe er jedoch das Buch aus der Hand gelegt, sei »ihm die ganze Zustimmung wieder entglitten«. Im gleichen Sinne zu Beginn des fünften Buches (*Tusc.*V 13f.): »Die Schar der Tugenden, die tapfer auf dem Folterbock ausharrt, ist gewiß ein sehr würdevolles und erhabenes Bild, und man meint, es vor sich zu sehen, wie die Glückseligkeit im Laufschritt auf die Tugenden zueilt und ihnen versichert, sie werde sie nie allein lassen. Aber sobald man sich von diesem malerisch ausgestalteten Bild abwendet und die Sache selbst (*res veritasque*) betrachtet, bleibt doch die nüchterne Frage offen, ob jemand glücklich sein kann, während er gefoltert wird.«

Es gibt also eine Gegenkraft gegen Ciceros Neigung, bestimmte ›erhabene‹ Thesen auch ohne Beweis zu glauben, ja ihnen zuliebe sogar den Irrtum in Kauf zu nehmen: Die nüchterne Wirklichkeit ruft ihn von seinen ›weiträumigen Streifzügen‹ immer wieder zurück. Diese Antinomie prägt Ciceros Denken. Sein Gemüt drängt ihn zu den philosophischen Positionen, die ihn einen Sinn in der Welt und im menschlichen Leben erkennen lassen; der nüchtern-grübelnde Verstand und die äußeren Erfahrungen ›ziehen ihn nach unten‹, lassen ihn abgleiten in Zweifel jeder Art. Cicero selbst gebraucht die Höhenmetapher in vielen Varianten (Görler 1974).

Aber es entsteht kein ›Gleichgewicht‹ (*isostheneia*) im Sinne von Arkesilaos und Karneades. Die gegenläufigen Tendenzen heben einander nicht auf. Auch dort, wo am Ende einer Erörterung ein Kompromiß gesucht wird, werden die Thesen nicht gegeneinander ›ausgewogen‹, so daß das Zünglein an der Waage, wenn auch nicht unbedingt in der Mitte, so doch irgendwo zum Stillstand kommt. Der entscheidende Unterschied gegenüber den Griechen ist es, daß Cicero einen Stillstand grundsätzlich ausschließt. Nirgends sieht er ein dauerhaftes Ergebnis erreicht. Der Widerstreit zwischen den erhabenen Lehren, an die er gerne glauben möchte, und den vom Verstand nahegelegten ›realistischeren‹ Ansichten dauert fort. Cicero bleibt hin- und hergerissen zwischen Glauben und Zweifel. Bezeichnend dafür ist es, wie er sein Schwanken zwischen der das Gemüt begeisternden stoischen Ethik und der gemäßigten Lehre des Antiochos charakterisiert (*Luc.*134): »*Distrahor; tum hoc mihi probabilius, tum illud videtur*...«, »hin- und hergerissen werde ich; bald scheint mir die eine, bald die andere Ansicht überzeugender...«.

Jetzt wird auch eine andere Besonderheit von Ciceros Skeptizismus deutlich. Er steht nicht neutral zwischen zwei von außen auf ihn einwirkenden Kräften. Er ›begünstigt‹ (*Tusc.*I 55) die ›höheren‹ Standpunkte; an sie ›will‹ er glauben und sich diesen Glauben nicht entreißen lassen. Die Zweifel sind jedoch allgegenwärtig, und sie sind stark, denn sie haben die sichtbare Realität der Sinneswelt auf ihrer Seite. Bei einem gelassenen Abwägen, wie es Pyrrhon und Arkesilaos empfohlen hatten, würden sie schnell die Oberhand gewinnen. Darum stellt sich Cicero meist in den Dienst der schwächeren Seite und empfiehlt, sich von der Suggestion des sinnlich Wahrnehmbaren zu befreien: *Tusc.*I 38 »Ein geistig hochstehender Mensch hat die Pflicht, sein Denken von der Sinnenwelt zu lösen und mit seiner Vorstellungskraft über die gewohnten Bahnen hinauszugehen«, ›dann wird es ihm leichter fallen, an ein Leben nach dem Tode zu glauben‹; *nat.d.*II 45 »bei der Frage nach dem Wesen der Götter ist es die größte Schwierigkeit, seinen geistigen Blick wegzulenken vom physischen Sehen, an das wir gewöhnt sind.« In diesem Sinne lobt Cicero Karneades (*Luc.*108), »der eine des Herkules würdige Arbeit vollbracht hat, indem er aus unserem Denken die ›Zustimmung‹ und damit leichtfertige Meinung herausgerissen hat«; die »tüchtigste Leistung nämlich sei es, sich gegen die Sinneseindrücke (*visa*) zur Wehr zu setzen, sich gegen (bloße) Meinung zu stemmen, die Zustimmung zurückzuhalten, die nur allzuleicht entgleiten will«. Als eigenen Grundsatz verkündet Cicero (*Luc.*68): »Wir wollen uns bemühen um die Einsicht, daß nichts ›erfaßt‹ werden kann (*nihil posse percipi*)«. Die Formulierung ist identisch mit dem oben (S. 97) erörterten Grundsatz der griechischen Skeptiker. Auch darin ist Cicero der Akademie treu, daß er die Möglichkeit der ›Erfassung‹, d.i. des restlos sicheren Erkennens grundsätzlich bestreitet. Aber während Arkesilaos, ausgehend von der Unzuverlässigkeit der Sinneswahrnehmungen, alle weiterführenden Annahmen *a fortiori* als ›unerfaßbar‹ ansah, denkt Cicero vor allem an den empirischen Bereich. Die von ihm empfohlene und als bedeutende Leistung gerühmte Haltung führt fort von der Sinnenwelt und vom naiven Realismus, in dem für metaphysisches Denken wenig Raum ist. So macht der Skeptiker Cicero den Weg frei für Anschauungen anderer Art und für den Glauben an eine höhere Seinsordnung, die dem menschlichen Leben einen Sinn zu geben vermag. Als Skeptiker weiß er freilich auch, daß es beim Glauben bleiben muß.

Das ist eine sehr persönliche Philosophie. Nicht jeden wird Ciceros Kompromiß zwischen einer skeptischen Grundhaltung und dem ›Glauben‹ an ihn erhebende Lehren überzeugen. Man kann ihm Wunschdenken vorwerfen, auch zirkuläre Argumentation, denn objektive Kriterien für die ›Wahrscheinlichkeit‹ der von ihm bervorzugten Lehren führt er nicht an.

Aber Cicero wußte, was er tat. Als Skeptiker hatte er erkannt, daß es einen objektiv nachprüfbaren Weg der Annäherung an die Wahrheit nicht gab. Er hätte daraus, wie viele andere vor und nach ihm, den Schluß ziehen können, dem Menschen bleibe jede sichere Erkenntnis für immer verschlossen. Aber es widersprach seinem Temperament, ja es schien ihm eine unmenschliche Haltung, in resignierender ›Enthaltung‹ zu verharren und das philosophische Gespräch auf die Widerlegung der Meinungen anderer zu beschränken. Darum suchte er einen subjektiven Weg zur Wahrheit und ließ sich von dem leiten, was er selbst intuitiv als ›wahrheitsnah‹ empfand. Gewiß, hier können Grenzen verschwimmen: der Wunsch, etwas zu glauben, kann übergehen in den Glauben selbst. Cicero hat diese Gefahr gesehen und bleibt sich, wo er seinen ›Wünschen‹ nachgibt, stets unnachsichtig dessen bewußt, daß er Unbeweisbares vorträgt. Und darum ist seine Wahrheitssuche nicht nur menschlich, sondern auch ehrlich. Mit Recht nennt ihn Voltaire an erster Stelle unter »den Männern des Altertums, die uns zu denken gelehrt haben« (*Dialogues philosophiques* 13).

Guido Bonelli

Lukrez

1. Leben und Zusammenfassung des Werkes

Lukrez (Titus Lucretius Carus) ist ein Zeitgenosse Caesars und Ciceros. Er lebte ungefähr zwischen 96 und 52 v. Chr. Diese zeitliche Einordnung ist jedoch ohne geschichtliche Bedeutung, da sie praktisch das einzige darstellt, was wir vom Autor wissen. Wir kennen weder seinen Geburts- noch seinen späteren Aufenthaltsort oder irgendwelche näheren Lebensumstände. Der Dichter äußert sich in seinem Werk nicht zur eigenen Person, und die Quelle (der hl. Hieronymus, der sich auf Sueton bezieht), aus der wir die Hauptdaten seines Lebens gewinnen, ist selten dann glaubwürdig, wenn sie Einzelheiten an der Grenze des Romanhaften hinzufügt: wie etwa den Wahnsinn des Dichters aufgrund eines vergifteten Liebestrankes, die Abfassung des Werkes in den lichten Phasen und den Selbstmord. Alles Ereignisse, die nicht gänzlich unmöglich sind, aber doch starken Argwohn erwecken, da sie aus dem Werk gewonnen und auf die biographische Ebene verschoben zu sein scheinen, zumal sie sich einem im christlichen Umfeld verbreiteten Vorurteil gegen den Dichter verdanken können, der die Herrschaft Gottes über die Welt, die Unsterblichkeit der Seele sowie den Wert religiöser Praktiken leugnete.

Hieronymus fügt hinzu, daß das Werk des Lukrez von Cicero veröffentlicht worden ist, und aus einem Brief Ciceros an seinen Bruder Quintus (II 9) erfahren wir, daß er das Lehrgedicht tatsächlich in Händen hielt und einen insgesamt positiven Eindruck davon hatte. Dennoch gestattet es uns auch dieser wenn auch wichtige Hinweis nicht, ein genaueres Bild der Persönlichkeit des Dichters zu zeichnen, sie innerhalb ihrer geschichtlichen Situation – jenen schwierigen und blutigen letzten Jahrzehnten der Republik (Minyard 1985) – zu verorten und mögliche Beziehungen des Dichters zu literarischen Zirkeln (den sogenannten ›poetae novi‹, unter ihnen Catull)(Ferrero 1949) und zeitgenössischen philosophischen Strömungen (dem ›Kampanischen Epikureismus‹, mit Philodemus)(Schmidt 1990) zu erhellen. Der Text des Lukrez wurde jedenfalls bei Herculaneum wiedergefunden (Kleve 1989). Paradoxerweise verhilft uns aber gerade das Fehlen konkreter Nachrichten über Lukrez zu einem besseren Verständnis seiner Dichtung. Das völlige Fehlen autobiographischer Bezüge in seinem Werk beruht auf der Entscheidung des Dichters, sein privates Ich als unwichtig zu tilgen, um sich ganz der Betrachtung der Welt als der allein bedeutsamen Wirklichkeit zu öffnen. Deshalb stimmt der Mangel an persönlichen Angaben mit jener Isolation und Einsamkeit überein, für die Lukrez sich deshalb tatsächlich entschied, um mit außerordentlicher Anstrengung möglichst vollkommen sein Verständnis des Universums zum Ausdruck zu bringen.

Frucht dieser Forschung ist ein Werk – das einzige des Lukrez – in Form eines umfangreichen, in Hexametern verfaßten Lehrgedichts über die Natur (*De rerum natura*), das in sechs Bücher eingeteilt ist. In ihm trägt der Dichter unter starker persönlicher Anteilnahme das materialistische Denken Epikurs vor, dessen Herzstück in der Atomlehre Demokrits besteht. Die ersten beiden Bücher betreffen die Grundprinzipien der Physik, die in einer materialistischen Sicht auch als Ontologie gilt: Atome und Leere oder Materie und Raum, beide jeweils unbegrenzt. Die Materie ist nicht einheitlich, sondern zusammengesetzt aus zahllosen unteilbaren Teilchen, den Atomen. Diese sind undurchdringlich und deswegen unzerstörbar. Sie bilden die Materie. d. h. die festen Elemente, die massiv sind, mithin ein Gewicht haben und frei vom Leeren, ihrem Gegenteil, sind. Das Leere befindet sich außerhalb von ihnen und bildet den Raum, in dem sie sich seit immer bewegen.

Es gibt zwei Ebenen der Wirklichkeit: das ewige Sein der Atome und des Leeren und die vergängliche Existenz der Dinge, so wie sie uns erscheinen. Die Materie ist durch die Verbindung und Trennung der Atome die Ursache des Entstehens und Vergehens der Dinge. Da nichts aus dem Nichts entstehen und zum Nichts zurückkehren kann, geht alles aus den ursprünglichen Atomen hervor und kehrt zu ihnen zurück (I 149–159; 215 f.). Das Leere ist dasjenige, was die Bewegung der Atome erlaubt, aus deren Zusammentreffen und Vereinigung sich das Zusammengesetzte, die Dinge, bilden. Im Unterschied zu den zusammengesetzten Gegenständen, die auch aus dem Leeren bestehen und die deshalb teilbar und vergänglich sind, stehen die Atome nur an ihrer Außenseite mit dem Leeren in Kontakt. Bevor sie aneinanderstoßen und damit einen zusammengesetzten Gegenstand entstehen lassen, bewegen sich die Atome im leeren Raum in einem senkrechten Fall, da sie massiv und folglich schwer sind. Wie aber ist es angesichts einer vertikalen Fallbewegung überhaupt möglich, daß die Atome zusammenstoßen und somit die Dinge entstehen, gleichgültig ob es sich dabei um winzigste Komplexe oder um die Welten in ihrer Gesamtheit handelt? Damit die Atome zusammenstoßen, d. h. sich kreuzen und verflechten können, muß angenommen werden, daß sie in ihrer Fallbewegung einer Abweichung von der Vertikalen unterliegen können und deshalb im Unendlichen auch tatsächlich unterliegen (*clinamen:* II 216–224; 292);

sie ereignet sich am Ursprung aller Dinge. Diese Abweichung, die aufgrund des Merkmals der Neuheit dem entspricht, was in der heutigen Biologie als Mutation bezeichnet wird, scheint offensichtlich dem Grundsatz zu widersprechen, daß nichts aus nichts entsteht. Sie ereignet sich tatsächlich ohne Grund und Ursache. Aber gerade dadurch wird im Innern eines mechanistischen Systems ein Prinzip der Unbestimmtheit oder Freiheit verankert, das dann auf der Ebene der Welt des Menschen als Ermöglichung von freier Wahl und Willensfreiheit einen wichtigen Zusatz gegenüber der Macht des Schicksals bildet (II 251 ff.).

Es ist diese ontologisch-physikalische Konzeption, diese »Natur der Dinge« *(rerum natura)*, aus der die übrigen Aspekte des Systems entspringen und in der sie sich gegenseitig innervieren. Gemeint sind spezifischere Themen von gleichfalls grundlegender Bedeutung, die in den anderen Büchern des Lehrgedichts behandelt werden: Die Natur und das Schicksal der Seele, die getrennt vom Körper nicht existieren kann und wie dieser sterblich ist (Buch III). Dann die Lehre von den atomaren Ausströmungen *(simulacra)*, die von der Oberfläche der Dinge herrühren, unsere Sinne, z. B. das Auge, affizieren und auf diese Weise den Erkenntnisprozeß verursachen. Diese Lehre wird im vierten Buch entfaltet, das gegen Ende eine Phänomenologie des Eros enthält, der in absolut negativer Begrifflichkeit als unstillbare und zugleich schmerzliche Lust sowie als verderblicher Fieberwahn des Geistes (IV 1037–1287) dargestellt wird. Im fünften Buch (V 91 ff.) klingt sogleich eine dunkle Vorahnung des womöglich bevorstehenden Weltendes an, die sich zu beunruhigenden Fragen über die Situation des Menschen in einer feindlichen Natur, einem ungesicherten Universum ausweitet. Die Götter leben von all dem unberührt in der Ferne. Doch erzeugt der falsche Glaube an ihr Eingreifen, der sich aus unserer höchsten Not nährt, nur neue Angst sowie verheerende Formen des Aberglaubens. Die im zweiten Teil des Buches (V 727 ff.) enthaltene Schilderung der frühesten Weltzeitalter mit dem Ursprung der Gattungen und des Menschen sowie der Urgeschichte der Menschheit trägt in der Darstellung der ersten Menschen, die von wilden Tieren zerfleischt werden, grauenhafte Züge, die jedoch mit Momenten der Sehnsucht nach einer unbefangenen Menschheit und einer noch freundlichen Natur abwechseln. Doch schon bald werden die Menschen in ihrer fortschreitenden Entwicklung mit der Härte von Gesetzen und sozialen Bindungen vertraut (V 1147) und gehen schutzlos gegenüber dem Unbekannten und in Staunen versetzt durch den Anblick des Himmels auf die Erpressungen der Religion ein (V 1161–1240). Himmelserscheinungen wie Blitz und Donner, tellurische Phänomene wie Erdbeben und Vulkanismus und andere geheimnisvolle Naturereignisse wie Exhalationen und giftige Dünste bilden den Inhalt des sechsten Buches. In ihm wechselt der Eifer wissenschaftlicher Erforschung mit einem lebendigen Gespür für das Erhabene, besonders bei den atmosphärischen Phänomenen, und der Angst vor unvorhersehbaren Katastrophen und der unwägbaren Bedrohung durch Ausdünstungen und Seuchen.

Diese Zusammenfassung kann lediglich einen ersten kurzen Eindruck der Hauptthemen des Werkes vermitteln. Sie verliert ein wenig von ihrer Ungenauigkeit und Unvollständigkeit, wenn sie mit Hilfe der Verweise auf die Hauptexkurse ergänzt wird, die sich in ihm finden.

Jedes Buch hat ein eigenes Proömium. Am bekanntesten ist dasjenige des ersten Buches, das in einem gewissen Sinn in das Gesamtwerk einführt und den berühmten Hymnus an Venus (I 1–43), lyrisches Symbol der schöpferischen Kraft der Natur, enthält. Darauf folgt eine Lobrede auf Epikur, den verehrten Meister, der es verstand, der religiösen Erpressung Widerstand zu leisten und der eine wissenschaftliche Deutung des Universums samt seiner Gesetze geliefert hat. Auf diese Weise hat er die Menschheit von einer Religion befreit, in deren Namen die ruchlosesten Verbrechen begangen wurden, wie die Opferung der jungen Iphigenie durch ihren Vater Agamemnon (I 62–101). Die Verherrlichung Epikurs und/oder seiner von Sehnsüchten und Ängsten befreienden Philosophie findet sich in allen übrigen Proömien mit Ausnahme des vierten, in dem Lukrez das Motiv seiner Dichtung und Dichtkunst darlegt: Es ist eine Kunst, die sich enthusiastisch zum Sprachrohr Epikurs macht. Dagegen gibt es keine eigentlichen Schlußabschnitte im Sinne klar gekennzeichneter Einheiten mit einer den Proömien analogen Funktion. Eine Ausnahme bildet der Schluß des sechsten Buches, der eine durchkomponierte autonome Einheit bildet, die nur inhaltlich mit den vorangegangenen Ausführungen verbunden ist. Vom Thema der die Luft verseuchenden Ausdünstungen und der beißenden, durchdringenden Gerüche (VI 738–839) wird das Thema der Seuchen (VI 1090–1137) angeregt, das im Schluß in der großartigen Darstellung der Pest von Athen (VI 1138–1286) exemplarisch entfaltet wird und nicht nur diesem Buch, sondern dem ganzen Lehrgedicht sein Siegel aufdrückt.

Es fehlt im Innern des Werkes nicht an Abschweifungen. Formal sind sie zwar mit einem lehrhaften Element verknüpft, tatsächlich entspringen sie aber der Phantasie und Empfindung des Lukrez. Erinnert sei nur an die Episode von der Kuh, die auf der Suche nach ihrem auf dem Altar geopferten Jungen ist (II 342–370); die Schilderung des orgiastischen und grausamen Kultes der *Magna Mater*, Kybele (II 600–660); ferner, in der phantastischen, schlafwandlerischen Atmosphäre des vierten Buches, angeregt von der Beschreibung der die Sinne treffenden Ausströmungen, den Zauber der optischen Täuschungen (IV 387–461), des Echos und der davon erzählenden Sagen (IV 572–594) und die von Träumen geblendete Angst (IV 962–1025).

2. Epikur und Lukrez

De rerum natura ist ein originär Lukrezianisches Werk, wenn auch die theoretische Konzeption von Epikur bestimmt ist. Lukrez erneuert gefühlvoll die entlehnte Materie, indem er ihr seine unverwechselbare dichterische Prägung verleiht. Im Gegensatz zu seiner eigenen im Abschnitt über die Dichtkunst geäußerten Überzeugung (IV 1–25), nach der er keineswegs die Grenzen klassischer Ästhetik sprengt, bedeutet das nicht bloß das Hinzukommen eines die Inhalte unverändert lassenden Elementes. Vielmehr handelt es sich um eine in diesen Inhalten wirksame Dimension, die überall dort, wo sie tatsächlich anwesend ist, eine qualitative Umgestaltung herbeiführt. Auch jene Abschnitte, in denen sich Lukrez näher an Epikur anlehnt – wie in der Darstellung seiner physikalischen Lehre –, sind im allgemeinen von ihm entsprechend den eigentümlichen Erfordernissen des Gefühlsausdrucks erneuert. Die Distanz zwischen beiden ist außer in der Veranschaulichung konkreter Ereignisse – angespannt und bewegt bei Lukrez, kühl bei Epikur – auch auf der Ebene des allgemeinen Empfindens und der Weltsicht wahrzunehmen. Bei Epikur spürt man in keiner Weise jenen Widerstreit zwischen materialistischer Lehre und dem Problem der Existenz, der bei Lukrez so überaus markant hervortritt. Epikur ist davon überzeugt, daß es ihm gelingt, den Menschen mit seiner taumelnden Eudämonologie oder Glückseligkeitslehre ein Mittel in die Hand zu geben, das es gestattet, ein ruhiges Leben zu führen, und das vor Schmerz schützt. Ungeachtet seiner Bewunderung für das Vorbild und der Erklärung, ihm in seiner Lehre dicht zu folgen (III 1–4), wählt Lukrez seinen eigenen Standort in vielsagender Ferne zu den epikureischen Axiomen über die Lust, die in Wahrheit unvereinbar sind mit der Härte der Wirklichkeit, die er auf dramatische Weise ans Licht hebt. Dies ist wenigstens unser Urteil in der noch immer umstrittenen Problematik der tatsächlichen Beziehung zwischen Epikur und Lukrez. Teilweise damit verknüpft ist die philosophische Frage, ob der Epikureismus des Lukrez allein aus der Kenntnis des Werkes Epikurs stammt (wobei die genauen Umstände schwierig zu ermitteln sind) oder auch, ja vielleicht sogar in erster Linie, aus der Begegnung mit dem Denken jüngerer Epikureer, die zur Zeit des Dichters unter anderem in Italien, in Herculaneum und dem benachbarten Gebiet, tätig waren. Die zweite Hypothese ist sicher auch deshalb die wahrscheinlichere, weil sich bei Lukrez einige Abschnitte finden (bemerkenswert ist vor allem V 110–234, auf den wir zurückkommen werden), die eine kritische Auseinandersetzung mit der stoischen Lehre darstellen, gegen die Epikur noch nicht polemisierte (Schmidt 1990). Es ist möglich, daß Lukrez im Kampf gegen die stoische Religiosität und ihre Vorsehungslehre auf eine dramatischere Weise die Situation des Menschen in der Welt, die Fragen nach der Bedeutung unserer Existenz aufwirft, empfunden hat als Epikur, der sich davor hütete, diese Fragen offen zu stellen, auch wenn ihnen im Rahmen einer materialistisch-hedonistischen Position kaum auszuweichen ist.

3. Das Vertrauen in das atomistische Universum

In *De rerum natura* kann man zweier verschiedener Haltungen gewahr werden, die sich in synthetischer Sicht als Haltung des Vertrauens einerseits und des Pessimismus bezüglich der Ordnung der Dinge andererseits bestimmen lassen. Die beiden Momente folgen gedanklich aufeinander: Wichtig ist die innere Dynamik des Wettstreits. Die kompositorische Abfolge ist sekundär und obendrein nicht leicht auszumachen, auch wenn es stimmt, daß die Einstellung des Vertrauens überwiegend in den ersten beiden Büchern und im allgemeinen in den Proömien ausgedrückt wird.

Das Moment des Vertrauens wird greifbar in einer Haltung einfühlender Teilnahme an der Welt der Natur in ihrer Eigenschaft als physikalisches Universum. Ganz am Anfang des Lehrgedichtes findet dieses Motiv seine wirkungsvollste Darstellung in dem erwähnten Hymnus an Venus (I 1–43). Die mythische Stammutter der Römer wird hier beschworen als »voluptas«, Freude der Menschen und Götter. Als universale Spenderin des Lebens und der Freude wird sie auf einem sehr weiten Hintergrund, inmitten blühender Landschaften, der Anmut der Meere und der Klarheit des Himmels dargestellt. Dieses Frühlingsfest – ewiger Frühling der Wirklichkeit – weitet sich sofort im Bild zum Flug der Vögel in milder Brise und zum Zug wilder Tiere durch üppige Weiden und sprudelnde Wasserläufe. Jedes lebendige Geschöpf fühlt in seinem Herzen eine süße, von Venus zugefügte Wunde, eine neue Sehnsucht nach Vereinigung. Die Schönheit steigert im Verein mit der rauhen Härte der Landschaft noch die Wirkung dieser hervorbrechenden Lebenskraft, dieses unbezähmbaren Dranges sich fortzupflanzen. Venus fungiert freilich als lyrisches Symbol, als Bild – nicht als kühle intellektualistische Allegorie – schöpferischer Kraft, der Lebendigkeit einer unerschöpflichen Natur. Während Lukrez am Beginn des Werkes der literarischen Pflicht genügt, die Gegenwart eines weiblichen Antlitzes, einer Muse, einzuführen, findet er im Rückgriff auf diese Figur eine Form, die die dichterische Umgestaltung eines lehrhaften Elementes darstellt: der Bewegung, die die Atome zur Vereinigung und damit zur Bildung jedweder Wirklichkeit zusammenführt.

Venus ist selbstverständlich nur im literarischen Sinn als Gottheit zu verstehen. Lukrez entlehnt der Tradition jene die Figur bezeichnenden Wesenszüge der Verführung und der Anmut, da diese geeignet sind, den Eindruck des Rausches und der Sehnsucht, die das Thema dieses Abschnitts bilden, hervorzurufen. Gleichwohl ist sie nicht ausschließlich eine dichterische Fiktion. Die Darstellung der Frühlingsblüte enthält, wie sie sich aus der Stoßrichtung der Bilder ergibt, eine bedingungslose Verherrlichung des Lebens als Naturphänomen, was impliziert, daß das Leben sich insgesamt auf die Natur beschränkt.

Diese Natürlichkeit des Seins wird intuitiv evident in der sofortigen spontanen Antwort der Geschöpfe auf den Antrieb der Venus, verstanden als universale biologische Funktion. Deswegen ist Venus nicht nur keine Gottheit, sondern die direkte Verneinung des Göttlichen als eines die physikalische Dimension überschreitenden Bereichs. Um die Satzungen der Venus besser zu verstehen, empfiehlt sich ein kontrastierender Vergleich mit dem Zeus-Hymnus (Fr.1 Powell) des Kleanthes (Asmis 1982). Dieser stoische Zeus spannt sich oder seine Herrschaft über die gesamte Natur aus. Dies jedoch in einer Weise, daß sein Wille etwas Höheres darstellt, dem sich die Geschöpfe anpassen müssen. Demgegenüber ist der Ruf der Venus etwas für ihren Hörer Innerliches, Spontanes und Unmittelbares. Daher transzendiert Zeus, obwohl identisch mit der Natur, diese dadurch, daß er als ihr Wert, ihr Logos, ihr Sinn erscheint. Die lukrezianische Konzeption ist panisch, die kleanthische pantheistisch, religiös.

Das Vertrauen in das physikalische Universum hat sicher seinen lyrischen Ort in diesem mitreißenden Anfang. Doch ist dieser nichts anderes als die hochgradig metaphorische Veranschaulichung einer von Bauelementen geleiteten Natur, die der Dichter auch anderswo mit gleichartigem Empfinden und folglich mit derselben vertrauensvollen Teilnahme darstellt. Die Atome beleben sich –dichterisch gesprochen – in ihrer Vereinigung (Caranci 1988). Die Natur ist nach sicheren, keinen äußeren, willkürlichen Einflüssen unterworfenen

Gesetzen geregelt, die deshalb harmonisch in einem daraus resultierenden Rhythmus des Werdens zusammenklingen. Zwar haben die Dinge einen Anfang und ein Ende, doch gibt es jenseits von ihnen etwas Beständiges und Ewiges. Auch wenn diese Entität, die Materie, dem Sein nicht in einem platonischen Sinn einen Wert verleiht, bildet sie dennoch einen Bezugspunkt für den Menschen, der sich von ihm her als übereinstimmender Teil im Mechanismus des Ganzen empfindet.

Im Universum gleicht sich jede Sache mit allem, was vergeht, stirbt, wiedergeboren wird, in einem vollkommenen Gleichgewicht der Gegensätze aus. Dieses Gleichgewicht (griechisch *isonomia*) wird nun als positives Merkmal der Wirklichkeit empfunden, als Fortdauer und Unzerstörbarkeit der letzten Elemente, aus denen der isonomische Kreislauf von neuem beginnen kann. Wie Bergson bereits feststellte: »Es liegt etwas Großartiges in dieser Vorstellung einer Unendlichkeit der Atome, die ewig durch die unermeßliche Leere fallen und ohne Unterlaß neue Welten bilden.« (Bergson 1884,23 Anm. 7; Romano 1977). Diese Großartigkeit – aber nach Bergson auch Unbeugsamkeit – der Gesetze des atomaren Universums ist auch von einem ihm zeitgenössischen Denker betont worden, George Santayana, der ihnen tendenziell werthafte Bedeutung zuspricht: »Alle Dinge sind Staub und kehren zum Staub zurück, ein Staub jedoch, der ewig schöpferisch und dazu bestimmt ist, unaufhörlich in neue und sicher wunderbare Gestalten zurückzufallen.« (Santayana 1910,23; Minadeo 1969,21). In der Tat bringt es die Lukrezianische sentimentalische Deutung der epikureischen Physik mit sich, daß sich die Begriffe der Ewigkeit, Unendlichkeit und Materie in Bilder verwandeln, und als solche drücken sie in diesem ersten dichterischen Sinn das verwunderte Erstaunen dessen aus, der davon eine Vision hat.

In der Betrachtung eines Universums mit sicheren Gesetzen und einheitlichem Aufbau – das man heute als mechanistisches Universum im Sinne Newtons bezeichnen würde – verleiht Lukrez allem, was er berührt, eine kosmische Dimension, indem er in jeder Sache den mächtigen Hauch der ursprünglichen und grenzenlosen Materie bemerkt. Die Weite und Regelmäßigkeit der Phänomene sowie das Bewußtsein der einheitlichen Struktur des Universums treiben die Lukrezianische Forschung voran und lassen Lukrez eine rationalistische Haltung einnehmen, die selbst dann nicht abnimmt, wenn sich das Vertrauen in Pessimismus verkehrt. Aus diesem bisweilen bis zur Leidenschaft gesteigerten Einsatz für das, was wir heute als Wissenschaft bezeichnen würden, und aus der daraus folgenden Haltung antireligiöser Polemik ergibt sich, daß die Gegenwart des Lukrez in verschiedenen Epochen bemerkt worden ist, in denen das moderne Denken das Bedürfnis zur Reife kommen ließ, sich von der Vergangenheit zu befreien: in der Renaissance mit dem anti-aristotelischen Naturalismus des Telesius und der Sehnsucht nach dem Unendlichen bei Bruno; im 18. Jahrhundert mit der ›libre pensée‹ und dem Materialismus der ›philosophes‹; schließlich in der szientistischen und weltlichen Kultur des Positivismus. Dieser von der Vernunft gebildete geistige Habitus entzündet in Lukrez eine aufrichtige und ausgeprägt lehrhafte Leidenschaft, einen Eifer, immer besser zu verstehen und den Menschen die Ergebnisse seiner Forschung mitzuteilen, um sie von der Finsternis der Unwissenheit, den Vorboten der Furcht vor den Göttern, zu befreien. Aufgrund des Umfangs und der Schwierigkeit der Lehre sowie der Vorurteile und Schwächen der Menschen, die der Erpressung durch die Religion ausgesetzt sind, ist es ein beschwerliches Wagnis, zu dem sich der Dichter berufen fühlt. Doch trotz der Schwierigkeit ist es auch fesselnd. Die wissenschaftliche Erkenntnis der Natur (*naturae species ratioque* I 148) verdient den Einsatz eines (ganzen) Lebens, die langen vom Mondschein erfüllten Nachtwachen (*suadet et inducit noctes vigilare serenas* I 142). So bemerkt Lukrez von seinem zum Unendlichen offenen Beobachtungsstandpunkt nicht allein die Bedeutsamkeit und den Zauber der Atomlehre, sondern er begeistert sich auch am Gedanken ihrer hohen Erkenntnisfunktion und an der erzieherischen Mission, zu der er berufen ist. Die Faszination der physikalischen Forschung vermischt sich für ihn zeitweise mit der Faszination der formalen Forschung, mit der Arbeit am Werk, mit dem schwierigen sprachlichen Wagnis – der für den engagierten Dichter nicht geringeren Last des Risikos –, in lateinischen Versen, in neuen adäquaten Worten die hohe und verfeinerte Weisheit der Griechen auszudrücken (I 136–145).

4. Materialismus und Metaphysik

Es gibt ein erstes Hauptmoment Lukrezianischer Dichtung, in dessen Mittelpunkt so etwas wie ein von der Natur ausgehendes Gefühl der Sicherheit steht. Dieses wird durch ein Netz von Metaphern veranschaulicht, welche diese Natur – nicht allein in dem großartigen Fresko des Eingangshymnus – lebendig und gütig erscheinen lassen. Hierbei handelt es sich um eine Reihe von Metaphern, die aus dem Umkreis der Biologie und – in ihr – der Vereinigung, der Zeugung, des Wachstums stammen (Garbugino 1989,40–50). Diese Verläßlichkeit der Natur macht auch ihren Zauber aus, der von der Unendlichkeit herrührt und die wissenschaftliche Forschung antreibt. Die

tragenden Pfeiler des Universums stehen unerschütterlich und diese ewige Regelmäßigkeit des Seins sichert die Vernunft, stützt sie und steht ihr in der erkenntnismäßigen Herausforderung ebenso helfend zur Seite wie in der durch sie ermöglichten Anstrengung dichterischer Tätigkeit. Alles scheint also Vertrauen zu gewähren .
Doch gerade die überschwengliche Sicht des Unendlichen ist radikal doppelgesichtig. Wer sich ihm aussetzt, erkennt in der unermeßlichen Leere das Werden der Dinge (*totum video per inane geri res* III 17), und davon angezogen bleibt er Gefangener dieses Anblicks. Er kann sich nicht davon losreißen, nicht den Blick abwenden und nicht mehr sehen, weil sonst das Unendliche nicht der Gegenstand wäre, auf den er sich hat schließlich fixieren können. Er fährt also fort, sich betroffen auf diese grenzenlose Weite einzulassen, diesen Raum, den die wissenschaftliche Vernunft, die epikureische Physik, festzuhalten wußte. Aber insofern er die Wirklichkeit nicht im einzelnen, sondern als Ganzes betrachtet, insofern sie einer letzten Gesamtsicht offensteht (*tam manifesta patens ex omni parte retecta est* III 30), empfindet er gegenüber so großer Erhabenheit nicht nur eine innige Freude, sondern auch ein Grauen, eine Verwirrung (*his ibi me rebus quaedam divina voluptas/percipit atque horror* III 28 f.). Es ist diese Stelle, symbolisch verortbar im Proömium des dritten Buches, an der die physikalische Forschung in eine metaphysische Fragestellung übergeht. Die sich auf das Ganze beziehende Frage wird zur Frage nach dem Sinn des Ganzen. Die Bestürzung, die sich zur Freude gesellt und sich mit ihr vermischt, ist Anzeichen der existentiellen Betroffenheit angesichts der Erhabenheit des Universums. Das Auge suchte das ›wie‹ und findet sich unvermutet dem ›warum‹ des Seins gegenüber. Sinnbildlich beginnt hier eine Gabelung von Materialismus und Metaphysik, die den Geist des Dichters fortan bestimmt. Die metaphysische Frage führt als letzte Frage für die Welt den Begriff des Sinns und des Wertes ein, einen Begriff, der die materielle Gegebenheit der Dinge, die für den Materialismus deren einzige Wirklichkeit und ihr einziger Wert ist, überschreitet. Nach einem Sinn des Seins zu suchen bedeutet, es in existentielle und menschliche Kategorien zu fassen, bedeutet das Universum in anthropozentrischen Begriffen zu lesen (vgl. zu diesem Thema, jedoch mit unterschiedlicher Bewertung, Ludwig 1976).
Somit ergibt sich ein zweites Hauptmoment der Lukrezianischen Dichtung. Die Begegnung mit der Ganzheit des Seins offenbart dem Menschen seine eigene Begrenztheit, Vorläufigkeit, Zufälligkeit. Der isonomische Kreislauf, der die Dinge ununterbrochen erneuert, verändert seine Bedeutungsgehalte, wenn das Altern und der Tod in derselben Person erlebt werden, die zuerst die Fülle der Jugend er-

fahren hat. Die vermenschlichte Natur scheint nun durch Metaphern auf, die ihre innere Ermüdung aussprechen und den unvermeidlichen Lauf der Zeit unterstreichen. So wird beispielsweise die Erde in V 821 ff. als fruchtbare Mutter der Kreaturen des Himmels und der Wälder vorgestellt, um dann, in einer plötzlichen Abweichung. ohne Übergang, als von der Anstrengung erschöpfte Greisin zu erscheinen. Dieselbe Empfindung von Zeit als Leben, das sich innerlich verbraucht, als geheime Sorge der Dinge, die ihre Sicherheit aufhebt, findet sich in V 306 ff.

5. Der Tod: Not und Befreiung

Man nimmt also im Werk des Lukrez eindeutig den Tod wahr. Wie alles andere, das aus Atomen und Leere besteht, so ist auch unser lebender Organismus, unser ›ich‹ dazu bestimmt zu vergehen. Wie schon für Epikur (*Brief an Menoikeus* 124 f.; *Hauptlehren* 2), so stirbt auch für Lukrez die Seele zusammen mit dem Körper. Es ist dieses vor allem eine naturwissenschaftliche Wahrheit, die Lukrez nicht müde wird, im Laufe des dritten Buches zu begründen, und am Ende des Buches in einem nicht abtrennbaren Anhang herauszustreichen. Dieser Anhang thematisiert nicht das Elend der Menschen, insofern ihnen das Schicksal des Todes beschieden ist. Vielmehr verarmt diese Vorläufigkeit das Leben, nicht den Tod. Lukrez wiederholt mit ganz anderer Schärfe und Leidenschaft die epikureische These: »Das schauderhafteste Übel [...], der Tod, geht uns nichts an; denn solange wir existieren, ist der Tod nicht da, und wenn der Tod da ist, existieren wir nicht mehr« (*Brief an Menoikeus* 125 Übers. Gigon). Der Tod bedeutet Sicherheit. Mit nur scheinbarer Paradoxie häuft Lukrez, um die Menschen zu beruhigen, Beweise an, die auf die Sterblichkeit der Seele schließen, über die hinaus es kein Jenseits, Leiden und keine Bestürzung gibt. Aber indem er das tut, kommt er wiederholt auf Bilder der Agonie zurück, die die Angst unseres Ichs ansprechen, sein Umsichschlagen, das mit der Unruhe des Körpers solidarisch ist (III 152 ff. 451–509. 526 ff. 592 ff.). Er kennt also den Schmerz, den die unmittelbare Nähe des Todes bereitet, ja er verschärft ihn in ausgedehnten expressionistischen Darstellungen.
Infolge einer einseitigen Bewertung seiner Ausdrucksweise fragen sich die Kritiker deshalb häufig (vgl. die Übersicht bei Bonelli 1984,72–75), ob die Gedankengänge des Lukrez tatsächlich auf einer klaren Gewißheit der Eitelkeit der Todesfurcht beruhen oder ob sie nicht stattdessen im Gegensatz zur eigenen Annahme die Verwirrung offenbaren, der der Dichter selbst im Angesicht des Todes zum Opfer gefallen ist – einer Todesangst, von der er die Menschen ver-

gebens zu befreien suchte. Eine derartige Interpretation beruht auf einer unzulässigen Trennung zweier Elemente, die bei Lukrez untrennbar verbunden sind. Es ist wahr, daß Lukrez selbst jene Furcht vor der Finsternis, dem Ende, dem Tod empfindet und im Gewebe seiner Bilder offenbart, die nur schwer von der Existenzangst getrennt werden kann. Aber es handelt sich um eine Furcht, die bei Lukrez nicht vom Bewußtsein ihrer radikalen Irrationalität, d. h. den äußerst zähen, aber nur scheinbaren Fesseln, mit denen sie uns hält, geschieden werden kann. Er stellt mit anderen Worten also nicht seine Person der der übrigen Menschen gegenüber, sondern die Weisheit, die er mit Anstrengung erwirbt, der Unwissenheit und Schwäche des allgemeinen Empfindens. In dieser Weise muß unserer Meinung nach auch der berühmte Anfang des zweiten Buches (II 1 ff.) interpretiert werden, an dem nicht die Person, sondern das Wissen des Lukrez einen Ort oberhalb der Gefahr, außerhalb des Sturmes einnimmt.

Lukrez redet also mit dem Menschen in der Sprache der Vernunft, indem er ihn auf der einen Seite dazu einlädt, sich nicht gegen das zu sträuben, was auf jeden Fall sein muß. Auf der anderen Seite zeigt er ihm, daß es im Tod nichts gibt, was wir fürchten könnten, mehr noch: nichts, was uns betrifft (*Nil igitur mors est ad nos neque pertinet hilum* III, 830) (Stork 1960). Genau die Tatsache, daß sich unser Ich in die völlige Empfindungslosigkeit auflöst, ist eine Ursache des Trostes. Ein überzeugender Spiegel dieser Empfindungslosigkeit, die uns als unser letzter Schlaf erwartet, ist die Vergangenheit, die endlose vor der Geburt zugebrachte Zeit, an die für uns nicht die entfernteste Erinnerung auftaucht. Wir haben keine Erinnerung an uns, weil jene Verbindung von Seele und Körper nicht existierte, die Bewußtsein verleiht und die sich mit dem Tod wieder aufzulöst. Und doch sind in jener Vergangenheit große Ereignisse geschehen, wie –als größtes Dokument der römischen Geschichte – der große Krieg gegen Hannibal, bei dem das Schicksal der Welt auf dem Spiel stand und der alles mit seinem Getöse erfüllt hat. Im Bild gibt es einen steigenden Gegensatz zwischen der Größe menschlicher Ereignisse, mit ihrer Last an Kampf und Schmerz, und dem plötzlichen Schweigen, in dem jenes Getöse verschwunden ist, sobald erst einmal seine Stunde vorüber ist. Jenseits der technischen Argumentation (unser Bewußtsein umfaßt dasjenige nicht, was uns vorangegangen ist), wird die Bedeutungslosigkeit des Lebens, als funkelndes aber kurzes Geschehen angesichts des Nichts, das es von allen Seiten umgibt, suggeriert (III 832–842).

Lukrez verfügt über eine vollendete Meisterschaft der Rede, die von einer beständigen Vernunftanstrengung herrührt. Er hebt die innere

Widersprüchlichkeit und den völlig instinktiven Urspung des Grauens ans Licht, den wir für das Schicksal unseres Leichnams empfinden, der den wilden Tieren überlassen oder vom Feuer verzehrt wird. In jedem Satz nähert er das Ich und den Leichnam, den das Ich nicht von sich trennen möchte, einander an. Aus dieser Annäherung ergibt sich mit äußerster Kraft die Gegenüberstellung und Unvereinbarkeit beider Begriffe, deren Verwirrung aus der unvernünftigen Verdopplung des Ichs im nunmehr der Sinne beraubten, sinnlos vom Leben befleckten Körper herrührt (III 870–893). Oder (III 931 ff.) er führt die Figur der Natur ein, welche den dem Tod gegenüber widerspenstigen Menschen befragt und ihm die Eitelkeit seiner Hoffnungen und Wünsche zeigt. Nichts, sagt sie, kann ich von neuem erfinden, nichts, das deine Erwartungen erfüllt: jede Sache läuft nach gewohnter Regelmäßigkeit ab (*eadem sunt omnia semper* III 945). Noch einmal wird das Leben in seinem Kreislauf als nutzlose Wiederholung empfunden, als etwas, das die Mühe des Lebens nicht lohnt. Zur gleichen Zeit erscheint die Natur als strenge und unparteiische Richterin, die allen das Leben mitteilt, was immer es für einen Wert haben mag. Der Mensch, der für sich allein ein allgemeines Gesetz aufheben möchte, erkennt nicht, daß das Leben allen zum Gebrauch, aber keinem zum ausschließlichen Besitz gegeben ist (*vitaque mancipio nulli datur, omnibus usu* III 971).

6. Die Furcht vor den Göttern und die Feindseligkeit der Natur

Für den Menschen ist die Furcht vor dem Tode nicht allein Furcht vor dem Schlaf; sie ist auch Furcht vor dem Traum, Furcht vor einem zukünftigen Leben, in dem es ihn trifft, hart für seine Schuld zu büßen. So hat die Einbildungskraft das Jenseits mit den Gestalten großer Sünder bevölkert, wie Tantalus oder Sysiphus, deren Qualen in Wirklichkeit eine sinnbildliche Projektion von Leiden und Unruhen sind, die wir im alltäglichen Leben am eigenen Leib erfahren. So ist z. B. die aufreibende Anstrengung des Sysiphus, der den Felsblock vor sich herschiebt, der mythologische Ausdruck unseres wiederkehrenden und stets enttäuschten Ehrgeizes (III 978–1010). Auf der anderen Seite veranlassen das Bewußtsein unserer Schuld und die Furcht vor Strafe die halluzinative Vorstellung von Torturen, die uns nach dem Tod erwarten, in einem vom Ich als besonders schutzlos erlebten Bereich (III 1014–1023). In diese Schwäche der Menschen, die Lukrez in meisterhafter Beherrschung der psychologischen Prozesse ans Licht hebt, fügt sich die Religion ein, der falsche Glaube an das Eingreifen der Götter in die Abläufe der Welt. Ihnen ist die Rolle der Richter übertragen, die für unsere zwanghafte Vorstellung von körperlichem Schmerz und Verwundung unentbehrlich ist. Dagegen wohnen die Götter jenseits der kosmischen Räume: in Glückseligkeit und Unsterblichkeit, unbelastet von Sehnsüchten und Bedürfnissen, völlig außerstande, Interesse für unsere Angelegenheiten zu zeigen und uns folglich Belohnungen oder Strafen zu schicken (I 44–49 = II 646–651). Es ist unsere Unkenntnis der Gesetze der Natur, und besonders der Himmelsphänomene, die uns dazu veranlaßt, die Götter als Lenker der Welt darzustellen, im Leben wie im Tod ihre drohenden Gebärden zu fürchten, sie also insgesamt zu anmaßenden Herren über unser Leben zu machen (V 82–90 = VI 58–66).

Lukrez kämpft gegen diese geistige Haltung mit derselben Heftigkeit wie gegen die Furcht vor dem Tode, die übrigens engstens mit ihr verbunden ist. Sein Kampf gegen die Religion wird getragen von einem tief verwurzelten Sinn für die Autonomie und Freiheit des Menschen, einer völligen Umkehrung der Position, die in der – von Lukrez nicht zitierten – Formulierung Platons zum Ausdruck kommt, die Menschen seien Sklaven der Götter, so wie das Vieh Eigentum ihrer Herren (*Phaidon* 62b-c). Hingegen preist er in einem wichtigen Abschnitt des ersten Proömiums Epikur als den Befreier von der Religion, die wie ein Ungeheuer aus den Sphären des Himmels drohte und die unwissende Menschheit mit ihrer Drohung unterdrückte. Epikur vermochte jedoch der Erpressung zu trotzen; er durchschaute unter dem Druck der Erpressung, was auf dem Spiele stand. Er hat die geschlossenen Siegel des Buches der Natur aufgerissen und zerbrochen, um zu zeigen, daß keine Gottheit, kein Ungeheuer in den reinen Räumen der Unendlichkeit wohnt, als welche sie für denjenigen erscheinen, der sie gemäß den Prinzipien der Wissenschaft zu beobachten weiß (I 61–79). Nicht derjenige also, der die *religio* mit Füßen tritt, sondern der, welcher ihre Gebote mit Gewissenhaftigkeit befolgt, ist bereit, die grausamsten Verbrechen zu begehen. Lukrez erinnert (I 80–101) in diesem Zusammenhang an ein sinnbildliches Beispiel für viele: wie Iphigenie im Hafen von Aulis in den Tod geschickt wurde, als die Flotte der Griechen von einer Windstille aufgehalten wurde, die sie daran hinderte, nach Troia abzufahren. Die Anführer der Achäer und sogar der Vater des Mädchens selbst, der große König Agamemnon, vertrauten leichtgläubig den Orakelsprüchen der Seher, die in der Windstille eine Strafe der Artemis erblickten, und zögerten nicht, dieses schreckliche Verbrechen zu begehen, um die Göttin zu besänftigen und die Fahrt wieder aufzunehmen. Aischylos hatte in der Parodos, d. h. im großen Eingangslied seines *Agamemnon*, dieselbe Begebenheit, die dann auch Euripides aufgreift, dargestellt. Während aber bei Aischylos die Greueltat in einem tragischen Sinnzusammenhang steht, schwingt

bei Lukrez schärfer und direkter eine Abscheu vor der rituellen Tat mit. Das junge Mädchen wird emporgehoben, durch den rohen Griff der Henker geschändet – eine groteske Nachahmung des hochzeitlichen Aktes – und schließlich wie ein Opfertier geschlachtet. In einer Ecke der Szene befindet sich das Volk, das sie beweint: Ausdruck schlichter und echter Menschlichkeit, die in scharfem Gegensatz zur Wildheit, Feigheit und Tollheit der Krieger steht. Die Darstellung dieser berühmten Szene ist so gestaltet, daß ihre einzelnen Züge, die verschiedenen Einzelheiten in einem Crescendo angeordnet sind, um auf diese Weise ein Gefühl des Mitleids und des Schreckens zu erwecken: nicht eines Schreckens im Sinne des Grauens, der erschütterten Furcht, wie es Aristoteles über die Wirkung der Tragödie sagt (*Poetik* 1449b27), wohl aber des Schreckens im Sinne von Wut und unbezwingbarer Auflehnung.
Warum aber nimmt Lukrez eine derart radikal antireligiöse Haltung ein? Weshalb gelingt es ihm nicht, neben den Formen der Entfremdung und – in äußersten Fällen – des Frevels, zu dem der Glaube an die Götter führen kann, auch dessen tröstende Funktion zu sehen, die er tatsächlich ausüben kann? Die prekäre Lage des Menschen in der Welt, die Feindseligkeit der Natur ihm gegenüber, die im zweiten Hauptmotiv der Lukrezianischen Dichtung auftauchen, wenn der Mensch seine eigene Einsamkeit entdeckt, bringen es mit sich, daß die Religion dem Dichter als der unfruchtbarste Fluchtversuch erscheint, als die leichtfertige Träumerei von einer Welt, die zu unserem Heil gelenkt wird, während doch beständig die Willkür der Dinge, Gewalt, Zerstörung und die Erfahrung des Schmerzes gegen uns ist. Wenn es so ist, stellt der Gedanke, daß uns ein Gott – oder Gott – Hilfe gewähren könnte, nicht nur eine wissenschaftliche Widersinnigkeit dar, eine mit dem Begriff der Natur unvereinbare Aussage, sondern auch ein Zeichen der Nachgiebigkeit und der Versöhnung mit Kräften, die zu unserem Schaden am Werk sind, insofern wir damit eine Gegenmacht erwecken, mit der es möglich ist zu verhandeln. Diese muß selbstverständlich ein Geist, eine Person sein, da nur eine Person – unwahrscheinlich in einem materiellen Universum (II 1090–1104) – unsere Klage vernehmen kann. Dem Bündnis eignet jedoch die Ungerechtigkeit, daß je unerhörter unsere Bitten verhallen, wir um so mehr verhandeln: um so größer wird in der Tat unser Bedürfnis. Allzu klar ist für Lukrez das Bewußtsein unserer Übel und ihrer Unheilbarkeit und allzu unnachgiebig, ja kompromißlos ist die Methode seiner Forschung, als daß er in falschem Glauben an die Götter eine in psychologischer Hinsicht positive Funktion, jene Hoffnung, jene Tröstung, die aus märchenhaften Erzählungen hervorgehen, wahrzunehmen vermöchte. Er klagt im

Gegenteil die Gottheit selbst an in ihrer Eigenschaft als einer vom psychologisch-institutionellen System trügerisch ins Leben gerufenen Instanz. Für ihn existiert diese Gottheit nicht, aber ohne Widerspruch klagt er sie an, weil er das Recht hat, die ihr zugrundeliegende Argumentation von dem Umstand aus aufzurollen, daß sie den Anspruch erhebt, Gegenstand des Glaubens zu sein. Indem er so vom Innern ihrer Logik ausgeht, weist er ihr angesichts der Übel dieser Welt Bosheit oder alternativ dazu Ohnmacht nach. Das eine wie das andere ist ein offenkundiger Beweis des Irrtums der anfänglichen Annahme, der Täuschung, die ihr eine gütige und vorausschauende Existenz bescheinigte.

De rerum natura ist in seiner Gesamtheit von Religionsfeindlichkeit durchdrungen. Aber der Ort, an dem dieser Themenkomplex mit den heftigsten Emotionen und zugleich mit radikaler Rationalität behandelt wird, ist die ausgedehnte Kritik des Anthropozentrismus in V 156–239. Diese Theorie, derzufolge der Mensch in einem heute als ptolemäisch bezeichneten Universum nicht den winzigen Teil eines grenzenlosen Gesamts bildet, sondern den Mittelpunkt jeglicher Aufmerksamkeit Gottes und der Natur, erscheint Lukrez als eine tragische Bagatellisierung der schmerzlichen Lage und des daraus resultierenden Unglücks der Menschen. Daraus ergibt sich, daß die Ausdrucksweise des Abschnitts von bitterem Sarkasmus geprägt ist, aus dem Fragen von quälender Radikalität hervorbrechen: *»Quidve mali fuerat nobis non esse creatis«* »Oder welch' ein Übel wäre es für uns gewesen, nie geschaffen worden zu sein?« (V 174). Die Darstellung verbreitet sich dann (V 195 ff.) über ein für den menschlichen Lebensunterhalt sehr wesentliches Gebiet, nämlich die Landwirtschaft, deren Anstrengungen und Frustration Metapher und gleichzeitig bezeichnende Wirklichkeit unserer tagtäglichen Not ist. Der Erdboden, der großenteils von Bergen und Wäldern, von kahlen Felsen und Sümpfen bedeckt und aufgrund eines Übermaßes an Frost und Hitze unbewohnbar ist, wird in dem kleinen verbleibenden Gebiet von uns im Schweiße unseres Angesichts und unter Stöhnen bebaut, da er von selbst nichts anderes als nur Brombeersträucher hervorbrächte. Wenn ihm jedoch unsere Anstrengung die Verheißung einer Frucht abgerungen zu haben scheint, dann wird plötzlich jede Knospe von einer übermäßigen Hitze oder einem eiskalten Regenguß mit niederpeitschenden Windböen zerstört. Die ermüdende und unausweichliche Erfahrung der Landwirtschaft nimmt folglich die Gestalt einer Demütigung an, die uns zeigt, daß die Natur in keiner Weise zu unseren Gunsten von den Göttern geschaffen wurde: *»tanta stat praedita culpa«* »so groß ist ihre Schuld uns gegenüber« (V 199).

Aus dieser sinnbildlichen Niederlage ergeben sich direkte und quälende Fragen (V 218 ff.), die das zunehmende, in den Bildern von Unfruchtbarkeit und Vernichtung der Ernte implizierte Leiden völlig explizieren und ausdrücken. Warum, so fragt Lukrez, läßt die Natur auf dem Land und im Meer Bestien gegen uns entstehen? Warum bringen uns die Jahreszeiten Krankheiten? »Warum streicht der Tod schon vor der Zeit herum?« (*Quare mors immatura vagatur?* V 221). Auf dem Höhepunkt ihrer sich überstürzenden Bewegung gewinnt ein neues Bild Gestalt, das in seinen Zügen, in seiner trostlosen Landschaft, den Sinn totaler Verlassenheit auf den Punkt bringt, in welcher der Mensch leben muß. Es ist eine tragische Morgendämmerung über einem verlassenen Strand: »Das Menschenkind liegt wie ein von wütenden Wellen hingeworfener Schiffbrüchiger nackt auf dem Boden, unfähig zu sprechen, aller Dinge bedürftig, sobald die Natur es mit Anstrengung aus dem Bauch der Mutter gezogen und es so dem grellen Licht des Lebens übergeben hat. Es weint, und alles ringsumher hallt wider von diesem verzweifelten Gewimmer: eine angemessene Wehklage, die ihren Ursprung in der Vorahnung endloser Übel hat, die ihm zu erleben bevorstehen« (*ut aequumst/cui tantum in vita restet transire malorum* V 222–227)(Rochette 1992).

In einem anderen sehr grundlegenden Abschnitt über die Furcht vor den Göttern und die Feindseligkeit der Natur (V 1161–1240) lesen wir, daß die Menschen seit ältesten Zeiten – weil sie die Ursachen der Himmelsphänomene nicht anders zu erklären vermochten – die Wohnsitze der Götter in den Himmel verlegten und ihren Winken die Lenkung der Welt überließen. Diese immense ihnen zugewiesene Macht hat sie sogleich als absolute und grausame Herren unseres Schicksals erscheinen lassen. Seitdem hat dieser Glaube unaufhaltbare Folgen psychologischer Verwüstung für uns gehabt. Angesichts eines sich erhebenden Sturmes oder dem Bersten eines Erdbebens, wenn in unserer Nähe das Leuchten des Blitzes zwischen Donnerrollen aufscheint, wenn die Erde schwankt und sich unter unseren Füßen auftut, glauben wir, von einer Gottheit für Vergehen verfolgt zu werden, die wir begangen haben könn(t)en. Erschrocken vertrauen wir uns folglich unseren Gebietern an. Wir stürzen ermattet zu Boden, die Hände vor den Altären, den Tempeln der Götter ausgebreitet. Die Furcht vor den Göttern ist in Wirklichkeit die Furcht vor der Natur in ihren hereinbrechenden und zerstörerischen Erscheinungen.

Die inständige Bitte an die Gottheit – die Lukrez auch anderswo (III 48–54) als entwürdigende rituelle Besessenheit darstellt – ist ein Anzeichen für unser zähes, instinktives, enttäuschtes Hoffen. Lukrez verabscheut diese Hoffnung, empfindet aber gleichzeitig auch Mitleid mit den Menschen, die sich in Momenten höchster Gefahr gezwungen sehen, sich dorthin zu wenden. Obwohl die Handlungen des Aberglaubens und die Personen, die sich zu ihrem Sinnbild machen, in einem völlig mitleidslosen Licht dargestellt werden, unterscheidet er zwischen religiöser Verirrung und betrübter Menschheit, zwischen Erpresser und Erpreßtem.

So leicht ist die Erpressung der Menschen. Es gibt in der Natur eine geheime Kraft (*vis abdita* V 1233), die die Dinge zerstört, die mit perversem Vergnügen unsere Pläne vereitelt. Bei Lukrez trifft und vernichtet sie in erster Linie die Symbole menschlicher Macht, die hochmütigen Könige, den General, der auf der Flotte seine erprobte Kriegsmaschinerie befördert (V 1222–1235): Diese Könige und dieser Heerführer werden in ihrer moralischen Identität zerstört, weil sie sich im Toben des Unwetters in einen Winkel verkriechen und das Erbarmen der Götter anrufen. Dieses Bild entspricht einem der am tiefsten im Empfinden des Lukrez verwurzelten Motive, der Entlarvung falscher Werte und des Kriegsdünkels. Aber der Kapitän, der unter dem Oberdeck des Schiffes Gebete murmelt, wird nichtsdestoweniger physisch zusammen mit seinen Legionen und der Masse seiner Elephanten vernichtet. Sein Schiffbruch ist nicht allein die vom Sarkasmus des Erzählers begleitete Vernichtung seiner Person als eines unzuverlässigen Kapitäns, er bedeutet auch durch die Bagatellisierung der Symbole menschlicher Macht angesichts der Unendlichkeit der Naturgewalten eine Schrumpfung der Welt der Menschen und ihrer Bezugsparameter auf ein Nichts. Auf diese Weise ergeht es dem feigen Kapitän, den eine dunkle und unanfechtbare Kraft an die Schwelle des Todes führt, im allgemeinen Unglück ebenso wie dem unschuldigen Kind, das von den Wellen auf den Strand des Lebens geworfen wurde (V 222–227; zitiert S. 126). Der eine wie der andere Schiffbruch ist ein Sinnbild der Bedeutungslosigkeit und Unsicherheit des Lebens.

Die Personen fürchten also die Götter und sprechen ein kleines Gebet. Der Erzähler (der Dichter) weiß, daß hinter dieser falschen und verheerenden Furcht die Wirklichkeit einer stiefmütterlichen Natur steht, die in ihrer Gleichgültigkeit die Menschen zerstampft (Perelli 1969). In seinem Rationalismus und Antimystizismus erhofft er gar nichts von ihr, kein Nachlassen der Übel. Es ist dieselbe Natur, die – in einer anderen Bewußtseinseinstellung, vorgängig zur existentiellen Frage – das Auge nicht müde wird zu erforschen. Und es hat angesichts der Unendlichkeit des physikalischen Universums einen Schauder der Freude empfunden.

Aus dem Italienischen übersetzt von Franz-Josef Bormann.

David T. Runia

Philon von Alexandrien

1. Eine neue Situation

In der Geschichte der antiken Philosophie stellt das Denken des Philon von Alexandrien (ca. 15 v. Chr. bis 50 n. Chr.) etwas Neues dar. Nicht daß die griechischen Philosophen bisher alle in Griechenland gelebt hätten oder gar alle griechischer Abstammung gewesen wären. Der Gründer der Stoa zum Beispiel, Zenon von Kitium, kam von Zypern und war möglicherweise phönizischer Herkunft (dies ist nicht sicher). Zenon betrachtete sich selbst jedoch sicherlich als Hellenen. Im Fall des Philon aber war die Situation komplizierter. Philon wurde in Alexandria, dem bedeutendsten Zentrum griechischer Zivilisation im östlichen Mittelmeerraum, geboren und aufgezogen. Er war ein großer Bewunderer der griechischen Kultur und vor allem der griechischen Philosophie. Auf die Frage, was er sei, hätte er jedoch nicht geantwortet, er sei ein griechischer Philosoph. Er hätte gesagt »Ich bin Jude (*Ioudaios*)«, oder »Ich bin ein Schüler des Mose«. Und trotzdem verdient Philon fraglos einen Platz in der Geschichte der antiken Philosophie, wie sich im Laufe dieses Kapitels zeigen wird.

2. Die jüdische Gemeinde in Alexandria

In den Jahrhunderten, nachdem Alexander der Große 331 v. Chr. die Stadt an der ägyptischen Küste gegründet hatte, die seinen Namen trägt, emigirierten sehr viele Juden aus Palästina und ließen sich dort nieder. Es ist geschätzt worden, daß zu Philons Zeiten etwa 30 Prozent von den 600 000 Einwohnern der Stadt jüdischer Abstammung waren. Bald nach ihrer Ankunft in Alexandria gaben die Juden ihre eigene Sprache auf und begannen, Griechisch zu sprechen. Ein entscheidendes Ereignis stellte die Übersetzung der Thora (die Bücher des Mose) und des Tenach (die Hebräische Bibel) ins Griechische dar. Die Übersetzung als ganze wird Septuaginta (siebzig) genannt. Der Grund für diese Bezeichnung wird in liebvollem, wenngleich fiktivem Detail von Philon berichtet (*Leben des Mose* II 25–44). Zweiundsiebzig Gelehrte wurden von König Ptolemaios aus Jerusalem gerufen, um die Bücher des Mose zu übersetzen, und als jeder einzelne Übersetzer fertig war, zeigte sich, daß durch göttliche Eingebung alle Versionen identisch waren. Der erste Teil der hebräischen Bibel wird Pentateuch (die fünf Rollen) oder einfach das

Gesetz (*nomos*) genannt. Für Philon ist dies der bei weitem wichtigste Teil der Bibel. Diese Überzeugung scheint für das alexandrinische Judentum insgesamt typisch gewesen zu sein.
Für mindestens drei Jahrhunderte gelang es den Juden, den Bräuchen und der Religion ihrer Vorfahren treu zu bleiben. Jerusalem wurde immer noch als die ›Mutterstadt‹ betrachtet; es wurden Pilgerfahrten zum Tempel unternommen und finanzielle Unterstützung gewährt; doch in vieler Hinsicht gingen die alexandrinischen Juden ihren eigenen Weg. Die Herrscher Ägyptens, die Ptolemäer, betrachteten ihre Vorhaben mit Wohlwollen und gaben ihnen das Recht, sich selbst als eine separate Gemeinde (*politeuma*) innerhalb der Stadt Alexandria zu organisieren und zu verwalten. Dies führte zu einer Periode großen Wohlstands und beträchtlicher kultureller Leistungen, die etwa von 150 v. Chr. bis zur Zeit von Philons Jugend andauerte. Eine reiche hellenistisch-jüdische Literatur entstand, von der nur Fragmente überliefert sind. Philon muß viele Vorläufer gehabt haben, von denen wir allerdings beinahe nichts wissen.
Der mit Abstand beste Vergleich für die Situation der jüdischen Gemeinde in Alexandria ist die Ansiedlung einer großen Anzahl von Juden in den Vereinigten Staaten, besonders in einer Großstadt wie New York, während des letzten Jahrhunderts. Daß eine umfassende kulturelle Angleichung stattgefunden hat, ist unbestritten. Die New Yorker Juden sind ohne Frage Amerikaner, – sie sprechen Englisch und sind stark durch die amerikanische Kultur geprägt. Gleichzeitig jedoch entscheiden sich viele von ihnen dafür, ihre jüdische Identität zu bewahren und sogar in einer starken Weise zu bejahen, sei es durch ihre Kleidung oder durch die Beobachtung des Sabbat. Viele, aber bei weitem nicht alle von ihnen, haben Verbindungen mit dem Staat Israel, wie die alexandrinischen Juden sie mit Jerusalem hatten. Der wesentliche Unterschied zwischen der alexandrinischen und der New Yorker Situation ist, daß bei letzterer die soziale Organisation ausschließlich religiös bedingt ist, während in Alexandria politische und religiöse Organisation Hand in Hand gingen. Der Grund hierfür liegt in der engeren Verknüpfung zwischen religiöser und sozialer Organisation in der antiken Welt.

3. Philons Leben, Ausbildung und Loyalität

Leider gibt uns Philon, obgleich er ein produktiver Autor war, fast keine genauen Informationen über seine eigene Person. Der Geschichtsschreiber Josephus (*Antiquitates* XVIII 258) berichtet, daß er Mitglied einer bekannten und außerordentlich wohlhabenden jüdischen Familie Alexandrias war. Als ›Alabarch‹ hatte sein Bruder das wichtigste Amt der jüdischen Gemeinde inne (wahrscheinlich war er für die Einsammlung der speziellen Abgabe, die Juden zahlen mußten, zuständig). Philons Neffe Tiberius Julius Alexander schwor seiner jüdischen Herkunft ab und machte eine erfolgreiche politische Karriere, die in der Statthalterschaft Ägyptens gipfelte. Eine der Schriften Philons überliefert ein Gespräch zwischen Onkel und Neffen über die Frage göttlicher Vorsehung (*De providentia* II). Es besteht kein Zweifel darüber, daß Philon der höchsten Gesellschaftsschicht Alexandrias angehörte. Er hatte jede Gelegenheit, sich ausgezeichnete Kenntnisse der Klassiker der griechischen literarischen Tradition zu anzueignen. Gelegentlich erzählt er, um etwas zu veranschaulichen von eleganten Festmählern, an denen er teilnahm, oder von einer Theatervorstellung, bei der Euripides rezitiert wurde. Das größte Ansehen, so berichtet Josephus, gewann er unter seinen Zeitgenossen jedoch durch sein philosophisches Wissen. Aus seinen Schriften können wir schließen, daß er tief in die Tradition der griechischen Philosophie eingedrungen ist, obwohl wir keine Vorstellung davon haben, unter welchen genauen Umständen er sich dieses Wissen eigentlich erwarb.

Im ersten vorchristlichen Jahrhundert erlebte Athen als das wichtigste Zentrum philosophischer Forschung und Lehre einen Niedergang. Alexandria scheint von dieser Entwicklung profitiert zu haben. Vier Namen seien kurz erwähnt. Ainesidemos' Wiederbelebung des Pyrrhonismus fand wahrscheinlich in Alexandria statt. (Philon ist der erste, der darüber berichtet, wenn auch anonym.) Eine andere faszinierende Figur ist Eudoros von Alexandrien, der eine Form des Platonismus mit einer starken Betonung pythagoreischer Ideen lehrte. Ein dritter Philosoph, über den wir gerne mehr wüßten, war Potamon, der nach Diogenes Laertios I 21 eine eklektische philosophische Schule gründete, die Lehren aus unterschiedlichen bestehenden Schulen entlehnte. Und schließlich können wir den stoischen Philosophen Areios erwähnen, der sich bei seinem Freund, dem Kaiser Augustus, erfolgreich dafür einsetzte, Alexandria nach der Niederlage von Antonius und Kleopatra nicht zu zerstören. Areios stellte ein Werk über die drei wichtigsten philosophischen Schulen zusammen, welches Material enthält, das wir sehr ähnlich bei Philon finden. In diesem intellektuellen Umfeld hatte Philon mehr als genug Möglichkeiten, die griechische Philosophie zu studieren, was er gründlich tat. Die größte Nähe zeigt sein Denken zu dem in dieser Zeit wiederauflebenden Platonismus. Wir werden jedoch sehen, daß er selbst nicht als Platoniker bezeichnet werden kann. Er setzt sein philosophisches Wissen für einen ganz anderen Zweck ein.

Nur über ein Ereignis in Philons Leben besitzen wir historische Information. In zwei seiner Werke, *Gegen Flaccus* und *Die Gesandtschaft an Gaius*, zählt er verschiedene äußerst unangenehme Ereignisse auf, die die alexandrinische jüdische Gemeinde in den Jahren 38–40 erlebte. Unter dem römischen Statthalter Flaccus ereignete sich ein brutales antijüdisches Progrom, durchgeführt von den einheimischen Ägyptern, aber mit Unterstützung hochgestellter Persönlichkeiten der griechischen Gemeinde Alexandrias. Die jüdische Gemeinde reagierte mit dem Beschluß, eine Delegation zum Kaiser Gaius Caligula nach Rom zu entsenden, als deren Führer Philon berufen wurde. Nach langwierigen Verzögerungen erhielten sie die gewünschte Audienz. Sie verlief unglücklich, aber sie kostete wenigstens nicht das Leben. (Aus Philons Bericht in *Die Gesandtschaft* 349–367 spricht ein unbeabsichtigter Humor.) Diese Ereignisse werden von der Forschung oft mit einem Abschnitt am Anfang von Buch III aus *Über die speziellen Gesetze* in Zusammenhang gebracht, wo Philon darüber klagt, daß seine politische Aktivitäten ihn von ernsthafteren Beschäftigungen abhielten und sehnsüchtig zurückblickt auf die Zeit, in der er ausschließlich der Philosophie leben konnte.
Aus diesem Ereignis wird sehr deutlich, daß Philon trotz all seiner Liebe zur griechischen Kultur und Philosophie zuerst dem jüdischen Volk und seinen überlieferten Bräuchen verbunden war. Er wollte sein Volk nicht nur in der politischen Arena verteidigen, sondern auch und vor allem im Austausch der Ideen. Philon war überzeugt, daß Juden sich ihrer Religion und Kultur im Vergleich mit den Errungenschaften des Hellenismus nicht zu schämen brauchten. Ganz im Gegenteil, sie sollten stolz auf ihre Gesetze sein, die in den Büchern des Mose niedergeschrieben sind. Philon war bereit, sich in dieser ideologischen Auseinandersetzung mit den ganzen Gewicht seiner Persönlichkeit einzusetzen. Diese Zielrichtung seiner Bemühungen wird noch klarer, wenn wir die Schriften betrachten, die er hinterließ.

4. Philons Schriften

Philon war ein produktiver Autor. Die Mehrzahl seiner Werke, die jetzt insgesamt 50 Schriften ausmachen, scheint überlebt zu haben. Sie können sinnvoll in drei Gruppen unterteilt werden.

(a) Fünf Schriften sind durchweg philosophisch. Themen wie die Ewigkeit des Kosmos, die göttliche Vorsehung und die Rationalität von Tieren werden diskutiert. Diese Schriften enthalten viel wertvolles Material zur griechischen Philosophie, und nur an wenigen

Stellen wird ersichtlich, daß ihr Autor Jude war (z. B. durch eine Anspielung auf Mose oder einen jüdischen Brauch).
(b) Weiter finden sich vier historisch-apologetische Werke, in denen Philon das Judentum gegen zeitgenössische Angriffe verteidigt (zwei von ihnen wurden oben in Verbindung mit der Delegation nach Rom erwähnt).
(c) Die übrigen einundvierzig Schriften sind durchweg exegetisch, d. h. Kommentare zu den Büchern des Mose. Sie können wiederum am besten in vier Gruppen unterteilt werden.
(i) Zwei Bücher über *Das Leben des Mose*, die den Verfasser der heiligen Bücher einer breiten Öffentlichkeit jüdischer und griechischer Leser vorstellen.
(ii) Zehn Bücher über die Auslegung des Gesetzes, die zuerst die Schöpfung der Welt (Gen. 1–3) und die Biographien der Patriarchen Abraham und Joseph beschreiben, und dann den Dekalog, die Speziellen Gesetze und andere Themen, die mit der Gesetzgebung des Mose verbunden sind, erläutern.
(iii) Der Allegorische Kommentar in einundzwanzig Büchern, eine erstaunlich komplexe fortlaufende Kommentierung zu Gen. 2–17, die vor allem mit der exegetische Methode der Allegorisierung des Textes arbeitet (siehe hierzu den folgenden Abschnitt).
(iv) Acht Bücher *Fragen und Antworten zu Genesis und Exodus*, in denen Fragen zu den meisten Versen des biblischen Textes gestellt und sowohl wörtliche wie allegorische Antworten gegeben werden, in einer fortlaufenden, aber formal unverbundenen Form.

Obwohl die philosophischen Schriften als Quellen zur antiken Philosophie wichtig sind (und die historisch-apologetischen Werke als Quellen zur antiken Geschichte nicht weniger), ist deutlich, daß in Philons *oeuvre* als Ganzem den exegetischen Werken die größte Bedeutung zukommt. Wir können die genaue Natur von Philons Beitrag zur Geschichte der Philosophie nur verstehen, wenn wir zuerst verstehen, warum er es als seine Aufgabe ansah, all diese Kommentare zu den Büchern des Mose zu schreiben.

5. Philons Selbstverständnis

Philon betrachtete sich selbst als Philosoph. Es ist allerdings von Bedeutung, daß er sich, wenn er den Begriff »Philosophie« verwendet, auf unterschiedliche Dinge beziehen kann. Oft meint er die Tradition der griechischen Philosophie, vor der er tiefen Respekt hat. Aber gleichzeitig kann er davon sprechen, daß die Juden ihre »überlieferte Philosophie« praktizieren, indem sie z. B. den Sabbat beachten (vgl. *Leben des Moses* II 216). Wie kommt es zu dieser erstaunlich unterschiedlichen Verwendung eines Wortes? Wie inzwischen deutlich geworden sein dürfte, wird ›Philosophie‹ in der antiken Welt selten so eng und beinahe technisch gebraucht, wie wir es heute gewohnt sind. Er bezieht sich vielmehr auf eine Lebensweise, die den Gebrauch der Vernunft und die Hingabe an eine bestimmte Lehre, die von einer Denkrichtung (*hairesis*: Schule, Sekte) verkörpert wird, beinhaltet.

Eine Vielfalt solcher Schulen, wie etwa die Stoiker, die Epikureer und die Platoniker, beherrschte zu Philons Zeiten das Bild. Dabei wurde allgemein davon ausgegangen, daß ihre Wurzeln sich in einer früheren Periode finden. Wörtlich bedeutet Philosophie bekanntermaßen ›Liebe zur Weisheit‹. Viele dachten, die Anfänge der Weisheit lägen außerhalb der begrenzten Tradition der griechischen Philosophie, – etwa in der ›barbarischen Weisheit‹ der ägyptischen Priester oder der Chaldäischen Magier oder sogar im fernen Indien. Philon macht sich diese Vorstellungen zunutze. Er behauptet, die barbarische Weisheit werde in ihrer höchsten Form von den Juden verkörpert, und besonders von der Gesetzgebung des jüdischen Gesetzgebers Mose. So betrachtet er sich selbst als Schüler des Mose, oder als Anhänger der Mosaischen ›Denkrichtung‹. Seine Aufgabe ist zu zeigen, daß in den Bücher des Mose, wenn sie in der richtigen Weise gelesen werden, die höchste Form der Weisheit zu finden ist, nach der die Griechen suchten. Die Platoniker z. B. erklärten, vieles in Platons Philosophie stamme von dem früheren Weisen Pythagoras; Platon habe es nur in klarerer Sprache dargelegt. Wo aber hatte Pythagoras seine Weisheit her? Es zirkulierten Erzählungen über einen Besuch des Pythagoras in Ägypten. Für Philon ist die Sache klar: Wenn sich in der platonischen Tradition Weisheit und Wahrheit finden – was er nicht bezweifelte –, dann hatten diese entweder ihren direkten Ursprung im Gesetz des Mose, oder Platon hatte sie durch Liebe zur Wahrheit unabhängig von diesem entdeckt. Doch was immer sich an Wahrheit in Platons Werk fand, – es war nie mehr als ein Bruchstück . Im Grunde bestand keine eigentliche Notwendigkeit, in der Suche nach Wahrheit über das Gesetz hinauszugehen. Der Wert anderer philosophischer Traditionen liegt genau darin, daß sie helfen können, verschiedene Aspekte der mosaischen Philosophie zu erklären. Das ist es, was Philon in seinen Kommentaren unternimmt. Deshalb kann er uns auch, obwohl er die heiligen Bücher der Juden kommentiert, mit einer Menge Information über zeitgenössische philosophische Strömungen versorgen (vgl. hierzu z. B. das Kapitel über Philon in Dillon 1977).

Es ist eine Sache, zu behaupten, daß Mose den Gipfel philosophischer Errungenschaften verkörpert. Eine andere Sache ist es, skeptische oder weniger wohlwollende Leser von diesem Ausspruch zu überzeugen. Das Material, mit dem Philon arbeiten muß, scheint nicht gerade vielversprechend: die Geschichten über die nomadisierenden Patriarchen, die Abenteuer wenig bekannter Leute in der Wüste, das Gesetzbuch eines Hirtenvolkes. Gewiß erhält der Pentateuch einige Abschnitte, die für philosophische Zwecke verwertet werden können. Man denkt vor allem an den Schöpfungsbericht, mit dem er beginnt, an die Erfahrungen des Mose auf den Bergen Horeb und Sinai, und an Moses Ermahnungen an das versammelte Volk im Deuteronomium. Philon schlachtet diese Texte bis zum letzten aus, aber sie genügen natürlich nicht, um Moses überragendes philosophisches Können zu beweisen. Er braucht eine schärfere Waffe, und er findet sie in der allegorischen Interpretation.

Die philosophische Allegorie wurde von den Stoikern erfunden, als sie mit einem Problem konfrontiert waren, welches dem des Philon gar nicht unähnlich ist. Platon hatte die Dichter Homer und Hesiod aus seinem idealen, von Philosophen regierten Staat verbannt. Die Stoa betrachtete diese Maßnahme als unfair und taktlos angesichts des großen Ruhmes, den diese Dichter in der griechischen Gesellschaft genossen. Würden Homer und Hesiod anders gelesen, so würde sich zeigen, daß philosophische Wahrheiten, die von den Stoikern vertreten wurden, sich in ihrer Dichtung finden. Die Bedeutung, die sich hinter den Wörtern verbarg, mußte dekodiert werden. Homer allegorisierte (wörtlich ›sagte etwas auf eine andere Weise‹), indem er etwas sagte, dabei aber etwas anderes meinte. Das ist genau das, was laut Philon Mose tat. Es scheint, als erzähle er die Geschichte des Patriarchen Abraham, und Philon wäre der letzte, der leugnen würde, daß eine solche Person vor langer Zeit gelebt hat und der Vater des jüdisches Volkes ist. Untersucht man die Worte des Mose jedoch sorgfältig, so wird man entdecken, daß er eigentlich die Geschichte der menschlichen Seele auf ihrem Weg zu Vollkommenheit und Glück erzählt.

Philon ist ein Meister der allegorischen Methode, die es unternimmt, die tiefere philosophische und geistliche Wahrheit eines Textes aufzudecken. Er hat ein ganzes Arsenal von Techniken zu seiner Verfügung: die genaue Lektüre des Textes (insbesondere seiner Eigenheiten, deren es viele gibt), die Etymologie hebräischer Namen, Vergleiche und Gegenüberstellungen mit anderen biblischen Texten, Hinweise auf philosophische Lehren usw. In seinem Allegorischen Kommentar knüpft Philon mit diesen Techniken lange Ketten einer allegorischen Exegese, die hohe Ansprüche an die Leser stellen, durch die es ihm aber gelingt, die Erzählung der Schrift in eine höchst ungewöhnliche Form des philosophischen Diskurses zu verwandeln. Wollten wir Philon kritisieren, und behaupten, daß er eher eine *eisegesis* (›Hineinführen [von Ideen]‹) des biblischen Textes betreibe als eine *exegesis* (›Herausführen [von Ideen]‹), würde er antworten, daß für ihn der Text das erste ist, und daß es für jede seiner Interpretationen im Text selbst einen Ausgangspunkt (*aphormē*) gibt. Er kann diesen Anspruch erheben, weil er den Text in einer unhistorischen und völlig vorkritischen Weise liest.

7. Epistemologie

Es wird nicht überraschen, daß sich bei Philon keine Erkenntnistheorie im Sinne einer systematischen Diskussion des Wahrheitskriteriums und des Status menschlichen Denkens findet. *Eine* epistemologische Frage jedoch kann er in keinem Fall vermeiden. Wenn die Philosophie in der Exegese der Mosaischen Schrift besteht: Was ist der Ursprung und der Status des Originaltextes? Wie kam Mose dazu, in einem solchen Maß Einblick in die Natur der Wirklichkeit zu gewinnen, daß er Ausgangspunkt für unsere Suche nach der Wahrheit sein kann?
Zu Beginn seines Kommentars über den Schöpfungsbericht in Gen.1 behauptet Philon, daß Mose nicht nur den Gipfel der philosophischen Vollendung erreicht hatte (wohl durch seine natürliche Begabung und den Unterricht, den er am Hof des Pharao erhalten hatte), sondern daß er in den wesentlichsten Lehren über die Natur auch durch göttliche Orakel belehrt worden sei (*Über die Schöpfung des Kosmos* 8). Mose ist ein über die anderen Menschen erhabener Prophet. Wenn Philon Moses besondere prophetische Fähigkeiten diskutiert, unterscheidet er zwischen verschiedenen Typen der Prophetie, von denen vor allem zwei von Bedeutung sind. Eine Art der Prophetie befähigt den Propheten, die Zukunft vorherzusagen; dem Prophet ist die Kraft verliehen, ›außerhalb seiner selbst zu stehen‹; besessen vom Göttlichen wird er zum Instrument einer göttlichen Stimme, die durch ihn spricht. Diese Art kann als *ekstatische* Prophetie bezeichnet werden. Auch in der zweiten Art ist der Prophet von Gott inspiriert, er bleibt jedoch im vollen Besitz seiner rationalen Fähigkeiten, was seinem Geist erlaubt, die Natur der Wirklichkeit in ihrer Fülle betrachten. »Der wahre Priester«, schreibt Philon über den Weisen (*Über die speziellen Gesetze* IV 192), »ist gleichzeitig ein

Prophet, der durch Tugend und nicht durch Geburt zum Diener des wahrhaft Existierenden aufgestiegen ist, und einem Propheten ist nichts verborgen, da er in sich eine noetische Sonne und schattenlose Lichtstrahlen trägt, die ihm ein klares Erfassen von Dingen gewähren, die unsichtbar für die Sinne, aber erfaßbar für den Geist sind«. Hier können wir von *noetischer* Prophetie sprechen (vgl. Winston 1990).

Der Platonismus in Philons mosaischer Epistemologie zeigt sich deutlich in diesem Zitat (die noetische Sonne erinnert sofort an das Bild der Sonne in Platons *Politeia*), selbst wenn der Begriff »Erfassen« (*katalępsis*) einen stoischen Hintergrund hat. Es kommt Philon zur Hilfe, daß der biblische Bericht sagt, Mose werde auf dem Berg das *paradeigma* des Zeltes und seines Inhalts gezeigt (Ex. 25,9, vgl. Ex. 40). Das ist ein platonischer Terminus technicus, der als Bestätigung für eine platonische Epistemologie noetischer Ideen, die von dem durch göttliche Gnade außergewöhnlich begabten menschlichen Geist betrachtet werden, gelten kann. Der menschliche Geist ist dazu imstande, weil er nach dem Bild Gottes geschaffen ist. Voraussetzung allerdings ist die Vortrefflichkeit (*aretę*) des Menschen, die durch eine vollständige Eliminierung der Affekte (*pathę*) möglich wird. Wie bei Platon und allgemein im Platonismus zeigt sich hier eine enge Verknüpfung von Epistemologie, Anthropologie und Ethik (vgl. auch §§ 10 und 11).

So ist es Ausdruck der Achtung vor der Höhe der mosaischen Vollkommenheit, wenn Philon über sich selbst sagt: »Ich bin kein Lehrer, sondern ein Interpret« (*Über die Tiere* 8). Der Interpret kommentiert beständig den Text seines Meisters, ist aber überzeugt, daß seine Bemühungen dessen grenzenlosen Reichtum nie erschöpfen werden. Aus diesem Grund berichtet Philon ausgiebig die Ansichten anderer Exegeten und gibt manchmal selbst mehrere Deutungen desselben Materials, die sich unmöglich in eine kohärente Deutung systematisieren lassen. So erklären sich auch unvermutete skeptische Bemerkungen, in denen Philon die menschliche Fähigkeit, die Wahrheit zu erfassen, in Frage stellt. (In *Über die Trunkenheit* 166–202 gibt er sogar ein vollständiges Zitat der 10 Tropen des Ainesidemos.) Dabei ist natürlich klar, daß Philon nicht wirklich Skeptiker war. Es gibt Wahrheit, und vom Weisen, dessen Paradigma Mose ist, kann sie in dem ihm möglichen Ausmaß erreicht werden, dagegen nicht notwendig von seinem Schüler, der sich mit der Rolle des Interpreten des geschriebenen Textes zufrieden gibt.

Philon denkt streng theozentrisch, – strenger als jeder andere Denker, der in diesem Buch bis jetzt behandelt wurde. Hier tritt das jüdische Element seines Hintergrund stark hervor. In seiner Geschichte hatte Israel die Nähe der göttlichen Gegenwart erfahren. Die ersten Gebote des Dekalogs kanonisieren die einzigartige Stellung Jahwes oder des Herren Gott (*kyrios ho theos*), wie die Septuaginta übersetzt. Die gesamte Religion Israels konzentriert sich auf den einen Gott. Philon betrachtet es als seine Aufgabe, diese Erfahrung in Begriffe zu fassen, die er zu großen Teilen der philosophischen Tradition entnimmt.

Wie wir in dem Zitat über den wahren Priester und Propheten im vorangehenden Abschnitt gesehen haben, ist Gott für Philon vor allem wahres Sein. Das klingt sehr platonisch; aber Philon würde mit Sicherheit behaupten, daß es vor allem mosaisch ist. Hat Gott Mose nicht offenbart: »Ich bin der Seiende (*ho o̱n*)« (Ex. 3,14 in der griechischen Version)? Es ist typisch für Philon, daß er von Gott sowohl als »der Seiende« wie als »das Seiende« spricht. Ersteres entspricht mehr Israels persönlicher Erfahrung des Göttlichen, letzteres dem philosophischen Begriff Gottes, wie wir ihn bei Platon finden. Philon will beides verbinden.

Wer ist dieser Gott, und wie kann der Mensch dazu kommen, etwas über ihn zu wissen? Entscheidend für Philons Denken ist die Unterscheidung zwischen Gottes *Existenz* und seinem *Wesen*. Durch die Beobachtung und Erfahrung der natürlichen Welt und vor allem seiner eigenen intellektuellen Fähigkeiten kann der Mensch ohne jede Schwierigkeit darauf schließen, daß Gott existiert und der Schöpfer des Universums ist (*Über die speziellen Gesetze* I 32.35; *Über das Leben des Abraham* 72–80). Gottes Wesen zu erkennen ist jedoch eine völlig andere Angelegenheit. Nicht einmal dem großen Mose wurde, obwohl er oft darum bat, dieses Privileg gewährt (*Über die Nachkommen des Kain* 168–169). Gott ist in seinem Wesen unerkennbar. Das heißt, daß er auch unbenennbar ist, unbeschreibbar und unaussprechlich, – es gibt keinen Namen und keine Beschreibung, die seine Natur genau ausdrücken könnten.

Philon vertritt damit zugleich eine negative und eine positive Theologie, ganz ähnlich dem, was man in dem platonischen Handbuch des Alkinoos aus dem 2. Jahrhundert findet. Von manchen Forschern (Wolfson 1947; Radice 1989) wurde die These vertreten, Philon sei der Erfinder der negativen Theologie. Die Schwierigkeit besteht hier darin, daß wir nicht beweisen können, daß er irgendeinen direkten Einfluß auf die griechische Philosophie außerhalb der jüdisch-christlichen Tradition hatte. Mit Sicherheit aber ist diese Lehre von der äußersten Transzendenz der göttlichen Natur eine Säule seines Denkens, die den Rest seiner Theologie bestimmt.

Wenn Gott unnennbar ist, was ist dann mit den Namen, die ihm in der Bibel gegeben werden? Philons Antwort ist, daß diese sich auf Gottes Kräfte (*dynameis*) beziehen. Die beiden wichtigsten Bezeichnungen Gottes in der Septuaginta, *theos* und *kyrios*, beziehen sich auf Gottes Schöpferkraft (*theos* ist der Wurzel von *tithēmi*, ›ich stelle auf‹, verwandt) und seine Herrschergewalt (*kyrios* bedeutet ›Herr‹). Aufgrund seiner Kräfte steht der transzendente Gott in Beziehung zu dem, was nicht Gott ist, d. h. zur geschaffenen Wirklichkeit. Der Leser wird bemerken, daß diese Formulierung unzutreffend ist, da sich ja die Bezeichnung ›Gott‹ auf die Kräfte beziehen sollte. Es wäre genauer zu sagen, daß sich der oder das transzendente Seiende in seinem unerkennbaren Wesen auf das bezieht, was nach Ihm kommt. Aber Philon geht das Problem anders an, -auf eine Weise, die in der Geschichte der philosophischen Theologie berühmt geworden ist. Er spricht nicht nur von Gottes Kräften, sondern auch von Gottes Logos.

Philons Logos-Lehre ist schwierig und sicher nicht immer konsistent. Verkürzt können wir sagen, daß der Logos das ›Gesicht‹ Gottes (oder des Seienden) darstellt, wie es sich der geschaffenen Wirklichkeit zuwendet. Wie wir im folgenden Abschnitt sehen werden, bedeutet dies nicht, daß der Logos notwendigerweise nur immanent als der Aspekt des Göttlichen, der in der Welt wirkt, zu verstehen ist (vgl. den stoischen immanenten Logos oder Platons Weltseele): Der Logos hat auch eine transzendente Rolle; er kann mit dem noetischen Reich, d. h. mit Gottes Denken (vgl. den Nous im Platonismus), identifiziert werden. Die entscheidende Schwierigkeit in Philons Logos-Lehre ist folgende. Manchmal spricht Philon vom Logos, als wäre er einfach ein *Aspekt* der göttlichen Natur, nämlich der Aspekt, der menschlichem Denken genau deshalb zugänglich ist, weil er sich auf das bezieht, was auf ihn folgt. An anderen Stellen dagegen wird der Logos als eine *hypostasis* behandelt, d. h. als eine selbständig subsistierende theologische Entität, die zumindest in einem gewissen Maße unabhängig von Gott ist (die Sache wird noch komplizierter, wenn Philon von Engeln als *logoi* spricht). Im zweiten Fall könnte der Verdacht aufkommen, daß die Lehre von Gottes Einheit, wie sie der jüdische Monotheismus vorschreibt, in Gefahr ist, aber hier scheint Philon kein Problem gesehen zu haben. Ihren größten Einfluß hat Philons Logos-Lehre nicht auf die griechische philosophische Tradition (obwohl sich bei Plotin einige Ähnlichkeiten finden), sondern auf die christliche Tradition ausgeübt, wo sie mit dem ersten Kapitel des Johannes-Evangeliums in Verbindung gebracht wurde.

9. Die Schöpfungslehre

Eine zweite Säule in Philons Denken ist die Schöpfungslehre. Philon ist fest davon überzeugt, daß die materielle Wirklichkeit von Gott geschaffen wurde und für die Ansicht einer Minderheit in der antiken Welt, der Kosmos sei das Ergebnis des Zufalls oder planloser spontaner Entwicklungen (die Position der Atomisten und Epikurs), hat er nur Verachtung übrig. Weil Gott das Universum geschaffen hat, wird er sich auch durch das Wirken göttlicher Vorsehung (das Reich des Logos) seiner Schöpfung annehmen. Philon stimmt mit Platon gegen die Stoiker darin überein, daß das Universum, obwohl es einen Anfang hatte, nicht restlos zerstört werden wird. Dies war, so argumentiert er, schon Moses Ansicht, wie sich in Gen. 8,22 zeige (*Über die Unzerstörbarkeit des Kosmos* 1–19).

In seinem Kommentar über den mosaischen Schöpfungsbericht in Gen. 1–2, *Über die Schöpfung des Kosmos nach Moses*, hat Philon Gelegenheit, seine Interpretation der Schöpfungslehre mehr im einzelnen darzustellen. Der Kosmos wurde in sechs Tagen geschaffen. Dies bedeutet nicht, daß Gott eines gewissen Zeitraums bedurfte, um sein Werk zu vollenden. Tatsächlich entstand alles gleichzeitig, denn die Zeit entstand zusammen mit dem Kosmos. Vielmehr verwendete Mose das Mittel der Erzählung einer Schöpfung in sechs Tagen, um die geordnete Struktur des Universums aufzuzeigen. (Philon adaptiert hier ein Thema aus zeitgenössischen Kommentaren zu Platons kosmologischem Dialog, dem *Timaios*, der ebenso eine erzählende Struktur hat.) Von besonderem Interesse ist Philons Interpretation der ersten Verse des mosaischen Berichts. Er merkt an, daß der griechische Text nicht vom ›ersten Tag‹ spricht, sondern von »Tag eins« (ein Hebräismus). Außerdem werde die Erde in Gen. 1,2 »unsichtbar und unerbaut« genannt. Philon deutet diese Züge als Hinweis darauf, daß Mose überhaupt nicht von der Schöpfung des sichtbaren Kosmos an diesem Tag spricht, sondern vom noetischen Kosmos, den der Schöpfer als Vorbild für die Schöpfung seines Werks benutze. Nach dieser Deutung findet sich die platonische Welt der Ideen in den ersten Sätzen der Bibel. Es mag seltsam erscheinen, daß man von der Schöpfung ewiger und unveränderlicher Entitäten wie der Ideen sprechen kann. Schöpfung muß hier in einem ausschließlich ontologischen Sinn verstanden werden. Gott als Sein ist völlig transzendent und steht damit noch höher als die Ideen des Guten und des Schönen (*Über die Schöpfung des Kosmos* 8). Philon modifiziert so bewußt Platons Theorie der Idee des Guten in eine theozentrische Richtung.

Man kann fragen, wie wir von Gott als Schöpfer denken sollen, wenn er völlig transzendent ist. Wie zu erwarten, gehört die schöpferische Tätigkeit zum Aufgabenbereich von Gottes Kräften oder Gottes Logos. Wollte man die Lehre von der Schöpfung auf eine einfache Formel bringen, so schreibt Philon, so »könnte man sagen, daß der noetische Kosmos [von Tag eins] nichts anderes ist als der Logos Gottes, während er bereits den Kosmos erschafft« (*Über die Schöpfung des Kosmos* 24). Wohlgemerkt trennt Philon Gott nicht von der Tätigkeit des Erschaffens, um sie allein seinem Logos zuzuschreiben. Das würde seine Überzeugung von der Einzigkeit Gottes gefährden. Wir würden Philon in dieser Sache gerne genauer befragen. Sollen wir davon ausgehen, daß Gottes Schaffen nicht die Fülle seines Seins erschöpft (ein jüdischer Ansatz)? Oder sollen wir lieber dafür argumentieren, daß Gott in seinem Wesen (das für uns unerkennbar ist) jede Beziehung zum Reich des Geschaffenen transzendiert (eine platonische Ansicht)? Eine gewisse Spannung zwischen Philons Judaismus und seinem Platonismus scheint hier sichtbar zu werden.

Eine andere Sache, in der Philon weniger eindeutig ist als wir es wünschen würden, ist seine Ansicht über die Rolle der Materie. In gut platonischer Weise wird die Materie als Quelle von Unordnung und Übel angesehen, – wenn auch nicht als die direkte Quelle der schlimmsten Art des Übels, des moralischen Übels der bösen Seele. Aber woher kommt die Materie? Ist sie von Gott geschaffen, oder ist sie ein von ihm unabhängiges Prinzip? Philon beantwortet diese Fragen in seinem Kommentar zum Schöpfungsbericht nicht; an anderen Stellen scheint er zu schwanken. Am sichersten erscheint mir die These, daß er noch zu sehr in der parmenideischen Annahme, nichts könne von Nichts kommen, gefangen, und so unfähig war, die ganze Tragweite einer Lehre von der *creatio ex nihilo* zu sehen. Diese Entwicklung fand erst statt, als die christliche Theologie mehr als ein Jahrhundert später sich mit der Herausforderung durch die Gnosis konfrontiert sah (vgl. G. May, Schöpfung aus dem Nichts. Die Entstehung der Lehre von der creatio ex nihilo, Berlin 1978, 9–21).

Trotz dieser Probleme ist die Hauptrichtung von Philons Schöpfungslehre klar. Die gesamte geschaffene Wirklichkeit ist in ihrer Existenz abhängig von Gott dem Schöpfer. Es ist unfromm und starrköpfig, dem geschaffenen Universum Göttlichkeit und Ewigkeit zuzuschreiben. Die Lehre von der Schöpfung ist eine philosophische Konsequenz aus dem ersten Gebot, das auf der absoluten Souveränität Gottes insistiert (siehe *Über die speziellen Gesetze* I 13–20).

10. Die Lehre vom Menschen

Der Höhepunkt des mosaischen Schöpfungsberichts ist die Schöpfung des Menschen, der am sechsten Tag geformt wird. Philon gebraucht einen einflußreichen Ausdruck, wenn er ihn als einen ›Grenzgänger‹ bezeichnet, der auf der Grenze zwischen dem Sterblichen und dem Unsterblichen lebt, an der Sterblichkeit teilhat aufgrund seines Körpers, aber im Hinblick auf seinen Geist unsterblich ist (*Über die Schöpfung des Kosmos* 135). Philon legt großes Gewicht auf Moses Formulierung, daß der Mensch »nach dem Bild Gottes« geschaffen ist (Gen. 1,26–27). Der Ausdruck ›Bild‹ (*eikōn*) ist ein philosophischer Terminus technicus, der eine Ähnlichkeit wie zwischen einem Muster und dessen Kopie zum Ausdruck bringt. Philon deutet den Text so, daß es um eine zweifache Relation geht: Der Mensch ist geschaffen als Bild nicht direkt Gottes, sondern seines Logos, der wiederum ein Bild von Gott selbst ist (allerdings in einem etwas anderen Sinne). Inwiefern kann gesagt werden, daß der Mensch Gott und dessen Logos gleicht? Sicherlich nicht mit Blick auf den Körper oder den niederen Teil der Seele mit seinen Leidenschaften. Der Mensch ähnelt Gott durch seine rationale Seele oder seinen Geist (*nous*), der auch sein unsterblicher Teil ist. Diese Interpretation des Diktums vom »Mensch nach dem Bild« bildet eine dritte Säule in Philons Denken. Ohne sie wäre er nicht imstande, Mose eine so herausgehobene Stellung als Philosoph *par excellence* zuzuerkennen. Aufgrund der ›Bildnatur‹ seines Geistes ist Mose fähig, das Reich der unkörperlichen Ideen zu betrachten; sie verbindet ihn mit dem göttlichen Logos, der diese Ideen umfaßt.

Möglicherweise ist es diese Lehre, in der wir den stärksten Einfluß der griechischen Philosophie auf Philons Denken sehen. Nirgends im Pentateuch findet sich die Überzeugung von der Unsterblichkeit des Menschen, aber Philon ist von ihrer Gegenwart überzeugt. Im philosophischen Denken der Griechen war seit Sokrates die Vernunft das untrügliche Kennzeichen des Philosophen und des Weisen. Philon übernimmt das mit Freuden, gibt ihm jedoch eine stark theozentrische Richtung. Wenn es das Ziel des Menschen ist, ›Gott ähnlich zu werden‹ (die platonische Formulierung des *telos*), dann ist dies möglich durch die ›Bildnatur‹ des Menschen, d. h. durch die Kräfte seines Intellekts. Indem der Mensch Wissen von Gott erwirbt, wird er wie Gott. Hierum ging es in der Suche des Mose, selbst wenn es aufgrund der Natur der Dinge nicht möglich war, das letzte Ziel, die Erkenntnis von Gottes Wesen, zu erreichen. Dies war ausgeschlossen, weil hier aus der Angleichung Identität geworden wäre, was aufgrund der Kluft zwischen Schöpfer und Geschaf-

fenem unmöglich ist (hier läßt sich ein aufschlußreicher Kontrast zu Plotin aufzeigen).
Aber Philons Lehre vom Menschen enthält auch andere Züge, die wir nicht im einzelnen diskutieren können. Zum Beipiel muß er für den stoisierenden Begriff des göttlichen Geistes (*pneuma*) Platz machen. Anlaß ist der wichtige Text Gen. 2,7, wo es heißt, Gott »blase« dem Menschen seinen Geist ein (eine faszinierende Passage hierzu findet sich in *Über die Nachstellungen, die das Schlechte dem Besseren bereitet* 79–90). Die Seele hat manchmal acht (stoisch) und manchmal drei Teile (platonisch). Philon verwendet auch den Begriff einer Blutseele, den Lev.17,11 nahelegt. Die wichtigste Unterteilung ist jedoch die zwischen rational und irrational, sterblich und unsterblich. Für diesen Dualismus ist Philon vor allem Platon und der platonischen Tradition verpflichtet. Dabei ist er allerdings der Ansicht, daß sein Ursprung im mosaischen Text zu suchen ist.

11. Ethik

Unsere Darstellung von Philons Denken könnte bis zu diesem Punkt ziemlich theoretisch erscheinen. Das läßt sich entschuldigen durch den philosophiegeschichtlichen Kontext, dem unsere Aufmerksamkeit gilt. Es besteht aber die Gefahr, daß wir uns so zu weit von dem eigentlichen Gehalt der Schriften Philons entfernen. Wie oben schon erwähnt wurde, ist Philon ein Meister der allegorischen Methode. Was die Allegorie in den biblischen Erzählungen vor allem aufdeckt, ist die Reise der Seele und der Kampf zwischen Tugend und Laster. Hier wird die biblische Erzählung dem Leser nahegebracht. Nicht jede Seele kann die Höhen von Moses Vollkommenheit erreichen. Aber jeder Leser und jede Leserin muß sein oder ihr Leben leben, und kann ermutigt werden, sich auf die philosophische Suche zu begeben, unterstützt – wie Philon denkt –durch die enge Beziehung zwischen dieser Suche und dem Befolgen der jüdischen religiösen Bräuche.
In der Formulierung seiner ethischen Ideale übernimmt Philon viel von der Stoa. Die Reise der Seele umfaßt mehrere Abschnitte. Sie beginnt mit dem Kampf gegen die Leidenschaften. Der Schüler hat zu lernen, daß diese Leidenschaften zustandekommen, wenn er den Anreizen der Sinne und der körperlichen Sinnlichkeit nachgibt. Schreitet der Schüler fort, so entwickelt er den Gebrauch der Vernunft und gelangt auf den Pfad der Tugend. Ihm wird klar, daß er, obwohl der Körper nicht vernachlässigt werden darf, darauf achten muß, daß dieser ihn nicht von seinen höheren Zielen abbringt. Das Ziel, das er anstrebt, ist das Leben der Vollkommenheit, das Leben,

wie der Weise (*sophos*) es lebt. Der Weise ist charakterisiert durch eine Freiheit von allen Leidenschaften (*apatheia*), nicht in dem Sinn, daß er keinerlei Emotionen hat, sondern daß er seine irrationalen Leidenschaften in rationale emotionale Zustände (*eupatheiai*) umgeformt hat. Er unterliegt nicht der irrationalen Lust (*hēdonē*), sondern empfindet stattdessen den rationalen Zustand der Freude (*chara*). Philon zögert nicht, diesen Zustand sogar Gott zuzuschreiben, der sich an seiner Schöpfung freut (*Fragen und Antworten über die Genesis* IV 188). Das Ideal des Weisen ist erhaben und wird selten erreicht. Vor allem wird es durch den Gesetzgeber Mose repräsentiert. Für viele sind die Patriarchen weniger unerreichbare Symbole dessen, was der Mensch erreichen kann. Für Philon stellen sie drei Aspekte der Suche nach Vollkommenheit dar. Abraham ist der Lernende, Isaak der Mensch mit einer natürlichen Begabung für die Suche, und Jakob ist der Übende, der in seinem Kampf um das Ziel nie aufgibt. Die Suche nach Vollkommenheit und das Ideal des Weisen sind die vierte und letzte Säule in Philons Denken.

Der Leser könnte an dieser Stelle zu dem Schluß kommen, daß Philons Ethik trotz der biblischen Namen durch und durch griechisch ist. Dieser Eindruck mag zunächst noch verstärkt werden, wenn wir seine Lehre von den Tugenden untersuchen. Zum Beispiel nimmt Philon die vier Flüsse des Paradieses (Gen.2,10–14) als Symbole für die Kardinaltugenden: praktische Weisheit, Selbstbeherrschung, Tapferkeit und Gerechtigkeit (*Allegorien der Gesetze* I 63). Betrachten wir seine Äußerungen zu den Tugenden aber genauer, so zeigt sich, daß andere Elemente den Einfluß jüdischen Denkens deutlich machen. Vier Beispiele seien kurz erwähnt. Erstens nimmt Philon gegenüber der Reue (*metameleia*) eine positivere Haltung ein als es in der griechischen Tradition üblich ist. Zweitens schreibt er im Einklang mit einer starken biblischen Tradition die Haltung des Erbarmens (*eleos*) sowohl Gott wie dem Weisen zu (d. h., daß diese mit der Freiheit von den Leidenschaften nicht unvereinbar ist), während dieses Gefühl im griechischen Denken außer unter ganz besonderen als würdelos galt. Drittens sagt Philon oft, daß die größte aller Tugenden die Frömmigkeit (*eusebeia*) ist. Die Ehrfurcht und Hingabe, die die persönliche Beziehung des Menschen zu Gott charakterisieren sollen, spielen in Philons Denken eine bei weitem größere Rolle als in den Schriften der griechischen Philosophen. Philons Ethik ist von Grund auf religiös. Der vierte und auffälligste Punkt ist, daß Philon wiederholt das wesentliche »Nichtssein« (*oudeneia*) des Menschen gegenüber Gott betont. Wenn der Mensch ›sich selbst erkennen‹ soll (das alte delphische Ideal), muß er sich bewußt werden, daß er Staub und Asche ist, wahrhaft nichts (*Wer ist Erbe* 29).

Das läuft dem Sinn des griechischen Philosophen für seinen eigenen Wert zuwider und nimmt die Betonung der Demut vorweg, die ein herausragender Aspekt der christlichen Ethik sein wird.

12. Schlußbemerkungen

Zu Beginn dieses Kapitel mögen die Leserin und der Leser sich vielleicht gewundert haben, warum sie ihre Aufmerksamkeit einem jüdischen Denker schenken sollten, der seine meiste Zeit damit verbracht hat, die Bücher des Mose zu kommentieren. Es gibt drei wichtige Gründe, weshalb er einen Platz in diesem Buch verdient.
(1.) Philon hatte eine umfassende Ausbildung in der griechischen Philosophie erhalten, und seine Werke liefern wertvolle Hinweise, in welche Richtung die Philosophie sich zu seiner Zeit entwickelte. Philon will mosaisch denken, aber es ist klar, daß seine wichtigste Inspiration platonisch ist. Das wird vor allem in seiner Epistemologie, Theologie und Schöpfungslehre deutlich. Die hellenistische Philosophie der Immanenz ist hier aufgegeben; eine klare Hinwendung zu einer Philosophie der Transzendenz hat stattgefunden. Diese Entwicklung wird sich im Denken des Plutarch und in der Bewegung, die wir jetzt als Mittleren Platonismus bezeichnen, fortsetzen. Gleichzeitig werden viele Themen der hellenistischen Philosophie, vor allem der Stoa, beibehalten und neu formuliert.
(2.) Philons Denken stellt eine ausgezeichnete Illustration der kulturellen und ideologischen Kraft des Hellenismus dar. Philon war den Traditionen seines eigenes Volkes äußerst treu, und er sah sich selbst nur als jemand, der das Gesetz auslegt. Es ist jedoch faszinierend zu beobachten, wie die Ideale der griechischen Philosophie sich in sein Denken derart stark eingeprägt haben, daß er sich veranlaßt sieht, viele von ihnen mitten im Herzen der Schrift anzusiedeln. Philons Ziel war, den Juden und den Griechen von Alexandria zu zeigen, daß die wahre Weisheit in den alten Traditionen der jüdischen Nation gefunden werden muß. Was er dort fand ist, so könnte man mit Recht behaupten, mindestens so griechisch, wie es jüdisch ist. Philon machte sich auf, um den Hellenismus zu besiegen, aber er wurde dabei beinahe selbst besiegt.
(3 Die Zukunft von Philons Denken lag nicht in der jüdischen Tradition. Die reiche Tradition des alexandrinischen Judentums sollte bald durch politische Unruhen weggefegt werden. Das spätere rabbinische Judentum war an Philons Version des Judentums nicht interessiert und schwieg ihn tot. Philons Zukunft lag auch nicht in der griechischen Philosophie, die, wie wir gesehen haben, wahrscheinlich sehr wenig Notiz von ihm nahm. Es war die christliche Tradi-

tion, in der Philons Denken gedieh. Christliche Theologen und Philosophen retteten Philons Schriften und bewahrten sie für die Nachwelt. In diesem Buch werden christliche Philosophen kaum erwähnt (das einzige Beispiel wird der letzte Philosoph, Johannes Philoponos, sein). Umso mehr ist hervorzuheben, daß die lange Tradition der religiösen Philosophie – der Philosophie, die von der Wahrheit der Schrift ausgeht – mit Philon von Alexandria beginnt.

Aus dem Englischen übersetzt von Katja Vogt.

Gregor Maurach

Seneca

1. Senecas dogmatischer Ort: die Stoa

Seneca hat sich zur Stoa bekannt (*const.sap.*II 1 u.ö.); das sagt zunächst, daß er sich überhaupt dazu bekannt hat, daß eine Grundüberzeugung das Gesamtverhalten des Menschen bestimmen sollte; weiter sagt es, daß er die Grundüberzeugung derjenigen Schule für wahr hielt, die den Menschen unter das Naturgesetz stellt (SVF III 77,34; Boeder 1980,182): alles, was vorkommt, ist körperlich und unterscheidet sich nur durch stoffliche Verschiedenheit (SVF II 115,23) und durch eine je verschiedene Ursache (SVF II 119,34). Alles dieses Vorkommende ist aber ein Eines dadurch, daß es von Anfang an und von einer Erst-Ursache aus wie eine Kette zusammenhängt (SVF II 290,25; 293,30); diese Ur-Sache ist das Feuer (SVF II 42,8; Ricken 1993, 116), das dem Natur-Gesamt als Pneuma Bewegung und Spannung gibt. Aus dieser Verkettung gibt es kein Ausbrechen, sie ist vom Gesetz des Logos (etwa: Vernunft) bestimmt (SVF II 267,30), der den Rang des Göttlichen hat (Ricken 1993,167) und daher gut im Sinne des Vollkommenen (Ricken 168), weil sich selber erhaltend bis zum allgemeinen Weltuntergang. Auch der Mensch will sich von Anbeginn an erhalten (Cic. *fin.*III 16ff.) und wählt von dem sich Bietenden das Lebenserhaltende (DL VII 85f.). Allmählich muß er erkennen, daß dies Erhaltende nicht das Süße ist (von Speise und Trank oder Liebesgenuß bis hin zu Sieg und Macht), weil es letztlich verdirbt; vielmehr muß er wählen lernen, und das verlangt nach Unterscheidungen von Wahr und Falsch (SVF II 302,4), von Gut und Schlecht (Ricken 173) bis hin zur Scheidung des lustverhafteten (SVF III 510) vom verstandesgelenkten Menschen (Cic. *fin.*III 31). Der Verstand lenkt von der süßen Verführung zur Annahme des Naturgesetzes (SVF II 295,27), also eines überindividuellen Prinzips, das nicht der Lust des Einzelmenschen Rechnung trägt, sondern – in Form der Vorsehung (Ricken 169) – der rationalen (Cic. *nat.d.* II 21) Erhaltung des Alls.

Nun genügt das bloße Bekenntnis keineswegs, es verlangt, soll es glaubhaft abgelegt sein, die Bewährung sowohl im täglichen Kampf des Neinsagens zur Süße der Lust zusammen mit dem strengen Jasagen zu dem, was der unbeugsam »aufrechte Verstand« (Boeder 1980, 182) gebietet, als auch im langfristigen Kampf um die Lebenseinstellung (Nein zur Verführung von Einfluß und Macht z. B.) und dem

Kampf um einen alles rechte Streben siegelnden Tod. Dann nämlich, wenn der Wert des Philosophierens nicht mehr nach der Neuheit der Erkenntnis bemessen wird, sondern danach, ob der sich zu einer von großen Früheren begründeten Schule Bekennende deren würdiger Nachfahr ist; dann beginnt die Lebensführung des Bekennenden dominierenden Rang im Gesamt des Philosophierens einzunehmen. – Dies war die Lage Senecas, als er sich früh entschloß, der Stoa zu folgen.

2. Senecas Leben und Wirken

Lucius Annaeus Seneca (*ben.*IV 8,3), zweiter Sohn eines Ritters aus Corduba (L.A. Sussman, The Elder Seneca, Leiden 1978,18–33), wurde von dem finanziell von der Heimat unabhängigen, ganz von der Redekunst Roms begeisterten Vater etwa einjährig (zum Geburtsdatum Maurach 1987,8 Anm. 6; 1991,15: zwischen 4 und 1 v. Chr.) nach Rom gebracht, um Stadtrömisch – für den Vater das beste Latein – von Kindheit an zu beherrschen (Maurach 1991,18). Der Sohn, erwachsen, wandte sich nicht ausschließlich dem Anwaltsberuf und der mit diesem engst verbundenen Rhetorik zu, wie der Vater wohl gehofft haben mochte, sondern früh (*ep.*49,2) auch – und zeitweilig ganz – der Philosophie. Hier fand er in Sextius (Maurach 1989,79ff.) einen vorzüglichen Lehrer und Vorleber einer der Stoa nahen, aber anscheinend nicht unselbständigen Ethik (Maurach 1987,8; 1991,20f.). Erkrankt, zog er sich nach Ägypten zurück (Maurach 1991,26ff.; mancherlei Vermutungen über diese Zeit bei Grimal 1978,44ff., dagegen Maurach 1987,9, Anm. 11; 1991,27f.). Zurückgekehrt im J. 31. n. Chr., ergriff er den wohl seit längerem vorbereiteten Beruf des Anwalts und feierte brillante Erfolge (Maurach 1991,28ff.), wurde aber in die Wirren um die Beseitigung der Caligula-Schwestern durch Messalina (Griffin 1976,61; Maurach 1991,31) verwickelt und wurde nach Korsika verbannt, damals eine Wüstenei (23.2.41 die Abreise). Er war, getrennt vom Zentrum aller Lebensart und allen Geistes, völlig »durchschüttert« (*Helv.*15,2). Hatte er sich schuldig gemacht? Man hat da viel gerätselt und vermutet (Griffin 1976,60f.; 1984,71: kaum schuldig), jedenfalls schreibt er an seine Mutter in Spanien, von der er jahre-, wenn nicht (bes. zu Beginn seines Lebens) jahrzehntelang getrennt gewesen war, bald nach dem Verdammungsurteil, etwa so: »Zwei Tage vor demjenigen Tage, an dem ich durchschüttert wurde, reistest Du nach dem Willen des Geschickes ohne Besorgnis und nichts dergleichen befürchtend, ab.« Das Schicksal sei nun aber besonders grausam, denn in eigentlich »hilfreicher Weise hatte der Abstand uns getrennt, in

hilfreicher Weise hatte die jahrelange Trennung Dich auf diesen Verlust vorbereitet. Jetzt aber kamst Du zu mir [auf Besuch nach Rom], aber nicht, um den Sohn zu genießen, sondern Du hast jetzt leider nur Dein langjähriges, heilsames Gewöhntsein an die Sehnsucht nach ihm verloren. Wärest Du [vor meiner Verurteilung] schon viel länger von Rom fortgewesen, hättest Du sie leichter ertragen, da ja gerade die Länge der Trennung die Sehnsucht mildert; wenn Du nicht [zwei Tage] vorher nach Hause [nach Spanien] abgereist wärest, hättest Du, als letzte Freude an mir, unser Zusammensein zwei Tage länger genießen können. So aber hat das grausame Schicksal es so gewollt, daß Du weder mein Unglück [tröstend] miterlebt hast noch Dich an meine Abwesenheit [wieder] gewöhnen konntest« (*Helv.* 15,2–3). Dieser Text wurde hier ausführlich übersetzt und paraphrasiert, weil er zum einen die schuldlose Überraschung zeigt, zum anderen viel von Senecas Spürsinn für seelische Vorgänge, den wir noch genauer kennenlernen werden.
Die Verbannung ertrug er nach anfänglichem Entsetzen und Verzweifeln, nach einem Fehlversuch, indirekt Gnade zu erwirken (die sog. Trostschrift an Polybius ist ein solcher), acht lange Jahre hindurch tapfer (bes. treffend E. Stern bei Maurach 1991,32, Anm. 48). Dann kam Messalina um, und die neue Kaisersgattin, Agrippina, rief Seneca im Jahr 48 zurück, berief ihn zum Erzieher und Berater ihres Sohnes Nero, des späteren Kaisers. Er war es sechs Jahre lang. Als Nero Kaiser wurde (Agrippina vergiftete ihren Gatten im Oktober 54), leitete Seneca mit dem Prätorianer-Präfekten Afranius Burrus (Griffin 1976,82) die Geschäfte des Weltreichs als *amicus principis* (dazu Griffin 1976,76 ff.); es waren Jahre, die zu den glücklichsten, gerechtesten gehörten, die Rom je erlebte (so Kaiser Trajan und viele Neuere: Maurach 1987,11, Anm. 28; 1991,39 f.). Als Nero begann, selber erst mitzuregieren, dann allein zu herrschen, wurden die Kompromisse, die Seneca schließen mußte, bitter (Grimal 1987,209), er wurde »müde«, wie Tacitus berichtet (*ann.* XIV 54,2), und kam um seinen Abschied ein (Maurach 1991,42 f.); den verweigerte der Kaiser, aber Seneca lebte nun, weitgehend entmachtet, im Kaiserpalast als Internierter (Griffin 1976,93 332), der nur selten, und wenn, dann nicht weit, sich von Rom entfernte.
Inzwischen war das kaiserliche Regiment zu einer Scheckensherrschaft geworden, und eine Gruppe hochgestellter Personen verschwor sich, den Wahnsinnigen zu beseitigen; man dachte auch an Seneca als Nachfolger (Tac. *ann.* XV 65). Doch die Verschwörung wurde aufgedeckt, und nun begann der Beleidigte zu morden. Auch Seneca fiel seiner Wut zum Opfer, ob mitverschworen oder nicht (Tac. *ann.* XV 60,4; Maurach 1991,44, Anm. 60).

Die Phasen von Senecas letztem Leiden waren diese: der Kaiser beauftragte einen Tribunen, Seneca den Befehl zur Selbsttötung zu überbringen; der gibt den Auftrag an eine niedere Charge, einen Zenturio, weiter. Dieser richtet seinen Auftrag aus, Seneca ruft nach seinem Testament, um die wenigen Anwesenden zuletzt noch zu bedenken, doch der Zenturio verbietet es. Darauf spricht Seneca die schönen Worte zu ihnen: da man ihn daran hindere, sich materiell für ihr Dabeisein zu bedanken, könne er ihnen nur ein Einziges übermachen, dies sei aber das Wertvollste, das er habe: das Bild seines Lebens (Tac. *ann.*XV 62,1). Daraufhin tröstete er die Beistehenden energisch, seine Frau weicher, und als diese den Wunsch äußerte, mit ihm zu sterben, ließen sie sich beide zugleich die Pulsadern öffnen. Seneca diktierte daraufhin seine letzten Worte; dies nahm Zeit, und sein Blut floß so langsam, daß er auch Adern an den Beinen öffnen ließ. Seine Frau, in ein Nebenzimmer gebracht, verfiel allmählich, wurde aber auf Neros Befehl gerettet. Seneca dagegen konnte nicht sterben und verlangte nach dem längst vorbereiteten Schierling, dem Todesgift des Sokrates (Maurach 1991,46 Anm. 64). Doch auch dies Mittel wirkte nicht. Endlich brachte man ihn ins Bad, wo er – ein Asthmatiker – am Dampf erstickte.
Dies Sterben ist oft besprochen worden (bes. ausführlich Maurach in: Gymnas.97 [1990] 507–525), es war leuchtendes Vorbild, besonders in den Niederlanden des 17. Jahrhunderts (J. Lipsius; P.P. Rubens malte es auf seinem heute in München befindlichen Bilde; die Gemälde von Luca Giordano [Louvre], Sandrart oder C.F. Høyer [1775 /1855, Schloß Gottorf, Schleswig] können sich mit ihm nicht vergleichen), es war der letzte, der schwerste Strich auf jenem »Bilde seines Lebens«. Man bedenke: abgesehen von der in höfischen Formen flehenden Bittschrift an Polybius (Maurach 1991,32), hörte man, seine Verbannung betreffend, in den späteren Schriften keine Klage, keine Rechtfertigung; sein Leben unter Nero war frei von Affären und Intrigen; gewiß, er war reich (von beiden Elternteilen her, und der Kaiser überhäufte ihn), aber auch freigebig (Griffin 1976,292), kein Bluturteil geht zu seinen Lasten, auch wenn er die (berechtigte) Beseitigung der unerträglichen Kaiserinmutter guthieß; das Elend der Sklaven hat er erkannt (Maurach 1987,11,Anm. 28), und das Reich verwalteten er und Burrus mustergültig. Am Ende Entmachtung, Kasernierung, Krankheit und selbst auferlegte Entbehrungen – und kein Wort der Klage in seinen Schriften. Daß ihm dieses Bild seines Lebens teuer war, ist nur zu gut zu verstehen. Sein tapferer Tod gab ihm einen letzten, sokratischen Strich. Nicht, daß er den ›Tod des Sokrates‹ habe theatralisch inszenieren oder platt imitieren wollen (das Äußerliche daran, den

Schierling, nahm er ja nicht als erstes) –aber gab die Nachfolge des Sokrates ihm vielleicht schon lange Kraft, und so auch jetzt? Jedenfalls hatte es tiefen Sinn, wenn auf der Berliner Doppelherme sein Antlitz mit dem großen, klaren Auge, das weit hinaus blickt, und dem feinen, ein wenig gekräuselt-anempfindenden Munde an das des Sokrates gefügt ist (Genaueres bei Maurach 1991,54).

3. Senecas Werk

3.1 Übersicht und Daten

Bevor die Hauptwerke genauer besprochen werden, empfiehlt es sich, eine Liste aller erhaltenen Bücher Senecas mit den vorgeschlagenen Datierungen zu geben; »vorgeschlagen« deswegen, weil kaum eines eine sichere Zeitstellung zuläßt: die zeitgebundenen Stellen und datierungsermöglichenden Anspielungen auf Personen oder Vorfälle sind so selten, daß zumeist nur recht allgemein gehaltene Vermutungen möglich sind. Die gebotene Übersicht trennt seine Dichtungen von den Prosaschriften; erst am Ende in *Senecas Lehre* wird beides wieder zusammengeführt.

3.1.1 Die Tragödien

Agamemno, *Hercules Furens*, *Medea*, *Oedipus*, *Phaedra*, *Phoenissae*, *Thyestes*, *Troades*, *Hercules Oetaeus* und vielleicht *Octavia* sind nach wie vor nicht datierbar (Fantham 9 ff.; R.G.M. Nisbet, Papers of the Leeds International Seminar 6 [1990] 95 ff.). Man kann sie von Senecas Affekt-Philosophie her lesen (Seidensticker-Armstrong 1985; Knoche 1933,63; Maurach 1991,194 ff.), kann sie aber auch aus dem Willen des großen Stilisten verstehen, auch auf diesem Gebiet Neues in Sache und Stil zu leisten (Fantham 1982,18 f.). Mit einem Entweder-Oder wird sich nichts Überzeugendes ermitteln lassen, vgl. Maurach 1991,193 ff., bes. 199: »nicht bloß Werkzeug philosophischer Pädagogik«.

3.1.2 Die Prosaschriften

3.1.2.1 Trostschriften:

Ad Marciam

(Tochter des unter Sejan umgekommenen Cremutius Cordus, Lit. bei Maurach 1991,63, Anm. 70); vielleicht kurz vor der Verbannung (Grimal 1978,190; Griffin 1976,397; Abel 1985,705); Interpretation bei C.E. Manning, Mnemos. Suppl.69 (1981); Fillion-Lahille, ANRW II 36,3 (1989) 1060 ff.;Maurach 1991,61 ff.

Ad Helviam
(seine Mutter, die schönste der drei Konsolationen); wohl 41/42 wegen *Helv.*I 1–4; Interpretation bei Maurach 1991,70 ff.

Ad Polybium
(Freigelassener, Privatsekretär Neros; Grimal 1978,60; über den Umweg der Tröstung wegen Todes seines Bruders eine höfische Bittschrift um Begnadigung); vielleicht erst 43/4 (Grimal 1978,195–197; zweifelnd Griffin 1976,396: doch wohl gleich nach dem Urteil; s. ferner Abel 1985,707); genau behandelt von J.E. Atkinson, ANRW II 32,2 (1985) 867 ff.; Maurach 1991,75 ff.

3.1.2.2 Gelegenheitsschriften

Dieser Name bezeichnet die frühesten Veröffentlichungen nach der Rückberufung, sie sind für bestimmte Gelegenheiten verfaßt.

Grabrede auf Kaiser Claudius
(zu halten gewesen von Nero, löste, zur Farce werdend, vielleicht absichtlich, den Toten verachtendes Gelächter aus: Tac. *ann.*XIII 3); Oktober 54.

Apocolocyntosis
(»Verkürbissung»: beißende Satire auf den wasserköpfigen verstorbenen Kaiser); Griffin 1976; Abel 1985,704: Nov./Dez. 54.

De clementia
(»Über die gerechte Strafung«, ein ›Fürstenspiegel‹ für den jungen Kaiser, unfertig geblieben, Abel 1985,731); Ende 55-Ende 56 (Abel 1985,707): genauer dargestellt von J. Dingel, Rhein. Mus. 132 (1989) 166 ff.; Maurach 1991,94 ff.

3.1.2.3 Philosophische Schriften

De ira
(»Der Zorn«, von gerechtem Zorn und wilder Wut); Abel 1985,705: 41–52; Griffin 1976,396: um 52; Grimal 1978,194: um 41; genauer dargestellt von Ä. Bäumer, Die Bestie Mensch, in: Stud.z.klass. Philol.4 (1982); Maurach 1991,82 ff.

De beneficiis
(»Von der Wohltat«; vom Takt bei Geschenk, Darlehen usw.); Abel 1985,708: 54–62; Griffin 1976,399: 56–62; Chaumartin 1989,1709: 59–61; genauer dargestellt von Chaumartin 1698 ff.; Maurach 1991,100 ff.

De brevitate vitae

(»Von der Kürze des Lebens« und der Möglichkeit, es dennoch – philosophierend – zu erfüllen); Griffin 1976,398: 55; Grimal 1978, 198ff.: 49; Abel 1985,706f.: 41–48; genauere Darstellung: H. Dahlmann: L. Annaeus Seneca. De Brevitate Vitae, München 1949; K. Abel, Gymnas.72 (1965) 308ff.; Maurach 1991,113ff.

De tranquillitate animi

(»Ruhe des Gemüts« durch Lösung vom Weltlichen); Griffin 1976,316f.: 47–62; Grimal 1978,203: 53; Abel 1985,704: vor 62/63; genauer behandelt: M. Pohlenz, Philosophie und Erlebnis in Senecas Dialogen (1941) jetzt in ders.: Kleine Schriften (1965) Bd. 1,384ff.]; J.-M. André, ANRW II 36,3 (1989) 1764ff.; Maurach 1991, 123ff.

De constantia sapientis

(Es ist hier weniger »Vom Aufrechtbleiben des Weisen« die Rede als vielmehr davon, daß der Weise unmöglich von außen Schaden erleidet); Grimal 1978,209: 55; Griffin 1976,316f.: 47–62; Abel 1985,704: vor 62/63; genauere Darstellung: U. Knoche, Magnitudo Animi (1936), Gymnas. Beih. 2 (1962) 89ff.; J.M. André, ANRW II 36,3 (1989) 1765f.; Maurach 1991,111ff.

De vita beata

(»Glückseligkeit des Lebens« durch Erfüllung mit Philosophie); Grimal 1978,207: 58; Griffin 1976,309,396: undatierbar, vielleicht 58 (so auch Chaumartin 1989); Abel 1985: 54–62; genauer besprochen bei M. Pohlenz, Kleine Schriften (1965) Bd. 1,384ff.; Maurach 1991,117ff.

3.1.2.4 Spätschriften

De otio

(»Von der Muße«, mit Philosophieren hinzubringen); Griffin 1976,316,399: »undatierbar«; Grimal 1978,209; Abel 1985,706: in den letzten Jahren verfaßt; Maurach 1970,119, Anm. 162: Spätschrift. Genauere Behandlung: H. Schwamborn, De Otio, Diss. Bonn 1951; J.-M. André, ANRW II 36,3 (1989) 1772ff.; Maurach 1991,136ff.

De providentia

(eine Theodizee; eine von Senecas bes. interessanten Schriften); spät: Grimal 1978,211ff.; Abel 1985,704. Eine bes. schöne Analyse bei Abel 1967,97–123, vgl. auch Maurach 1991, 140ff.

Naturales quaestiones
(»Naturkundliche Untersuchungen«, welche darlegen, daß das All vernunftdurchwaltet ist); Spätwerk: Grimal 1978,212 u. a.: 62; ausführliche Erklärungen: Stahl 1987 (eher auf den philosophischen Gehalt achtend); Waiblinger 1977 (mehr die kunstvolle Komposition beachtend); N. Gross, Senecas Naturales Quaestiones (Palingenesia 27) 1989; ferner Maurach 1987,13 f.; 1991,145–157.

Epistulae morales
(»Ethische Briefe«, das Hauptwerk, keine Korrespondenz, sondern bis *ep.*88 etwa ein ethisches Großwerk, das aus aufeinander bezogenen und einen Aufstieg bedeutenden größeren Gruppen besteht, so Maurach 1970, anders Grimal 1978,315 ff.; vgl. Abel, Hermes 190 [1981] 472 ff., wo die Ergebnisse von Maurach 1970 für richtig befunden werden); spät: Grimal 1978,178 ff.; 315ff, bes. 323 f. (Liste der für sicher datierbar gehaltenen Anspielungen); ausführliche Darstellungen: Cancik 1967; Maurach 1970,1–188; Maurach 1991,157 ff.; zu einzelnen Briefen: E. Bickel, Senecas Briefe 58 und 65, Rhein.Mus. 103 (1960) 1–20; G. Scarpat, La lettera 65 di Seneca, Brescia [2]1970; A. Stückelberger, Senecas 88. Brief, Heidelberg 1965; E.G. Schmidt, Der 118. Brief Senecas, Diss. Leipzig 1958.

3.2 Inhaltsangaben

Im Folgenden werden die Gehalte einiger besonders interessanter Schriften wiedergegeben, damit der Leser einen Eindruck von dieser Art des Philosophierens gewinne.

3.2.1 Trostschrift an Marcia

Seit dem Ende des 4. Jahrhunderts v. Chr. gab es die Gattung der Konsolationen (die letzte Blüte bei Boethius), »die bei konkret gegebenem Trauerfall abgefaßt wurden in der Absicht, den Betroffenen von seinem Schmerz zu befreien oder wenigstens seine Betrübnis zu mindern« (R. Kassel, Unters. zur griech. und röm. Konsolationsliteratur [Zetem.18] München 1958,3; vgl. Maurach 1991,61 f.). Die Grundgedanken waren bald gefunden, solche Schriften brauchten daher nicht originell zu sein (Cic. *fam.*IV 5,1), sie sollten vielmehr dem immer sich einstellenden Isolationsgefühl des Trauernden (C.M. Parkes, Vereinsamung, Rowohlt 1978,22) entgegenwirken, waren Therapie. Marcia hatte schon früh ihren Vater verloren, A. Cremutius Cordus (J.M.C. Toynbee, Greece and Rome 13 [1944]43 f.), jetzt ihren Sohn, und kann sich von ihrem Kummer nicht lösen, bewältigt also die »Trauerarbeit« (S.Freud) nicht. Seneca beginnt damit, sie an ihre schon früher gezeigte Seelenstärke (u. a. an ihren Mut, das historische Werk des verurteilten Vaters aufzubewahren) zu erinnern und übermäßige Trauer als Lustersatz zu entlarven (Kap. 1,5): Andere haben größere Seelenstärke in gleicher Lage bewiesen (2,2), Seneca bedient sich also des Mittels der »Modellhandlung« (M.J. Mahoney, Kognitive Verhaltenstherapie, München 1977,274). Handelt Marcia anders, fällt sie dennoch unter ihr eigenes Niveau und das von bedeutenden Frauen der Geschichte (das ihr, der Tochter eines Historikers, doch am Herzen liegt: 3,3 Ende). Was verlangte der Philosoph Areios von Julia, der Tochter des Augustus? Tadelsfrei zu bleiben (in Trauer zu versinken ist tadelnswert), das Verhältnis zur Umgebung nicht zu trüben (sich in Trauer zu verschließen bewirkt aber eine solche Trübung), sich gern des Verstorbenen zu erinnern (3,2–5,6). Seneca zielt also auf zwei Dinge, die intakt bleiben müssen: die gesellschaftliche Stellung und die Selbstachtung. Gewiß, jeder Verlust löse zunächst eine »Schockphase« (Y. Spiegel, Der Prozeß des Trauerns, München 1973) aus, dann aber müsse das Geschehene recht bedacht werden (7,1), das verarbeitende Bedenken muß einsetzen, um eine Distanz zu erreichen und ein neues Verhältnis zum Verlorenen zu erarbeiten. Warum, so fragt die Trauernde (ihr Mitarbeiten setzt ein), dauert das Trauern so lange (9,1)? Weil wir unvorbereitet sind (9,2.5); weil wir uns nicht schon früh klarmachen, daß alles Besitzen zeitlich eingeschränkt ist (10,1–3). Und nun das neue Verhältnis zum verstorbenen Sohn: Dankbarkeit für die genossene Gemeinsamkeit (12,2) und für seine oft gezeigte hohe Begabung (12,3); dann die Gewißheit, nicht allein von solchem Verlust getroffen zu sein, sondern in der Gemeinschaft von vielen gleich Heimgesuchten zu stehen (12,5–16,4). Aber warum gerade er (16,6)? Nun beginnt Seneca mit dem Nahelegen des Ersetzenden: Marcia müsse nun die Rolle des Sohnes übernehmen (16,9). Aber mehr noch: dieser Tod war für den Verstorbenen kein Übel – wieviel ist ihm erspart geblieben (20,1–4)! Und zu früh ist er auch nicht gestorben, denn er war früh vollendet (21,4; 24,3); und jetzt ist er im Ewigen Reich, an seinem Uranfang, woher seine Seele gekommen war (23,1), wie Seneca den Vater Marcias – ihre stärkste Autorität – künden läßt (25,1 ff.): Vater und Sohn, so endet die Schrift, sind als Selige nunmehr vereint (26 Ende; vgl. Cic. *resp.*VI; Maurach, Hermes 92 [1964] 306; zu Senecas Eschatologie A.D. Leeman, Gymnas.78 [1971] 322 ff.).

Interessant an dieser Trostschrift ist zunächst eine ›Gesprächstherapie‹, deren Grundzüge sich von modernen Praktiken, wie ein namhafter Therapeut mir zeigte, nicht wesentlich abweicht. Dann aber wendet sich das Gespräch der kognitiven Forderung einer neuen »Ansicht« (*opinio*) zu, und diese richtet sich auf den Wert (es ist ein Un-Wert) des äußerlich-körperlichen Besitzes und – als Kriterium – auf die Herrlichkeit des Jenseits. Eine so strahlende Eschatologie entwirft Seneca allerdings nie wieder, sie ist hier ganz personbezogen und therapiebedingt.

3.2.2 De brevitate vitae

Das Leben scheint zu kurz (1,1), und doch sind nur wir selber die, welche es vergeuden (1,3), und zwar aus Unwissen (2,1; man erinnert sich an *ad Marc.*7,1: eine neue *opinio* vonnöten). Das Wissen, welches allein erstrebenswert ist und besitzenswert, ist das Wissen um den Kosmos (2,3 ff.), denn es relativiert die irdischen Wertschätzungen. Allein dies Wissen, geformt zur lebensleitenden *ratio* (6,4), verleiht die Kunst zu leben und zu sterben (7,3), gibt wahre Freiheit (7,9 f.), nämlich die Freiheit von Lust und Besitzjagd. Wer aber immer nur ans Morgen und seine vermeintlichen Chancen denkt, verliert das Heute, verliert die Zeit und so das Leben (9,2 ff.). Dies wird nun an verschiedenen verkehrten Lebensweisen aufgezeigt (10,1 ff.), unter ihnen die des Philologen (13,1–8); dann die Beschreibung des allein wesentlichen Lebens, des Lebens des Lesens und Nachdenkens (14 f.): es führt zu überlegener Höhe, zum Wissen des Vergangenen und Künftigen wie es Gott hat (15,5). Was ist dagegen das Leben der Geschäftigen (16)? Fort also aus dem Unwesentlichen in die geistige Muße (18,1), in die tiefe Ruhe des wirklichen Erwachsenseins: des Angekommenseins in der Ruhe des Geistes.

Es ist dies zunächst eine sehr praktische Schrift, eine Schrift, die einem Adressaten eine Lebensregel bietet (Grimal, Sénèque: De brev. vit., Paris ²1966,10; Abel 1985,720). Vor allem geht es um die allgemeingültige Konstituierung der philosophischen Muße (J.-M. André: L'otium dans la vie morale et intellectuelle romaine, Paris 1966): Sie sei bestimmt vom Bedenken der höchsten Dinge, nämlich Gott, Tod, Kosmos (19,1). Hier kündigt sich verhalten an, was später, in den Episteln bis zu deren Höhepunkt (es sind dies die 70er und 80er Briefe) das Hauptthema sein wird: der Weg dorthin als Rückkehr in die »Heimat« (vgl. *ad Marc.*23,1 *ad originem*) schon zu Lebzeiten (vgl. *ep.*41,5). Erfüllung des nur scheinbar kurzen, aber doch zur Gänze erfüllbaren Lebens – wie ist das möglich? Es ist möglich, wenn es der Ratio dient, sich von ihr lenken läßt. Diese *ratio* auszubilden, das wird das Anliegen der Episteln sein.

Die Werke der mittleren Phase (Maurach 1991,132–134) dienen vorwiegend der Analyse des Fehlverhaltens, das Gegenbild des rechten Lebens wird zwar immer wieder genannt (hier: Gott, Kosmos, Ratio, sie werden in *ep.*65,12 gleichgesetzt), angepriesen, in Teilen angedeutet; aber das Haupt-Augenmerk liegt auf der Analyse von Lebensnot und Unbehagen. Was dagegen *ratio*, Natur, Gott sind, bleibt noch unausgeführt. Diese früheren Schriften sind ganz aus einem Darinsein in der Welt verfaßt und ohne den Zug zum Systematischen. Erst die Spätschriften, von dem Entmachteten, Welt-Müden, Kasernierten geschrieben, sind aus der Distanz zur Welt und mit großem Interesse am Systematischen konzipiert. In ihnen wird dann auch die Orientierung am Vorbild – Sokrates und Cato Uticensis – stärker (P. Pecchiura, La figura di Catone Uticiense nella letteratura latina, 1965; zu Sokrates Maurach 1991,46, Anm. 64; H. Cancik/H. Cancik-Lindemaier, Senecas Konstruktion des Sapiens, in: Weisheit, München 1991, 205–222).

3.2.3 De providentia

»Wenn es einen Gott gibt, woher dann das Übel?«, dies die kurze Formulierung der Theodizee durch Leibniz; es ist dies bereits die Frage Homers (*Ilias* 24,527 ff.) und Senecas: »Wieso widerfährt den Guten, wenn das All durch eine gerechte Vernunft gelenkt wird, Übles?« (1,1). Hier soll nicht im einzelnen der Inhalt dieser späten, wie die *Naturales quaestiones* und *Epistulae* an Lucilius (Prokurator von Sizilien 63/4 n. Chr.) gerichteten Schrift referiert werden, wichtiger ist eine Gesamterläuterung.

Die Schrift über das Leiden des Guten, ein Plädoyer (*oratio*: 3,1) für die Götter, analysiert nicht mehr Unbehagen oder Affekte von Menschengruppen, Verhaltensweisen und Fehleinschätzungen; die Schrift geht daran, das Fundament für die Lebensgestaltung überhaupt zu legen: das Darin-Sein in Welt und All (kurz: Dasein) ist das Sein im Materiellen, das auf den Körper einwirkt (vom fallenden Baum bis zur Erkrankung), im Besitz aber auch eines Geistes, der sich der Materieausgesetztheit entringen kann. Er vermag forschend zu erkennen (*De providentia* bezeugt Senecas hohes Interesse an Naturkundlichem in dieser seiner letzten Zeit, besonders im ersten Kapitel), daß Welt und All nicht der Willkür zufälliger Regungen der Materie ausgeliefert sind, sondern ihren bis ins scheinbar Selbstverständlichste (Wetter und Gewitter: 1,3) gesetzlich geregelten Ursachenketten gehorchen, also sinnvollem Geschehen. Diesem den Körper klaglos und willig (s. *ep.*107,10) hinzugeben, bedeutet die Freiheit, die Notwendigkeit zu bejahen, kurz »Gott zu gehorchen« (*vita beata* 15,7).

Mehr noch: im willigen Ertragen dessen, was die Materie aufbürdet und der gottgegebene *animus* überwindet, liegt ein großes Erkennen: nicht nur der »anderen Seite der Geburtsbedingung« (4,1), sondern vor allem – seiner selbst (4,3), seiner Kraft (*virtus*: 4,6). Damit ist der Gott von dem Vorwurf befreit, er habe ausgerechnet die Guten mit Übeln belastet: *calamitas virtutis occasio*: »Ein Unglücksfall ist eine Gelegenheit, seine Tapferkeit zu beweisen« (4,6). Damit ist die Dreiheit von Leid, Kraft, Geist zum ersten Male in Senecas Werk in einen naturkundlich begründeten All-Zusammenhang gestellt. Hiermit ist aber auch zum ersten Male in seinen Schriften die Theodizee behandelt; doch das Resultat ist von erschreckender Illusionslosigkeit und bestärkender Zuversicht zugleich: der Gott ist nicht allmächtig (5,9). Er konnte die Gesetze der Materie nicht ändern, aber er gab dem Menschen Geist von seinem Geiste (daher ist er in 1,5 *parens*, »Erzeuger«), kraft dessen der »große Mensch« den Gott sogar überflügeln kann (6,6).

Der Adressat – Lucilius (der ja auch der Adressat der nachweislich späten *Epistulae morales* ist und der *Naturales quaestiones*) –, dazu das Interesse an genauen Kenntnissen in Naturkundlichem, ist, was diese Schrift in die Nähe *der Naturales quaestiones*, eines Spätwerks, rückt; ferner die Tendenz zum System (1,1), das an den Spätplan, eine zusammenhängende *moralis philosophia* zu verfassen (M. Lausberg, Unters. zu Senecas Fragmenten, Berlin 1970,168 ff.), erinnert, und zuletzt das Streben nach Klärung des Grundlegenden, das vorher nirgends so deutlich zu spüren war – all das verweist diese *oratio* in Senecas späteste Jahre. Es ist ein klar und mitreißend gebauter Text, die Gedankenkomplexe sind aufs deutlichste formal voneinander abgesetzt und gedanklich miteinander verbunden (zum sehr klaren Aufbau dieser früher oft getadelten Schrift lese man Abel 1967,97 ff.), und doch klafft in der Darstellung des göttlichen Tuns ein seltsamer Riß. Einerseits ist die Gottheit an das Gesetz und den Lauf des Alls gebunden (5,9; wie bei Cic. *nat.d.*III frg. 2; s. bes. 5,8 und 6,6), andererseits (4,7; 4,11 ff.) verfügt sie über das »Geschick«, indem sie es ist, die dem »Guten« die harten Prüfungen sendet. Man sollte daran denken, daß Seneca keine logisch präzise Theologie (die könnte nur im Zusammenhang eines systematischen Werkes gegeben werden) schreibt, sondern eine *oratio* (3,1; Cic. *nat.d.*II 3.23). In ihr werden »Bilder« vom Wirken Gottes gegeben: Gott als Vater (2,5), als Zuschauer (2,7), als »Liebender« (2,6 f.; 4,7), als Zuteiler der Prüfungen (bes. 4,7). Eine konsequente Ausschöpfung des stoischen Ansatzes kann ja auch nur zu einem sehr weit entfernten, ganz unpersönlichen Gott führen, der mit der All-Ratio identisch ist, von dem ein Teilchen in uns ist (*ep.*41,2). Will der gequälte und doch hoffende Mensch sich eine persönliche Vorstellung von der Gottheit machen,

muß er sich Bilder schaffen; die brauchen systematisch nicht stimmig zu sein, sie sind ja Hoffnungsbilder, Erklärungshilfen wie das Bild des väterlich erziehenden Gottes.
Eines dieser Gottesbilder ist das des *artifex*, des Demiurgen. Dieses Bild tritt bes. nachdrücklich im 65. Brief auf, in der Epistel also, die auf *ep.* 58 und ihre platonisierende Ontologie Bezug nimmt. Das platonische Bild des Demiurgen-Gottes war den Stoikern nahe (SVF I 160.171; II 1132 ff.). Auch der Gedanke, daß die Wurzel der Leiden, welche den Körper treffen, die »Materie« ist (5,9) geht auf Platon zurück (man spürt den Einfluß Platons auf das Spätwerk deutlich).
Zum Schluß ist, das Ganze überblickend, etwa dies festzuhalten: was bleibt dem, der da aufschreit (1,4 Ende), gequält und gepeinigt (2,6 ff.), in der Angst, blindem Zufall ausgesetzt zu sein und beraubt der Güte Gottes (»Mein Gott, mein Gott, warum hast du mich verlassen?«), was bleibt ihm? Das Hoffnungsbild eines liebenden, frei die Prüfungen zuteilenden Gottes, der sich sowohl an der Kraft des Mannes weidet, dessen Geist seines eigenen Geistes ist, wie an dessen Macht über den Körper (5,8) bis zur Selbstentleibung. Es bleibt dies Aufbäumen (2,2: *attollitur*), um zu siegen im Angesichte Gottes; wenigstens dieser eine »liebt« den Leidenden, wenn alles um ihn lauert und droht – eine extreme Schrift, zu extremen Stilausbrüchen sich aufschwingend (2,11; 3,8; 4,6 Ende; 6,8 ff.).
Doch es ist nicht nur die Anstrengung, sich von den Dingen, Menschen und gleichsam eigenen Körperteilen loszureißen, ja vom eigenen Leben, welche solche gewaltige Kraft erfordert; es ist auch das Aufgeben dessen, was wir heute die Individualität, die Persönlichkeit nennen: der Stoiker weiß, daß er nur ein winziges Teilchen des Ganzen, sein Schicksal nur ein verschwindendes Teilgeschehen ist im Gang des Universums, und unserer Erde zumal, doch er kann zur großen Persönlichkeit werden in der Gottesnachfolge. War der Ertragende im Angesicht des liebend-stolzen Vater-Gottes trotz und durch sein Leiden ein »Mann«, ein »Würdiger«, »Großer«, so ist er als Körnchen zwischen den Mühlsteinen kaum mehr als ein Nichts: wieder ein Riß in der Bildwelt dieses Werkes. Das ist kein Fehler, Gedankenmangel oder gar Kompositionsdefizit: es ist die Natur des Menschen, der nicht in geoffenbarter Gewißheit Gottes steht: das Schicksal des unerlösten Menschen, der sich an Bilder klammert, auch wenn sie nicht miteinander system-logisch zusammenpassen wollen. – Mag dies alles nun so sein, wie dargelegt, oder auch anders – allein die Tatsache, daß solch tiefgreifende Fragen an diese Schrift gestellt werden dürfen, zeigt aufs deutlichste, bis zu welchem Niveau philosophischer Besinnung Senecas einsamer Weg ihn im Alter geführt hat.

3.2.4 Naturales quaestiones

Auch diese, sehr umfängliche Schrift soll hier nicht ausführlich besprochen, sondern nur in ihrem Hauptgehalt charakterisiert werden. Beginnen wir mit der Methode Senecas, der kritischen Doxographie. Seneca führt Meinungen vor, widerlegt einige, einige läßt er gelten, und aus dem, was er gelten läßt, setzt er dann (meist in der Buchmitte) seine eigene Ansicht zusammen. Kriterien sind dabei die Erfahrung und, öfter noch, das theologisch-ethische Beweisziel (Stahl 1987,302 über sein »Ideenauge«), das letztlich der Nachweis eines gesetzlich geregelten Ablaufs des kosmischen Planes ist (Stahl 1987,268.272; *nat.qu.*III 15,3; 16,4), und dazu gehört (nach Poseidonios: *nat.qu.*II 1,2 ff.) die Idee der Luft als All-Ursache von Bewegung und die Analogie Welt – Körper als vorgegebene, immer wieder zu klärende Parallelität.

Dazu ist abschließend noch dies zu bemerken, daß Seneca in keinem anderen als dem hier referierten siebten Buch der *Naturales quaestiones* zu solch scheuer Vorsicht bei der Meinungsbildung rät wie hier, im Bereich des Göttlichen (VII 30); hier dürfte nichts *temere* (beiläufig-willkürlich) gesagt werden. Das gemahnt an Cicero (*nat.d.*II 56), wo er (wohl nach stoischer Quelle) sagt, daß im Bereich der göttlichen Gestirne alles wahr, im niederen Bereich »unterhalb des Mondes« viel Einbildung sei: das Göttliche ist eindeutig, erhaben und in besonderem Maße geordnet, darum schön; darum ziemt uns Scheu (*nat.qu.*VII 30,1: *verecundiores*) beim Betreten dieses »Tempels«.

Schön sollte da auch das literarische Werk über die Natur sein, schön in seiner *palintonos harmonia*; zwar gliedert Seneca sein Opus nach den Elementen (Stahl 1987,266; Waiblinger 1977,29 ff.89; d. h. I und II: Feuer; III und IV a: Wasser; IV b und V: Luft; VI und VII: Luft und Äther) in einer Kreisbewegung vom Himmel zur Erde und zurück zum Himmel, aber er ordnet sie auch zu Kontrasten von schön und schrecklich: I und IV a beschreiben Schönes, II und III eher Schreckenerregendes; IV b und VII Schönes, V und VI wieder Schreckliches: »die Kompositionsprinzipien des Kontrastes, der Symmetrie und der Steigerung sind primär ästhetischer Natur« (Waiblinger 1977,105; vgl.101).

Doch nicht primär, um ein schönes Werk zu schreiben, schrieb Seneca die *Naturales Quaestiones: haec inspicere, haec discere, his incubare – nonne transsilire est mortalitatem suam et in meliorem transscribi sortem?* »Dieses zu durchschauen, dieses zu lernen, diesem nachzuforschen – bedeutet das nicht ein Überspringen der [engen Grenzen unserer] Sterblichkeit, einen Stellungswechsel [Militärsprache wie in *ep.*I 4] zugunsten eines besseren Loses?« (I pr.17; vgl. IV pr.20); *ad hoc prode-*

rit nobis inspicere rerum naturam: primo discedimus a sordidis; deinde animum ipsum (quo sano magnoque opus est) seducemus a corpore: »Dazu nützt die Betrachtung der Natur: zuerst uns vom Niedrigen zu entfernen, dann den Geist, der heil und weitausgreifend sein muß, vom [behindernden] Körper« (III pr.18). Das bedeutet: die Einsicht in das Wirken der Natur läßt die Nichtigkeit des Irdischen erkennen (I pr.17 Ende), befreit somit von der Jagd nach ihm (den »Fesseln des Geistes«; zum platonischen Klang s. Stahl 1987,281 ff.) und reinigt dadurch den Geist fürs Aufblicken, und die Schau des Göttlichen führt – dies ist zu Stahls und Waiblingers Ausführungen hinzuzufügen – zu einer höheren Seinsstufe (*melior sors*), die zugleich Rückkehr des *animus* zum Ursprung ist (I pr.12).
Dieser zunächst die üblichen Werte relativierenden und dann hinaufführenden Seelenbewegung dient die Gesamtkonzeption: Seneca wollte nicht allein Naturkunde bieten, sondern sie auch dazu benutzen, Irdisches als gering zu erweisen (R.B. Todd, ANRW II 36,3 [1989] 1375). So springt er vom Spiegel als Instrument der Selbstkenntnis und der Sonnenbeobachtung (I 12; XVII 2) über zu einer Diatribe gegen perverse Verwendungen von Spiegeln (I 16); von Erörterungen der Gewässer (III 26,5) zur düster-wilden Darstellung des Weltunterganges, dessen Vorzeichen die Bestialisierung des Menschen ist (III 27); in VI 32 vom Erdbeben zur allgemeinen Todesbedrohtheit. Oder aber aus der nüchternen Erörterung wird ein hohes Staunen (I 3,4; II 52 f.; Stahl 1987,271 f.), das zu religiöser Ergriffenheit tendiert oder zur Beschämung (IVb 13,2; V 18,5; Stahl 1987,294; vergessen von Codoñer ANRW II 36,3 [1989] 1821). Die Natur als Gott, als Norm (Stahl 1987,274 276), als Wertekorrektor – all dies ist nur möglich durch die Erkenntnis, und diese kann nur geschehen, weil alles eins ist: wir haben einen Geist vom göttlichen Geist der All-Natur (II 38,2.4; III 29,3) und einen Körper, der ein Analogon ist zum Körper der Welt. Darum gilt es, den Körper als veränderlich-untergangsgeweihten so zu tragen, wie der Welt-Nous seine Materie trägt, den Geist aber möglichst zu befreien (z. B. III praef.16), weil dessen Aufgabe ist, »zum Ursprung« schon im Leben selbst mittels der erkennenden (VII 30,3 f.) und bewundernden Schau zurückzukehren: dies die »höhere Daseinsform« (Codoñer ANRW II 36,3 [1989] 1806).
Ein solches Werk ist demnach wahrscheinlich wirklich jenes »systematische Opus« (*prov.*1,1), das Gottes Providenz erweist (*nat.qu.*II 45,2; V 18,5); die *Naturales quaestiones* ordnen sich somit klärlich in die Thematik der Spätschriften ein: das *otium* sollte die Naturkenntnis zum Ziele haben (*ot.*4,2), diese soll den Geist befreien, aber auch stärken (*nat.qu.*VI 32,1), denn das große und würdige Ertragen der

condicio humana ist nur möglich dadurch, daß der Geist das Irdische verachtet und mit ihm den Tod (VI 32,4), weil er sich über das Irdische zum Göttlichen erhebt. Zugleich aber wird das Ertragen derjenigen Unbilden, die aus unserer und des Alls Körperlichkeit kommen (Naturkatastrophen und Krankheiten), leichter durch das Wissen, daß sie nicht zufällig geschehen oder von böswilligen Mächten verursacht sind, sondern daß ein einziges großes Gesetz das All durchwaltet (VI 1,12), das der Erhaltung des Ganzen dient.

Daß dies Gesetz überall wirksam und daß der Zufall keine eigenständige Macht ist, diesem Nachweis dient das ganze Werk; von diesem Ziel her wird auch die Entscheidung bei der kritischen Doxographie bestimmt: die *Naturales quaestiones* bieten nicht »freie Forschung«, sie legen Vorbedachtes und von vornherein Angelegtes dar, eine »Weltanschauung« (Stahl 1987,269.272 zu VII 30,2; 295 ff.). Nun scheint diese Weltsicht nicht einheitlich: so wie der Mensch bei Seneca ein »Doppelwesen« aus Körper und Geist ist (Stahl 1987,285.293), so ist auch Gott einerseits reine Ratio (I pr.13; Stahl 1987,280 ff.), ja Wirker des Alls (II 45,2 f.), andererseits im Kosmos immanent als Gesetz (III 30,1) und Fatum (II 45,2). Darinnen und darüber – wie ließe sich das vereinen? Einerseits soll der Mensch sich in den natürlichen Lauf der Welt klaglos einordnen (*naturam sequi*), als wäre er nichts als ein Teil von ihr, andererseits soll er sie übersteigen zu einem höheren Sein (I pr.12; VI 32,6). Man kann nur ahnen – Seneca bespricht diese Schwierigkeit nicht –, daß er vom *Willen* verlangt, sich freiwillig von der »Natur« führen zu lassen, vom *Geiste* dagegen, sich über das Irdische zu erheben, um aus der vollen Einsicht in die Schönheit, Größe und Gerechtigkeit Gottes die Furchtlosigkeit (z. B. 6,1,3 f.;3,2) und die Kraft zu erlangen, die der Wille (VI 1,10 *ingens animus*; VI 32,3) braucht.

Dies alles ist zwar *sermo* genannt (IVa; pr.20), ist aber letzten Endes Gottesdienst (III pr.5) und Dienst am Menschen (3, pr. 1). Und dies letzte verbindet die *Naturales quaestiones* mit dem erhöhten Anspruch des Spätwerkes, ›Erzieher des Menschengeschlechts‹ zu sein. Der Gang durch das Geschehen der Natur, voller Gesetzmäßigkeit und voller Wunder, ist Erziehung, ist Fortleitung aus der Verstrickung ins Irdische (z. B. IVa pr.20 f.) und Hinführung durch Bedrängendes und Festigendes letztlich zum Göttlichen – die *Naturales quaestiones* erscheinen auf diese Weise nicht mehr nur als Lehr-, sondern als Seelenleitungswerk – wie die Episteln.

»Daß Seneca sein Hauptwerk in dieser, der Briefform, abfaßte, zeigt erneut, von welchen Menschen er verstanden werden wollte: von Menschen, die das konkrete Vorbild nicht mehr brauchen, denen aber die im Werk sich ausprägende Persönlichkeit Führer und Helfer zu sein vermag«, so schrieb Ulrich Knoche (1933,12) vor nunmehr 62 Jahren, und es gilt immer noch unvermindert, daß Seneca das »Bild seines Lebens«, in einem geistigen Sinne gesehen, vor den Leser hinstellt als Beispiel dafür, daß ein sich um Vervollkommnung mühendes Leben auch damals möglich, ja daß es die Rettung war und ist, weil »das Haus brannte« (*ep.* 117,30) und brennt.
Was sind nun diese Briefe? Wie muß man sie lesen? Man ist sich heute darüber einig, daß es sich nicht um eine Korrespondenz handelt, also um die wirklich abgeschickten Antworten auf wirklich per Post eingegangene Briefe (Abel, Hermes 190 [1981] 472ff.). Man weiß, daß es sich um ein genau geplantes, künstliches Ganzes handelt; aber wie es zu beschreiben, wie es aufzufassen und zu lesen ist, darüber hat die moderne Forschung noch keinen Konsens erreicht. Förderlich an den Analysen meines Buches *Der Bau von Senecas Epistulae morales* (1970) war, daß zunächst gezeigt wurde, wie Seneca im Innern seiner Episteln Kleineinheiten (Paragraphen) genau und mit immer denselben Mitteln absetzte und ineinanderflocht, wie er den Stil aus Niederungen sich in hohen Aufschwüngen zu Großartigem und besonders Gewichtigem erheben ließ. Damit war das Auge geschärft, um auch im Ganzen des Briefwerkes die Strukturen zu erkennen: daß Briefe zu Gruppen zusammengehören und durch Trennbriefe einzelne Briefkreise voneinander abgesetzt sind; daß es dabei ›leichtere‹ und gewichtigere Briefgruppen gibt und daß es von Gruppe zu Gruppe eine Entfaltung des stoischen Systems zu beobachten gilt. Daß es Gruppen gibt, hatte auch H. Cancik 1967 (z. B. S. 4f.) erkannt, doch leugnete sie (z.B 74f.), daß diese Gruppen etwas entfalten, sei es das System oder sei es die »Entwicklung des Individuums« (so G. Misch, Geschichte der Autobiographie I 2 ^{3}1949, 433). Eine Skizze des Gedankenganges soll da entscheiden (eine Serie bloßer Inhaltsangaben in ANRW II 36,3 [1989] 1828ff.).
Deutlich ist, daß *ep.*1–10 als ein gegliedertes Ganzes von vornherein geplant war: die regelmäßige Folge der Freundschaftsbriefe (3–6–9) macht das unwiderlegbar. Am Anfang steht ein Brief über das Wahren der Zeit: es gilt, die Zeit zu retten, indem man sie bewußt und sinnvoll nutzt, und zwar mit dem Ziel, sie ganz auf sich selber zu verwenden, auf die Selbstvervollkommnung als Befreiungsprozeß (*vindica te tibi*, § 1; eine genaue Interpretation bei Maurach 1970,25ff.).

Dieselbe Sammlung auf sich wird dann in *ep.*2 aufs Lesen angewendet, dann unterbricht eine Epistel über die unbedingte Hingabe an den Freund (*ep.*3). Der vierte Brief bringt nun Gewichtigstes: die Mahnung, alle Todesfurcht aufzugeben und sich auf das Sterben prämeditierend vorzubereiten (ein Thema, das der Epilog von *ep.*5 aufgreift). Der fünfte Brief spricht von der Anpassung des Äußeren an die Umgebung und warnt vor sinnloser Provokation (etwa durch das Tragen eines »Philosophenbartes«). Die *ep.*6 teilt dem Freunde die ›Bekehrung‹ Senecas zur Philosophie mit (§ 1) und spricht von der gegenseitigen Förderung der Freunde: Entfaltung der *ep.*3 (Cancik 1967,5). Und wieder die Umgebung (vgl. *ep.*5): »Meide die Menge« und »Versenke Dich in Dich selbst« – die Sprache der ›Innerlichkeit‹, die Sprache auch der Autarkie: *satis est unus, satis est nullus* (ep. 7,11). *Ep.*8 verteidigt das Otium als die Ermöglichung einer Selbstmitteilung (Cancik 1967,75 ff.) im Dienste der Menschheit: »den rechten Weg, den ich spät erst erkannt und müde vom Irren, weise ich anderen«, *rectum iter, quod sero cognovi et lassus errando, aliis monstro* (§ 3). Und »recht« wird der Weg durch die umfassende Erkenntnis des »Göttlichen und Menschlichen« (§ 6) – ein weiter, noch unausgeführter Vorgriff (*ep.*65; 66,6 usw.). Der neunte Brief spricht von der Autarkie im Lichte der Frage, inwiefern die Freundschaft als eine Form des Angewiesenseins auf einen anderen das Prinzip der Autarkie unberührt lasse: das Thema von *ep.*7,11 wird präzisiert. Und dann bringt *ep.*10 eine erste Erfolgsmeldung: »Ich wage, Dich Dir anzuvertrauen«, *audeo te tibi credere*, der Anfang ist gemacht. – Brief 11 über das Rotwerden gliedert als themaferner (nicht: thema-fremder) diesen ersten Briefkreis vom zweiten, der von der Furcht handelt. Drei Gedanken beherrschen (außer dem der Freundschaft) diese ersten Gruppe: Sammlung auf sich selbst, Abbau des bisher für wertvoll Gehaltenen, Aufblick zum Wesentlichen; und so ist es kein Wunder, daß in ihrer Mitte (*ep.*6,1) die entscheidende Dreiheit *colligi, extenuari, attolli,* »sammeln, mindern, emporheben«, gefordert ist.

*Ep.*16,2 macht deutlich, daß noch ein langer Weg vor Lucilius liege: *iam de te spem habeo, nondum fiduciam* (Erinnerung an 10,2 Ende: »Ich hege zwar die Hoffnung, aber noch nicht die Gewißheit«, daß er die Kraft besitzt zu tun, was er eingesehen hat, § 2 Ende). Zu tun aber ist: die Philosophie des Lebens herrschen zu lassen (§ 4 ff.). *Ep.*16,1–6 bedeuten eine fundierten und zugleich vorausweisenden Neueinsatz: die Philosophie soll zweierlei leisten, sie soll den Geist formen und das Leben beherrschen. Durch diese zweifache Aufgabe ist ihr nunmehr über *ep.*1–15 hinaus endgültig ihre grundlegende Aufgabe zugewiesen. Der Epilog von *ep.*16 spricht dann bereits von den *vana* und kündigt das beherrschende Thema dieser Briefgruppe an, die Thematik des Rückzuges.

*Ep.*12 spricht vom richtigen Verhältnis zum Altern: es gelte, jeden Tag abzurunden (ein Kampf mit der Todesangst ist das noch nicht, es greift noch nicht an die Wurzel; das wird bald Thema werden). Auch *ep.*13 verlangt nicht Höchstes, sie rät bei Eintritt einer Gefährdung nicht vorschnell der Angst zu verfallen, auch sie ist in »leiserem Ton« abgefaßt, *summissiore lingua* (§ 4); und ähnlich geht *ep.*14 vor: zwar spricht sie einleitend von der Verachtung des Körpers; der Rat, der gegeben wird, lautet aber: *abstineamus offensis* (§ 7), also nicht zu provozieren. *Ep.*15 rät ebenfalls nicht zu Schwierigstem, sondern nur zum Üben von Körper und Geist durch mäßigen Sport, mäßige Stimmanstrengung – *ep.*12–15 geben also geringerwertige Ratschläge, so will es scheinen; und doch steht dahinter das Schwerste (*ep.*14,1 f.): das Lebendigsein zu verachten, den »Körper nicht zu lieben«. Der kleine Kreis entfaltet das in *ep.*1–10 Gesagte in der Form praktischer Anweisungen, er ist ein ›leichterer‹ Kreis, Kontrast vor dem Aufschwung in *ep.*16 ff. Immerhin verlangt er die Abkehr von Dingen, die wir bisher als unabdingbar empfanden, und fordert, das nicht ernst zu nehmen, was wir bis hierher als besonders ernst und gewichtig empfanden, besonders das Lebendigsein.

Es wird jetzt deutlich geworden sein, daß diese Briefe als Weg konzipiert sind, als einübender Weg der Vollendung entgegen. Darum seien von nun an lediglich die gewichtigsten Briefe einzeln hervorgehoben (eine Nachzeichnung des genannten Weges bei Maurach 1970,122 ff.174 ff.; 1991,175 ff.).

*Ep.*23 schwingt sich machtvoll aus den Niederungen der Kasuistik zu einer höheren Ebene auf und faßt, belehrend und nicht wie die voraufgegangenen Briefe mit Widerständen kämpfend, alles Gesagte unter einem neuen, großartigen Aspekt zusammen, dem der Freude, die aus dem überlegenen, siegreichen Geiste stammt. Die Scheingüter, zusammengenommen in den Begriff *vana*, der hier nach *ep.*16,9 und auf diese verweisend zum ersten Male wieder *expressis verbis* genannt wird, werden dem Geiste als dem einzig wertvollen Gute gegenübergestellt. Diesem Geiste wird aufs neue sein Ziel gesetzt (§ 3 Ende), wie auch dem Leben sein paradox (vgl. *ep.*32,4) formuliertes Ziel gesteckt wird, die *aviditas veri boni*, »das Verlangen nach dem wahren Gut«. So tritt die Formung des Geistes hier wie in *ep.*16 neben die Forderung nach der rechten Lebensführung, präziser zwar als in *ep.*16,3, doch noch nicht systematisch mit ihr verknüpft, erst *ep.*31 wird sie systematisch vereinen.

Jetzt streben die Briefe 34 ff. auf die Einführung der *ratio* zu: die Gründung der überlegenen Ruhe auf die *ratio* mag bereits früher angeklungen sein (*ep.*14,15 f.; *ep.*31), doch der Anklang wird erst hier ausgeführt; vollends stellt die metaphysische Begründung der Gottgleichheit des Weisen in *ep.*41 ein neues und fundamentales Lehrstück dar und gibt *ep.*18 und 31 allererst den Grund: Gottähnlichkeit und göttliches Wissen waren dort nur gefordert bzw. verheißen worden; *ep.*41 zeigt, wie das denn möglich sei: Weil der Menschengeist »davon abhängt, dorthin blickt und strebt«: *illinc pendet, illuc spectat ac nititur*; es liegt also in der Natur des Menschen, zur Weisheit zu streben (zum Senecanischen Beweisführen K. Abel in: P. Grimal [Hg.], Sénèque et la prose latine [Entretiens sur l'antiquité classique 36] Vandoeuvres-Genève 1991,49–97). Die Moralforderungen bleiben also dieselben trotz allen Variationen, am Ausbau des Systems dagegen wird stetig weitergearbeitet, indem zwei wichtige Stützpfeiler errichtet werden: die Rolle der *ratio* wird geklärt und der *animus* des Menschen als göttlich erwiesen. Folgt er dieser Erkenntnis, so wird er zu seiner eigenen Natur geführt. »Seine Würde sei die der eigenen Größe, die Würde des Mannes, der durch den Geist er selbst geworden ist« (Knoche 1933,15).

*Ep.*47 ist der zu Recht oft gerühmte Sklavenbrief (C.E. Manning, ANRW II 36,3 [1989] 1518 ff., bes.1525–29) über die menschliche und so oft unmenschliche Behandlung dieser Armseligen (zu *ep.*53 jetzt O. Wenskus, Hermes 122 [1994] 479 ff.).

Mit *ep.*58 beginnen die breit ausladenden Systemepisteln (z. B. 65,66, bis hin zu *ep.*90 und 94 f.). – *Ep.*58 gibt eine Ontologie, sie ist »der erste, große doxographische Brief« (Cancik 1967,7), ausklingend in eine »heilsame« Bemerkung (§ 25 Ende): wenn das Ewige das einzig wirklich Seiende ist, dann auf, und den Geist allein auf dieses gerichtet! *Ad illa mittamus animum* (§ 27). Aufblicken nach droben und hier unten aushalten, Aushalten auch des Alters (§ 32 f.). Hieran knüpft *ep.*59: die Lust des Weisen ist *animi elatio suis bonis verisque fidentis*, Erbauung des Geistes im Vertrauen auf die ihm ganz eigenen und darum wahren Güter (§ 2); und daß Lucilius nunmehr ein höheres Maß an Selbstvertrauen hat, erhellt daraus, daß er beginnt, weniger von sich zu sagen, als er (gemäß seinem inneren Reichtum) sagen könnte (§ 5), denn der »Hauptfehler ist, daß wir mit uns selber viel zu früh zufrieden sind« (§ 11), uns zu früh über unseren Fortschritt freuen. Zwar ist solche Freude gut, aber es darf da keine Rückschläge geben: die vollkommene, die echte Freude ist *gaudii aequalitas*, nie wechselnde Heiterkeit, wie sie der Äther besitzt (§ 16; vgl. Mark Aur.II 4).

*Ep.*64 spricht vom hohen Weisenideal, das Sextius Pater so hehr, aber auch als näherungsweise erreichbar zu beschreiben wußte, und nimmt nun die Kosmosschau mit in dieses Ideal hinein: dies die neue

Stufe, durch *ep.*58 eingeleitet. *Ep.*65 macht dann aus der Onto-Logie der *ep.* 58 eine Aitio-Logie: Gott, der *artifex mundi* (§ 19), wird zum Objekt der Betrachtung, die von der Last des Körpers befreit (§ 19, vgl *ep.*79,12): dies ist die Freiheit des Menschen, seine Ekstase (*evagatio*, ebd.). Und *ep.*66 zeigt dies dann in einem Menschen verkörpert, in Claranus. Hier nun liest man in § 6 die endgültige, um die Kosmoserkundung angereicherte Beschreibung des vollendeten *animus*. Eine lange Erörterung macht dann die Lehre von der Gleichheit und dem Gleichbleibenden des *bonum* in jeglicher Lebenslage deutlich, was *ep.*67 unterstützt. Mit *ep.*65 f. ist der systematische Höhepunkt der Seelenleitung erreicht, von nun an gilt alles der Anwendung: aufs Existentielle gesehen, dem Erreichen der Schicksalsüberlegenheit (die 70er Briefe) und, aufs System geschaut, der Abrundung.

Insgesamt ließe sich wohl sagen, daß ein Kennzeichen des zweiten Teiles der Korrespondenz eben dieses ist: nach dem Erreichen des unüberbietbaren Höhepunktes in *ep.*66 und des höchsten Niveaus von Ethik überhaupt in dem ganzen Briefkreis 64–80 geht Seneca nun eher ins Weite und Breite: er spricht vom System der Philosophie und seinen Teilen, von dem Verhältnis der Ethik zur Bildung, von empirischen Methoden der ethischen Erkenntnis usw., baut aus und rundet ab.

Der Wert der letzten rund 40 Episteln (etwa von *ep.*80 an) liegt nicht mehr so sehr in der strengen Seelenleitung, als vielmehr in der (jetzt auch breiteren) Behandlung einzelner Problemata (sie listet auf G. Mazzoli, ANRW II 36,3 [1989] 1838 ff.). Die frühere Tektonik ist beibehalten, der alte Zug zum Ziele, die pädagogische Energie ist erlahmt, oder vielleicht: nicht mehr nötig (seit *ep.*82,1), obschon zuweilen der Eindruck nicht abweisbar scheint, daß der Verfasser sich verzettelt: wurde der bisher so Unermüdbare nun doch müde, verlor er den energischen Zug auf bestimmte Ziele hin? Anders: der ›Lucilius‹ der Briefe bis *ep.* 82 beginnt zu verschwimmen, wird zum bloß literarischen Adressaten, das Adressieren und Anreden wird fortgeführt, weil es begonnen worden, aber die Person wird entpersönlicht wie der ›Sokrates‹ der Platonischen Spätestdialoge.

4. Senecas Lehre

Der Ausgangspunkt aller Philosophie ist für Seneca das Unbehagen. Gewöhnlich hält der Mensch sich für gut und in Ordnung; er tut dies, weil er »mitten in seinen Fehlern ist«: *Quare vitia sua nemo confitetur? quia etiamnunc in illis est*, »warum beichtet niemand seine Fehler? Weil er noch mittendrin ist« (*ep.*53,8). Ja, er gefällt sich und hält sich für sehr gelungen: *Illud praecipue impedit, quod cito nobis placemus,* »das ist es vor allem, was hindert: daß wir uns so schnell gefallen« (*ep.*59,11; die Schmeichelei unterstützt das noch, § 13). Darum ist das Unbehagen der Anfang der Rettung. Wenn Serenus in *De tranquillitate animi* (1,1 ff.) gesteht: *Inquirenti mihi in me quaedam vitia apparebant,* »als ich mich prüfte, kamen ein paar Fehler zutage«, dann ist das der Beginn der Heilung: *Argumentum est in melius translati animi, quod vitia sua, quae adhuc ignorabat, videt,* »Zeichen für die Besserung der Einstellung ist das Gewahrwerden von Fehlern, deren er bisher sich nicht bewußt war« (*ep.*6,1); *Initium est salutis notitia peccati,* »der Beginn jeder Heilung ist das Innewerden des Fehlers« (*ep.*28,9). Aufzuwachen gilt es (ep. 53,8; 68,14; vgl. Hor. ep. 1,2,33), die ›Lebenslüge‹ muß als Lüge entlarvt werden, d. h. als die Lüge, daß alles in Ordnung sei: *Ecce tota mihi vita mentitur,* »sieh her: mein ganzes Leben – eine Lüge« (*ep.*45,10); das ist *hic humanae vitae mimus,* »dieses Schauspiel des menschlichen Leben« (*ep.*80,7; vgl. 76,31 f.).

Seneca war nun aber kein System-Philosoph; die wenigen System-Episteln 58 und 65 fallen gegenüber der Masse seiner Detailfragen behandelnden Dialoge und gegenüber dem Grundzug der Episteln nicht ins Gewicht. Was die Dialoge und die meisten Briefe bieten, sind Fragmente eines theoretischen Lebensentwurfs. Die Theorie ist dabei ebenso einfach auszusprechen wie schwer zu tun: nicht moderne Adaption, sondern was seit dem sechsten Jahrhundert vor bis ins zwanzigste Jahrhundert nach Christus und von ihm, dem »Menschensohn«, selbst in nicht unähnlicher Weise gefordert wurde und heute als erschreckend unwesentlich gilt: die Trennung des vernunftgelenkten Ich vom triebbestimmten, die Scheidung des eigentlichen Menschen vom unwesentlichen (am besten beschrieben und gefordert seinerzeit von Solon in der *Musenelegie,* heute von H. Boeder, Das Vernunftgefüge der Moderne, Freiburg 1988, 354 ff.). Solche Scheidung verlangt Schweres, verlangt das Loslassen-Können dessen, was die Triebe aufdrängen (Erfolg, Besitz, Genuß bis hin zum Leben-Wollen – kurz: Lust und jegliche Dauer).

Was wäre der Gewinn? Ruhe des Gemüts, Gelassenheit und Freisein zur Ausbildung dessen, was uns als Gattung eigentümlich ist: die Vernunft und – so fügen wir mit Nachdruck hinzu: – die Liebe; über sie spricht das von Seneca Überlieferte (seine Schrift über die Ehe ist verloren) wenig, ausführlich aber über eine Sonderform der Zuwendung, über Takt bei Hilfe und Dank (in den *Wohltaten,* wozu man Goethes *Dichtung und Wahrheit* II 10 »Dank und Undank« lese). Man mag beklagen, daß Seneca zu wenig über doch auch im Leben so wichtige Dinge wie etwa über Erscheinungen der Kultur (A. Setaioli, Seneca e la cultura, Neapel 1991), über Humor und Freude am Schönen (Maurach, Senecas Humanismus, Gymnas.96 [1989] 373) usf. geschrieben habe, man mag bedauern, daß er besonders in dem späten Epistelwerk so vieles, was uns teuer ist, abwertet: aber eben dies ist seine Stärke: die Konzentration auf das Relativieren des uns lieben und teuren Alltagstuns, um es dann auch klaglos verlassen zu können.

Relativieren, Verlassen, Loslassen – das setzt ein Höheres, Wichtigeres, ja Absolutes voraus, das die Maßstäbe an die Hand gibt: was ist es? Gott. Man vergißt zu oft, auf den letzten Grund hinzuweisen, der Senecas Bild vom Menschen und seine Forderung an ihn bestimmt: die Unterscheidung des uneigentlichen Menschen und seines Tuns vom wesentlichen Menschen und seiner Bestimmung, sie hat ihren Grund in der Ordnung des Alls und der Welt. Das All ist in seiner Vernunftordnung vollkommen, der Vernunft des Menschen ist es gegeben, der Vervollkommnung nahe zu kommen (*ep.* 48,11; s. Grimal 1978,288), die Materie, das Vegetabilisch-Materielle und die Triebe haben allein die Aufgabe des Leben-Ermöglichenden, sind Wertfreies (*adiaphora*) und können nie Zweck und Ziel sein. Leben heißt für Seneca demnach, aus der herben Freude (*ep.*23) am Verlassen des Unwesentlichen und der Gewißheit, sich über alle Unbill erheben und Gott ähnlich werden zu können, schrittweise die Kraft zu gewinnen, allein aus heiterem Geiste zu leben, wie der Himmel droben über der Unruhe der Luft und dem Wechsel von Wachsen und Vergehen in der Erdschicht stets heiter bleibt. Er vermochte die Bitternis der letzten Jahre und einen Martertod so zu ertragen, und uns bleibt sein Wirken oft Denkanstoß, im wesentlichen meist Vorbild, immer Vermächtnis.

Jackson P. Hershbell

Plutarch

1. Plutarchs Leben

Der Geburtsort Plutarchs, Chaironeia, war eine kleine und doch bedeutende Stadt in Böotien, ein Landstrich Zentralgriechenlands, Herkunft der berühmten Dichter Hesiod und Pindar. Chaironeia verdankte seinen Ruhm zu einem großen Teil zwei Schlachten: Philipp von Makedoniens Vernichtung der Athener und Thebaner im Jahr 338 v. Chr., an die ein gigantischer steinerner Löwe erinnerte, und dem entscheidenden Sieg des römischen Feldherrn Sulla über die Armeen des Mithridates im Jahre 86 v. Chr.

Plutarchs Familie war wohlhabend und kultiviert. Sie war seit langem in der berühmten Stadt ansässig. Sein Großvater Lamprias etwa war »am brilliantesten und eloquentesten, wenn er trank« (622F). Plutarchs Vater, der vermutlich Autobolos hieß, hielt edle Zuchtpferde (642F). Möglicherweise hat er das soziale und intellektuelle Engagement seiner Söhne motiviert. Einer von Plutarchs Brüdern, Lamprias, wird in den *Moralia* oft erwähnt, und spielt in manchen Dialogen, z. B. in *De defecto oraculorum [Über den Verfall der Orakel]* und *De facie quae in orbe lunae apparet [Von dem Gesicht im Mond]*, eine der Hauptrollen. Von einem Halbbruder namens Timon ist ebenfalls in einer Weise die Rede, die Zuneigung verrät (487D). Er soll von den Opheltiden und von Daiphantos abstammen, beides berühmte böotische und phönizische Namen (558A). Die Familie scheint auch politischen Einfluß gehabt zu haben. Als junger Mann ging Plutarch als Botschafter zum Prokonsul von Achaia (816D).

Obwohl Plutarch in seinem Leben viel reisen sollte – er besuchte Alexandria und war mindestens zweimal in Rom –, verbrachte er den größten Teil seines Lebens in Chaironeia. Gründe mögen gewesen sein, daß er früh heiratete, das Leben des Gelehrten genoß und etwas gegen unnötige Geschäftigkeit hatte. Von seiner Ehefrau, deren Name wohl Timoxena war, und seinen Kindern wissen wir einiges. Bekannt ist z. B., daß eine seiner Töchter, die ebenfalls Timoxena hieß, als kleines Kind starb. Sie ist Gegenstand einer sehr bewegenden *Consolatio ad uxorem [Trostschreiben an seine Gattin]* (608A). Im *Amatorius [Gespräch über die Liebe]* ruft Plutarchs Sohn Autobolos (benannt nach Plutarchs Vater?) ein Gespräch in Erinnerung, das kurz nach der Hochzeit seiner Mutter und seines Vaters stattgefunden hat.

Plutarch sticht in seiner positiven Einstellung zu Kindern und zur

Ehe ohne Frage unter den antiken Autoren heraus. Seine eigene Familie hinterläßt für mehr als 200 Jahre nach seinem Tod Spuren, zum Teil in Chaironeia, zum Teil in Athen.

Da die philosophischen Schulen seit Platon eine beinahe lückenlose Tradition in Athen hatten, war es für Plutarch naheliegend, dort zu studieren. Athen wurde zu seiner zweiten Heimat, und schließlich erwarb er dort sogar das Bürgerrecht. Die Stadt bot ein riesiges Angebot an Büchern und einen Sinn für Kontinuität mit der Vergangenheit. Man konnte nicht nur mit vielen Baudenkmälern, sondern auch mit einem Nachkommen des Themistokles, des berühmten Retters Athens vor der Invasion durch Xerxes, Bekanntschaft machen (*Them.*32).

Während seiner Zeit in Athen studierte Plutarch bei dem berühmten Platoniker Ammonios, der dreimal das Amt eines *strategos* einnahm, dem allgemeine Aufgaben in der Stadt und die Kontrolle über die Disziplin der Studenten zukamen. Plutarch berichtet, er habe das Studium bei Ammonios etwa zu der Zeit aufgenommen, als Nero in den Jahren 66–68 Griechenland besuchte (siehe z. B. 387A f.). Verbunden mit der Annahme, daß Plutarch damals etwa zwanzig Jahre als war, ergibt sich, daß seine Geburt etwa auf das Jahr 45 datiert werden kann. Belege, die dieser Überlegung widersprechen, gibt es nicht. Eusebios erwähnt später in seiner *Chronik*, daß Plutarch ein alter Mann war, als ihn Kaiser Hadrian im Jahr 119 zum Prokurator (*epitropos*) von Achaia ernannte. Hätte Plutarch viel länger als bis zu dieser Zeit gelebt, wäre er vermutlich unter denen, von derem Leben bis ins hohe Alter berichtet wird (z. B. in Lucians *Longaevi*). So ist es wahrscheinlich, daß Plutarch nicht ganz 80 Jahre alt wurde, und etwa im Jahre 125 starb.

Athen war wie gesagt Plutarchs zweite Heimat. In Buch IX der *Quaestiones convivales [Tischreden]*, einer Sammlung kurzer Dialoge, die in Athen spielen, stellt Plutarch viele Personen vor, die sich unter seinen späteren Freunden nicht finden. Aus diesen Dialogen und anderen Schriften läßt sich schließen, daß Plutarch ein begeisterter Student der Mathematik war (388F) und sich für die verschiedensten historischen, literarischen, philosophischen und religiösen Fragen interessierte.

Außer seinen Athener Gefährten hatte Plutarch zahlreiche andere Bekannte und Freunde, viele davon in bedeutenden Positionen. Ihnen widmete er seine Werke. Unter ihnen war der wohlhabende Spartaner Herculanus (*De se ipsum citra invidiam laudando) [Wie man, ohne anzustoßen, sich selbst loben kann]*, L. Herennius Saturninus, Prokonsul von Achaia im Jahre 97 oder 98 (*AdversusColotem) [Gegen Kolotes]*, T. Avidius Quietus und C. Avidius Nigrinus, prominente Brüder aus der kaiserlichen Administration (*De fraterno amore*) *[Über die Bruderliebe]*, und Q. Sosius Senecio, zweimaliger Konsul (99 und 100) und eine der größten politischen Figuren unter der Herrschaft des Trajan (z. B. *Quaestiones convivales*). Plutarchs Widmungen lassen allerdings nicht auf besonders nahe Bekanntschaften schließen. Vor allem sind sie als Komplimente zu deuten. Neben Werken, die prominenten und wohlhabenden Persönlichkeiten gewidmet sind, finden sich ebenso Widmungen und literarische Charaktere, die von bescheidener Herkunft sind, -Familienmitglieder, Nachbarn aus kleinen Städten Böotiens, Ärzte, Philologen. Auch ihnen macht Plutarch Komplimente. Insgesamt entsteht der Eindruck, daß Plutarch anderen gegenüber unabhängig von ihrem Status freundlich eingestellt war und ein Interesse an ihnen hatte.

2. Plutarch und Delphi

Nicht weit von Chaironeia (etwa 30 km) ist Delphi, der berühmte Ort des Orakels von Apollon. Delphi liegt an den südlichen Hängen des Parnassos. Hier findet sich auch die ebenso berühmte kastalische Quelle, in deren Wasser diejenigen, die Pythia Fragen stellen wollten, gereinigt wurden. Wie Athen wurde Delphi Plutarch zur Heimat. Er war als junger Mann mit seinem Lehrer Ammonios und seinem Bruder Lamprias dort, etwa zur Zeit von Neros Besuch. Und obwohl *De E apud Delphos [Über das E zu Delphi]* einige Jahre später entstand, lassen die autobiographischen Details dieser Schrift in ihrer Auswahl wie in ihrem Stil keinen Zweifel daran, daß Plutarch eine Rehabilitation des Ansehens von Delphi nach dessen Niedergang in der hellenistischen Periode wünschte. *De E* und die anderen pythischen Dialoge, *De Pythiae oraculis [Warum die Pythia ihre Orakel nicht in Versen erteilte]* und *De defecto oraculorum* zeugen für Plutarchs enormes Interesse an diesem berühmten Ort Apollons. Wahrscheinlich wurde er einer der beiden Priester des Heiligtums, der als ›Aufseher‹ bzw. Organisator (*epimeletes*) der berühmten pythischen Spiele diente, die alle vier Jahre stattfanden. In ihnen ging es nicht nur um athletische Kämpfe, sondern auch um dramatische und literarische Wettbewerbe (siehe *CIG* 1625).

Trotz seiner Verbindungen zu Athen und Delphi blieb Plutarch eng mit Chaironeia verbunden, wo seine Freunde und Studenten eine kleine Schule aufbauten, in der junge Leute aus verschiedenen Teilen Griechenlands Philosophie und Rhetorik studierten. Der Dialog *De sollertia animalium [Ob die Landtiere oder die Wassertiere mehr Verstand haben]* (959A) gibt einen Eindruck vom Leben in dieser Schule und ihrer beinahe familiären Atmosphäre. Plutarch hatte auch bürgerliche Pflichten in Chaironeia. Mit stolzer Bescheidenheit vergleicht er sich mit Epaminondas, dem großen böothischen Held und Wiedererbauer Thebens, der ebenfalls *telearchos* war, ein Beamter, der mit dem Müll und der Kanalisation der Stadt befaßt war. Besucher von Chaeroneia mögen es amüsant gefunden haben, daß der gelehrte Plutarch sich mit städtischen Angelegenheiten befaßte (811B).

Plutarch lebte während der Regierungszeit mehrerer römischer Kaiser. Er war ungefähr zwanzig, als Nero Griechenland besuchte. Wie andere Griechen war er wahrscheinlich beeindruckt von Neros Proklamation der griechischen Freiheit und dem erfolglosen Versuch, einen Kanal durch die Landenge von Korinth zu bauen. In *De sera numinis vindicta [Über den späten Vollzug der göttlichen Strafe]* (567E) erblickt der Seher Thespios Nero, reinkarniert als Frosch, der an einem Teich im Moor sitzt, – eine Vision, die darauf schließen läßt, daß Plutarch Nero sowohl als ein muttermordendes Monster wie als einen zweitklassigen Dichter ansah. Auf seiner Reise durch Italien besuchte Plutarch das Schlachtfeld von Betriacum, ein Ort, der an den Bürgerkrieg nach Neros Tod erinnert. Sein Führer war L. Mestrius Florus, der ursprünglich Otho (*Otho* 24) widerwillig unterstützt hatte und dann ein Vertrauter Vespasians wurde. Florus und Plutarch waren besonders eng befreundet, und wahrscheinlich gelangte Plutarch zu seiner römischen Staatsbürgerschaft und seinem Familiennamen (*nomen*) ›Mestrius‹ durch Florus. Auf jedem Fall waren Plutarchs Verbindungen mit Römern und dem römischen Reich eng. Seine *Parallelen Leben* erwecken sehr stark den Eindruck einer Partnerschaft zwischen Griechenland und Rom, in der beide Länder zur Entwicklung wahrer politischer Tugend beigetragen haben. Die Einheit der griechisch-römischen Welt allerdings war prekär, und jeder griechische Staatsmann konnte nur auf Übereinstimmung aus sein (824C). Der Verfall der griechischen Polis und die Macht des römischen Reichs bildeten jedenfalls den Hintergrund für das Leben und Denken Plutarchs.

3. Plutarchs Werk

Plutarch war unter den zu seiner Zeit meistgelesenen Autoren, und er war ein produktiver Schriftsteller. Eine Sammlung von über siebzig seiner Bücher von unterschiedlicher Länge und zu verschiedenen Themen ist überliefert. Sie ist bekannt unter dem Namen *Moralia*, die lateinische Übersetzung des griechischen *ēthika*, ein Titel, der im Mittelalter für Werke zu ethischen Themen wie *De virtute morali [Über die moralische Tugend]*, *De cohibenda ira [Über die Bezähmung des*

Zorns], De fraterno amore verwendet wurde. Einige Schriften in dieser Sammlung sind zweifellos unecht, ohne deshalb nicht von Interesse und Wert zu sein, z. B. *De placitis philosophorum [Physikalische Lehrsätze der Philosophen], Vitae decem oratorum [Leben der zehn Redner]* und *De musica [Über die Musik]*. Überliefert sind außerdem 48 *Vitae* von Plutarch, von denen nur vier nicht zu den parallelen Lebensbeschreibungen zwischen berühmten griechischen und römischen Generälen und Staatsmännern gehören. Insgesamt ist das heute erhaltene Corpus der Schriften Plutarchs den Anstrengungen byzantinischer Gelehrter zu verdanken, die Werke zu sammeln. Diese Bemühungen zeigen sich exemplarisch in den großartigen Handschriften, die unter Maximus Planudes Leitung im späten dreizehnten und frühen vierzehnten Jahrhundert zusammengestellt wurden.

Viele von Plutarchs Werken sind verloren gegangen. Ihre Titel sind jedoch durch den sogenannten ›Lamprias Katalog‹ erhalten, der einem Sohn Plutarchs (nicht seinem Bruder) zugeschrieben wird. Es gibt aber keine Belege dafür, daß dieser Lamprias jemals existiert hat. Die Liste scheint aus dem vierten Jahrhundert, in dem Plutarch viel gelesen wurde, zu stammen. 227 Titel werden in dem Katalog genannt, dabei auch eine Anzahl von *Vitae*, und etwa 130 Werke, die nicht erhalten sind. Kurz gesagt, es handelt sich um einen sehr unzuverlässigen Katalog, der einige überlieferte echte Werke ausläßt und andere erhaltene unechte enthält. Die Anordnung der Schriften verrät keinen oder nur einen sehr dürftigen Sinn für Klassifikation oder Einteilung.

Wegen ihrer Verschiedenheit und Anzahl ist es schwierig, die Werke Plutarchs in einer kurzen Darstellung zu beschreiben. Er selbst sah natürlich die *Vitae* als das größte Projekt seiner literarischen Laufbahn an. Hier gebrauchte er ein Genre, das sich schon in der hellenistischen Periode fest etablierte, wahrscheinlich vor allem durch Aristoteles und seine Schule. Denn ohne die *Nikomachische Ethik* des Aristoteles gäbe es die Biographien Plutarchs wahrscheinlich nicht. So können Aristoteles' Darstellungen der einzelnen Tugenden oft durch Beispiele aus den *Vitae* illustriert werden. Weiter muß festgestellt werden, daß Plutarchs Begriff der Biographie sich wesentlich von dem heutigen unterscheidet. Denn erstens kommen in den *Vitae* moralische Annahmen zum Tragen. Sie sind in der Überzeugung geschrieben, daß sie für den Leser und den Autor selbst eine moralische Belehrung darstellen. Als Platoniker glaubte Plutarch an die Bedeutung der »Nachahmung« (*mimēsis*). Im Vorwort zu *Perikles* (1–2) erklärt er nachdrücklich, daß das Lesen über tugendhafte Handlungen »Bewunderung und Begeisterung« auslösen kann, die eine Person zu deren Nachahmung führt. Zweitens ist in den *Vitae* die chronologische Abfolge von untergeordenter Bedeutung. So haben sowohl die Person, deren Biographie dargestellt wird, wie die allgemeinen historischen Bedingungen beinahe eine starre und statische Qualität. Die wesentliche Frage in jeder *Vita* mit ihren Anekdoten aus der Kindheit des Betreffenden, der Erzählung über seine Erziehung, sein öffentliches Auftreten und seine Taten ist immer ›Was für eine Person war er?‹. Diese Frage bedeutet jedoch nicht, daß Plutarch mit den Figuren seiner Biographien als entscheidenden historischen Persönlichkeiten oder großen Männern ihrer Zeit befaßt war. Ganz im Gegenteil berücksichtigt Plutarch historische Einflüsse, die auf seine Personen eingewirkt haben mögen, selten. Vielmehr interessiert er sich für ihre individuellen menschlichen Eigenschaften, die entweder nachgeahmt oder verworfen werden können.

Die *Moralia* bezeugen Plutarchs Interesse an einem breiten Spektrum von Themen, z. B. Tierpsychologie, politische Theorie, Naturwissenschaften, Literaturkritik, Philosophie und Theorien der Erziehung. Sie unterscheiden sich in Form und Genre. Einige sind Dialoge. Für Plutarch war der platonische Dialog das wichtigste literarische Vorbild, wenn auch seine eigenen Dialoge die lebendige Technik von Frage und Antwort (*elenchos*) oder Dialektik des platonischen Sokrates oft entbehren. Die meisten von Plutarchs Dialogen sind ›diegmatisch‹, d. h. sie werden von einem der Teilnehmer erzählt. Nur wenige, wie zum Beispiel *De cohibenda ira, De sollertia animalium* oder *De pythiae oraculis* sind auf den Eindruck einer gerade stattfindenden Diskussion angelegt. Trotz des beträchtlichen Einflusses durch Platon haben Plutarchs Dialoge einen eigenständigen und unverwechselbaren Stil, dessen Einmaligkeit nicht geleugnet werden kann. Andere Werke der *Moralia* haben die Form rhetorischer Deklamationen, oder sogenannter Essais bzw. Traktate. ›Diatriben‹ wäre eine andere Bezeichnung für sie, obgleich Plutarch diesen Terminus technicus an keiner Stelle gebraucht. Kein genereller Begriff wird den Werken, die als *Moralia* bezeichnet werden, gerecht. Wie auch immer man versucht, diese Schriften Plutarchs zu klassifizieren oder zu beschreiben, – sie zeigen eine enorme Gelehrsamkeit, ein reiches Vokabular, und einen so elaborierten Stil, daß die Interpretation oft ein schwieriges Unterfangen ist.

4. Plutarchs Platonismus

Plutarch hegte eine große Bewunderung für den »göttlichen« Platon (90C). Obwohl er auch von anderen Philosophien beeinflußt war, war er ein überzeugter Platoniker. Natürlich war er ein erklärter Gegner des Stoizismus und schrieb mehrere polemische Traktate gegen diesen (z. B. *De Stoicorum repugnantiis [Über die Widersprüche der Stoiker]* und *De communibus notitiis adversus Stoicos [Über die gemeinen Begriffe. Gegen die Stoiker]*). Der Epikureismus war für Plutarch wegen seiner Leugnung der göttlichen Vorsehung noch weniger akzeptabel. So gibt es auch einige Schriften gegen die Lehre Epikurs, z. B. *Adversus Colotem* und *Non posse suaviter vivi secundum Epicurum [Daß man nach Epikurs Grundsätzen nicht angenehm leben kann]*. Insgesamt nimmt der Epikureismus in Plutarchs leicht eklektischer Philosophie keinen Raum ein. Das Ausmaß seiner Opposition gegen diese Schule wie auch gegen die stoische muß in der Zusammenfassung Plutarchs philosophischer Ansichten, die an späterer Stelle in dieser Studie unternommen wird, berücksichtigt werden.

Für Plutarch und andere Platoniker lag das Ziel (*telos*) des menschlichen Lebens in der Ähnlichkeit zu Gott, nicht in einer Entsprechung mit der Natur oder *physis* (550D ff.). Gott ist das wahrhaft existierende Wesen, das Eine (393B-C) und das Gute (423D). Als ein »Muster jeder göttlichen Tugend« sollen die Menschen das göttliche Wesen nachahmen. Tatsächlich verdienen die religiösen Dimensionen in Plutarchs Denken besondere Aufmerksamkeit. Sie finden unter anderem in *De Iside et Osiride* Ausdruck, einer Schrift, in der Plutarch ein großes Interesse an Ägypten zeigt. Hier heißt es, Gott sei allwissend (351D). Gott regiert oder leitet die gesamte Welt (382B). So liegt beim Göttlichen die *pronoia* oder »Vorsehung« für die Welt. Gott ist das »Objekt des Strebens für die gesamte Natur« (vgl. *De Fac.* 944E). Und doch ist Gott nichts von der Welt Getrenntes, sondern eng verbunden mit ihr aufgrund des Logos, der gleichzeitig immanent und transzendent ist. In 373A-B z. B. werden diese Aspekte des Logos als Seele und Körper des ägyptischen Osiris, des göttlichen Königs, Bruders und Gefährten von Isis, unterschieden. Für Plutarch ist die Seele des Osiris ewig und unzerstörbar, während sein Körper permanent von Typhon (der griechische Name für den ägyptischen Set) in Stücke gerissen wird, um von Isis wieder zusammengefügt zu werden. Der Körper des Osiris scheint so den Logos oder die *logoi*, die platonischen Formen oder Ideen, die der Materie oder Natur immanent sind, zu repräsentieren. Isis selbst wird teilweise mit der Materie gleichgesetzt, dem Aufnehmenden aus Platons *Timaios* (372E). Der Begriff göttlicher Immanenz taucht auch in *De sera numinis vindicta* (550D) auf. Hier erscheint Gott als die Totalität der Ideen, als Muster (*paradeigma*) der pysikalischen Welt und der menschlichen Wesen. So wird hier das Ziel oder *telos* der ›Ähnlichkeit mit Gott‹ verbunden mit einem Gott, der alle Archetypen, nach denen die Welt gebildet ist, enthält.

Plutarchs Kosmologie und Theologie ist Platons *Timaios* in vieler

Hinsicht verpflichtet. Plutarch schrieb einen Kommentar zum *Timaios*, – *De animae procreatione in Timaeo [Über die Entstehung der Weltseele in Platons ›Timaios‹]* (siehe auch die *Platonicae quaestiones*, v.a. Quaestiones II, IV-V, und VII-VIII, die Passagen des *Timaios* behandeln). Hauptthema ist die Kontroverse unter Platonikern über die Frage, ob Platon die Entstehung der Welt und ihrer Seele als einen wörtlich zu nehmenden zeitlichen Anfang verstanden wissen wollte, oder ob nur »zum Zweck der Untersuchung« (*theōrias heneka*, 1013A und 1017B) einen scheinbaren zeitlichen Anfang eingeführt hat. Plutarch selbst denkt, daß der Demiurg oder göttliche Handwerker Körper und Seele der Welt in einem wörtlichen Sinne geschaffen hat, nicht *ex nihilo*, sondern aus dem, was immer schon existierte: etwas amorphes, ungeordnetes Körperliches (*to sōmatikon*) und eine geistlose, irrationale »Bewegtheit« (*to kinētikon*), die ersteres in Bewegung hielt. Wie schon erwähnt wurde, repräsentiert Isis die ›Materie‹, die Amme und das »Alles-Aufnehmende« (*Tim.* 49A und 51A). So nimmt Isis alle Schöpfung auf (372E). Aber neben Isis gibt es ein negatives widerspenstiges Prinzip. Plutarch bezieht sich zur Untermauerung dieses Prinzips nicht nur auf den *Timaios*, sondern auch auf Buch X von Platons *Nomoi*. So drückt Plutarch z. B. in 370E seinen Glauben sowohl an ein wohlwollendes wie auch an ein böses Prinzip aus, das in Opposition zur guten Weltseele steht.

Wie auch immer man Plutarchs philosophische Lehren zu interpretieren oder zu verstehen versucht, so zeigt er sich doch immer als ein starker Dualist. Er denkt, daß die Natur eine Mischung aus Gut und Böse ist und von zwei entgegengesetzten Prinzipien (*archai*) oder antithetischen Mächten (*dunameis*) regiert wird. Dieser Dualismus, der in *De Iside* (369E) vertreten wird, könnte unter dem Einfluß des Zoroastrismus gestanden haben. Jedenfalls kann er leicht auf Homers *Ilias* (24,597 ff., wo Zeus aus einer Urne des Bösen und aus einer Urne der Segnungen austeilt) und auf Platon zurückgeführt werden.

Verfolgt man Plutarchs Ansichten über das Wesen der Welt weiter, so scheint es eindeutig, daß er die fünf grundlegenden Elemente oder geometrischen Figuren, die Platon im *Timaios* (53C-56C) beschreibt, akzeptiert: Der Würfel repräsentiert die Erde, die Pyramide das Feuer, das Oktaeder die Luft, das Eikosaeder das Wasser. In *De defecto oraculorum* 428Cff. werden diese zu Ruhe, Bewegung, Identität und Differenz in Entsprechung gesetzt. Es handelt sich hier um vier der großen Genera (*megista genē*) aus Platons *Sophistes* (256C ff.). Das Dodekaeder, eine fünfte Figur, ist so umfassend, daß es die anderen Figuren in sich einschließt. Es scheint das Bild des »Seienden«, des fünften großen Genus aus dem *Sophistes*, zu sein. Derartige geometrische und physikalische Reflexionen zeigen nicht nur Plutarchs Interesse an Mathematik und der Philosophie Platons, sondern auch seine Fähigkeit, differenzierte Unterscheidungen zu treffen und originär zu denken. Zum Beispiel unterscheidet er in *De fac. in orb. lun.*943A ff. zwischen der menschlichen Seele (*psuchē*) und dem Intellekt (*nous*). Obwohl sich eine solche Unterscheidung schon bei früheren philosophischen Denkern findet, scheint niemand vor Plutarch sie so eindeutig getroffen zu haben. In *De genio Socratis [Der Schutzgeist des Sokrates]* (591D ff.) wird der *nous* als dem Körper äußerlich angesehen, so daß er als sein *daimon* über ihn wacht. Wiederum ist hier der *Timaios* wichtig. In 90A spricht Platon von dem »maßgebendsten Element« der Seele als *daimon*, den Gott jedem von uns gegeben hat und der uns in Richtung auf das uns Verwandte (*sungeneia*) im Himmel lenkt.

5. Plutarchs Dämonologie

Plutarchs Glaube an *daimones* war natürlich stark beeinflußt durch das Denken des Xenokrates, Platons Nachfolger in der Akademie. In *De defecto oraculorum* (416C ff.) finden sich die wesentlichen Züge von Plutarchs Dämonologie. Aus diesem Abschnitt geht hervor, daß die *daimones* als ein wichtiges Verbindungsglied zwischen Gott und den Menschen dienen. Sie greifen in die menschliche Existenz auf eine Weise ein, die die göttliche Gelassenheit nicht stört. Plutarch bezieht sich auf Xenokrates als Autorität, wenn er annimmt, daß das gleichseitige Dreieck mit der göttlichen Natur verglichen werden kann, das ungleichseitige mit der menschlichen Natur und das gleichschenklige (das teils gleich und teils ungleich ist) mit der *daimonischen.* Entsprechend ihrer vermittelnden Rolle leben die *daimones* auf dem Mond, der auch, als »erdgleicher Stern« oder »himmlische Erde«, einen Zwischenstatus zwischen der Erde und dem Himmel hat.

Für Plutarch sind die *daimones* von ihrer Natur her gut. Aber da sie den Leidenschaften unterworfen sind, können sie zeitweilig böse sein. Ob Plutarch an durch und durch schlechte *daimones* geglaubt hat, ist eine andere Frage, die hier nicht umfassend diskutiert werden kann. Es soll genügen, daß Plutarch an einen beschützenden persönlichen *daimon* geglaubt hat, dessen berühmtestes Beispiel die innere Stimme war, die Sokrates leitete.

Hier ist ein Abschnitt in *De genio Socratis* (591D ff.) von besonderer Bedeutung. Nach Plutarch werden die meisten Sterblichen von einer Gruppe körperloser Seelen, die zu *daimones* geworden sind, bewacht. Diese *daimones* oder Wächter sind Seelen, die sich durch die stürmische See des Lebens gekämpft haben (in diesem Abschnitt finden sich Anklänge an Odysseus Heimreise) und jetzt vom Kreislauf der Wiedergeburt befreit sind. Nur edle Seelen dienen als Wächter. Und doch postuliert Plutarch in *De tranquillitate animi [Über die Gemütsruhe]* (474B-C), wo er auch das Thema der beschützenden *daimones* diskutiert, zwei *daimones* für jede Person, einen guten und einen schlechten. Hier zitiert er Empedokles als Autorität (DK 31B122). Noch einmal zeigt sich so Plutarchs Dualismus. Es scheint, als hätte es entgegengesetzte Tendenzen in seinem Denken gegeben. Diese Konflikte spiegeln vermutlich die Komplexität theoretischer Überlegungen zu den *daimones*, ihrer Natur und ihrer überall anwesenden Beziehung zum Göttlichen und zu menschlichen Wesen, – ein Theoretisieren, das spätestens mit Hesiods *Werken und Tagen* begann.

6. Plutarch über Unsterblichkeit

Noch einmal zurück zu Plutarchs Unterscheidung zwischen Seele (*psuchē*) und Intellekt (*nous*), die in zwei Toden sterben (*De fac. in orb. lun.* 943A ff.). Der erste tritt auf der Erde ein, – *psuche und nous* werden vom sterblichen Körper getrennt. Der andere ›Tod‹ ereignet sich auf dem Mond. Der *nous*wird, nach einer langen Zeit der Reinigung, von der *psychē* getrennt. Denn wenn die *psuchē* nach dem ersten Tod aufsteigt, erleidet sie auf ihren Wanderungen in den Gefilden zwischen Himmel und Erde Strafen. Wie lange sie hier auf den »Wiesen des Hades« bleibt, hängt von ihrer moralischen Verfassung ab. Die Ankunft auf dem Mond ist ein verwirrendes und erregendes Erlebnis, wie das der Initiation in die Mysterien. Der Mond also ist bewohnt von Seelen, die nach dem ersten Tod, der Trennung vom Körper, dorthin gelangt sind. Diese Seelen sind, wie schon erwähnt wurde, die *daimones*. Sie kehren auf die Erde zurück, um die Orakel zu überwachen, Übeltäter zu bestrafen und Menschen zu schützen. Eines Tages mag dann die »Liebe für das Bild der Sonne« ihre weitere Befreiung bringen. Der *nous* entkommt jetzt der *psuchē*, die träumend auf dem Mond zurückbleibt, bis sie schließlich ganz von ihm aufgenommen wird wie der Körper von der Erde. Es gibt auch einen rückwärtsgerichteten Prozeß: Die Sonne »sät« *nous* auf dem Mond, und formt mit ihm Seelen (*psuchai*). Diese gehen zur Erde und erhalten dort Körper. So ist der Mond der einzige Teil des Kosmos, der empfängt und gibt. Er ist der Mittelpunkt im ganzen Prozeß des Werdens.

Ebenso wichtig ist, daß Plutarchs Glaube an eine personale Unsterblichkeit begrenzt war, wie sich auch aus diesem ungewöhnlichen

Text in *De fac. in orb. lun.* schließen läßt. Selbst in der *Consolatio*, die sich anläßlich des Todes der Tochter Timoxena an seine Ehefrau richtet (608A), scheint sich im Bezug auf die Unsterblichkeit ein Zögern zu finden: Es sei schwerer, nicht an unser Weggehen zu einem besseren Ort zu glauben als an es zu glauben, – ein platonischer Verzicht auf ein festes Dogma. In der *Consolatio* findet sich der wiederholte Rat, in der Trauer auf eine exzessive Emotionalität zu verzichten. Dem äußeren Verhalten und dem Anstand scheint Plutarch größeres Gewicht zu geben als dem richtigen Glauben oder einer orthodoxen Lehre.

7. Die Ethik des Plutarch

Für Plutarch sind Ethik und Moral wesentlich verbunden mit dem Glauben an eine Gottheit, die unerschütterlich und gut und ein Musterbild jeder Tugend ist (*De sera* 550D f.). Alle Menschen sollen »Gott folgen«, und so ist die Tugend zu einem gewissen Ausmaß eine Verähnlichung mit Gott. Was Plutarch unter ›Tugend‹ versteht, geht am besten aus *De virtute morali* hervor, der umfassendsten seiner überlieferten ethischen Schriften. Das Werk ist oft polemisch. Von Anfang an greift Plutarch die stoische Konzeption der einen Seele, die keine Teile hat, an (440D ff.). Nach Plutarch unterscheidet sich die moralische Tugend (*e̱thike̱ arete̱*) von der theoretischen Tugend, da sie Emotionen (*pathe̱*) als ihre Materie hat und die Vernunft als ihre Form. Die Emotionen aber gehören zum irrationalen Teil der Seele. Im Gegensatz zur moralischen Tugend hat es die theoretische Tugend nur mit dem rationalen Teil der Seele zu tun.

Hinter diesen aristotelisch anmutenden Unterscheidungen steht die Psychologie Platons. Nach Platon gibt es in der Seele rationale und irrationale (oder nicht-rationale, *aloga*) Elemente, die in einer ähnlichen Weise zu einander in Beziehung stehen wie Seele und Körper. In Plutarchs Deutung war die menschliche Seele für Platon ein Abbild der Weltseele, die Anteile von »Verstand und Überlegung«, sowie von »Emotion« und »Irrationalität« enthält. Der irrationale Teil der Seele wiederum hat einen »begehrenden« (*epithume̱tikon*) und einen »mutvollen« (*thumoeides*) Teil. Wie schon bemerkt wurde, besteht die moralische Tugend in einem Zustand, in dem die irrationale Seele durch die Vernunft geformt ist. Genauer gesagt soll es sich um einen mittleren Zustand (*meso̱te̱s*) zwischen Exzeß und Mangel handeln. Damit übernimmt Plutarch offensichtlich einen Teil der aristotelischen Ethik, um die Ethik der Stoiker zu bekämpfen. Das wird besonders deutlich in 444C-445A, wo die Lehre von der Mitte im einzelnen diskutiert wird.

Sind die Menschen aber fähig, das Mittlere zu erreichen? Und in welchem Ausmaß kann eine emotionale Ordnung hergestellt werden? In der Beantwortung dieser Fragen wird Plutarchs Einschätzung der menschlichen Natur deutlich. Mit Sicherheit glaubte er weder an die Perfektionierbarkeit der menschlichen Natur, noch dachte er, das Irrationale könne völlig durch den *logos* oder die Vernunft kontrolliert werden. Dem, was erreicht werden kann, sind Grenzen gesteckt. Diese sind durch die Struktur der Welt und Gottes Macht in ihr gesetzt. In *De sera* (551C ff.; 562B-D) äußert Plutarch seine Überzeugungen über die menschliche Natur und ihre Fähigkeit zur Verbesserung. Um diese Passagen kurz zusammenzufassen: Jeder ist der Strafe für Tendenzen zum Laster verfallen; es gibt allerdings eine Möglichkeit, ihr durch richtige Meinungen und Beachtung der Konventionen oder Bräuche einer gesunden Gemeinschaft oder Gesellschaft zu entkommen. Von Gott bringen wir zwar Gutes mit, aber dieses kann leider durch schlechten Umgang oder schlechte Gewohnheiten verdorben werden.

Entscheidend ist, Gebrauch von der Erziehung zu machen, und zwar nicht, indem die Tendenzen zum Bösen verborgen, sondern indem sie vernichtet werden, und indem die guten Tendenzen gestärkt werden. So argumentiert Plutarch in *Quomodo quis suos in virtute sentiat profectus [Wie man seine Fortschritte in der Tugend bemerken könne]* (75A), daß das gute Leben in einer schrittweisen Konversion bestehe, deren Vollständigkeit nur dem Einzelnen und letztlich allein Gott bekannt ist. Aber woran kann der Fortschritt einer Person in der Tugend (*prokopē*, ein Begriff, den auch die Stoiker gebrauchten) festgemacht werden? Es gibt mehrere Anhaltspunkte (82B): Bereitschaft, sich korrigieren zu lassen; Abnahme exzessiver Emotionen; ein wachsendes Bestreben, der Vernunft zu gehorchen; eine echte Bewunderung für gute Personen; Besorgtheit in Kleinigkeiten, die eine Besorgtheit in größeren Dingen anzeigt. Ein Fortschritt in der Tugend wird gemacht, indem man sowohl der Theorie wie der Praxis Aufmerksamkeit schenkt, – indem man »nützliche Überlegungen« (*chrēsimōn epilogismōn,* 532D) kennt und bereithat, und indem man solche Übungen macht, die zu guten Gewohnheiten führen. Dabei ist man nicht gehalten, die *apatheia* (Eliminierung der Leidenschaften) zu erstreben, sondern die *metriopatheia* (Mäßigung der Leidenschaften).

Jeder Mensch ist Teil einer Familie oder einer größeren Gemeinschaft. Über moralische und soziale Beziehungen hat Plutarch viel zu sagen. Wie schon angedeutet wurde, ist das richtige menschliche Umfeld besonders wichtig, um gute Tendenzen zu stärken und verderbliche auszulöschen (in Entsprechung zu seinem allgemeinem

Dualismus glaubt Plutarch, daß Menschen nicht nur gute, sondern auch schlechte Neigungen haben). Familie und Gemeinschaft sind wichtig für die Entwicklung des Einzelnen. Im Rahmen seines Interesses an der Familie äußerte sich Plutarch vielfach zur Ehe. Werke wie *Amatorius*, *Coniugalia praecepta [Ehevorschriften]*, und *Consolatio ad uxorem* zeigen, daß er familiären und ehelichen Verbindungen große Bedeutung zumaß. Besonders interessant ist *Coniugalia praecepta*, da es in seiner Form einzigartig unter Plutarchs Werken ist. Es besteht in einer Sammlung von Vergleichen oder Gleichnissen, die jeweils eine Lekion enthalten und kaum argumentativ verbunden sind. Dabei bietet es viele Ratschläge für die Ehe, nach welchen Treue und Loyalität für beide Geschlechter bindende Werte sind und die Pflichten des Ehemanns so streng sind wie die der Ehefrau. Im *Amatorius* vertritt Plutarch die Ansicht, daß die heterosexuelle Liebe der homosexuellen bei weitem überlegen ist. In einer traditionellen Ehe könne Sexualität der Beginn einer Zuneigung (*philia*) sein. Wichtig sind Zufriedenheit und Respekt, die so entstehen, nicht die Lust an sich. Sexualität und Ehe sind spezielle Arten der *philia*, und die *philia* war von besonderer Bedeutung für Plutarch.

Philia war ein wichtiger Begriff der griechischen Ethik, wie sich z. B. in Platons *Lysis* und mehr noch in Aristoteles' *Ethiken* zeigt. Themen wie das Bedürfnis der guten Person nach Freunden oder der Wert vieler Freunde wurden häufig diskutiert. Sie finden sich auch bei Plutarch. So weist er z. B. *polyphilia* oder »viele Freunde zu haben«, was von den Stoikern positiv eingeschätzt wurde, in *De amicorum multitudine [Über die Menge der Freunde]* zurück. Plutarch sieht die *polyphilia* als ein Zeichen eines instabilen Charakters an: In wahrer Freundschaft findet man sich zu zweit zusammen, nicht in einer Herde. Guter Wille (*eunoia*) und Dankbarkeit sind wesentlich für eine echte Freundschaft. Der »Freund vieler« läßt Wechselhaftigkeit des Charakters und falsche Freundschaft vermuten. *Quomodo adulator ab amico internoscatur [Wie man den Schmeichler vom Freund unterscheiden könne]* ist ein besonders wichtiges Werk Plutarchs zum Thema der Schmeichelei und Freundschaft. Die Frage, wie ein Schmeichler (*kolax*) zu erkennen sei, wird ausführlich diskutiert (52A-F).

Philia war also ein Thema der sozialen Moral, mit deutlichen Verbindungen zum öffentlichen Leben, vor allem in der griechisch-römischen Welt Plutarchs. Es soll kurz dargestellt werden, wie Plutarch diese Welt wahrnahm, was seine Ansichten zum Prinzipat und der Politik im allgemeinen waren. Plutarch war ein Befürworter der Monarchie. Er war überzeugt, daß der Herrscher ein Abbild (*eikōn*) Gottes, des Herrschers des Universums, ist, und daß er in der Herrschaft über Menschen im Dienst Gottes steht (*Ad principem inerudi-*

tum [An einen ununterrichteten Fürsten], 780D-E). In *De unius in republica dominatione, populari statu, et paucorum imperio [Über die Monarchie, Demokratie und Oligarchie]* beruft sich Plutarch auf Platon als Autorität, wenn er die These von der Monarchie als bester aller Verfassungen vertritt. So ist deutlich, daß er kein Anhänger der Demokratie war. Trotzdem kritisiert er Epikureer und Stoiker (*Adv. Col.*1125C ff.; *Stoic.rep.*1033E-F) wegen ihrer Verachtung für das politische Leben. Er befürwortet die Position des Staatsmanns als vornehmste und in umfassendster Weise wohltätigste aller Beschäftigungen (*An seni* 786B). Opposition zum Prinzipat oder gegen einzelne römische Herrscher bringt Plutarch nirgends zum Ausdruck. Zwar macht er die genannten Anspielungen auf Neros Fehlverhalten (*De sera num. vin.*), aber er kritisiert nirgends das Prinzipat oder das Prinzip der Monarchie an sich.

8. Plutarch und die zeitgenössischen philosophischen Schulen

Plutarch war sein Leben lang Platoniker. Als solcher war er Gegner anderer philosophischer Schulen, besonders aber der Epikureer und der Stoiker. Epikureische Lehren, vor allem die Atomtheorie, die Leugnung der göttlichen Vorsehung und der Unsterblichkeit der Seele, sowie die Betonung der Lust als den höchsten Guts mißfielen Plutarch. Obwohl er epikureische Freunde hatte und epikureische Schriften las, zeigt er nirgends Sympathie für die Lehren der Schule. Plutarchs Einstellung zur Stoa ist weniger eindeutig. Er schrieb einige polemische Traktate gegen stoische Überzeugungen. Und doch ist es recht wahrscheinlich, daß Plutarch sich zu der Zeit, als Vertreter der Stoa begannen, die Ansichten ihrer Vorgänger zu modifizieren oder gar aufzugeben und der Platonismus sich in seinen Lehren veränderte, in manchen Themen nicht wesentlich von seinen stoischen Zeitgenossen unterschied. Anders als die Epikureer betrachteten die Stoiker die Lust keineswegs als das höchste Gut. Wie Plutarch waren sie entschiedene Vertreter der göttlichen Vorsehung, selbst wenn Plutarch und die Stoiker in der Frage der Natur Gottes voneinander abwichen. Es besteht zudem kein Zweifel, daß Plutarch die Werke des Aristoteles kannte; eine Schrift wie *De virtute morali* zeigt den Einfluß des Stagiriten. Doch in den Augen Plutarchs war Aristoteles dem »göttlichen« Platon nie gleichgestellt. Dem Kynismus, einer anderen philosophischen Schule, schenkte Plutarch wenig Aufmerksamkeit. In *De def. orac.* (413A ff.) tritt der Kyniker Didymos (mit Spitznamen Planetiades) nur auf, um sich schnell von Plutarch und seinen Freunden zu verabschieden.

9. Schlußfolgerungen

Einem Denker gerecht zu werden, der so vieles und zu so vielen verschiedenen Themen geschrieben hat, ist schwierig. In beinahe allen seiner Werke ist Plutarch ein Schriftsteller par excellence, der ein großes Repertoire rhetorischer Techniken verwendet und über eine außergewöhnlich reiche und farbige Sprache verfügt. Der Zweck seines Werkes war zu überzeugen, wenn auch weniger durch Logik (formale Logik zählte nicht zu den besonderen Interessen Plutarchs) als durch Gelehrsamkeit. Mit Sicherheit war er einer der gebildetsten Denker der Antike; seine Kenntnis der Werke anderer war umfassend. In seinen Überzeugungen war Plutarch ein Platoniker, der die Verähnlichung mit Gott (eine Konzeption, die aus dem *Theaitetos* 176B abgeleitet ist) als das Ziel des menschlichen Lebens, sein *telos*, betrachtete. Indirekt war er von manchen peripatetischen und stoischen Lehren beeinflußt, was ihn nicht daran hinderte, die Stoiker in mehreren polemischen Traktaten anzugreifen. Er war ein überzeugter Kritiker des Epikureismus. Doch obwohl Plutarch sich selbst als Platoniker betrachtete, wurde seine Ansicht über die wörtlich zu verstehende Schöpfung oder den Anfang des Kosmos in *De animae procreatione in Timaeo* in den Augen späterer Platoniker zu einer notorischen Ketzerei, die durch ihre Ähnlichkeit mit der christlichen Lehre umso schwerwiegender war. Als eine Folge dieser Bewertung wurden Plutarchs mehr fachphilosophische Werke vernachlässigt, so daß er uns aus der Antike eher als ein Literat denn als ein ernstzunehmender Philosoph entgegentritt. Sein »mosaikartiges Werk« (*musaicum opus*) sollte jedoch nicht unterschätzt werden. Der Einfluß der *Moralia* und *Vitae* war gewaltig. Er hinterließ Spuren in Werken von Shakespeare und bei so unterschiedlichen literarischen Persönlichkeiten wie Ralph Waldo Emerson und Thomas Mann.

Aus dem Englischen übersetzt von Katja Vogt.

Jackson P. Hershbell

Epiktet

1. Sein Leben und seine Zeit

Epiktet ist einer der berühmten Stoiker der ersten zwei Jahrhunderte n. Chr. Anders als bei Musonius Rufus, seinem Lehrer, der manchmal als »römischer Sokrates« bezeichnet wurde, und Seneca, dem politischen Berater von Nero, oder Mark Aurel, römischer Imperator von 161 bis 180 n. Chr., ist über das Leben dieses freigelassenen Sklaven wenig bekannt. Die wichtigsten antiken Quellen zu Epiktets Leben sind die *Noctes Atticae* des Aulus Gellius (II 18 und XV 11), Simplikios' Kommentar *In Epicteti Encheiridion*, und das byzantinische Lexikon, das als *Suda* bekannt ist. Neben diesen Werken liegen die *Diatriben* (*Diatribai*) des Epiktet vor, zusammengestellt und ediert von Arrian von Nikodemien. Dieser schrieb die Reden seines Lehrers nieder, ähnlich wie Xenophon einst die Gespräche des Sokrates in den *Memorabilia* aufgezeichnet hatte. Tatsächlich trugen die *Diatriben* dazu bei, Arrians Ruf als neuer Xenophon zu etablieren. In ihnen tritt Epiktet als der neue Sokrates auf, der die Meinungen und Werte seiner Zeitgenossen in Frage stellt. Die *Diatriben* ermöglichen damit ausgezeichnete Einsichten in Epiktets Persönlichkeit und den stoischen Unterricht, den er Arrian in Nikopolis in Epirus gab. Nikopolis ist eine griechische Stadt, die Augustus auf dem Gelände seines Feldlagers vor der Schlacht von Actium im Jahre 31 v. Chr. erbaute.

So wertvoll diese Quellen auch im Bezug auf Epiktets Leben sind, so stellen sie doch kaum eine Grundlage für die Datierung seiner Geburt und seines Todes dar. Höchstwahrscheinlich wurde Epiktet wenige Jahre vor dem Beginn von Neros Herrschaft im Jahre 55 geboren. Später wurde er Student bei Musonius Rufus, einem Etrurier aus dem Ritterstand und einem hochangesehenem stoischen Lehrer, der wegen des Verdachts der Beteiligung an der Pisonischen Verschwörung im Jahre 65 von Nero nach Gyaros, eine unbekannte Insel der Kykladen, verbannt wurde. Epiktet wurde wahrscheinlich Musonius Schüler, nachdem dieser im Jahre 69 unter Galba aus dem Exil zurückgekehrt war. Während der Zeit, in der Epiktet bei Musonius studierte, war er vermutlich ein Sklave des Epaphroditus, eines prominenten Freigelassenen und Mitglied von Neros Hof, der dem Kaiser 68 Beihilfe zum Selbstmord leistete. Über Epiktets Leben als Sklave ist wenig bekannt. Ein anonymes Epigramm, das von Johannes Chrysostomos und von Macrobius zitiert wird, bezieht sich auf

Epiktets Status als Sklave ebenso wie eine frühe Inschrift aus Pisidien, einem Gebirgsland in Kleinasien; nach dieser Inschrift war Epiktet der Sohn einer Sklavin. Ein Bericht in der *Suda* nennt als Epiktets Geburtsort Hierapolis, eine wichtige Stadt in Kleinasien. Höchstwahrscheinlich kam er als Kind nach Rom, als er an Epaphroditus verkauft wurde. Wie lange Epiktet Epaphroditus' Sklave blieb, ist nicht bekannt. Epaphroditus wurde unter dem Kaiser Domitian unter dem Vorwand, Nero etwa 35 Jahre früher Beihilfe zum Selbstmord geleistet zu haben, hingerichtet (Sueton, *Dom.* 14). Und es war etwa im Jahr 94, daß Domitian die Philosophen, einschließlich Epiktet, aus Rom verbannte. Am wahrscheinlichsten ist, daß Epiktet seine Freiheit etwa zu der Zeit von Epaphroditus' Tod und seiner eigenen Verbannung nach Nikopolis erlangte.

2. Stoizismus und frühe Kaiserzeit

Um die Verbannung der Philosophen aus Rom unter Domitian zu verstehen, muß man wissen, daß römische Amtsinhaber Philosophen gegenüber oft Mißtrauen empfanden. Unter der Herrschaft Neros hatte dieses Mißtrauen zum erste Mal tödliche Folgen. Im Jahre 65 beschloß Seneca als Folge der Pisonischen Verschwörung, sich das Leben zu nehmen; Musonius Rufus wurde nach Gyaros verbannt, und Barea Soranus und Thrasea Paetus, beide Stoiker, begingen Selbstmord. Helvidius Priscus, Thraseas Schwiegersohn und aller Wahrscheinlichkeit nach ein kynischer Philosoph, der Neros Terrorregime überlebt hatte, wurde später von Vespasian ins Exil geschickt und schließlich, möglicherweise auf Anordnung des Senats, hingerichtet. Etwa im Jahre 71 vertrieb Vespasian alle Philosophen mit Ausnahme von Musonius Rufus aus Rom, da ihre Lehren »nicht immer den Zeiten angemessen waren«, und sie »ihre Hörer auf subtile Weise verdarben« (Dio Cassius, LXVI 13,1). Domitian war demnach nicht der erste, der Philosophen aus Rom verbannte; es gab Präzedenzfälle. Gleichzeitig wurden prominente Stoiker aus dem Senat hingerichtet: Helvidius Priscus der Jüngere, Junius Arulenus Rusticus, und Herrenius Senecio, – die beiden letzteren deshalb, weil sie Thrasea und Helvidius Priscus den Älteren gelobt hatten. Ohne Zweifel zeigt das Verhalten des Domitian ein Unbehagen an der schweigenden und auch der ausgesprochenen Kritik der Philosophen. Es gibt allerdings keinen Grund zu der Annahme, daß Epiktet oder ein anderer Stoiker Pläne für ein Attentat auf Domitian hegte oder eine bestimmte Regierungsform, monarchisch oder republikanisch, unterstützte. Ihre Opposition richtete sich nicht gegen den Prinzipat als solchen, sondern gegen einzelne Kaiser, die sich, wie Nero und Domitian, wie Tyrannen verhielten. Zudem war es, obwohl Stoiker zur Zeit des Prinzipats und davor oft die Bedeutung der Freiheit betonten, nicht die politische Freiheit, die sie meinten, sondern die Freiheit, im Einklang mit dem eigenen Gewissen oder ihren moralischen Zielen zu handeln. So nahm etwa Thrasea Paetus nicht teil an der Feier seiner Mitsenatoren anläßlich der Ermordung von Neros Mutter Agrippina.

Wie seine stoischen Zeitgenossen kritisierte Epiktet den Caesar, während er einen Begriff der Freiheit, der eher ethisch als politisch war, propagierte. Wenn Epiktet z. B. in II 1,23 fragte, »ist Freiheit in dieser Zeit etwas anderes als das Recht zu leben, wie wir wollen«, so war seine rhetorische Antwort »nichts anderes«. Um die innere Freiheit zu erreichen, so wies Epiktet seine Schüler an, sollten sie um nichts anderes besorgt sein als um ihre moralische Wahl oder Zielsetzung (*prohairesis*), da diese durch nichts Äußeres kontrolliert werden könnte, auch nicht durch den Caesar. Der Caesar mag mit Exil oder Tod drohen, aber seine Drohungen richten sich nur gegen den Körper (II 6,20 ff.). Er kann keinen Stoiker dazu bringen, entgegen der göttlichen Vernunft in allen Menschen zu denken, und der Tod ist dem Ende der moralischen Autonomie, der inneren Freiheit des rationalen Denkens und der moralischen Wahl, vorzuziehen (siehe z. B. IV 1, die längste *Diatribe*, mit dem Titel »Über Freiheit«). Ähnliche Einstellungen kommen in den *Diatriben* oft zur Sprache, und obwohl Epiktet Nero und Vespasian mehrfach nennt, ist der Caesar, an den er wohl am häufigsten dachte, Domitian. Schließlich war es dieser, der Epiktet und andere Philosophen aus Rom verbannte. In I 24,3–5 bezieht sich Epiktet wahrscheinlich auf die Schrecken der Herrschaft des Domitian.

3. Arrian und Epiktet

Arrian studierte wahrscheinlich um 107–109 n. Chr. bei Epiktet, zu der Zeit, als dieser ein »lahmer alter Mann« war (I 16, 30). Epiktets Lahmheit wird an keiner Stelle der *Diatriben* erklärt. Nach Kelsos, vermutlich ein Platoniker und beinahe Zeitgenosse von Epiktet, kam es zu dieser Lähmung, als Epiktets Bein von einem grausamen Herrn (Epaphroditus?) verdreht und gebrochen wurde. Simplikios und die *Suda* bieten eine möglicherweise plausiblere Erklärung an, die, anders als Kelsos' Darstellung, nicht den Sinn hatte, die Leiden des heidnischen Epiktet über die des gekreuzigten Jesus zu stellen: Epiktet habe an Rheumatismus gelitten. Einige Zeit nach Arrians Begegnung mit Epiktet hatte Kaiser Hadrian, so berichtet Aelius Spartianus, »freundschaftlichen Umgang mit Epiktet« (*in summa fa-*

miliaritate Epictetum habuit: Hist. Aug. Hadr. 16,10). Das wurde manchmal dahingehend verstanden, daß Hadrian Epiktet während seiner Reise durch Griechenland in den Jahren 124–125 in Nikopolis besucht hätte. Nach der *Suda* lebte Epiktet jedoch bis zur Zeit des Mark Aurel, eine zweideutige Aussage, die sich entweder auf Mark Aurels Geburt 121 oder auf den Beginn seiner Regierung 161 bezieht. Wahrscheinlich ist ersteres der Fall, da es keine Belege dafür gibt, daß Mark Aurel Epiktet je getroffen hätte. Er hatte selbstverständlich die *Diatriben* gelesen und bewunderte Epiktets philosophisches Denken. Da Mark Aurel 121 geboren ist, kann der Bericht der *Suda* mit dem in Aelius Spartianus' *Leben des Hadrian* harmonisiert werden, wenn man annimmt, daß Hadrian Epiktet irgendwann vor seiner Reise nach Griechenland getroffen hat und daß der stoische Lehrer etwa 121 starb, ein Datum, das mit vielen Belegstellen zusammenpaßt. Wenn Epiktet etwa im Jahre 50 geboren wurde, war er ungefähr zwanzig, als er 69 das Studium bei Musonius aufnahm. Aus Rom mit Mitte vierzig verbannt, starb Epiktet in Nikopolis im Alter von ungefähr 70 Jahren.

4. Epiktets Schule in Nikopolis

Ein Bericht des Simplikios, eines platonischen Kommentators der aristotelischen Schriften im 6. Jahrhundert, weist darauf hin, daß Epiktet in Rom in extremer Armut lebte. Es gibt Belege dafür, daß er nach seiner Verbannung nach Nikopolis weiterhin ein äußerst genügsames Leben führte. Ein Beispiel hierfür ist die Geschichte, daß ihm seine eiserne Lampe gestohlen wurde und er sie durch eine Lampe aus Lehm ersetzte (I 18,15; vgl. I 29,21). Obwohl Epiktet aller Wahrscheinlichkeit nach kein Geld für seinen Rat und Unterricht nahm, wird er möglicherweise Spenden von seinen Studenten und Besuchern erhalten haben. Schließlich waren einige seiner Schüler durchaus wohlhabend (IV.1,144), und viele seiner Besucher waren prominente Mitglieder der griechisch-römischen Gesellschaft, z. B. ein Priester des Augustus in Nikopolis (I 19,26–9); Naso, ein wohlhabendes Mitglied des Ritterstandes mit Verbindungen nach Rom (II 14,1.17 f.); ein reicher Redner, der Epiktet oft besuchte (II 24); der kaiserliche Kommissar (*corrector*) Maximus, ein Epikureer (III 7); ein Mann, der zweimal Konsul und ein Freund des Caesar war (IV.1,6 *et passim*).

Im Unterschied zu den vornehmen Besuchern, denen Epiktet Ratgeber war, sind seine regulären Studenten nirgends einzeln beschrieben. Sie scheinen jung gewesen zu sein, Teenager oder Anfang zwanzig. Offenbar hatten sie oft Heimweh, da sie nicht, wie Arrian, aus Nikopolis kamen (I 9,10.18; 10,12; 30,5; II 17,29; 21,12 ff.; III 5.). Einige machten Besichtigungsreisen durch Griechenland (I 6,23 ff.), wurden von Kinderfrauen und *paidagogoi* aufgezogen (III 19,4) und hatten die Aussicht, in vornehmen Villen mit Sklaven und Freigelassenen zu leben, elegante Kleider zu tragen und viele Jagdhunde, Sänger und Schauspieler zur Unterhaltung zu haben (IV.7,37). Ohne Frage wurde von ihnen erwartet, öffentliche Ämter einzunehmen, und Epiktet spielt oft auf die Befürchtungen, die sie vor der Konfiszierung ihres Eigentums, vor Exil oder Enthauptung gehabt haben dürften, an. Er betrachtete das Streben nach Ehre und Reichtum, welches in den Gesellschaftsschichten, dem seine Schüler angehörten, üblich war, mit Mißfallen.

5. Der Lehrplan und der Ort von Epiktets Schule

Epiktet traf seine Studenten und Besucher vielleicht in oder nahe bei dem Gynmasium von Nikopolis. Möglich ist auch, daß er in seinem kleinen Haus oder Besitz in Nikopolis Stunden gab (I 1,10). Doch wo auch immer seine Schule sich traf – über die Art seines Unterrichts geben die *Diatriben* Aufschluß. Höchstwahrscheinlich bestand er in der Lektüre von stoischen Autoren wie Chrysipp. Die Bemerkungen Epiktets in I 10,8 z. B. können plausibel dahingehend interpretiert werden, daß er vor dem Treffen mit seinen Studenten einen bestimmten Text durchlas und in der Unterrichtsstunde einen der Studenten diesen Text vorlesen und interpretieren ließ. Die Studenten haben möglicherweise auch Aufsätze oder Dialoge im Stil des Xenophon verfaßt, sowie Platon und Antisthenes imitiert (II 17,35; III 23,23 ff.). Epiktet sah es mit Sicherheit als einen Teil der moralischen Erziehung an, seine Studenten zum Schreiben aufzufordern (III 26,3;IV.4,14).

Ohne Zweifel erwartete er von ihnen gründliche Kenntnisse in der stoischen Logik. Epiktet ist die wichtigste Quelle für das Trilemma des Diodor von Iasos, das als »Meisterargument« bekannt ist. Eine sorgfältige Lektüre der *Diatriben* zeigt, daß die Logik von großer Bedeutung für Epiktet war. Vieles in den *Diatriben* wiederholt sich, doch dies scheint durchaus mit Absicht zu geschehen, – denn schließlich, »wurde dir nicht wieder und wieder gesagt, daß du das Verlangen gänzlich vernichten sollst?« (IV.4,33). Epiktet betrachtete den Vorlesungsaal als Krankenhaus (III 23, 30), und es ging ihm, wie einem Arzt, um die geistige Gesundheit oder das geistige Wohlergehen seiner Studenten. Die gesamten *Diatriben* insistieren darauf, daß die Studenten sich in der stoischen Lebensweise trainieren müssen, und eine solche Askese war zentral für Epiktets Konzeption der Philosophie.

Die Komposition und Form von Epiktets *Diatriben* haben beträchtliche Diskussionen hervorgerufen. Zunächst mag der Hinweis genügen, daß das Werk in der Antike durch verschiedene Titel bezeichnet wurde, z. B. *dialexeis*, *logoi*, *dissertationes*, *hypomnēmata*, und daß die *Diatriben* heute aus vier von ursprünglich mindestens acht Büchern bestehen. Die Diatribe war kein literarisches Genus der Antike, und moderne Begriffe der Diatribe sind oftmals unpräzise und unangemessen weit. Die Diatribe wurde zum Beispiel mit der vermeintlichen Popularisierung der Philosophie in der griechisch-römischen Periode in Zusammenhang gebracht, und mit Predigten, die kynische (und stoische) Straßenprediger den einfachen Leuten hielten. Allgemein scheint es richtig, den Begriff Diatribe für moralische Vorlesungen und Diskussionen in philosophischen Schulen zu verwenden, oder für deren schriftliche Darstellungen und literarische Nachbildungen. Epiktets Lehren sind durch Arrians schriftliche Darstellungen erhalten. Es ist jedoch gerade Arrians Komposition dieser Diatriben, die Fragen aufgeworfen hat.
Besondere Probleme wirft der Brief auf, der den *Diatriben* vorangestellt ist, in dem Arrian an Lucius Gellius, wahrscheinlich ein prominenter Korinther der Hadrianischen Periode, schreibt:

> »Ich habe diese Worte (*logoi*) Epiktets nicht in dem Sinn verfaßt, wie von einem gesagt werden kann, man ›verfasse‹ Bücher dieser Art (*suggrapseie*), noch habe ich sie aus meiner eigenen Entscheidung der Welt zugänglich gemacht: Tatsächlich gestehe ich, daß ich sie überhaupt nicht ›verfaßt‹ habe. Sondern was auch immer ich ihn sagen hörte habe ich niedergeschrieben, Wort für Wort, so gut ich konnte, indem ich mich bemühte, es als Denkmal seiner Denkweise und der Offenheit seiner Rede zu erhalten, zu meiner eigenen zukünftigen Verwendung.«

Der Brief fährt fort mit Arrians Behauptung, seine Schriften seien nicht für die Nachwelt gedacht gewesen, sondern auf irgendeine Weise ohne seine Zustimmung an die Öffentlichkeit gelangt. Insgesamt macht der Brief den Eindruck einer sehr seltsamen *apologia* für Arrians Bewahrung der Lehren Epiktets, und so gibt es eine ausführliche Diskussion über das Ausmaß, zu dem die *Diatriben* Arrians literarische Schöpfung sind. Einige Gelehrte haben zum Beispiel die These vertreten, daß Arrian Epiktets Reden Wort für Wort niedergeschrieben habe, in der chronologischen Ordnung, in der dieser sie hielt. Für diese Ansicht sprechen Belege, denen zufolge die Antike möglicherweise schon im vierten Jahrhundert eine Kurzschrift (*notae* oder *tachugraphia*) kannte. Zudem scheinen viele der *Diatriben* Reden zu sein, die Epiktet persönlich gehalten hat, und sie zeigen eine eindringende und souveräne Beherrschung der stoischen Lehre, die wahrscheinlich ein Bild vom Lehrer selbst gibt.

Andere *Diatriben* dagegen scheinen private Gespräche zwischen Epiktet und einem Student oder Besucher zu sein, mit Arrian als dem, der die Szene beschreibt, zum Beispiel »als jemand ihn befragte, wie er seinen Bruder dazu bringen könne, ihm nicht mehr böse zu sein ...« (I 15,1; vgl. I 11.14). Es ist unwahrscheinlich, daß Arrian bei solchen Unterredungen anwesend war, obwohl Epiktet möglicherweise später seinen Studenten berichtete, worum es ging.

Die *Diatriben* zeigen Züge literarischer und philosophischer Konstruktion und variieren stark in Komplexität und Länge, von der einfachen moralischen Belehrung zu differenzierten Darstellungen zu Themen wie »Über die Berufung des Kynikers« (III 22) oder »Über Freiheit« (IV 1). Derartige Überlegungen haben manche Interpreten dazu gebracht, von den *Diatriben* des Arrian und nicht denen des Epiktet zu sprechen.

Betrachtet man die *Diatriben* jedoch als Ganzes, so scheint es sowohl ein Irrtum zu sein, sie als wörtliche Mitschriften anzusehen wie zu glauben, daß Arrian sie irgendwie konstruiert oder Epiktet für seine literarischen Zwecke ›idealisiert‹ hätte. Am wahrscheinlichsten ist, daß er sich Notizen machte und sich auf sein Gedächtnis verließ, um so die Lehren des Epiktet darzustellen. Möglicherweise hat er auch Berichte von anderen Studenten und Epiktets Besuchern verwendet. Die Brillianz der Lehre, ihre Lebendigkeit und ihr moralischer Ernst sowie ihre Kenntnis der stoischen Theorien zeigen, daß Arrian etwas von Epiktets Persönlichkeit und Unterricht erfaßt hat. Denn schließlich stehen die *Diatriben* in einem deutlichen Kontrast zu den anderen Schriften des Arrian wie etwa der *Anabasis* und den *Indica*, die sich nicht deutlich an der stoischen Lehre orientieren und die Präsenz eines großen Lehrers vermissen lassen.

7. Das Encheiridion des Epiktet

Das *Encheiridion* oder *Handbuch* ist eindeutig eine Kurzfassung, die Arrian selbst aus den *Diatriben* erstellt hat, und in ihm modifiziert er ab und zu Aussagen aus den ersten vier Büchern der *Diatriben*. Nach Simplikios, dem Kommentator des *Handbuchs* aus dem sechsten Jahrhundert, enthält es die »nützlichsten und unentbehrlichsten« Passagen der *Diatriben*, und sein griechischer Titel, *Encheiridion*, bezieht sich wörtlich genommen auf den Dolch des Soldaten: Die, die gut

und im Einklang mit den Lehren des Epiktet leben wollen, sollten diese Kurzfassung zur Hand haben ganz so, wie ein Soldat zur Verteidigung einen Dolch trägt (*Comm.*, *praef.*I 26).
Die Menschlichkeit und Lebensnähe von Epiktets Lehre geht dem Handbuch weithin ab. Arrian folgte hier einer Tradition, deren Anfang Simplikios bei den Pythagoreern und ihrer bekannten Vorliebe für Maximen sah. Eine größere Nähe zum *Handbuch* dürften die bei Diogenes Laertios (X 12) aufgeführten *Kyriai doxai* des Epikur zeigen, eine redigierte Fassung von Epikurs wesentlichen Lehren, die alle Epikureer auswendig zu lernen hatten.
Außer den *Diatriben* und dem *Handbuch* gibt es verschiedene Fragmente von Epiktets Denken, vor allem in den *Eclogae* des Stobaios. Sie stammen vermutlich aus verlorenen Büchern der *Diatriben*. Zum Verständnis von Epiktets Philosophie, von der jetzt die Rede sein soll, tragen sie jedoch wenig bei.

8. Die Philosophie des Epiktet: Die drei Topoi

Wie schon oft bemerkt wurde, ist die Philosophie des Epiktet weithin die der frühen Stoa, die durch Zenon, Kleanthes und Chrysipp repräsentiert wird. Sehr ähnlich dazu, wie diese die Philosophie in die Gebiete Logik, Physik und Ethik, die ein wohlgeordnetes Ganzes bilden sollten, einteilten, nahm Epiktet eine dreigliedrige Unterteilung der Philosophie vor. Doch Epiktets drei *topoi*, die sich in III 21,1 (vgl. I 4,11;III 12, 11) finden, haben kaum etwas zu tun mit der frühen stoischen Einteilung der Philosophie. Für Epiktet muß die vornehme und gute Person (*kalos kai agathos*) (1) gut ausgebildet im Erkennen von Begehren und Abneigungen (*orexeis kai ekkliseis*) sein, und so weder darin versagen, das zu erreichen, was erstrebt ist, noch das zu vermeiden, was nicht erstrebt ist; (2) immer bereit sein, Impulse und Zurückgestoßensein (*hormas kai aphormas*) in Betracht zu ziehen und ihr Verhalten nach der richtigen Vernunft auszurichten; (3) gut erzogen sein in ihrer Urteilsfähigkeit, um so Irrtum in der Annahme oder Deutung von Sinneswahrnehmungen, Aussagen und Argumenten zu vermeiden. Trotz aller Versuche, diese *topoi* mit der frühen stoischen Einteilung der Philosophie zu harmonisieren, bleiben sie Epiktets originäres Denken. Ihre Ausrichtung ist vornehmlich ethisch, obgleich der dritte *topos* auf die Logik verweist. Doch wie auch immer man die *topoi* der Philosophie des Epiktet deutet, scheint dieser sich weit mehr als viele seiner stoischen Vorgänger auf die Ethik konzentriert zu haben.

9. Die Diairesis

Ein Ausgangspunkt für Epiktets Ethik findet sich ganz am Anfang des *Handbuchs* in der Unterscheidung zwischen dem, was »in unserer Kontrolle ist« (*eph' hēmin*) und dem, was »nicht in unserer Kontrolle« (*ouk eph' hēmin*) liegt:

> »Manche Dinge liegen in unserer Kontrolle, andere dagegen nicht. In unserer Kontrolle liegen Vorstellung, Wahl, Neigung, Abneigung, und, mit einem Wort, alles, was unser eigenes Tun ist; nicht in unserer Kontrolle steht unser Körper, unser Eigentum, unser Ansehen, und, mit einem Wort, alles, was nicht unser eigenes Tun ist. Weiter sind die Dinge, die in unserer Kontrolle liegen, von Natur aus frei, uneingeschränkt und unbehindert; dagegen sind die anderen Dinge, die nicht unter unserer Kontrolle liegen, schwach und sklavisch, Gegenstand von äußerer Einschränkung, und gehören nicht eigentlich uns. Erinnere dich also daran, daß du, wenn du das, was von Natur sklavisch ist, für frei hältst, und was nicht dein eigen ist, für dein eigen, eingeschränkt sein wirst, Kummer haben wirst, in innerem Aufruhr sein wirst und Göttern wie Menschen die Schuld geben wirst; wenn du aber nur das, was dein eigen ist, für dein eigen hältst, und was nicht dein eigen ist, für das, was es wirklich ist, nämlich nicht dein eigen, dann wird niemals jemand fähig sein, Zwang über dich auszuüben, niemand wird dich einschränken, du wirst niemandem Schuld zuweisen, wirst an niemandem etwas auszusetzen haben, wirst absolut nichts gegen dein eigenen Willen tun, wirst keine persönlichen Feinde haben, niemand wird dir schaden, denn es gibt keinen Schaden, der dich berühren könnte.«
> (*Ench.*1)

Diese Unterscheidung oder *dihairesis* zwischen dem, was innerhalb unserer Kontrolle oder Macht liegt, und dem, was nicht, findet sich durchweg in den *Diatriben*, und bildet die Grundlage von Epiktets Ethik. Möglicherweise wurde die Unterscheidung vorher schon von Chrysipp vorgenommen, den Epiktet sehr bewunderte, aber seine eigene Betonung dieses Punktes ist neu. Nach Epiktet muß man danach streben, eine ganze Person zu sein, und so kann man nicht gleichzeitig um das innere leitende Prinzip (*to hēgemonikon*) und die äußeren Dingen besorgt sein (III 15,13). Immer »erinnere dich an die Unterscheidung (*dihaireseōs*), die zwischen dem, was dein ist und was nicht dein ist, gezogen ist« (II 6,24; vgl. II 19,15–17).

10. Freiheit

Freiheit (*eleutheria*) ist ein wichtiger und immer wiederkehrender Begriff im Denken Epiktets, und sie ist das Thema seiner längsten *Diatribe*, »Über Freiheit« (IV1). Vielleicht waren es seine Erfahrungen als Sklave, aus denen er die Lehre zog, daß eine Person auch dann Herr über ihr Innenleben sein und Entscheidungen über das, was wahrhaft erwünscht ist, fällen könne, wenn ihr armseliger Körper in Ketten liegt. Der richtige Weg besteht darin, nicht zu glauben, daß die äußeren Dinge, einschließlich des eigenen Körpers und des Besitzes, gut oder schlecht sind. Sie darf man weder erstreben noch vermeiden. Man muß sie als »indifferent« (*adiaphora*) akzeptieren. Über diese Dinge hat man keine Kontrolle, und man hat alles, so wie es sich ereignet, hinzunehmen:

> »Sei nicht darauf aus, daß alles was geschieht, so geschieht, wie du es willst, sondern wolle, daß alles so geschieht, wie es tatsächlich geschieht, und dein Leben wird heiter sein.«
> (*Ench.* 8)

So sind Tod, Krankheit, Exil, Verlust der Stellung und des Eigentums und andere »indifferente« Dinge kein Anlaß zur Sorge, sondern allein das, was das Innenleben – die göttliche und rationale Seele – schädigen kann. Niemand, der von äußeren Dingen abhängig ist, kann Herr über sein Innenleben sein, und die wahren Tyrannen finden wir in uns selbst: falsche Werturteile, die Liebe zu Lust und Ruhm. Von diesen muß man frei sein, und man muß die große *diairesis* machen, die einen schließlich, weg von exzessiven und unkontrollierten Wünschen und Emotionen, zur Freiheit führt. Durch diese *diairesis* und den richtigen Gebrauch der Sinneseindrücke (*chrēsis tōn fantasiōn*) und die Urteile oder Meinungen (*dogmata*), die aufgrund von diesen geformt werden, kann die *apatheia* erreicht werden. Epiktet nennt dieses stoische Ideal der Freiheit von zu starken Emotionen meist *ataraxia*. Aber in jedem Fall hat das innere Leben eines Menschen, der die wahre Freiheit sowie stabile Gesundheit und Wohlergehen (*eustatheia*) erlangt hat, was einen »guten Fluß« oder »Rhythmus des Lebens« garantiert, die *eudaimonia* erreicht, –»Wohlergehen« oder »Glück«, das Ziel (*telos*) des menschlichen Lebens für alle griechisch-römischen Philosophien.

11. Prohairesis

Im wesentlichen ist die *prohairesis* das, was eine Person in ihrer Kontrolle hat und zu einem großen Ausmaß ist. Der Begriff wird manchmal als »moralische Wahl« oder »moralisches Ziel« übersetzt. Wörtlich bedeutet er »eine Wahl vor einer Wahl«. Der Terminus erinnert an Aristoteles *Nikomachische Ethik*, aber Epiktet ist der erste Stoiker, von dem wir wissen, daß er ihn verwendet hat.

Für ihn sind die individuellen Handlungen und Wahlen abhängig von jemandes *prohairesis*, die nicht so sehr eine Fähigkeit, einzelne Entscheidungen zu treffen, ist, als die feste Einstellung, aus der alle Entscheidungen resultieren. Von der *prohairesis* hängt der Gebrauch, der von den Sinneseindrücken gemacht wird und die Urteile, die hierauf basieren, ab. Zum Beispiel hat jemand, der in einem Sturm segelt, Eindrücke oder Sinneswahrnehmungen von Wellen und Wind und zugleich Gedanken an Schiffbruch und Ertrinken. Aber es sind nicht die Eindrücke von Wind, Wellen und der Möglichkeit des Ertrinkens, die ihn in Angst versetzen, sondern die Meinung oder das Urteil (*dogma*), daß das Ertrinken eine schreckliche Sache ist. Und weil ein Moment der Wahl oder Reaktion in der Art des »Gebrauchs« der Eindrücke involviert ist, besteht zwischen der *prohairesis* und der oben diskutierten *diairesis* eine enge Verbindung. Denn die richtige *prohairesis* hat vor allem die Aufgabe, unsere Wünsche oder Antriebe in Richtung auf Dinge, die innerhalb unserer Kontrolle liegen, und weg von solchen, die außerhalb ihrer liegen, zu lenken. Jemandem, der zuviel Gewicht auf äußere Schönheit legt, ruft Epiktet zu: »Du bist weder Fleisch noch Haar, sondern moralisches Ziel (*prohairesis*); wenn du dies in einen schönen Zustand bringst, dann wirst *du* schön sein« (III 1,40).

Trotz der Betonung der *prohairesis* und des Innenlebens akzeptierte Epiktet die frühe stoische Ansicht, daß es Unterschiede im normalen Wert der äußeren Dinge gebe. Für Chrysipp zum Beispiel waren Gesundheit, Wohlstand oder eine Familie Dinge, die Menschen für gewöhnlich vorziehen. Sie konnten angemessene Objekte der Wahl sein, obwohl die Vernunft unter bestimmten Umständen dafür plädieren mag, sie zu meiden. Epiktet widersprach hier nicht. Die Ehe zum Beispiel ist für ihn ein heiliger Bund und eine mit der Zeugung von Kindern verbundene allgemeine Pflicht der Menschen. Obgleich Ehe und Kinder moralisch »indifferent« sind, gehören sie zusammen mit Gesundheit, einem gesunden Verstand, gutem Ansehen, Wohlstand usw. zu den »vorgezogenen« oder vorrangigen Dingen *(proegmena)*. Eine Person jedoch wird nicht gut, indem sie etwas davon besitzt, sondern indem sie eine *prohairesis* hat, die richtig gebildet ist. Sie ist die Grundlage des moralischen Lebens, und damit die Quelle echten Wohlergehens (*eudaimonia*).

Die *prohairesis* ist, wie wir sahen, eng verbunden mit der *diairesis*, der Fähigkeit zu unterscheiden zwischen dem, was in und dem, was nicht in unserer Macht liegt. Und so beinhaltet das moralische Leben für Epiktet die Annahme der Dinge, die nicht in unserer Kontrolle liegen, ja von allem, was sich in der Welt ereignet. Für ihn ist die Welt gut. Sie ist durchdrungen von einem göttlichen Geist, der alles zum Besten ordnet. So muß man alles, was für gewöhnlich als ›unglücklich‹ angesehen wird, hinnehmen, und jede innere Abhängigkeit von dem, was nicht in unserer Macht liegt, vermeiden: »denn, merke dir das, höre auf, deine Kleider zu bewundern, und du wirst dem Mann, der sie stiehlt, nicht böse sein; höre auf, die Schönheit deiner Frau zu bewundern, und du bist gegen ihren Verführer nicht aufgebracht. Wisse, daß ein Dieb keinen Platz hat unter den Dingen, die dir eigen sind, sondern nur unter denen, die jemand anderem gehören und nicht in deiner Kontrolle sind.« (I 18.11–12)

12. Gott und die Welt

Epiktet akzeptiert den antiken Glauben an den Kosmos oder die geordnete Welt als Aufenthaltsort von Göttern und Sterblichen. Meist ersetzt er ›Götter‹ durch den Singular ›Gott‹ und identifiziert diesen Gott mit dem traditionellen Zeus, »dem Vater der Götter und Menschen« (so das fromme homerische Epitheton). Weiter ist, nach Epiktet und anderen Stoikern, der Kosmos eine organische Einheit, in dem alle Veränderung im Einklang mit einem göttlichen Gesetz stattfindet, und in dem alle Teile zusammengehalten werden durch die *sympatheia* des Alls. So ist unter anderem die menschliche Seele auf das engste verbunden mit dem Göttlichen, und manchmal äußert Epiktet seinen Glauben daran, daß ein *daimon* (*genius*) in jedem von uns wohnt. Der göttliche Geist ist unser eigentliches Selbst, und als göttlicher *logos* bzw. göttliche Vernunft wacht er über uns (I 14,12–15):

> »Dennoch hat er (Zeus) an die Seite eines jeden Menschen als
> Wächter seinen eigenen Genius (*daimon*) gestellt,
> einen Wächter, der nie schläft und sich nicht täuschen
> läßt. Denn welchem anderen Wächter, besser und sorgsamer, hätte er jeden von uns anvertrauen können? Wenn du
> daher deine Türen schließt und innen Dunkelheit machst,
> denke daran, daß du nie sagst, du seist allein, denn du
> bist nicht allein: Gott ist im Inneren, und dein eigener
> Genius ist im Inneren ...«

Gott oder Zeus hat die gegenwärtige Welt ›geschaffen‹. Diese Welt wird von der göttlichen Vorhersehung regiert, die sich auf alle Menschen erstreckt. So wird jeder, der die richtige Einstellung zu den äußeren Dingen hat, und zwischen dem, was in und was nicht in unserer Macht ist, unterscheiden kann, nie vergessen, daß Gott uns ein

Gut gegeben hat, das nicht verloren werden kann, und wird dankbar sein für alles, was von der göttlichen Güte herkommt. Vielleicht ist es bezeichnend, daß der gebräuchlichste stoische Begriff für »Schicksal«, *heimarmene*, in den *Diatriben* nicht auftaucht. Er bezieht sich auf die Kette der Ereignisse, die unverbrüchliche Verbindung unter ihnen, die in der Welt herrscht. An ihrer Stelle findet sich bei Epiktet der Begriff eines göttlichen Ziels oder Willens, dem unbedingte Treue erwiesen werden muß. Und dies nicht nur deshalb, weil Widerstand keinen Sinn hat, sondern weil Gott an unserem Wohlergehen interessiert ist und weiß, was gut für uns ist. Kurz, Epiktet glaubt an eine beinahe personale Gottheit, die nur Gutes für die Welt will.

13. Selbstmord

Sollte das Leben allerdings zuviel für uns werden, – »die Tür ist immer offen«. Dieser Ausdruck erweckt den Eindruck, daß Epiktet Selbstmord ohne alle Bedenken befürwortete. Und doch sollte ihm zufolge niemand willentlich das Leben in böswilliger Rebellion gegen die göttliche Ordnung verlassen. Gehen sollte man nur mit der Überzeugung, daß Gott ein Zeichen für den Rückzug gegeben hat oder daß ein Leben im Einklang mit unserer rationalen Natur nicht länger möglich ist. Für Epiktet gibt es nichts, was den Freitod in irgendeiner Weise empfehlenswert machen würde. Anders als Seneca war er nicht in den Tod verliebt. Wenn aber der Tod kommt, so ist er nichts, was gefürchtet werden müßte. Der Tod ist nicht mehr als das Ende eines Individuums, dessen Körper und Seele sich auflösen in die Elemente Erde, Luft, Feuer und Wasser, aus denen der Kosmos besteht. Epiktet glaubt nicht an eine persönliche Unsterblichkeit. Der Tod ist nichts als die Rückkehr zu den universalen Elementen, und damit eine Rückkehr zu Gott.

14. Das gute Leben

Epiktets Konzentration auf das hiesige Leben, nicht auf das Leben nach dem Tode, verdient weitergehende Betrachtung. Er glaubte, seine Pflicht als Mensch sei es, den Gott, der in allen Dingen immanent ist, zu preisen: »Dies ist meine Aufgabe; ich erfülle sie und werde meinen Posten nicht verlassen, so lange es mir gewährt ist, ihn auszufüllen; und ich ermahne dich, mit in meinen Gesang einzustimmen« (I 16,21). Weil Gott alles zum Besten ordne, war Epiktet überzeugt, daß Menschen eine natürliche Fähigkeit für das Gute haben. Trotz unzähliger Beispiele menschlicher Bosheit ist es so, daß

Gott den Menschen *aidos* und *pistis* verliehen hat. *Aidos* betrifft vor allem das innere Leben: Gemeint ist im wesentlichen der Sinn für Scham, der eine Person von Boshaftigkeit abhält und der Achtung für den den Menschen innewohnenden göttlichen Geist einschließt. *Pistis* (lat. *fides*) ist die andere große menschliche Qualität, denn trotz seiner Betonung des Innenlebens legte Epiktet Gewicht auf die Beziehungen der Menschen untereinander. Die *pistis* beinhaltet Hilfsbereitschaft, Loyalität und Verläßlichkeit. Auf *pistis* und dem mit ihr verbundenen Begriff der *oikeiosis* ist die menschliche Gesellschaft aufgebaut.

15. Oikeiosis

Epiktet legte großen Wert auf Selbstbestimmung, auf die individuelle Persönlichkeit. Im *Handbuch* weist er den Leser an: »Setze für dich gleich jetzt ein festes Gepräge und einen Charaktertyp fest, an dem du festhalten sollst, ob du mit dir alleine bist oder andere Leute triffst« (*Ench.*33). Epiktet war durchaus davon überzeugt, daß »allem Lebendigen an nichts so viel liegt wie an seinem eigenen Interesse« (II 22,15). Und doch ist die Natur so geordnet, daß ein Mensch sein persönliches Gut nur erreichen kann, indem er dem gemeinsamen Gut dient. Neben der Eigenliebe hat der Mensch auch eine natürliche Zuneigung zu anderen Menschen, und diese *oikeiosis*, eine Verwandtschaft mit oder Zuneigung zu anderen, führt uns dazu, die Gesellschaft von anderen zu suchen und ihnen so viel wie möglich zu helfen.

Freilich gerät diese natürliche Zuneigung zu anderen oft in Gefahr durch falsche Einschätzungen von äußeren Dingen: So wie Hunde um einen hingeworfenen Knochen kämpfen, so streiten sich Menschen um Eigentum und Besitz. Eine richtige Einstellung den äußeren Dingen gegenüber, die Einsicht, daß sie nicht in unserer Macht liegen, hilft uns dabei, in der Entwicklung unserer eigenen Persönlichkeit, unserer *prohairesis*, Fortschritte zu machen. Und außerdem gehören zu einer gut entwickelten *prohairesis* Pflichten gegenüber der Familie, wenn man eine hat, und in jedem Fall gegenüber Nachbarn und Mitbürgern. Menschen sind von Natur aus soziale Wesen, und Epiktets Meinung, daß alle Menschen Brüder und Schwestern sind, scheint eine ähnliche Einstellung wie die der frühen Christen zu verraten. Es gibt jedoch keinen Beleg dafür, daß Epiktet etwas, geschweige denn viel, über das Christentum wußte. Frühe christliche Autoren kannten jedoch einige seiner Gedanken; sein Einfluß zeigt sich z. B. in den Werken des Clemens von Alexandrien oder Basileios des Großen. Seit dem neunzehnten Jahrhundert haben

Kenner der frühen christlichen Literatur nach Parallelen oder Ähnlichkeiten zwischen Epiktets Denken und dem des Neuen Testaments, vor allem dem der paulinischen Briefe, gesucht. Aber ihre Studien haben, um ein wenig kategorisch zu sein, kaum mehr gezeigt als die Wahrscheinlichkeit, daß Epiktet und die Verfasser des Neuen Testaments einige populäre Überzeugungen des ersten Jahrhunderts n. Chr. teilten. Grundlegende Unterschiede zwischen ihren Weltanschauungen zu erörtern übersteigt den Rahmen dieses Aufsatzes.

Zusammenfassend kann gesagt werden, daß Epiktet ein Stoiker war, der spätere Denker, u. a. Friedrich den Großen und Adam Smith, stark beeinflußte. Obwohl er sich im wesentlichen an die Lehren der frühen Stoiker, vor allem die des Chrysipp, hielt, entwickelte er auch originäre Lehren: die drei *topoi* der Philosophie und die *prohairesis*. Wie Sokrates war Epiktet ein großer Lehrer, der viele Schüler, einschließlich Arrian, anzog. Epiktets Schule in Nikopolis gibt ein ausgezeichnetes Beispiel für ›höhere‹ Erziehung in der Antike ab. Es besteht kein Zweifel, daß Epiktet eine bedeutende philosophische Figur der ersten beiden Jahrhunderten n. Chr. war.

Aus dem Englischen übersetzt von Katja Vogt.

Pierre Hadot

Mark Aurel

Obwohl schon über 1800 Jahre vergangen sind, seit jenes Werk Mark Aurels geschrieben wurde, welches seine modernen Übersetzer »Wege zu sich selbst« genannt haben, ist es immer noch das Lieblingsbuch nicht weniger unserer Zeitgenossen. In der Tat – die treffenden Formulierungen zwingen zum Nachdenken und lassen den Leser nicht unbeeindruckt. »Nah ist die Zeit, daß du alle vergissest, nah die Zeit, daß alle dich vergessen»(VII 21)! »Alles hat die Dauer eines Tages, was sich erinnert und woran es sich erinnert»(IV 35). »Gestern Schleim, morgen Mumie oder Asche»(IV 48,3). »Gleich schon Asche oder Skelett und entweder bloßer Name oder nicht einmal Name. Der Name aber ist Schall und Widerhall. Das im Leben Vielgeehrte ist leer und faul, gering und gegenseitiges Beißen von Hündlein, Streiten von Kindern, die lachen und gleich wieder weinen»(V 33,1–2). »Eine Spinne, die eine Fliege gefangen hat, ist stolz, ein anderer, hat er einen Hasen, ein anderer im Netz eine Sardelle, ein anderer Wildschweine, ein anderer Bären, ein anderer Sarmaten gefangen. Sind denn das nicht Räuber, wenn du ihre Leitsätze prüfst?»(X 10)

Dieser Sarmaten-Jäger ist Mark Aurel selbst. Er macht sich keine Illusionen. Als er diese Sentenzen während eines Feldzugs niederschrieb, den er 170–175 n. Chr. gegen die Sarmaten und andere Völker an den Ufern der Donau führen mußte, war er sich der Tatsache vollkommen bewußt, daß jeder Krieg ein Raub ist.

1. Der Kaiser als Philosoph

Mark Aurel hat das römische Reich zwischen 161 und 180 n. Chr. regiert, fast zwanzig Jahre lang. Der römische Geschichtsschreiber Dio Cassius (*Römische Geschichte* LXII 36,3) hat die Bedeutung dieser Regierungsjahre mit folgenden Worten ausgezeichnet zusammengefaßt: »Er hatte nicht das Glück, das er verdient hätte,. . . sondern er sah sich während seiner ganzen Regierungszeit mit einer Vielzahl von Unglücksfällen konfrontiert. Das ist der Grund dafür, weshalb ich ihn mehr als jeden anderen bewundere: weil es ihm unter diesen außerordentlichen und ungewöhnlichen Schwierigkeiten gelang, zu überleben und das Imperium zu retten.« Die »außerordentlichen Schwierigkeiten« bestanden vor allem in zwei für Rom sehr gefährlichen Invasionen: der der Parther im Orient (161–166) und der der germanischen Völker an der Donau (166–180). Letztere zwang den Kaiser, mehr als acht Jahre mit militärischen Operationen in Zentraleuropa zu verbringen. Hinzu kam eine furchtbare Pestepidemie, welche die römischen Legionen, die gegen die Parther gekämpft hatten, aus Asien mitgebracht hatten, sowie 175 der Aufstand des Usurpators Avidius Cassius.

Wenn Dio Cassius beklagt, daß Mark Aurel nicht das Glück gehabt habe, das er verdient hätte, dann deshalb, weil er ihn – wie übrigens die antiken Geschichtsschreiber und Juristen überhaupt – für einen außergewöhnlich gerechten Kaiser hielt, der sich um das öffentliche Wohl kümmerte und in Sachen der Rechtsprechung bis zur peinlichsten Genauigkeit gewissenhaft war. Dazu muß man wissen, daß seit der Antike, aber auch in moderner Zeit, die Regierungszeit der ›Antonine‹ – d. h. der Kaiser Nerva, Trajan, Hadrian, Antoninus Pius und Mark Aurel, welche das Imperium in der Zeit zwischen 96 und 180 n. Chr. regiert haben – als der Höhepunkt des Römischen Reiches betrachtet wurde. Nicht nur deshalb, weil das Imperium damals seine größte Ausdehnung erreichte, sondern vor allem, weil die Kaiser sich bemühten, die Freiheitsrechte und die Gerechtigkeit zu respektieren, soweit das Gewicht der Tradition es ihnen erlaubte.

Wenn Mark Aurel sich mehr als alle anderen hierin bemühte, dann deswegen, weil er ein Kaiser war, der offen bekannte – und dies war ein äußerst seltener Fall, der erst im vierten Jahrhundert, mit Kaiser Julian, wieder auftrat – Philosoph zu sein, und genauer gesagt, ein stoischer Philosoph. Dazu muß man verstehen, was es in der Antike bedeutete, ein Philosoph zu sein. Das war nicht notwendig ein Theoretiker, aber immer ein Mann, der eine bestimmte Lebensweise praktizierte, welche durch eine philosophische Schule vorgeschrieben wurde – sei sie platonisch oder aristotelisch, stoisch, epikureisch oder kynisch. So verstanden versuchte Mark Aurel sein Kaiserleben als Stoiker zu leben. Nach der Feindschaft, mit der bestimmte stoische Senatoren ein Jahrhundert lang verschiedenen Kaisern gegenübergestanden hatten, konnte der Regierungsantritt des Philosophen Mark Aurel wie eine Versöhnung zwischen der stoischen Philosophie und der Institution der Kaiserherrschaft erscheinen. Mark Aurel erwähnt selbst in seinem Buch (I 14) die Namen des Thrasea, der von Nero im Jahre 65 zum Selbstmord gezwungen wurde, und des Helvidius Priscus, Thraseas Schwiegersohn, der unter Vespasian (wahrscheinlich im Jahre 75) ermordet wurde. Dank des Beispiels dieser ›Märtyrer‹ des Stoizismus, welche er durch seinen Freund, den Aristoteliker Claudius Severus Arabianus, kennengelernt hatte, gewann er, wie er selbst sagte, »eine Vorstellung von einem Staat, in dem alle die gleichen Rechte und Pflichten haben und der im Sinne der Gleichheit und allgemeinen Redefreiheit verwaltet wird, und von einer Monarchie, die vor allem die Freiheit der Bürger achtet»(I 14). Die Ideologie der Kaiser dieser Epoche, wie wir sie in den literarischen Werken des Plinius, Tacitus, Aelius Aristeides oder auf den Münzinschriften ausgedrückt finden, entsprach diesem Programm. Die Antonine haben sich gewissenhaft bemüht, zwei, wie Tacitus sich ausdrückt, ehemals unvereinbare Formen der Herrschaft miteinander zu verbinden: die Kaiserherrschaft und die Freiheit (*De vita Iulii Agricolae* III 1).

Dank seines Adoptivvaters Antoninus wurde Mark Aurel von verschiedenen, vor allem stoischen Philosophen erzogen, welche er am Anfang seines Werkes erwähnt, über die wir aber leider wenig wissen. Unter ihnen scheint Junius Rusticus sowohl auf den zukünftigen als auch auf den regierenden Kaiser den größten Einfluß ausgeübt zu haben. Diese bedeutende Persönlichkeit war zweimal Konsul und wurde unter der Herrschaft Mark Aurels Präfekt der Stadt Rom. Man wundere sich nicht darüber, daß ein Staatsmann Philosophie hat unterrichten können. In der Antike war das nichts Ungewöhnliches. Cicero und Seneca waren auch Staatsmänner, und sie haben dennoch nicht gezögert, sich als Lehrer der Philosphie darzustellen. Für sie waren das aktive und das meditative Leben durchaus miteinander vereinbar. Rusticus scheint zudem mehr ein Seelenleiter als ein Theoretiker gewesen zu sein. Dank seiner, sagt Mark Aurel, »wurde mir die Einsicht vermittelt, daß mein Charakter der Verbesserung und Pflege bedarf»(I 7,1). Junius Rusticus war es auch, der Mark Aurel den stoischen Philosophen Epiktet entdecken ließ, indem er ihm aus seiner eigenen Bibliothek ein Exemplar von Aufzeichnungen aus dessen Unterricht zukommen ließ. Es handelte sich wahrscheinlich um die Diatriben Epiktets, welche uns teilweise erhalten geblieben sind. Sie wurden von Arrianos von Nikomedeia verfaßt, einem Staatsmann, der in seiner Jugend (etwa im Jahre 108) am Unterricht des Philosophen in Nikopolis teilgenommen hatte.

Wir wissen nicht genau, unter welchen Umständen Mark Aurel sich endgültig der stoischen Philosophie zugewandt hat. Ein Brief, den er etwa in seinem fünfundzwanzigsten Jahr seinem Rhetoriklehrer Fronto geschrieben hat, gibt uns auf jeden Fall Einblick in die Erschütterung, welche die Lektüre philosophischer Bücher in ihm ausgelöst hat (Fronto, *Epistulae, Adv. M. Caes.*, IV 13).

2. Der Stoizismus

Allgemein kann man sagen, daß die antiken Philosophenschulen sich bemüht haben, eine Antwort auf eine ganz bestimmte Sehnsucht des

Menschen zu geben: das Glück in der Unabhängigkeit und in der Freiheit zu finden, d. h. ohne von äußeren Umständen abhängig zu sein, von Reichtum oder Armut, von politischer Macht, von Gesundheit oder Krankheit. Unter all diesen Schulen lud der Stoizismus seinerseits dazu ein, die Unabhängigkeit, und damit die Seelenruhe, in der Reinheit der moralischen Absicht zu finden. Der Mensch konnte seiner Unabhängigkeit und Freiheit sicher sein, wenn er nicht sein Vergnügen oder seinen Vorteil suchte, sondern das, was moralisch gut war. In der Tat hängt es nicht von uns ab, ob wir schön, reich, stark oder bei guter Gesundheit sind und ob wir Vergnügen haben. All das setzt Ursachen außerhalb unserer selbst voraus, und letztlich können wir hier nicht viel ausrichten. Das einzige jedoch, was von uns abhängt, ist die Möglichkeit, auf eine mit der Vernunft übereinstimmende Weise zu handeln: Darin besteht das moralische Gut und die Reinheit der Absicht, d. h. der Wille, nur im Hinblick auf das Gute zu handeln und keinen anderen Wert anzuerkennen als die Tugend. Alles, was nicht von uns abhängt, ist demnach weder gut noch schlecht: Es gehört zum Bereich des Indifferenten, und das hat uns gleichgültig zu sein.

Aber was bedeutet es, in einer mit der Vernunft übereinstimmenden Weise zu handeln? Ein Diskurs ist rational, wenn er in sich kohärent ist und wenn er sich auf die Ebene des Allgemeinen begibt, d. h. der Unparteilichkeit, der Objektivität, oder anders gesagt: wenn er von unserem leidenschaftlichen, egoistischen und individuellen Standpunkt unabhängig ist. Wie unser Reden und unser Leben mit sich selbst kohärent sein müssen, wenn sie nicht irrational und sinnlos sein sollen, so muß in gleicher Weise die Wirklichkeit als ganze mit sich kohärent sein, um existieren zu können. Die Bedingung der Wirklichkeit ist die Kohärenz mit sich selbst. Das Lebewesen z. B. ist vom ersten Augenblick seiner Existenz an instinktiv im Einklang mit sich selbst: Es strebt danach, sich selbst zu erhalten und seine eigene Existenz sowie alles, das sie erhalten kann, zu lieben. Die organische Kohärenz ist ein fundamentales Gesetz, das allem Seienden und der Welt, insofern sie Welt ist, innewohnt. Alles hält durch eine Spannkraft zusammen, welche die Kohäsion von allem sichert; alles ist in allem enthalten. Die Welt ist demnach rational, d. h. alle Ereignisse in der Welt sind durch eine notwendige Beziehung von Ursache und Wirkung miteinander verbunden. Es gibt eine unerbittliche Verkettung von Ursachen und Wirkungen: Das ist es, was die Stoiker das Schicksal nennen. Die berühmte stoische Lehre von der ewigen Wiederkehr entspringt dieser Weltsicht. Weil er rational, logisch und notwendig ist, ist dieser Kosmos die einzig mögliche Welt, und er wiederholt sich ewig als derselbe nach jeder kosmischen Periode, die von einem Weltenbrand zum nächsten reicht. Die Kohärenz der universellen Vernunft mit sich selbst fordert diese Wiederholung. Weder will sie, noch kann sie eine bessere oder eine schlechtere Welt erzeugen; sie kann nicht anders, als sie ewig zu wiederholen. Das bedeutet, daß wir im Verlauf der Unendlichkeit der vergangenen Zeit bis zur Unendlichkeit der zukünftigen Zeit in einem bestimmten Moment der Entwicklung der Welt im Schoß einer bestimmten Weltperiode dabei sind, genau das zu tun, was wir eben tun. Das mag einem wie eine Phantasmagorie vorkommen. Aber man muß sich vor Augen halten, daß es sich hier nicht um eine wissenschaftliche Theorie handelt, sondern vielmehr um eine Vorstellung, welche dazu bestimmt ist, die stoische Grundhaltung imaginativ zu unterstützen: die Bejahung der Wirklichkeit, so wie sie ist. Das Schicksal bejahen heißt zu wollen, daß das, was ich in diesem Moment tue, und die Art und Weise, wie ich mein eigenes Leben lebe, sich ewig wiederholt, d. h. jeden Augenblick intensiv zu wollen und in jedem Augenblick das Ganze des Kosmos zu wollen, das eben diesen Augenblick zu einem solchen macht.

Aber wenn die Lebenswahl des Stoizismus in der Reinheit der moralischen Absicht besteht, so muß man doch frei sein, um moralisch handeln zu können. Wir haben jedoch gerade gesagt, daß alles, was geschieht, notwendig durch die Verkettung der Ursachen, also kraft des Schicksals, geschieht. Wie ist dann die für die Moralität unabdingbare Freiheit möglich? Um die stoische Lösung dieses Problems kurz zu skizzieren, könnte man sagen, daß der Mensch, weil er sprechen kann, in gewisser Weise ein anderes Universum schafft, welches nicht von derselben Art ist wie das Universum der Kausalität, nämlich das Universum des Sinns und des Wertes. Die Freiheit des Menschen hat ihren Sitz in seinem inneren Gespräch, welches ihm erlaubt, dem, was ihm geschieht und dem, was er tut, Sinn und Wert zu geben. Der Mensch hat die Fähigkeit, für sich selbst die Dinge zu definieren, wie er will, aber auch die Möglichkeit, sein inneres Gespräch, d. h. letztlich den Sinn, den er den Dingen und der Welt gibt, zu modifizieren und zu verwandeln. Er kann z. B. die vom Schicksal verursachten Ereignisse als ein Gut oder als ein Übel betrachten. Der Wert der Dinge hängt demnach von der moralischen Haltung ab, die wir ihnen gegenüber einnehmen. Philosophie besteht also genau darin, zu wählen, sich die Dinge in einer bestimmten Art und Weise vorzustellen: zu denken, daß allein das moralische Gut ein Gut ist und allein das moralische Übel ein Übel.

Es ist diese stoische Lehre, welche wir immer im Hintergrund der von Mark Aurel geschriebenen Meditiationen sehen müssen, denen man den Titel »Wege zu sich selbst« gegeben hat. Genauer entspricht der Stoizismus Mark Aurels der von Epiktet vorgetragenen Form des Stoizismus. Im ersten Jahrhundert n. Chr. in Hierapolis in Phrygien (Pamukkale in der heutigen Türkei) geboren, kam Epiktet als Sklave eines Freigelassenen Neros, Epaphroditus, nach Rom. Sein Herr erlaubte ihm, dem Philosophieunterricht des Stoikers Musonius Rufus zu folgen. Von Epaphroditus freigelassen, eröffnete Epiktet selbst eine Philosophieschule in Rom, wurde aber zusammen mit allen andern Philosophen durch Kaiser Domitian in den Jahren 93–94 aus Rom vertrieben. Er ließ sich dann an der griechischen Küste, in Nikopolis in Epeiros, nieder und eröffnete dort eine neue Philosophieschule. Epiktet selbst hat nichts geschrieben. Wir kennen seinen Unterricht nur dank des Buches des Arrianos von Nikomedeia, von dem wir schon gesprochen haben. Das Werk des Arrianos läßt uns übrigens den Inhalt von Epiktets Unterrichtsstunden nur sehr partiell erkennen. Tatsächlich bestand der Philosophieunterricht zu seiner Zeit an allen Schulen in seinem wesentlichen Teil im Kommentieren von Texten, welche als grundlegend für die Tradition der Schule betrachtet wurden; für die stoische Schule z. B. die Werke Zenons, Chrysipps und Antipaters von Tarsos. Mehrere Abschnitte der Diatriben zeigen, daß Epiktets Unterricht auf diese Weise vonstatten ging (*Diatriben* I 10,8; I 26,13). Die von Arrianos aufgezeichneten Diatriben haben mit dieser technischen Seite des Unterrichts nichts zu tun. Sie beziehen sich vielmehr auf einen anderen Teil des Philosophiekurses, welcher sich an die Textinterpretation anschloß und in einer Unterhaltung oder einer freien Diskussion zwischen dem Lehrer und den regelmäßigen oder gelegentlichen Hörern bestand (vgl. I. Hadot, Seneca und die griechisch-römische Tradition der Seelenleitung, Berlin 1969, 56–58). Man findet deshalb dort nur wenige rein theoretische Gedankengänge; es handelt sich eher um Ratschläge zu dem Problem, auf welche Weise man das philosophische Leben praktizieren könne. In seinen Diatriben erscheint Epiktet darum in erster Linie als ein Seelenführer. Es wäre aber völlig unzutreffend, daraus zu schließen, daß es im späten Stoizismus zu einer Verarmung des theoretischen Unterrichts gekommen wäre, nur weil der wichtigste Teil von Epiktets Unterricht uns unbekannt geblieben ist. Auf jeden Fall finden wir in den Diatriben wertvolle Auskünfte über die Art und Weise, wie Epiktet sich die Praxis des Philosophierens vorstellte (*Diatriben* III 2): »Es gibt drei Bereiche (*topoi*) in denen sich derjenige, der Vollkommenheit erlangen will, üben muß, 1) den Bereich der Begierden und Abneigungen, damit sein Begehren nicht enttäuscht wird und er nicht in das hineingerät, was er zu vermeiden sucht; 2) den Bereich der positiven und negativen Strebungen, kurz den Bereich der (von Natur) zukommenden Handlungen (*kathēkonta*), damit er ordnungsgemäß, vernünftig und nicht nachlässig handelt; 3) der dritte Bereich ist derjenige, der sich auf die Vermeidung von Irrtümern und auf die Vorsicht im Urteilen bezieht, kurz der Bereich der Zustimmungen.« Dieses Dreierschema findet man sehr häufig bei Mark Aurel. Wir zitieren hier nur ein Beispiel von vielen (VIII 7): »Jede Natur hat an ihrem Wohlergehen Genügen. Einer vernünftigen Natur geht es wohl, 1) wenn sie im Bereich der Vorstellungen (*phantasiai*) weder einem Unwahren noch Unsichern zustimmt, 2) wenn sie ihr Streben (*hormai*) einzig auf die Werke der Gemeinschaft richtet, 3) wenn sie ihr Begehren (*orexeis*) und ihre Abneigung nur auf die Dinge bezieht, die in unserer Gewalt sind, wenn sie alles von der allgemeinen Natur Zugeteilte willkommen heißt.«

Diese dreifache Übung bei Epiktet und bei Mark Aurel entspricht der stoischen Grundhaltung, welche in der Übereinstimmung der menschlichen Vernunft mit der universellen Vernunft besteht (VII 55,1; V 25; VI 58; XII 32,3); eine Übereinstimmung, die für den einzelnen in einem Übergang von der Subjektivität zur Objektivität besteht, in einem Überschreiten des individuellen, parteiischen und partiellen Standpunktes, um sich zu einer universellen Sicht der Dinge zu erheben. Diese Übereinstimmung verwirklicht sich in den drei Bereichen, die den drei Formen entsprechen, welche die Tätigkeit der menschlichen Seele in ihren Beziehungen mit der Totalität der Wirklichkeit annimmt. So bezieht sich der Bereich der Vorstellung auf unser *Ich* und auf die Bedeutung, die es den Dingen gibt; der Wille bezieht sich auf den *anderen* und auf die Erfüllung der Pflichten des sozialen Lebens, welche unsere menschliche Natur von uns fordert; das Begehren schließlich bezieht sich auf unser *Schicksal* und auf die universelle Natur, von der die Verwirklichung unserer Hoffnungen und Befürchtungen abhängt.

In der Übung, die sich auf die Vorstellungen und auf die Zustimmung bezieht, macht das Individuum sich seiner Macht bewußt, seine Sicht der Dinge nach seinem Gutdünken zu verändern (VI 8): »Der führende Teil der Seele ist der Teil, der... sich selbst seine eigene Richtung gibt und sich selbst zu dem macht, was er jeweils will, und der es bewirkt, daß ihm alles, was geschieht, so erscheint, wie er es will.« Nach der stoischen Lehre folgt daraus, daß es nur vom Menschen selbst abhängt, ob er glücklich oder unglücklich ist, denn, wie

Epiktet sagt (*Handbüchlein* § 5), »nicht die Dinge beunruhigen die Menschen, sondern ihre Werturteile über die Dinge«. Es sind diese subjektiven Werturteile, die es auszuschalten gilt, um die Dinge so sehen zu können, wie sie sind, in ihrer nackten Wirklichkeit, ohne subjektive und parteiische Elemente hinzuzufügen. Man muß die Dinge in der Perspektive ihrer physischen Realität definieren, nicht von einem konventionellen und menschlichen Standpunkt aus (VI 13): »Wie wichtig ist es doch, sich bei Delikatessen und ähnlichen Speisen vorzustellen, daß dies die Leiche eines Fisches, dies die Leiche eines Vogels oder Schweines ist und wiederum, daß der Falerner der Saft einer Traube ist und das Purpurgewand die Wolle eines Schafes mit dem Blut einer Muschel benetzt. Und bei den geschlechtlichen Dingen das Reiben an der Scheide und die mit Krampf verbundene Ausscheidung von Schleim. Wie wichtig sind doch diese Vorstellungen, die an die Gegenstände selbst heranreichen und durch sie hindurchgehen, so daß man sieht, von welcher Art sie denn eigentlich sind«. Es handelt sich übrigens bei derartigen Vorstellungen, die sich weigern, der objektiven Realität einen subjektiven Wert hinzuzufügen, um nichts anderes, als um eine Anwendung des stoischen Prinzips, daß es nur einen einzigen Wert gibt: das moralische Gut, d. h. die moralische Absicht. Alles andere ist gleichgültig.

Die Übung, welche sich auf das Begehren bezieht, hat eben diesen Bereich der gleichgültigen Dinge zum Gegenstand, welche weder gut noch schlecht sind, weil sie nicht von uns, sondern vom Schicksal abhängen, von der notwendigen Verkettung der Ursachen. Man darf nur begehren, was von uns abhängt, d. h. das moralische Gut, und auch nur fliehen, was von uns abhängt, d. h. das moralische Übel. Denn das, was gleichgültig ist, d. h., was nicht von uns abhängt, darf man weder begehren noch fliehen, eben weil es gleichgültig ist; vielmehr muß man es in dem Maße wollen, wie die universelle Vernunft es will, welche die Verkettung der Ursachen leitet. Wir finden hier also wieder die Forderung der Übereinstimmung und der Kohärenz unserer Vernunft mit der universellen Vernunft. Alles, was mir zustößt, stößt mir zu, weil es vom Ganzen für mich bestimmt ist (X 5; IV 26; V 8, 12), aber zur gleichen Zeit ist das Ganze mir vollständig in diesem Ereignis gegenwärtig, da es der ganzen Ewigkeit bedurfte, um es zu erzeugen. Ich muß darum dieses Ereignis lieben, was auch immer es sei, denn als winziger Teil des Ganzen bin ich selbst das Ganze; ich bin mit ihm und es ist mit mir in Übereinstimmung, wie es mit sich selbst in Übereinstimmung ist (IV 23): »Alles stimmt mit mir zusammen, was dir wohl abgestimmt ist, o Welt... Alles ist mir Frucht, was deine Zeiten bringen, o Natur.«

Die Übung, welche sich auf das Streben bezieht, ist eine Übung des Willens, eine Disziplin des Handelns. Es geht darum, der menschlichen Handlung die Norm der Vernunft aufzuerlegen: diese Handlung muß sich auf ein Ziel beziehen und dieses Ziel soll der Dienst an der menschlichen Gemeinschaft sein, weil die Vernunftwesen füreinander geschaffen sind und zu demselben Geschlecht gehören, d. h. alle derselben Vernunft entsprossen sind. Epiktet zufolge (*Diatriben* III 2,1–2) hat die Disziplin des Handelns das zum Gegenstand, was die Stoiker »Pflichten« oder »angemessene Handlungen« (*kathekonta*) nannten, d. h. Handlungen, die der Natur des Menschen entsprechen, oder anders gesagt, die Pflichten gegen sich selbst, gegen andere Menschen und gegen die Götter, z. B. seinen Körper zu pflegen, sich zu verheiraten, Kinder zu haben, sich politisch zu betätigen, sein Vaterland zu verteidigen. Das Paradoxe an diesen ›Pflichten‹ liegt darin, daß sie zugleich von uns abhängen und nicht von uns abhängen. Sie liegen in dem Maße in unserer Macht, als es um Handlungen geht, die von uns in der Absicht, das moralisch Gute zu tun, gewollt werden, und dennoch liegen sie in dem Maße nicht in unserer Macht, als ihr Erfolg oder ihr Mißerfolg am Schicksal hängt.
Die Erfüllung der Pflichten ist demnach zahlreichen Unsicherheiten und Sorgen ausgesetzt. Aus diesem Grund muß der Philosoph nach Mark Aurel sich eine vollkommene innere Freiheit hinsichtlich der Ergebnisse seiner Handlungen bewahren. Das einzige, was letztlich zählt, ist unsere Absicht, Gutes zu tun (VI 502). Die Hindernisse und Widerstände zählen wenig. Wie die universelle Vernunft oder Natur alle Hindernisse, die man ihr entgegenstellt, zu nutzen weiß, um ihre Ziele zu erreichen, und alles, was ihr Widerstand leistet, in die Ordnung des Schicksals wiedereinzufügen weiß, so wirkt die reine moralische Absicht wie ein Feuer, das sich von den Gegenständen nährt, die man auf es wirft, um es zu löschen (IV 1; X 31,5), und zwar eben deshalb, weil die Hindernisse und Widerstände, die ihr vom Schicksal entgegengestellt werden können, für sie eine Gelegenheit sind, sich noch mehr zu reinigen, indem sie nicht dieses oder jenes Ergebnis will, sondern einzig und allein das, was die universelle Vernunft will. Im Falle unüberwindlicher Hindernisse verwandelt sich somit der Wille zu handeln in ein Einverständnis mit dem Schicksal und die Disziplin des Handelns in eine Disziplin des Begehrens. Gleichermaßen besteht die Reinheit der Absicht darin, zu handeln, ohne aus den Ergebnissen der Handlung Gewinn ziehen zu wollen, ohne sie als unser Eigentum in Anspruch zu nehmen, ohne sich in ihnen zu gefallen, im äußersten Fall, ohne sich ihrer bewußt zu sein (V 6,4): »Ein Mensch aber der Gutes getan, läßt sich nicht preisen, sondern schreitet zur nächsten Tat, wie ein Weinstock, der sich vorbe-

reitet, zur rechten Zeit wieder die Traube zu tragen. ›Man muß zu denen gehören, die dies tun, ohne es gewissermaßen selbst zu begreifen?‹ Ja ...« Die Reinheit der Absicht wurde selten so weit vorangetrieben: bis zu einem solchen Punkt ausgesuchter Feinfühligkeit, bis zu einer derartigen Forderung absoluter Großzügigkeit, innerer Freiheit, vollständiger Uneigennützigkeit ohne den geringsten Blick auf sich selbst.

Wenn Epiktet von der Disziplin des Handelns spricht, erwähnt er kein einziges Mal ausdrücklich die Tugend der Gerechtigkeit. Mark Aurel hingegen mißt ihr eine sehr große Bedeutung bei. Die Disziplin des Handelns ist Ausübung der Tugend der Gerechtigkeit, welche darin besteht, jedem Wesen das zu gewähren, was ihm nach Maßgabe seines Wertes geschuldet ist. Einem jedem Wesen das zu gewähren, was ihm nach Maßgabe seines Wertes gebührt, heißt zunächst einmal, sich den anderen Vernunftwesen, den Menschen gegenüber, so zu verhalten, daß man sie als Endziel betrachtet, denn die universelle Vernunft hat die Menschen füreinander geschaffen (IX 1,1). Genauer bedeutet es, die ›Pflichten‹ zu erfüllen, d. h. das, was jedem nach Maßgabe seines Wertes im Hinblick auf die menschliche Gemeinschaft zusteht, z. B. als Elternteil, als Freund, oder Mitbürger.

Die Übung, die sich auf die Handlungen bezieht, hat auch dann die Verhältnisse zu anderen Menschen zum Gegenstand, wenn diese schlecht und im Irrtum sind. In der Nachfolge Epiktets (*Diatriben* II 22, 36) empfiehlt Mark Aurel oft Mitleid, Sanftmut, Wohlwollen und Liebe allen Menschen gegenüber, selbst gegen die, welche sich uns widersetzen. Denn: »Wenn sie dies nicht richtig tun, dann offensichtlich ohne es zu wollen und zu wissen... Denn wie jede Seele der Wahrheit unfreiwillig beraubt wird (vgl. Platon, *Rep.*412e-413a), so auch der Fähigkeit, mit jedem einzelnen angemessen umzugehen.»(XI 18,4–5; VII 63). Deshalb muß man Mitleid haben (II 13,3) mit denen, die auf diese Weise irregeleitet sind. Man muß sie tadeln, aber sanft, ohne sie zu demütigen (XI 18,18) und wenn sie sich weigern, sich überzeugen zu lassen, darf man deshalb nicht aufhören, sie mit Sanftmut zu behandeln (VI 47,6): »Eins ist hier viel wert: mit Wahrhaftigkeit und Gerechtigkeit freundlich gegen Lügner und Ungerechte das Leben zu vollbringen.« Diese Sanftmut, dieses Wohlwollen, gipfeln schließlich in der Nächstenliebe (XI 1,4), welche in dem Bewußtsein gründet, zur Gemeinschaft der vernünftigen Wesen zu gehören, deren Individuen das eine um des anderen willen geschaffen worden ist.

Das hier beschriebene Dreierschema erweist sich tatsächlich als Schlüssel zu Mark Aurels ›Selbstbetrachtungen‹. Einmal beschränken sich viele Sentenzen darauf, die drei Übungen zu beschreiben, die drei Lebensregeln sind. Aber es gibt außer den zitierten noch viele andere Beispiele solcher Formeln, in denen drei, zwei oder auch nur eine dieser Lebensregeln formuliert werden. Es ist zu beachten, daß alle die stoischen Dogmen, die Mark Aurel sich in Erinnerung zu rufen bemüht, diese drei Lebensregeln zum Zentrum haben und im Hinblick auf diese erwähnt werden. Um die Disziplin des Urteils gruppieren sich jene, welche die Freiheit des Urteilens behaupten, die allein dem Menschen vorbehaltene Möglichkeit, den Sinn und den Wert, den er den Dingen beimißt, zu kritisieren und zu modifizieren. Um die Disziplin des Begehrens gruppieren sich alle Theoreme über die Kausalität der universellen Natur; um die Disziplin des Willens und des Handelns alle theoretischen Sätze, welche sich auf die gegenseitige Anziehung der Vernunftwesen beziehen.

4. Mark Aurels Buch

Lange Zeit hat man nicht gewußt, daß Mark Aurel das Werk geschrieben hatte, welches wir heute unter dem Titel »Wege zu sich selbst« oder »Selbstbetrachtungen« kennen. Es scheint, daß nur knapp zweihundert Jahre nach dem Tod des Kaisers bestimmte Schriftsteller zwar noch von einem solchen Buch reden gehört, es aber wahrscheinlich nicht mehr in Händen gehabt hatten. Erst im 10. Jahrhundert, im Byzantinischen Reich, wurde das Werk wieder gelesen, zitiert und kopiert. Einige Manuskripte gelangten in den Westen, aber erst im 16. Jahrhundert, im Jahre 1559, wurde es in Zürich gedruckt.

Wie präsentiert sich uns das Werk Mark Aurels? Es ist in zwölf Bücher unterteilt. Das erste bildet zweifellos eine inhaltliche und formale Einheit. Der Kaiser zählt hier kurz die Beispiele und Ratschläge auf, die er von seinen Eltern, seinen Lehrern und Freunden und vom Kaiser Antoninus empfangen hat. In den Büchern II-XII jedoch scheint kein Plan, kein roter Faden erkennbar zu sein. Wir stehen Texten gegenüber, die verbindungslos aufeinanderfolgen – die einen sehr kurz, die anderen etwas länger – ohne daß erklärlich wäre, weshalb sie an diesem und nicht vielmehr an einem anderen Platze stehen. Außerdem gibt es zahlreiche, manchmal wörtliche Wiederholungen, welche sich in weit voneinander entfernten Büchern finden. Vom 16. bis zu 18. Jahrhundert, in einer Epoche, wo das Ideal der literarischen Komposition in der schönen Ordnung eines Platonischen Dialoges oder eines Ciceronischen Traktates gesucht wurde, stellte man sich vor, daß die *Selbstbetrachtungen* nichts als zusammenhanglose und unvollständige Auszüge einer verschwun-

denen großen philosophisch-systematischen Abhandlung waren, welche von Mark Aurel abgefaßt worden war. Dennoch erkannten im 17. Jahrhundert Meric Casaubon und Thomas Gataker, die Übersetzer der *Selbstbetrachtungen,* sehr genau deren literarische Gattung: Es handelt sich um persönliche Notizen, um das, was man in der Antike auf griechisch ›hypomnemata‹, auf lateinisch ›commentaria‹ oder ›adversaria‹ nannte. Diese Notizen wurden schlicht und einfach in der Reihenfolge ihrer Abfassung geordnet.
Viele kultivierte Leute hatten in der Antike die Angewohnheit, Tag für Tag Notizen zu machen. Diese Notizensammlungen, welche normalerweise nicht für die Veröffentlichung bestimmt waren, hatten keine Titel. Das traf auch auf die Sammlung Mark Aurels zu. Die erste Ausgabe von 1559 schlug auf griechisch den Titel ›ta eis heauton‹ vor, was man im Deutschen mit »Wege zu sich selbst« übersetzt hat.
Wenn das Werk auch keinen Titel trägt, so enthält es doch einige kostbare Hinweise. Im Anschluß an das heute erste Buch finden wir diese Bemerkung: »Geschrieben im Land der Quaden, am Ufer des Gran«; am Ende des heute zweiten Buches: »Geschrieben in Carnuntum.« Diese Hinweise verraten uns, daß bestimmte Seiten des Werks während des Feldzugs verfaßt worden sind, den Mark Aurel gegen Ende seines Lebens, zwischen 170 und 175, gegen germanische Volksstämme in der Donaugegend führte. Carnuntum war eine Garnisonsstadt, nicht weit vom heutigen Wien in Österreich. Man kann sich den Kaiser vorstellen, wie er, vielleicht in einem dieser Winter, die so hart waren, daß er nicht einmal vor seinen Soldaten sprechen konnte, abends geschrieben hat, allein, sehr wahrscheinlich mit eigener Hand.
Aber was wollte er schreiben, und warum wollte er es schreiben? Ein erster Hinweis, der uns auf den Weg zu einer Antwort führen kann, ist das häufige Vorkommen von Selbstermahnungen, wie »Sage dir«, »Erinnere dich«, »Bemühe dich ...«
Was die »Wege zu sich selbst« des Mark Aurel literarisch darstellen, müssen wir im Hinblick auf seine Wahl der stoischen Lebensweise und das Weltverständnis, das daraus resultiert, verstehen. Die Grundhaltung des Stoikers besteht in einer beständigen Wachsamkeit und Gegenwart des Geistes, in einer beständigen Anspannung des Geistes. Der Philosoph soll in vollem Ausmaß wissen und wollen, was er in jedem Augenblick tut. Er muß sich darum ständig der Prinzipien und Lebensregeln des Stoizismus bewußt sein. Epiktet sagt: »Du darfst dich von diesen Prinzipien weder im Schlaf noch beim Aufstehen trennen noch wenn du ißt, trinkst oder mit Menschen umgehst.« Wenn Mark Aurel schreibt, will er keine theoretische oder

moralische Belehrung für künftige Leser festhalten, sondern seine eigenen Dispositionen in dem Augenblick, wo er schreibt, verändern: Er will in der Gegenwart in sich die stoische Grundhaltung erneuern. Was zählt, ist der Akt des Schreibens und die Wirkung, die er in der Seele Mark Aurels erzeugt. Das ist der Grund, weshalb man in seinen Notizen viele Wiederholungen findet, denn dieselben Ermahnungen werden oft in verschiedenen Formulierungen wieder aufgenommen; das ist auch der Grund, weshalb die behandelten Themen letztlich nicht sehr zahlreich sind und sich in das Dreierschema einfügen, von dem oben die Rede war. Es handelt sich nicht um eine vollständige theoretische Darstellung des stoischen Systems, nicht einmal um die definitive Formulierung bestimmter Prinzipien dieses Systems; die kurzen Sentenzen sollen vielmehr die Rolle eines Induktors spielen, um ein Ensemble von Vorstellungen und inneren Dispositionen zu reaktivieren, welches Mark Aurel von vornherein gut kennt und nicht im Detail auszuführen braucht. Es gibt übrigens keinen systematischen Zusammenhang zwischen den Sentenzen – sie erweisen sich somit als Aphorismen. Tatsächlich begnügt sich Mark Aurel, um seine inneren Dispositionen zu verändern, nicht mit gewissermaßen ›kanonischen‹ Aussprüchen, sondern appelliert oft an Imaginationsübungen, welche die Überzeugungskraft der Prinzipien verstärken. Er beschränkt sich z. B. nicht darauf, zu sagen, daß alle Dinge sich in beständiger Wandlung befinden, sondern er ruft sich den ganzen Hofstaat des Augustus, wie er von der Zeit verschlungen wurde, vor Augen (VIII 31) oder eine ganze Generation, wie die zur Zeit Vespasians (IV 32). Oder er stellt sich vor, wie er von oben dem Gewimmel der menschlichen Ameisen auf der Erde, einem winzigen Punkt im Raume, zusieht (VI 36; VII 3; VII 48). So gibt es einen Überfluß an schockierenden Bildern und brutalen Beschreibungen der nackten Realität. Diese haben die Historiker befremdet, die sich darin gefielen, den Philosophenkaiser des Pessimismus, der Resignation und der Schwermut zu bezichtigen. Halten wir zunächst fest, daß in diesen Beschwörungen der universalen Vergänglichkeit nicht mehr morbides Wohlgefallen oder Grauen vor dem Tod zu finden ist, als wenn im Film »Der Club der toten Dichter« der Literaturprofessor Robin Williams seine Schüler aufmerksam ein Gruppenfoto ehemaliger Schüler des College betrachten läßt, um sie die Kostbarkeit des Lebens dadurch entdecken zu lassen, daß sie sich die Tatsache bewußt machen, daß alle diese scheinbar so lebendigen Jungen jetzt tot sind. Der Fehler der Historiker bestand darin, diese Formeln nicht in den Kontext der Übungen der stoischen Philosophie zu stellen. Diese angeblich pessimistischen Erklärungen drücken keine Erfahrungen oder Eindrücke Mark Aurels aus, sondern sie entspringen dem fundamentalen Thema des Stoizismus: Der einzige Wert ist die Reinheit der moralischen Absicht; alles übrige ist wertlos.

5. »Hoffe nicht auf Platons Staat«

In seinem Buch ermahnt der Kaiser Mark Aurel also sich selbst, auf eine bestimmte Weise zu handeln. Aber man findet dort keinerlei Regierungsprogramm. Einige Historiker haben sich darüber verwundert. Ehrlich gesagt – ist das nicht ein Anachronismus, eine Projektion der modernen Mentalität in die antike Welt, zu erwarten, daß ein Kaiser ein Regierungsprogramm darlegt? Wie auch immer es sich damit verhält – die folgende Sentenz (IX 29) kann als sehr bezeichnend betrachtet werden: »Wie unbedeutend sind doch diese politisch tätigen und – wie sie jedenfalls glauben – philosophisch handelnden Menschen. Völlig verrotzte Gestalten. Mensch, was tust du da eigentlich? Tu, was jetzt die Natur von dir fordert: Setz dich in Bewegung, wenn es dir möglich ist, und achte nicht darauf, ob es jemand erfahren wird. Hoffe nicht auf Platons Staat, sondern gib dich damit zufrieden, wenn auch nur in den geringsten Kleinigkeiten etwas vorankommt, und betrachte dieses Resultat nicht als unwesentlich. Denn wer wird ihre Grundeinstellung ändern? Was aber bleibt ohne eine Änderung der Grundüberzeugungen anderes als die Fremdbestimmung von Stöhnenden, die zu gehorchen vorgeben?« Mark Aurel wendet sich hier wahrscheinlich an Leute, die ihm vorwerfen, keine große Politik zu machen. Was zählt, so antwortet ihnen Mark Aurel, ist die Konzentration auf das politische Tagesgeschäft, auf das, was die Natur, d. h. die Vernunft, gerade heute von uns verlangt, ohne sich in weitreichende utopische Entwürfe hineinziehen zu lassen und zu glauben, man sei in Platons Staat. Diese Formel war sprichwörtlich. Sie bezeichnete die Wunschvorstellung von einem Staat, in dem die Bürger, einmal zu Philosophen geworden, vollkommen geworden wären. Aber es ist außerordentlich schwierig, die Masse der Menschen zu ändern, die Werte, die sie faszinieren und die Meinungen, nach denen sie handeln, umzuwandeln und schließlich Philosophen aus ihnen zu machen. Und wenn man ihre Art und Weise, die Dinge zu sehen, nicht ändert, wenn man nicht das moralische Leben jedes einzelnen Individuums ganz und gar verwandelt, dann zwingt sie jede Reform, die ihnen ohne ihre Zustimmung auferlegt wurde, in eine Art Sklaverei. Darin besteht das ewige Drama der Menschheit im allgemeinen und der Politik im besonderen. Mangels der Möglichkeit, die Menschen total zu ändern, kann die Politik niemals etwas anderes als ein Kompromiß mit dem Übel sein. Mark Aurel will realistisch und klarsichtig sein: Er macht sich keine Illusionen über eine allgemeine Konversion der Menschheit oder die Möglichkeit, den Menschen einen idealen Staat aufzuzwingen. Das bedeutet jedoch nicht, daß man nichts tun kann. Wie der stoische Philosoph weiß, daß er niemals ein Weiser sein wird und sich nichtsdestoweniger bemüht, sich diesem Ideal in kleinen Schritten anzunähern, genauso weiß der Staatsmann, daß die Menschheit niemals vollkommen sein wird, daß er sich aber glücklich schätzen muß, wenn es ihm gelingt, von Zeit zu Zeit einen kleinen Fortschritt zu erzielen. Denn selbst ein sehr kleiner Fortschritt ist keine Kleinigkeit; er kostet viele Anstrengungen und hat vor allem dann großen Wert, wenn er einen moralischen Fortschritt verwirklicht, sei dieser auch noch so gering, denn ein moralischer Fortschritt ist niemals klein.

Man könnte vielleicht, unter anderem, in Mark Aurels Einstellung zu den Gladiatorenkämpfen ein Beispiel dieser praktischen Politik ›der kleinen Schritte‹ finden. Die stoische Philosophie stand dieser Art von Schauspiel feindlich gegenüber, weil sie eine Verletzung der Menschenwürde der Kämpfer darstellte: »Der Mensch, dem Menschen heilig, wird zu Spiel und Spaß niedergemacht«, sagte der Stoiker Seneca (*Epistulae morales ad Lucilium* 95,33). Trotzdem wäre es utopisch gewesen, diese Spiele abzuschaffen, welche in gewisser Weise die Hauptsache im Leben des Volkes waren, so wie heute die Fußballspiele. Mark Aurel mußte es jedoch zweifellos als kleinen, nicht zu verachtenden Fortschritt betrachten, erreicht zu haben, daß die Gladiatoren sich ohne Blutvergießen schlugen, mit stumpfen Schwertern, an deren Spitzen sich ein Lederknopf befand. Also keine Utopie, aber eine realistische Sicht der Möglichkeiten und Grenzen der menschlichen Natur und eine Politik, die nichts als präzise und begrenzte Ziele anvisierte. Deshalb wendet auch Mark Aurel in der Praxis der Rechtsprechung seine Aufmerksamkeit immer jedem besonderen Fall zu. Aus diesem Grund machte sich der Kaiser, wie Williams bemerkt hat (1976, 80), immer die Mühe, in den offiziellen Texten, die seine Entscheidungen zum Ausdruck brachten, auf jedes noch so kleine Detail zu achten. Er schien zu befürchten, daß seine Untergebenen seine Anordnungen mißverstehen oder sie nicht in dem Sinne ausführen wollten, wie er es gewünscht hatte. Anläßlich eines Streitfalls z. B. über eine testamentarisch verfügte Freilassung eines Sklaven, die aufgrund der Form des Testaments angefochten werden konnte, nahm sich Mark Aurel, der immer bestrebt war, die Freilassungen (d. h. das, was er »die Sache der Freiheit« nannte) zu erleichtern, die Mühe, in seiner juristischen Entscheidung klarzustellen, daß man seine Entscheidung nicht toten

Buchstaben sein lassen darf, indem man sich auf irgendwelche Beweggründe beruft, um sie nicht anzuwenden, z.B auf die Möglichkeit einer Intervention des Fiskus, welcher eventuell auf den vom Erblasser hinterlassenen Besitz Anspruch erheben könnte (*Instit.Justin.*III 11,1; Scritti di Marco Aurelio 574): »Die, welche mit unseren Interessen betraut sind«, schreibt er, »müssen wissen, daß der Sache der Freiheit der Vorrang vor jedem pekuniären Vorteil gebührt.« Man liest hier zwischen den Zeilen zunächst einmal die Schwierigkeiten, welche einem Kaiser begegnen können, wenn er seine Entscheidungen verwirklichen will, dann die Bedeutung, die der moralische und menschliche Gesichtspunkt in den Augen Mark Aurels annimmt, andererseits aber auch einen gewissen Mangel an Vertrauen in die intellektuellen und moralischen Qualitäten seiner Untergebenen.

Für Mark Aurel schlägt die Philosophie demnach kein politisches Programm vor, aber er erwartet von ihr, daß sie ihn darin formt, sein politisches Handeln in einem bestimmten Geist, nach einem bestimmten Stil auszuführen. Wichtig ist weniger, was man tut, als die Art und Weise, wie man es tut. Im Grunde gibt es keine Politik, die nicht Ethik ist. Sie besteht vor allem in der Disziplin des Handelns, die wir oben dargestellt haben und die als wesentliche Elemente den Dienst an der menschlichen Gemeinschaft, Aufopferung für die anderen und Gerechtigkeitssinn in sich begreift. Als Lehre vom Handeln kann die Politik sich im übrigen nicht von jenen großen kosmischen und menschlichen Perspektiven ablösen, welche die stoische Vision einer transzendenten Universalität der Vernunft und der Natur eröffnet, die Idee einer Übereinstimmung oder Kohärenz mit sich selbst, welche gleichzeitig die Liebe der Menschen zu anderen Menschen und die Liebe zum Ganzen, dessen Teil sie sind, begründet. Diese Idee einer politischen Ethik findet ihr Echo noch in unseren Tagen in folgenden Zeilen, die Vaclav Havel vor kurzem geschrieben hat (Méditations d'été, Paris 1992, 137): »Die wahre Politik, die einzige, die diesen Namen verdient, und übrigens die einzige, deren Praxis ich zustimme, ist die Politik im Dienst des Nächsten. Im Dienst der Gemeinschaft. Ihre Grundlage ist ethisch, insofern sie nichts als die Verwirklichung der Verantwortung aller gegenüber allen ist ...Mich zu bemühen, unter allen Umständen höflich, gerecht, tolerant, verständnisvoll und gleichzeitig unbestechlich und fehlerlos zu bleiben. Kurz, mich zu bemühen, mit meinem Gewissen und mit meinem besseren Selbst in Übereinstimmung zu bleiben.«

Seit seiner ersten Druckausgabe 1559 wurde Mark Aurels Buch durch die Jahrhunderte wieder und wieder gelesen, z. B. von Shaftesbury, dessen ›Übungen‹ in Aufbau und Zielsetzung Mark Aurels

Werk analog sind (der unvollständige englische Text wurde unter dem Titel *Philosophical Regimen* in B. Rand: The Life, Unpublished letters of Anthony, Earl of Shaftesbury, London 1900, veröffentlicht; französische Übersetzung der Manuskripttexte: L. Jaffro, Shaftesbury, Exercices, Paris 1993). Auch Friedrich II., Goethe, Jules Michelet und William James lasen es, und noch in unseren Tagen spendet es zahlreichen Lesern Trost und Inspiration. Über dieses alte, von uns scheinbar so weit entfernte Buch konnte Ernest Renan schreiben (Marc Aurèle et la fin du monde antique, Paris 1882, Neuauflage Paris 1984, 273): »Als ein wahrhaft zeitloses Evangelium wird dieses Buch der *Selbstbetrachtungen* niemals veralten«.

Aus dem Französischen übersetzt von Hanna Lauterbach.

Klaus Kremer

Plotin

1. Leben

Plotin, über dessen Leben und Werke uns Porphyrios, sein begabtester Schüler, eine kostbare Biographie hinterlassen hat, ist 204 n. Chr. geboren. Über seine Herkunft, seine Eltern oder seine Heimat verriet er nichts, weigerte sich auch, einem Maler oder Bildhauer zu sitzen, damit nicht noch ein »Abbild des Abbildes« angefertigt werde (*Vita Plot.* 1,8). In seinem 28. Lebensjahr wendet er sich der Philosophie zu, und zwar zu Alexandrien (*Vita Plot.*3,6–10), daher die Annahme seiner ägyptischen Herkunft. Er sucht allerdings eine Weile, bis er in Ammonios Sakkas, einem in der Stille wirkenden Philosophen, denjenigen antrifft, von dem er bekennt: »Das ist der, den ich suchte« (*Vita Plot.* 3,13). Elf Jahre bleibt er bei diesem Ammonios, der nichts geschrieben hat, aber dem Ausruf und langjährigen Aufenthalt Plotins zufolge eine Persönlichkeit von einem erstaunlichen Charisma gewesen sein muß. Als Schüler dieses Ammonios werden neben Plotin Erennios, Origenes der Neuplatoniker, Longinos, Olympios, Theodosios und ein gewisser Antoninos genannt (*Vita Plot.*3,24; 7,18; 10,2), von denen die ersten drei den inneren Kreis bzw. harten Kern bildeten. Diese drei hatten nämlich einen Schweigevertrag vereinbart, nichts von der Lehre des Ammonios zu veröffentlichen (*Vita Plot.*3, 24–30). Ob man auch Origenes den Christen, der nach Porphyrios (Eusebius v. Cäsarea, *Hist.eccl.*VI 19,6–7) wenigstens eine oder mehrere Vorlesungen vor der Zeit des Plotin bei Ammonios gehört hat, als Schüler des Ammonios bezeichnen kann, ist bis zur Stunde umstritten. Ähnliches gilt für den Christen Heraklas (vgl. Dörrie 1955, Dodds 1960, Theiler 1966, Schwyzer 1983, Baltes 1986 u. Schroeder 1987a).

In seinem 39. Lebensjahr, d. h. 242 oder auch erst 243 (das ist wohl der Zeitpunkt des Todes seines Lehrers), schließt Plotin sich dem Feldzug Kaiser Gordians III. gegen die Perser an, um die Philosophie der Perser und Inder kennenzulernen (*Vita Plot.*3,15–21). Da Plotins Vorhaben durch die Ermordung des Kaisers vereitelt wird, flieht er 244 nach Rom, vermutlich aufgrund ererbter Verbindungen zu römischen Senatoren, die ihm offenbar auch die Teilnahme an dem römischen Kriegszug ermöglicht hatten (vgl. Harder 1960, 280f.; Schwyzer 1978, 315,34–40). Er wohnt im Hause einer Römerin Gemina, die mit ihrer gleichnamigen Tochter seiner Philosophie anhängt, und hat unter seinen Hörern zahlreiche Römer und Römerinnen, besonders aus Senatskreisen (*Vita Plot.*7,29–32 u. 9,1–5). Es waren diese Kreise, die ihn ersuchten, das Amt der Vormundschaft (*phylax*; *tutor*) für Waisen zu übernehmen (*Vita Plot.*9,5–10). Das geht dann so weit, daß Plotin den in sein Haus aufgenommenen Kindern die Schulaufgaben abhört und die von den Betreuern der jungen Menschen vorgelegten Abrechnungen akribisch kontrolliert (*Vita Plot.*9,10–16).

Nach 26jähriger Lehrtätigkeit zog er sich aufgrund einer schweren Krankheit, die infolge der Symptome ein weiteres Zusammensein mit Menschen unmöglich machte, nach Kampanien auf das Landgut seines verstorbenen Freundes und Schülers Zethos zurück. Dieses lag nördlich von Neapel, unweit der Küstenstadt Minturnae (= Minturno) am Liris. In Anwesenheit seines in letzter Minute aus dem ca. 70 Kilometer entfernten Puteoli (= Pozzuoli) herbeigeeilten Schülers und Arztes Eustochios starb er dort 66jährig im Jahre 270, mit einem ihm wohl von Porphyrios beigelegten Ausspruch: »Versucht, den Gott in uns hinaufzuführen zum Göttlichen im All« (*Vita Plot.*2,26 f.; vgl. Schwyzer 1976, 85–97).

An namentlich zu erwähnenden Schülern Plotins seien genannt: Porphyrios, Eustochios, der sicher auch eine Ausgabe oder mindestens Teilausgabe von Plotins Schriften geschaffen hat (vgl. Schwyzer 1978,488,4–490,53; 319,21–35), der Italiker Amelios, der 24 Jahre in Plotins Schule weilte, und die beiden Gutsbesitzer Zethos und Castricius (*Vita Plot.*2,18–34; vgl. Brisson 1982, 55 f.). Porphyrios unterrichtet uns auch über die Lehrgegenstände in Plotins Vorlesungen. Sie betrafen die Kommentare der Platoniker Severos, Kronios, Numenios, Gaios und Attikos sowie der Peripatetiker Aspasios, Alexander von Aphrodisias und Adrastos zu den Klassikern. Auch stoische Lehren griff Plotin auf (*Vita Plot.*14,4–14). »Niemals aber übernahm er einfach eine ihrer Lehren, sondern er war originell und ungewöhnlich in seinem wissenschaftlichen Denken, und brachte den Geist des Ammonios [Sakkas] in den Unterricht hinein« (*Vita Plot.* 14,14–16; vgl. Dodds 1977).

Erst nach zehnjähriger Lehrtätigkeit, d. h. ab 253 (*Vita Plot.*3,32–35), läßt Plotin sich bewegen, über das im Schülerkreis Vorgetragene und Diskutierte zu schreiben. Sein schriftstellerischer Zeitraum umfaßt daher lediglich 15 bis 16 Jahre. Sofern man überhaupt eine Entwicklung im Plotinischen Denken annimmt, ist sie auf wenige und eng umgrenzte Punkte zu reduzieren. Die beste Hilfe für die Entscheidung dieser Frage ist die uns von Porphyrios überlieferte chronologische Folge von Plotins Schriften (*Vita Plot.*4,9–6,37). Die Schriften manifestieren uns zugleich »einen im hellenistischen östlichen Kulturkreis Aufgewachsenen von griechischer Muttersprache, der über die Bildung der Zeit frei verfügt, ohne spezielle wissenschaftliche Disziplinen zu beherrschen« (Harder 1960, 277).

2. Die zweifache Sicht in der Plotinischen Philosophie

Seit E. Zeller hat sich in der Plotinforschung die Unterscheidung einer zweifachen Sicht in der Plotinischen Philosophie durchgesetzt. Die eine betrifft den subjektiven bzw. religiös-ethischen oder aktualen Ursprung und Ausgangspunkt von Plotins Denken, die andere den objektiven bzw. philosophischen, d. h. metaphysisch-kosmologischen oder gegenständlichen Ursprung (Zeller 1923,480–83; Bréhier 1968,23; Kristeller 1929,5; Schwyzer 1978,549,35–43; Blumenthal 1987,548 f.). Der subjektiv-aktuale Ausgangspunkt ist die Einkehr der Seele in sich selbst, die Entdeckung ihres ursprungslosen Ursprungs in sich selbst und in eins damit das Erwachen der Sehnsucht, mit diesem verborgen anwesenden Ursprung vereinigt zu werden. Dies ist zugleich der für Plotin fundamentale und argumentativ begründete Weg von und aus der Vielheit zum gänzlich differenzlosen Einen, dem Plotinischen Gott. Der objektiv-gegenständliche Ausgangspunkt ist, allgemein gesprochen, die von Platon übernommene Unterscheidung zwischen der sinnlichen und intelligiblen Welt (IV 8,7,1 f.), näher gesehen das Hervorgehen aller Dinge aus ihrem Ursprung, insbesondere der Hypostasen (Seinsheiten) Geist und Seele aus dem Einen sowie deren Unterscheidung vom Einen. Die subjektiv-aktuale Sicht setzt, ontologisch betrachtet, die objektiv-gegenständliche voraus, da die Seele sich erst mit ihrem Ursprung vereinen kann, wenn sie aus diesem hervorgegangen ist. Dieselbe Wirklichkeit wird daher von zwei unterschiedlichen Ausgangspunkten her erfaßt, die weder gegeneinander ausgespielt noch einander untergeordnet werden dürfen, sondern als gleichrangig und natürlich als miteinander kompatibel anzusehen sind.

Obwohl Plotin nun sehr oft die ihn quälende Frage *(quaestio vexata)* so formuliert, wie das Viele aus dem gänzlich Einen hervorgehen könne (III 8,10,14–17; V 1,6,1–12; 7,5 f.; V 2,1, 3–13; V 3,15,1–10.29; 16,16–19; 17,4; V 4,2,12–44), hat er nicht der Vorstellung geschmeichelt, gleichsam auf der Höhe Gottes zu stehen, um von hier aus miterleben zu können, wie aus dem absolut Einen das weniger Eine und aus diesem wiederum das noch weniger Eine usw. entstehe. In Wirklichkeit ist Plotin den Weg von unten nach oben gegangen, von der Vielheit zur Einheit, vom Sinnenhaften zum Unsinnlichen, von der Selbsterkenntnis zur Gotteserkenntnis (vgl. Kremer 1981). »Alles Seiende ist durch das Eine ein Seiendes...Denn was könnte es sein, wenn es nicht Eines ist...Denn es kann kein Heer sein, wenn es nicht Eines sein soll, und kein Reigen und keine Herde, ohne Eines zu sein« (VI 9,1,1–6). Aber wer bewirkt nun letztlich die Einheit in allem Seienden, fragt Plotin weiter. Ist es die Seele? Ist es der Geist? Oder müssen wir auch diesen noch transzendieren (VI 9,1,17–2,47)? Plotin antwortet mit Ja und nennt zugleich den entscheidenden Punkt für diesen Weg nach oben, der für ihn immer ein Weg *ins Innere* des Menschen ist: Von den Sinnendingen, die das Letzte sind, gilt es »*hinaufzusteigen* zum Ursprung, der *in uns selbst* ist, und aus der Vielheit Eines zu werden« (VI 9,3,18–21). Mehrfach hat er ausdrücklich klargestellt, daß wir nur aus dem der Natur nach Späteren, zu dem in erster Linie die Vielheit der Sinnendinge gehört, zur Erkenntnis des der Natur nach Früheren und Ersten, des Einen, gelangen können (V 3,14,1–8; VI 8,11,7f.; VI 9,5,33f.). Dieser Ansatz eines Erkenntnisweges ›von unten‹ hat nichts mit Empirismus zu tun, weil die Seele ihre Inhalte von dem ihr unmittelbar übergeordneten Geist empfängt (V 3,4,17f.; 6,21f.) und wir durch das in uns, das dem Einen ähnlich ist (III 8,9,22f.), das Eine zu erfassen vermögen. Bei diesem Aufstieg führt uns daher bereits ein irgendwie vorgängig gegebenes Wissen um das gänzlich Eine. In gewissem Sinne stehen Geist und Eines schon am Ausgangspunkt unseres Erkenntnisweges.

3. Die sinnenhafte Welt und ihre Verteidigung gegen die Gnosis

Die Sinnenwelt, unterster Rang der Wirklichkeit, ist in aktualer Sicht mit der geistigen Welt nur homonym, nicht synonym vergleichbar (VI 3,1,21). Sie umfaßt die Dinge, »denen man am meisten Sein zuzuschreiben pflegt, die aber am meisten Nichtsein haben« (V 5,11,8f.). Ihr Kennzeichen ist, Einheit nur vorzutäuschen und erst durch Teilhabe als Eines in Erscheinung zu treten (VI 5,9,22). Sie flieht daher das wahrhaft Eine (VI 6,15,5), ist hoffnungslos in Vielheit gespalten. Vielheit aber ist Mangel (VI 7,8,22). Betrachtet man die Welt jedoch von ihrem Ursprung her, also in objektiv-gegenständlicher Sicht, so ist sie als das im Bereich des Sinnlichen vollkommenste Schöne eine Offenbarung des vollendeten Guten im geistigen Reich (IV 8,6,23–25). Ja sie ist, wie Plotin in der Schrift gegen die Gnostiker mehrfach hervorhebt, ein derart schönes Abbild der oberen Welt, daß man sich ein schöneres nicht vorstellen kann (II 9,4,22–32; II 9,8,8–26). Weder die in ihr vorhandenen Widrigkeiten (II 9,4,22–24) noch ihr Geringersein gegenüber der geistigen Welt sprechen dagegen. Denn dies liegt im Wesen eines Abbildes, daß es mit seinem Urbild nicht mehr identisch sein kann (II 9,8,16–18).

Kritik am Aufbau des Kosmos ist daher nicht angebracht (II 9,8,8–10; V 8,8,21–23).
Die jüngere Plotinforschung sowie die in vollem Gang sich befindenden Editionsarbeiten und Auswertungen der bei Nag Hammadi 1945/46 entdeckten koptisch-gnostischen Bibliothek zeigen immer mehr, daß die von H. Jonas vorgetragene These, Plotin stehe dichter bei der Gnosis als bei der platonischen Tradition, sich nicht erhärten läßt (vgl. Puech 1960,161–90; Henry 1977,150–55; O'Meara 1980,365–78; Beierwaltes 1985,25–27.93–95.110.122.184). Bekämpft hat Plotin die Gnostiker deshalb, weil sie seiner Meinung nach Platon falsch auslegten. Wollte er doch seinen eigenen Angaben zufolge nichts anderes in seiner Philosophie, als eine richtige Auslegung Platons zu bieten (V 1,8,10–14).

4. Die Seele

Vielheit bedeutet letztlich Mangel, obwohl auch die Vielheit nicht ohne eine gewisse Einheit ist. Stammt diese Einheit in der Sinnenwelt von der Seele, fragt Plotin (VI 9,1,17–20; 5,4 f.). Denn die Seele hat die Sinnenwelt geschaffen (VI 9, 1,17–19; V 1,2,1–51). Plotin antwortet mit Ja, betont aber im selben Atemzug, daß auch die Seele noch ein Vieles sei, da es viele Kräfte wie z. B. Denken, Streben und Wahrnehmen in ihr gebe (VI 9,1,40 f.). »So führt also die Seele einem anderen [= der Sinnenwelt] das Eine zu, wobei sie selbst freilich ein Eines ist; aber ihr widerfährt auch ihrerseits eben dies [= Einessein] von einem anderen« (VI 9,1,42 f.; vgl. VI 9,5,5–7; V 1,3,1–15).
Die Seele, ein »Eines und Vieles« (V 1,8,26), bildet gemeinsam mit den ihr übergeordneten Hypostasen Geist (= Nus) und Eines (= Hen) den intelligiblen Bereich im weiteren Sinne. Der Nus ist die intelligible Welt im eigentlichen Sinne. Plotin glaubt, diese Hypostasentrias bereits in den drei Hypothesen des Platonischen Parmenides (137c-142a, 142b-155d, 155e-157b) erkennen zu können (V 1,8,23–27). Der Seele kommt daher eine Mittelstellung im Reich der Wirklichkeit zu, insofern sie, zwar prinzipiell dem Intelligiblen zugehörig, doch am untersten Rand des geistigen Reiches lebt und der sinnlichen Welt als ihr »Grenznachbar« etwas von ihrem Sein dargibt (IV 8,7,1–8; VI 4,16,18 f.). Sie ist die letzte Wesenheit der geistigen, die erste der sinnenhaften Welt (IV 6,3,5–7). Daraus resultiert ihr Charakter, »gleichsam wie Amphibien« in zwei Elementen leben zu müssen, bald dort oben, bald hienieden (IV 8,4,31–35). Sie ist »Grenzscheide« von und »Dolmetscherin« zwischen geistiger und sinnenhafter Welt (IV 4,3,11; IV 3,11,19). Von daher versteht sich

auch die von Plotin gegenüber den bisherigen Platonikern vorgetragene Neuerung, daß ein »Etwas« der Seele immer im Nus, ihrem Ursprung und Vater, bleibe, wenn wir dies auch meistens nicht bemerken (IV 8,8,1–6; IV 7,13,13 f.; II 9,2,4 f.). Plotin kann damit die Entdeckung des Unbewußten für sich in Anspruch nehmen (vgl. Schwyzer 1960,370–72.379–82. 389 f.).
Mit ihrem »Grenzscheide»-Charakter hängt zusammen, daß die Seele jeweils das ist, dem sie nachjagt (V 2,2,3 f.). Ethisches und religiöses Ziel der Seele ist es, sich schon während ihres irdischen Lebens von der Sinnenwelt und ihrem Körper abzuscheiden und dank der Tugend hinaufzusteigen, d. h. zurückzukehren zu ihrem Ursprung. »Vielleicht kann man auch sagen,... daß... die Seele vermöge der Tugend ins Gute eintritt, da sie dann nicht ein Leben der Vereinigung [mit dem Leib] lebt, sondern schon dazu übergeht, sich abzutrennen« (I 7,3,19–22; vgl. unten § 8).
Schwierigkeiten bereitet Plotin die Antwort auf die Frage des Abstieges der Seele in die Sinnes- und Leibeswelt. Bald wird dieser Abstieg als freiwillig im Sinne einer Verfehlung geschildert (IV 8,5,26 f.; V 1,1,3–5; vgl. Alt 1993,163–171), häufiger jedoch im Sinne einer Notwendigkeit. Denn ohne ihren Abstieg wäre der ihr nachgeordnete Kosmos überhaupt nicht zur Existenz gelangt (IV 8,5,29–37; 6,6 f.). »Einer jeden Natur nämlich wohnt das Streben inne, das ihr Nachgeordnete hervorzubringen und sich zu entfalten« (IV 8,6,7 f.).
Wie Platon nimmt Plotin nicht nur Einzelseelen, sondern auch eine Weltseele an. Beide sind, weil gleichen Wesens, Geschwisterseelen (II 9,18,16; V 1,2,44) und nehmen ihren Ursprung von der Hypostase Seele.

5. Der Geist, die intelligible Welt

Da die Seele ihre Einheit, wie anfangs vermerkt (§ 4), nicht aus sich selber hat, verdankt sie die ihr eigentümliche Einheit und mit ihr sich selbst der ihr übergeordneten Hypostase des Geistes. Dieser ist im Unterschied zur Seele nicht mehr ein »Eines und Vieles«, sondern schon ein »Eines Vieles« (VI 7,14,11 f.). Auch der Geist ist also noch Vielheit. Denn in ihm ist die Fülle aller Ideen ›angesiedelt‹. Sodann weist sein Entstehungsprozeß eine Vielheit von Momenten auf (V 3,11,1–16; vgl. Kremer 1995). Ferner ist in ihm noch die Unterscheidung von Denken, Denkendem und Gedachtem möglich (III 8,9,5–13; V 3,13,12–16), obwohl er nur sich selber denkt. Aber auch das Sich-selbst-Denken muß die Momente der Selbigkeit und Andersheit sowie der Ständigkeit und Bewegung aufweisen (V 1,4,33–41). Zugleich ist der Geist jedoch Einheit, und zwar eine

größere Einheit als die der Seele, weil die Vielheit der Ideen in ihm »unscheidbar ungeschieden und doch wieder geschieden ist« (VI 9,5,16; vgl. V 3,15,20f.; V 8,4,6f.23; VI 2,20,21–23; VI 2,21,29f.), im Unterschied zu den von der Seele gedachten Gedanken (VI 9,5,16f.). Und: »Der Nus denkt durch das Denken, das er selber ist, und er denkt das Gedachte, das er wiederum selbst ist« (V 3,5,45f). In diese Konzeption des Geistes läßt Plotin mehrere Momente aus der philosophischen Tradition einfließen: das Parmenideische Wort von der Identität von Denken und Sein (V 9,5, 26–30) sowie die aus Platon (*Rp.* 507b in Verbindung mit 508b u. 509b) herauslesbare Gleichsetzung von Nus = Sein und Sein = Idee, so daß der Geist mit dem platonischen mundus intelligibilis identisch (III 6,6,1f.; VI 9,5,14f.) und dieser Vorbild der sinnlichen Welt wird (V 1,4,5f.; VI 7,12,2). Hinzu kommt die Übernahme von Aristoteles' Unbewegtem Beweger als eines sich selbst denkenden Geistes (vgl. *Met.* 1074b33–35 mit V 3,13,13f.), wobei der Plotinische Nus im Unterschied zum Aristotelischen die Ideen zum Denkinhalt hat und nicht Erster Grund von allem ist. Der Nus ist daher die Fülle des Denkens, Lebens und Seins.
Der Nus denkt aber nicht nur sich und die mit seinem Selbst identische Ideenwelt, sondern er weiß auch, daß er sich denkt, so daß ihn mit der Selbsterkenntnis auch das Selbstbewußtsein auszeichnet (V 3,6,33f.; VI 7,41,19f.; II 9,1,34–38). Bedeutungsvoll ist ferner die Auffassung der Ideen als Zahlen (VI 6; dazu Kommentar Bertier u. a. 1980).

6. Das Eine-Gute: Ziel des menschlichen Lebensweges

Ist der Geist untrennbar mit seinem Denkgegenstand, dieser seinerseits aber ebenso untrennbar mit dem Geist verbunden, dann ist der Geist wesentlich Zweiheit (III 8,9,5–11). »Die Vielheit ist aber später als das Eine« (III 8,9,3). Der rational begründete und konsequent durchzuführende Gedanke, daß Vielheit Einheit voraussetze, führt Plotin zu der abschließenden Einsicht, daß jenseits des Geistes ein ganz Eines und Einfaches anzunehmen ist.
Wie soll man sich dieses Eine denken? Kann man Es überhaupt denken? Plotins ganzes philosophisches Bemühen kreist um dieses Eine, es ist sein philosophisches (III 8,10,20–23; V 5,4,1–6) und zugleich sein persönliches Lebensziel (vgl. sein letztes Wort: s.o. § 1). Aber seine Verlegenheit, dieses Eine zu erfassen und über Es zu sprechen, ist äußerst groß. Mit der Feststellung, daß wir nur sagen können, »was Es nicht ist, nicht aber, was Es ist« (V 3,14,6f.), beschreitet Plotin den von Platon (*Parm.* 137eff.; *Rp.*509b) initiierten Weg der ne-

gativen Theologie. Auch die von Plotin favorisierten Bezeichnungen des Einen und Guten verfallen der negativen Theologie, weil Eines bloß die Aufhebung des Vielen besagt (V 5,6,26) und das Gute im Sinne des Überguten zu verstehen ist (VI 9,6,55–57). Da wir aber, wollen wir uns einander verständigen, notgedrungen über Es sprechen müssen (VI 9,5,38 f.) und die Sinnenwelt uns dazu einen gewissen Ansatz liefert, wie Plotin ausdrücklich klarstellt (III 8,10,34 f.; 11,19–23–39; V 5,6,17–21; VI 9,5,38–6,16), ergibt sich von hier aus eine gewisse Annäherung an das Eine. Es ist Ursprung des Lebens, Denkens und Seins, weil Es dies alles zwar gewährt, aber gemäß einer tiefen Einsicht Plotins selbst nicht das sein darf, was Es gibt (VI 7,17,3–9). Mit der Negation von Sein wird Ihm jedoch nicht die Wirklichkeit abgesprochen (VI 9,3,1–13), mit der Negation von Leben Ihm nicht Bewußtlosigkeit oder gar Tod (V 4,2,15–19; VI 8,16,30–36; 18,32 f.) und mit der Negation von Denken und Selbsterkenntnis nicht Unwissenheit zugesprochen (VI 9,6,43–52). Es kommt Ihm nämlich ein »Über-Denken« (*hypernoēsis* VI 8,16,32) zu, Es hat bzw. ist Wille (VI 8,13,7 f.30) und »gleichsam Liebe zu sich selbst« (*erōs*, *agapē* VI 8,15,1; 16,12–14). Nimmt man diese beiden Bestimmungen mit dem häufig, oft in derselben Satzstruktur, gegebenen Gebrauch des Masculinum (z. B. VI 9,6,5–18) für das Eine zusammen, dann dürfen wir bei Plotin, im Unterschied zu Platon und Aristoteles, von einer personalen Gottesvorstellung sprechen.

Daher ist auch die mystische bzw. ekstatische Einung der menschlichen Seele mit diesem Einen (VI 9,11,6.23; I 6,8,25) auf ein personales Wesen bezogen. Diese ist kein irrationaler, gegen die Vernunft gerichteter, wohl aber sie übersteigender Akt, weil der »vernunfthafte Geist« (*nous emphrōn* VI 7,35,19–24) dem »liebenden Geist« (*nous erōn* ebd.) gewichen ist, der allein eine Totalhingabe in der Einung erlaubt.

Die *unio mystica* – Plotin deutet ein persönliches Erlebnis dieser Art wohl in IV 8,1,1–11 an – führt auch nicht zur Selbstauslöschung bzw. Wesensverschmelzung der Seele mit dem Einen. Denn wenn die Seele zum Einen gelangt, gelangt sie nicht zu einem anderen, sondern zu sich selbst (VI 9,11,38 f.). »Selbstentäußerung und Selbstverwirklichung der Seele fallen dort zusammen« (Schwyzer 1960,376; Kremer 1981; 1991). Es handelt sich um einen punktuellen ›Zustand‹ intensivster Verwirklichung des Selbst, nicht ohne Folgen für das künftige Handeln. Die *unio mystica* ist zwar das Ziel der Plotinischen Philosophie. Insofern kommen Philosophie und Religion in diesem Punkt zur völligen Deckung. Aber sie ist doch »nur gerade das Umkippen einer höchst rationalen Denkbewegung« (Theiler, in: Harder[2], III b, 417).

Das Plotin leitende Erkenntnisprinzip, daß alle Vielheit auf ein schlechterdings Eines zurückzuführen sei (III 8,8,1–10; 10,20–23; V 1,6,8; V 3,12,9–13;15,11f.15–18; 16,8–16; V 4,1, 1–8; V 5,4,1–6; VI 9,1,1–3,1), hat ihn aber nun auch vor die Fragen geführt, *wie* und *warum* aus dem gänzlich Einen und Einfachen das Viele entstehen könne. Die zweite Frage beantwortet Plotin unter Rückgriff auf den aus reiner Güte die Welt formenden Demiurgen des Platonischen *Timaios* (29e-30a) dahin, daß das Gute nicht gut sein könne, wenn es sich nicht mitteile (II 9,3,7–11; vgl. Kremer 1987). Die erstere Frage nimmt einen noch zentraleren Platz in Plotins Denken ein. Sie ist aber, wie es z. B. der *unmittelbare* Anschluß dieser Frage an die *vorausgegangene* Rückführung der Vielheit auf ein absolut Eines in V 3,16,16f. zeigt, nicht der Ausgangspunkt seines Denkens. Die beste Antwort auf diese Frage erteilt er in V 3,15,6–10: Was aus dem Einen hervorgeht, kann nicht mehr mit Ihm »identisch« sein, aber auch nicht »besser«, daher nur »geringer«, und das heißt »bedürftiger«. Bedürftiger aber ist das »Nicht-mehr-Eine«, das »Viele« also.

Im Unterschied zum christlichen Denken kennt Plotin nur einen stufenweisen Hervorgang des Vielen aus dem Einen (Eines-Geist-Seele-Welt). Das Eine hat jedoch nicht nur Wille zu sich selbst, sondern schafft auch aufgrund von Freiheit. In der Frage, ob auch die Materie letztlich hervorgebracht sei, ist Plotin kaum eindeutig (vgl. O'Brien 1991; 1993; Narbonne 1993; Alt 1993,57ff.). Er erblickt in dieser formlosen Materie sogar das eigentlich Böse (I 8, 5,8f.), obwohl er sie noch als eine »Art letzte Form« (V 8, 7,22f.) bezeichnet und sie vom Einen erleuchtet sein läßt (II 9,3,20f.). Ein gegenüber dem Einen dualistischer Ursprung ist sie jedoch nicht. Denn sie ist bloß ein »Schattenbild der Vernunft« (VI 3,7,8; vgl. Alt 1993,63f.).

Wie einem jeden Wesen das Streben innewohnt, das ihm Nachgeordnete hervorzubringen (IV 8,6,7f.), so wendet es sich auch wiederum seinem Ursprung und Erzeuger zu, um von ihm seine ihm eigentümliche Vollendung zu empfangen (V 1,6,46–53; V 2,1,7–13; V 3,11,1–16). Beständiges Hervorgehen aus und beständiges Sich-hin-Wenden (*epistrophē*) zu dem Einen sind daher für alles Hervorgebrachte seinskonstituierend. Der Gedanke dieser permanenten und sozusagen zweiphasig sich vollziehenden Seinskonstituierung eines jeden Seienden wird noch dadurch verstärkt, daß nach Plotin nicht die Seele im Leib, sondern umgekehrt der Leib in der Seele, die Welt in der Weltseele, die Weltseele im Nus und der Nus im Einen ist (V 5,9; dazu Kremer 1969). Da das Eine nichts mehr vor sich hat, in dem Es sein könnte, ist Es nirgends, richtiger: zugleich überall und nirgendwo (ebd.)

8. Der Mensch

Für Plotin ist der Mensch weder Seele noch Körper allein (IV 4,18,13f.), wenngleich die Seele unser eigentliches Selbst ausmacht (IV 7,1,24f.; VI 8,12,5f.). Jeder von uns ist zwar eine »intelligible Welt« (*kosmos noētos* III 4,3,22; 6,21–23; IV 7,10,35f.), obwohl »wir nicht (mehr) Nus sind« (V 3,3,31). Aber der überlegende Teil unserer Seele hat sein Vermögen durch den Nus (*dia nou*), weshalb er auch »dianoetisch« heißt (V 3,6,20–22; 3,33f.). Die »Mitte« von Sinneswahrnehmung und Nus definiert uns (V 3,3,31–45), das diskursive, im Nacheinander der einzelnen Überlegungsschritte sich vollziehende, nicht das intuitive, mit einem Schlage alles erfassende Denken. Diese »Mitte«, bereits Distinktivum der Seele, weist unserer spezifisch menschlichen Bestimmung den Platz zwischen den Göttern und den Tieren zu (III 2,8,9).

Der Hervorgang der Seele aus dem Nus und vermittels dieses aus dem Einen ist nun nicht möglich ohne das beständige Blicken der Seele auf den Nus, durch welches Blicken sie erst ihre Vollendung erfährt. Will daher auch der Mensch seine ihm wesenseigene Erfüllung erfahren, so muß er sich zum Nus und durch diesen zum Einen hin- und zurückwenden. Erforderlich dazu ist eine dianoetische und ethische Läuterung, die im wesentlichen aus folgenden Elementen besteht: a) Abwendung von der äußeren Sinnenwelt und Hinwendung ins eigene Innere: »Kehre ein zu Dir selbst und sieh Dich an« (I 6,9,7); b) Abkehr von allem Bösen und Schlechten kraft der von Plotin so geschätzten und mit Platon als »herrenlos« (*Rp.*617e3 – VI 8,5,31) bezeichneten Tugend; c) Streben nach Einswerdung, wodurch der Mensch sich *bewußt* in das Gesamtstreben der Wirklichkeit nach Einheit einordnet; d) das Einkehren zu sich selbst und das Sichselbst-Anblicken läßt den Menschen nicht nur seine Seele, sondern zugleich den Geist und das Eine erfassen, die nicht irgendwo draußen, sondern in der Seele selbst zutiefst gegenwärtig sind (V 1,10,1–6; 11,6f.). Die Erfassung von Geist und Einem setzt aber nicht nur eine sittliche, sondern auch eine erkenntnismäßige Umwandlung voraus, wobei aufgrund unserer Abkunft vom Nus das diskursive Denken in das noetische Denken und dieses schließlich in die »Berührung« (V 3,17,25f.34; V 6,6,35) und »Einung« (VI 9,11,6) mit dem Einen übergeht. Denn Ähnliches nur vermag sich mit Ähnlichem zu verbinden (I 6,9,29f.; VI 7,34,11; VI 9,11,32).

Plotin hat diese Rückkehr des Menschen zum Einen mit dem lapidaren Appell umschrieben: »Tu alles fort« (V 3,17,38). Es handle sich um eine »Flucht des Einsamen zum Einsamen« (VI 9,11,51). Diese und viele ähnlich klingenden Äußerungen haben ihm den Vorwurf eingebracht, daß er zutiefst ein solipsistisches und weltflüchtendes, ja weltverachtendes Menschenbild hege, das zu guter Letzt den Menschen selbst destruiere (z. B. Jonas 1964). Gegen die Destruktion des Menschen in der Einung mit dem Einen hat er sich eigens verwahrt (IV 3,5,3–6; IV 4,2,27–29; VI 9,11,38 f.). Gegen den Solipsismus spricht das von Plotin in seiner römischen Schule 26 Jahre lang gepflegte Miteinander-Philosophieren, wohl auch seine tägliche Fürsorge um die ihm anvertrauten Waisen und das geplante, aber durch andere nicht zur Realisierung gekommene Vorhaben der Platonopolis. Gegen die Weltflucht und -verachtung zeugt sein schon in der ersten (I 6,8,16–27) und nochmals in der viertletzten Schrift im treuen Anschluß an Platon (*Theait.* 176a8-b2) niedergelegtes Bekenntnis: »Denn als ›Flucht‹ bezeichnet er (Platon) nicht das Fortgehen von der Erde, sondern *noch auf Erden weilend* ›gerecht und fromm zu sein, mit Einsicht verbunden‹« (I 8,6,10–12). Gegenüber den Gnostikern urgiert er: »In Wahrheit zeigt den Weg zu Gott die Tugend, die in der Seele sich fortschreitend entwickelt im Bunde mit der Einsicht. Wenn man ohne die wahrhafte Tugend von Gott redet, so ist das leerer Name« (II 9,15,38–40).

9. Nachwirkung

Plotins Denken beeinflußt fast die gesamte spätantike Philosophie und Theologie in Ost und West, ist im mittelalterlichen Denken anonym und in der gleichzeitigen islamischen Philosophie pseudonym präsent.

Für die Spätantike sind neben Plotins Schüler Porphyrios der Gründer der syrischen Schule, Jamblichos v. Chalkis (+ um 330 n. Chr.), und der Meister der neuplatonischen Schule zu Athen, Proklos (410–485), zu nennen. Dieser hat Kommentare zu Schriften Plotins verfaßt (sie sind alle verlorengegangen), aber es gibt keine Schrift Plotins, aus der nicht wenigstens ein Zitat in dem erhaltenen Proklischen Werk zu finden ist. Unter den Lateinern hat Plotin vor allem auf Marius Victorinus (+ n. 362), der Plotins *Enneaden* ganz oder teilweise ins Lateinische übersetzt hat (vgl. August. *Conf.* VIII 2,3), und Augustinus gewirkt. Letzterer kannte sicher die *Enneaden* I 6, III 2, IV 3, V 1 und V 6, wohl auch IV 2, V 3, V 5 und VI 9. Mit einem Plotinischen Wort aus I 4,7,23 f. auf den Lippen (»Der ist kein Großer, der es für etwas Großes hält, wenn Holz und Steine fallen und Sterbliche sterben«, Possidius, *Vita Augustini* 28) stirbt er 430 zu

Hippo. Kenntnis Plotins verraten auch Ambrosius und Macrobius, weniger Boethius. Macrobius nennt Plotin *inter philosophiae professores cum Platone princeps* (*Comm.in somn.Scip.*I 8). Die drei Kappadokier, Basilius der Große, Gregor v. Nyssa und Gregor v. Nazianz, sind nachweislich mit Plotinischem Gedankengut vertraut (vgl.*Index testium* in H-S[1], III, 420–35). Von Proklos ist das Schrifttum des Dionysios Pseudo-Areopagita abhängig (entstanden um 500 n. Chr.). Diesen, aber auch Proklos selbst, hat Nikolaus von Kues (+ 1464) sehr gut gekannt und reichlich benutzt. Plotins Name ist Cusanus bloß aus den bei Eusebios v. Cäsarea erhaltenen Fragmenten einer ganzen oder bloß teilweisen Eustochios-Ausgabe des Plotin bekannt (vgl. *Codex Cusanus* 41, fol.155[v]).

Die Plotinische Kenntnis des Mittelalters betrifft vor allem die Einteilung der Tugenden aus *Enneade* I 2, wie sie Macrobius überliefert hat, und die durch Proklos und Dionysios Pseudo-Areopagita vermittelte plotinische Dreiheit ›Sein-Leben-Geist‹.

Erst die platonische Akademie zu Florenz im 15. Jahrhundert, mit Marsilius Ficinus im Mittelpunkt, beschäftigt sich wieder ausführlich mit Plotin. Großes Interesse an Plotin bekunden die Cambridger Platoniker (17. Jhdt.), ferner Leibniz, Berkeley und die Romantiker Novalis und Schelling. Gelegentliche Berührungen indirekter Art mit Plotin finden sich auch bei Goethe. Seine Verse aus den *Zahmen Xenien:* »Wär‹ nicht das Auge sonnenhaft, die Sonne könnt' es nie erblicken. Läg' nicht in uns des Gottes eigne Kraft, wie könnt' uns Göttliches entzücken?« greifen ein Plotinisches Wort aus I 6,9,30–32 auf. Aus Hegel wiederum, der wohl durch F. Creuzers Plotinstudien auf Plotin gestoßen war, spricht das volle Bewußtsein von dem geschichtlichen Schwergewicht Plotins (vgl. Schwyzer 1978, 588,38–590,6; 328,39–48; Beierwaltes 1972a).

Einen Überlieferungsstrang Plotinischen Denkens ganz eigener Art stellt die sogenannte Theologie des Aristoteles dar, die lange Zeit als ein geheimes Buch des Aristoteles angesehen wurde. Abgesehen von zwei Stellen (vgl. Kraus 1941,277 Anm. 1) scheint Plotins Name den Arabern unbekannt zu sein. In Wahrheit handelt es sich bei der »Theologie« um eine erweiterte Paraphrase von Teilen der *Enneaden* IV, V und VI. Solche paraphrasierten Texte aus den *Enneaden* IV-VI finden sich auch in zwei anderen arabischen Schriften: *Dicta sapientis graeci* und *Epistola de scientia divina.* Eine Konkordanz der Nummern der arabischen Texte mit den parallelen Enneadenstellen findet sich in H-S[1] II 489–501, mit Berichtigungen in H-S[1] III 408–10. Alle drei Schriften führen sich wahrscheinlich auf eine gemeinsame arabische Quelle zurück, die ihrerseits, wie allgemein angenommen wird, auf ein syrisches Mittelglied zurückgehen dürfte. Verfasser des griechischen Originals der »Theologie«, das zweifellos anzunehmen ist und das die Enneadenausgabe voraussetzt, ist *vielleicht* Porphyrios (vgl. *Vita Plot.*26,32–37; Schwyzer 1978, 499,30–508,21; 319,47–321,3; Zimmermann 1986).

Andrew Smith

Porphyrios

1. Leben

Porphyrios (234–305 n. Chr.) stammte aus Tyros. Diese Stadt und das ganze Gebiet, das ungefähr dem modernen Libanon entspricht, erlebte im zweiten und dritten Jahrhundert eine kulturelle Blütezeit; seine begabtesten Einwohner waren überall im römischen Reich als Juristen, Beamte, Philosophen und Dichter tätig. So war es nicht ungewöhnlich, wenn Porphyrios für seine Ausbildung zunächst nach Alexandrien ging, wo er auch Studienkollege des christlichen Kirchenlehrers Origenes war, und später nach Athen übersiedelte, um sein Studium an der berühmten Platonischen Akademie fortzusetzen. Dort traf er Studienkollegen und Professoren, die aus dem Osten stammten, wie Longinos, den damaligen Schulleiter der Akademie. Nach einigen Jahren (263 n. Chr.) ging Porphyrios nach Rom, um sich Plotin anzuschließen, dessen platonisches Philosophieren weitaus tiefer und origineller war als der Schulbetrieb des Longinos, der sich mehr für Literatur und Philologie interessierte. Auf Plotins Rat hin reiste Porphyrios später nach Sizilien, um sich von einer Depression zu erholen. Als Plotin starb (270 n. Chr.), war Porphyrios in Sizilien. Er kehrte sofort nach Rom zurück und besuchte später sogar seine Heimat; es bleibt jedoch unsicher, wo er seine letzten Jahre verbrachte und ob er in Rom als Schulleiter eine als solche erkennbare Schule Plotins weiterführte. Gegen Ende seines Lebens hat er eine Witwe mit sieben Kindern namens Marcella geheiratet, über deren Herkunft und Wohnort wir leider nichts wissen.

2. Werke

Die literarische Produktion des Porphyrios war enorm. Die uns überlieferten Titel von mehr als siebzig Werken umfassen fast alle Bereiche der Wissenschaft: Mathematik, Astrologie, Musik, Philologie, Ethik, Religion, Metaphysik; dazu Kommentare zu Platon, Aristoteles und Plotin. Weil aber nur wenig davon bis in unsere Tage vollständig erhalten geblieben ist, sind wir leider sehr oft auf Fragmente und manchmal sogar auf bloße Titel angewiesen. Die gut erhaltenen Werke behandeln meistens moralische und ethische Fragen und lassen die große Leistung des Porphyrios nie voll zur Geltung kommen, weil die wichtigen metaphysischen Probleme Gegenstand seiner verlorengegangenen für die Fachwelt bestimmten wissenschaftlichen Arbeiten waren. Es sind gerade diese für uns jetzt verlorenen Abhandlungen, die seine Nachfolger am meisten beeinflußt haben. Zu den zahlreichen philologischen Werken, die er höchstwahrscheinlich während seines Aufenthaltes in Athen verfaßte, gehört ein äußerst interessantes Stück, das eine aus Anlaß von Platons Geburtsfest über das literarische Plagiat in der Akademie geführte Dikussion darstellt (407–410F Smith).

Dem philosophischen Platonkommentar hat Porphyrios neuen Aufschwung gegeben. Seine Kommentare sind aber nur in Bruchstükken und Berichten erhalten, und zwar deshalb, weil sie von Iamblichos und Proklos für ihre eigenen Kommentare benutzt wurden, was den großen Einfluß des Porphyrios beweist. Der weitaus wichtigste seiner Kommentare ist der über Platons *Timaios*, den er, anstatt eine Abfolge von zusammenhängenden Interpretationen zu verfassen, Zeile für Zeile und Satz für Satz kommentierte. Allem Anschein nach hat er, obwohl er bestimmte Schwerpunkte setzte, den ganzen Dialog behandelt. Porphyrios zählt zu den ersten, die im einleitenden Teil des Dialogs eine tiefere ethische Bedeutung fanden; von der abstrusen und ausgefallenen Hermeneutik der späteren Neuplatoniker ist er jedoch weit entfernt. Wo er den Krieg zwischen den Athenern und den Atlantisbewohnern kommentiert (Fr.10 Sodano), gebraucht er, vielleicht einer schon bei Numenios und anderen zu findenden Vorlage folgend, auch einen metaphysischen Stil des Interpretierens. Darüber hinaus wollte er nicht, wie es später üblich war, jedem Dialog eine einzige und einheitliche Auslegung sytematisch aufzwingen. Dennoch stellen seine Kommentare eine wichtige Entwicklungsphase des von seinen Nachfolgern bevorzugten *genus litterarium* dar.

Porphyrios' Methode läßt sich anhand seiner Ausführungen zu *Timaios* 31a gut veranschaulichen. Wie häufig an anderen Stellen, so läßt er sich auch hier von den Ideen eines Vorgängers, in diesem Fall des Attikos, anregen und beginnt mit allgemeinen gegen Attikos gerichteten Beweisführungen, um dann Texte aus anderen Platondialogen zu zitieren, welche den Dualismus der Prinzipien widerlegen sollen. Ständig referiert oder zitiert Porphyrios in seinen Kommentaren die Meinungen anderer Philosophen, um sie dann entweder zu akzeptieren oder abzulehnen. In einer interessanten Anekdote (Fr.74 Sodano) in demselben Kommentar läßt er uns am Leben und der Atmosphäre der Schule Plotins teilnehmen. Er beschreibt, wie er ein mal in ein Seminar von Plotins Vorzugsschüler Amelios über Platons *Timaios* hineinkam und mit ihm ein Textproblem, das philosophische Konsequenzen hatte, diskutierte. Porphyrios bemerkt, Amelios sei wegen dieser Einmischung ein wenig gekränkt gewesen. Tatsächlich gab es zwischen beiden eine gewisse Konkurrenz. Sehr schön schreibt Porphyrios, er habe viele Jahre später jemand getroffen, der die Lesart des Amelios verteidigte, was dem Amelios, so fügt er hinzu, gefallen hätte, wenn er noch gelebt hätte.

3. Die Metaphysik

Im allgemeinen blieb Porphyrios dem metaphysischen System Plotins mit dem Einen, dem Geist und der Seele als Quellen der sinnlichen Welt sehr nahe. Unsere wichtigste Quelle für seine Metaphysik ist das merkwürdige Werk, das *Sententiae (Gedanken die zum Intelligiblen führen)* heißt. In diesem, in knappem Stil verfaßten Buch, das in kurzen Abschnitten allgemeine metaphysische Themen wie das Verhältnis der Seele zum Körper, die Sinneswahrnehmung, die Tugenden, den Geist, Zeit und Ewigkeit, die drei Hypostasen behandelt, schreibt er oft in gedrängter und manchmal starrer Form den flexibleren Gedankengang Plotins um. Diese Art des Umschreibens kann auch zu kleinen Verzerrungen führen, z. B. wenn er Plotins Untersuchungen über das Verhältnis der Stufen der Tugenden zueinander in eine erstarrte Tugendlehre umwandelt (*Enn.*III 6; *Sent.*32). Trotz allem lassen die *Sententiae* Porphyrios' Hauptbemühungen im Bereich der Metaphysik erkennen.
In Plotins Leben (13;18) erzählt er selbst, wie er mit Plotin zwei lange Debatten über das Verhältnis der Seele zum Körper und der intelligiblen Gegenstände zum Geist geführt hat. An diesen Debatten läßt sich zeigen, welche Methode diese beiden Philosophen bevorzugten. Plotin förderte in seinen Seminaren offensichtlich Diskussion und Fragen. Diese dem Geist des Porphyrios entsprechende Untersuchungsweise war den anderen Mitgliedern des Seminars zuwider. Diesen Widerstand beseitigte Plotin, indem er erklärte, es sei notwendig, die Einwände des Porphyrios gründlich zu untersuchen und zu beantworten. Die darauf folgende Diskussion dauerte drei Tage! Es wird auch deutlich, daß Porphyrios eine Lösung des Problems in der Weise suchte, daß er Plotinisches Gedankengut wie die Lehre von der doppelten Aktivität gebrauchte, um das Verhältnis der Seele zum Körper zu klären. Nach dieser Theorie hat jede Hypostase eine innere essentielle Aktivität und eine nach außen gerichtete Aktivität, die von der inneren abhängig ist. Damit kann das Verhältnis einer jeden Hypostase zu dem, was unmittelbar nach ihr steht, erklärt werden. Porphyrios benutzt auch seine eigenen Formulierungen, wie z. B. die Seele sei anwesend nicht mit ihrer Substanz (*ousia*), sondern durch Beziehung (*schesis*), die er in den *Sententiae* und in den

Symmmikta Zetemata entwickelte. In anderen Arbeiten (247F.249F Smith) hat er die Aristotelische Lehre von der Seele als der Entelechie des Leibes angegriffen; in seiner Schrift *Über die Seelenkräfte* hat er Lehrmeinungen der anderen Philosophen kritisch zusammengestellt (251–255F Smith). Was die zentrale neuplatonische Lehre von der Identität des Geistes mit seinen Objekten angeht, so wissen wir von Porphyrios selbst (*Vita Plot.* 18), daß er zunächst dem traditionellen Platonismus des Longinos anhing, nach dem das Objekt des Denkens außerhalb des denkenden Geistes ist, bis er endlich, nachdem einige Referate von Amelios und von ihm selber im Seminar vorgetragen worden waren, für die Lehre Plotins gewonnen wurde. Anschließend veröffentlichte er die unter Plotins Einfluß stehenden Schriften *Gegen die welche das Intelligible vom Geist trennen*, *Über die Prinzipien*, *Über das Unkörperliche*, *Über die Materie*.

Porphyrios hat sich sehr für die Beziehungen der Hypostasen untereinander, besonders für die des Einen zum Geist, interessiert. Er erwähnt einen vorewigen Hervorgang des Geistes (223F Smith), der den Geist mit dem Einen verbindet, und an einer anderen Stelle (366F Smith) eine Reihe von drei Triaden, die eine Enneade bilden. Die wesentliche Struktur dieser Triaden ist eine Bewegung vom unbestimmten Sein zum Seienden (Geist oder *ousia*) mittels der *dunamis* oder unbegrenzten Kraft. Sie dürfen nicht, wie es die späteren Neuplatoniker formulierten, als unabhängige Seinsstufen betrachtet werden, sondern sie sind dynamische Beziehungen, von denen nur der erste Terminus der ersten Triade, das Eine, und der letzte Terminus der dritten Triade, der Geist, Hypostasen im Plotinischen Sinne sind. Sie lassen sich durch folgendes Schema darstellen:

Sein (das Eine; erste Hypostase)	Kraft	Geist
Sein	**Kraft**	Geist
Sein	Kraft	**Geist** (zweite Hypostase)

Der Geist ist also sowohl im Einen anwesend, als auch in der zweiten Reihe, welche die überfließende Kraft des Einen darstellt. Diese Kraft des Einen könnte auch als Quasi-Hypostase betrachtet werden, weil sie weder mit dem Einen noch mit dem Geist vollkommen identisch ist, sondern eine Art Zwischenphase darstellt. Ähnlich ist das Eine auf der Ebene des Geistes anwesend. Mit dieser Struktur hat Porphyrios sowohl die enge Verbindung als auch den großen Abstand zwischen dem Einen und dem Geist zu verdeutlichen versucht.

Vielleicht ist diese komplizierte Triadenstruktur bedingt durch den Versuch, die halbmythologische und halbphilosophische Wesenshierarchie der sogenannten Chaldäischen Orakel in eine platonische Metaphysik zu fassen. Diese tief vom Platonismus geprägten religiösen Verse, die wahrscheinlich gegen Ende des zweiten Jahrhunderts verfaßt wurden, spielten bei denjenigen Neuplatonikern eine große Rolle, die wie Porphyrios versuchten, Religion und Philosophie zu einem gemeinsamen Heilsweg zu verbinden. Ein anonymer Parmenideskommentar, der diese Ideen philosophisch weiterentwickelte und offensichtlich die einflußreiche und wichtige Trinitätsspekulation des christlichen Theologen Marius Victorinus stark beeinflußte, ist von Pierre Hadot dem Porphyrios zugeschrieben worden. Meiner Meinung nach gibt es aber immer noch keine völlig überzeugenden Beweisgründe, daß Porphyrios der Verfasser dieses Kommentars ist. Eine wahrscheinliche Erklärung dieser Situation bildet die Annahme, daß diese interessanten und originalen Ideen zwar auf Porphyrios zurückgehen, daß sie jedoch in neuplatonischen Kreisen in Italien im Rahmen von Vorlesungen und Seminaren über den Platonischen *Parmenides* allmählich weiterentwickelt wurden, bis sie schließlich ihren endgültigen Ausdruck in ihrer christlichen Rezeption durch Marius Victorinus fanden.

4. Religion: Theorie und Praxis

Porphyrios sind zahlreiche Schriften über Themen, die im allgemeinen als religiös gelten, zuzuschreiben. Im *Brief an Marcella* finden wir eine traditionelle Frömmigkeit und die Anerkennung der heidnischen Religionsbräuche. Seit langem heftig umstritten ist seine Haltung gegenüber der Theurgie, einer Art Heilsritual, für die Porphyrios sich sehr interessierte. Dabei müssen zwei Fragen unterschieden werden: erstens die Einstellung des Porphyrios selbst und zweitens wie der moderne Wissenschaftler Wert und Bedeutung des heidnischen Kultes beurteilt. Ist er als Aberglaube und bloße ›Magie‹ abzutun? Hier haben sich in den letzten Jahren die Positionen tief verändert. Die frühere negative Einstellung gegenüber der Theurgie hat die Versuche, die Haltung des Porphyrios zu verdeutlichen, sehr beeinträchtigt und sogar verzerrt. Es wurde lange Zeit behauptet, Porphyrios sei zunächst sehr abergläubisch gewesen; als er aber zu Plotin gekommen sei, habe er diese abergläubischen Neigungen abschütteln und einen echt hellenistischen Rationalismus und eine kritische Denkart vertreten können. Es geht noch weiter. Obwohl er in seinen früheren Schriften viel religiösen Unsinn unkritisch akzeptiert habe, habe er sich, nachdem er unter Plotins Einfluß gekommen sei, als hartnäckiger Kritiker des heidnischen Kultes und der heidnischen Religion erwiesen. Diese Polarität könne anhand von zwei Werken des Porphyrios illustriert werden. Auf der einen Seite gilt die *Philosophie aus Orakeln* als ein Mischmasch von allerlei Magie und Schwärmerei, auf der anderen Seite sieht man im *Brief an den Priester Anebon*, der wahrscheinlich nur die literarische Form eines Briefes hat (wir wissen nicht, ob der Priester Anebon existierte), eine vernichtende Kritik des heidnischen Kultes und der heidnischen Theologie.

Von der *Philosophie aus Orakeln* besitzen wir nur Bruchstücke, was es schwierig macht, die allgemeine Stimmung und den wesentlichen Gedankengang zu erfassen. Die herkömmliche Interpretation findet ihre Begründung vor allem darin, daß man den Inhalt der vielen von Porphyrios zitierten Orakelverse betont, ohne darauf zu achten, weshalb Porphyrios sie zitiert hat. Glücklicherweise ist ein Teil des Prologs erhalten. Aus ihm wird klar, daß das Buch sich weit mehr mit philosophischen Ideen als mit dem Ritual befaßte. Die Fragmente, die wir besitzen und die es fast ausschließlich mit Opfern, Prophezeiungen und Göttererscheinungen zu tun haben, geben also einen falschen Eindruck vom Inhalt des vollständigen Buches. Die Orakel werden nicht zitiert, um der Vernunft nicht zugängliche Wahrheiten zu offenbaren, sondern um die von der Vernunft rational entwickelten Lehren für diejenigen zu bestätigen, welche diese Art von Versicherung brauchen. Die Wahrheit hängt also nicht von der Offenbarung ab.

Am Anfang des Werkes befaßt Porphyrios sich mit dem Verhältnis der Götter zueinander. Es war ohne Zweifel ein Problem, die Vielfalt der Götter mit dem Begriff des Monotheismus, der in einem monistischen metaphysischen System notwendig zu sein scheint, in Einklang zu bringen. Die Lösung liegt nicht darin, die Vielheit abzuschaffen, denn eine solche Vielheit hat in sich selbst nichts Anstößiges, sondern zu erklären, welche genauen Beziehungen die Götter zueinander und zum höchsten Gott haben könnten. Leider wissen wir nicht, wie Porphyrios dieses Problem zu lösen versuchte, weil unsere Fragmente nur die Orakel wiedergeben, mit denen er seine Lösung illustrierte. Diese Stellen werden von dem Kirchenvater Eusebios nur so zitiert, wie es dessen polemischen Absichten entsprach, ohne die philosophische Kommentierung des Porphyrios beizufügen.

Im *Brief an Anebon* kommt Porphyrios wieder auf dieses Problem zurück. Wir führen hier ein Beispiel an, das zu dem Teil des Werkes gehört, welcher dem Verhältnis der Götter zueinander gewidmet ist. Es handelt sich um ein Orakel des Apollon von Didyma, der einigen

Bauern antwortet, welche den Gott nach dem Schicksal von sieben mitten im Wald tot aufgefundenen Waldarbeitern gefragt hatten. Das Orakel, das ins zweite Jahrhunder gehört, ist ohne Zweifel ein bemerkenswertes Zeugnis für das religiöse Gefühl der Zeit.

> »Goldhaariger Pan, der Diener des würdevollen Dionysos, schreitet über die bewaldeten Berge, einen Stab in seiner mächtigen Hand, mit der anderen die polierte, durchdringend tönende Pfeife fassend, und er bezaubert der Nymphen Herz. Als er aber eine scharfe Weise auf der Pfeife bläst, versetzt er alle Holzfäller in Schrecken; Entsetzen erfaßt sie, als sie die eisige Gestalt des rasenden Daimons daherstürmen sehen. Und alle hätte nun das Ende des eisigen Todes erfaßt, wenn nicht die Jägerin Artemis, einen schrecklichen Groll im Herzen habend, seinem gewaltigen Wüten ein Ende gemacht hätte. Deswegen müßt ihr sie anflehen, daß sie euch beschütze.«
> (307F Smith)

Hier wird eine Ursache für ein sonst nicht zu erklärendes Unglück angedeutet. Die Überlebenden wurden nur durch den Eingriff einer höheren Macht gerettet, und diese Macht wird für sie zu einer verehrten Beschützerin. Aus diesem Orakel spricht die Unsicherheit, welche die Menschen dieses Zeitalters gegenüber dem Angriff böser Dämonen fühlten, und wie sie nach göttlicher Hilfe suchten; es veranschaulicht die religiöse Befangenheit des zweiten und dritten Jahrhunderts. Aber nicht dafür interessiert sich Porphyrios in erster Linie; er zitiert das Orakel vielmehr zu einem anderen Zweck: als Beispiel dafür, wie ein Gott einem anderen untergeordnet sein kann. Pan ist Diener des Dionysos. Wir dürfen weiter annehmen, daß er die ganze Geschichte nicht nur deswegen bis zum Ende erzählt, um sie zum Abschluß zu bringen, sondern auch weil das Eingreifen der Artemis, die den Gott Pan zurückweist, ein weiteres Beispiel der Unterordnung ist.

Porphyrios ist so weit davon entfernt, haltlos einer kritiklosen Schwärmerei zu verfallen, daß er sogar verschiedene Aspekte der antiken Mantik tadeln und in demselben Buch das sich über die Welt erhebende geistliche Leben mit folgenden Worten preisen kann: »der Gott, als Vater des Alls, braucht nichts. Uns aber geht es gut, wenn wir ihn durch Gerechtigkeit, Reinheit und die anderen Tugenden verehren und unser Leben selbst zu einem Gebet zu ihm machen, indem wir ihn nachahmen und nach ihm suchen. Denn das Suchen reinigt, und die Nachahmung vergöttlicht die Gesinnung ihm gegenüber durch die Tat« (346F Smith = Aug., *De civ. dei* XIX 23).

In der *Philosophie aus Orakeln* stehen also philosophische und religiöse Haltungen nebeneinander. Werfen wir jetzt einen Blick auf den Gegenpol, den *Brief an Anbebon*, ein Werk, das oft als ein Angriff auf und eine totale Absage an den Aberglauben im Geist des griechischen Rationalismus gedeutet wird. Leider ist auch dieses Werk nur in Fragmenten erhalten und muß nach Zitaten bei anderen Schriftstellern rekonstruiert werden, was uns sehr daran hindert, die ursprüngliche Absicht des Porphyrios zu erkennen, zumal unsere wichtigste Quelle ein gegen ihn gerichtetes Werk ist, nämlich die Schrift des Neuplatonikers Iamblichos *Über die Geheimlehren* (*De mysteriis*). Trotzdem gibt es Hinweise, die es uns erlauben, Porphyrios' Unternehmen nicht als bloßen Angriff, sondern als positive und konstruktive Kritik an verschiedenen Aspekten und Konsequenzen der heidnischen Religion zu kennzeichnen.

Am Ende des Briefes beklagt Porphyrios, daß die ägyptische Religion nicht zur Erfüllung der höheren Hoffnungen des Menschen führe und nicht zur Glückseligkeit, die nach Meinung der Philosophen nur durch Kontemplation und Vereinigung mit den Göttern möglich sei. Iamblichos leitet die Diskussion folgendermaßen ein: »Es bleibt als letztes die Frage nach dem Glück, über die Sie vielfältige Untersuchungen angestellt haben. Zunächst haben Sie Einwände vorgebracht, dann haben Sie Aporien formuliert, und danach haben Sie Ihre Untersuchungen angestellt« (*myst.*X 1 p. 285,10–13). Das Zitat zeigt, daß die Methode des Briefes an Anebon nicht der direkte Angriff, sondern die konstruktive Untersuchung war. Das wird von der sich anschließenden Diskussion, die das Wesen der Mantik untersucht, bestätigt. Wo Porphyrios Widersprüche und Schwierigkeiten aufdeckt, lehnt er die Mantik nicht völlig ab, sondern versucht, sie zu erklären. An einer anderen Stelle (*myst.*III 18–21 p. 145,4–7; 147,16–148,2; 150,3–5) gibt er drei Erklärungen des Phänomens: erstens, daß es von einem Gott verursacht wird, der durch Anrufungen und Gebete gezwungen wird, zur Erde hinabzusteigen; zweitens, daß die Seele die Prophezeiungen hervorbringt; drittens, daß sie sowohl von innen aus unserer Seele als von außen durch das Einwirken der Götter hervorgebracht werden. Die erste und die zweite Erklärung werden zurückgewiesen, um die dritte als Kompromiß gelten zu lassen. Durch den ganzen Brief hindurch wird der systematische und hypothetische Charakter der Untersuchung sichtbar. Sie führt nur selten zu einem befriedigenden Ergebnis, wie es Iamblichos verlangt, kann aber dennoch nicht als bloß negatives Vorgehen betrachtet werden.

Obwohl Porphyrios einige magische Praktiken zuwider waren, kann es keinen Zweifel geben, daß er die Echtheit des größten Teils der religiösen und kultischen Handlungen in dem Sinn anerkannte, daß sie nicht auf menschlichem Betrug beruhen. Er will Erklärungen finden und wo möglich eine Lösung der sich ergebenden philosophischen Probleme. So spürt man z. B. keine Geringschätzung, wenn Porphyrios die Erfahrungen an den Orakelstätten von Delphi, Didyma und Klaros sorgfältig beschreibt. Porphyrios bezweifelt nicht, daß prophezeit wird, sondern er will wissen, »wie die Prophezeiung von den Göttern den Menschen zugeschickt wird« (*myst.*III 11 p. 124,6). Er kann selbst die Realität bestimmter Göttererscheinungen akzeptieren, die sogar Iamblichos bezweifelt. Beachtenswert ist die aufschlußreiche Bemerkung des Iamblichos: »Die darauf folgenden Einwände geben sich zunächst als Zweifel an der Art und Weise der Mantik; in dem Maß, wie sie entfaltet werden, führen sie jedoch dazu, diese zu zerstören [...] In den darauf folgenden Ausführungen versuchen Sie, die Art und Weise der Mantik zu erklären, und dabei heben Sie sie vollständig auf« (*myst.*III 23;24 p. 155,1–3;156,5–7). Porphyrios wollte also keineswegs die Prophezeiung ablehnen, aber seine Erklärungen lassen ihn selbst im Stich und untergraben nach dem Urteil des Iamblichos das, was er lediglich untersuchen wollte.

Der *Brief an Anebon* zeigt also keinen von der Philosophie aus Orakeln wesentlich verschiedenen philosophischen Standpunkt. Damit ist ein wichtiges Kriterium gewonnen: Die Praxis der kritischen Vernunft und die Anerkennung der Realität und der Bedeutung der religiösen Vollzüge und Erfahrungen brauchen nicht miteinander unvereinbar zu sein; zumindest können sie in einer Person koexistieren. Damit ist freilich nicht gesagt, daß Porphyrios in seinem geistlichen Leben ein Gleichgewicht dieser beiden Tendenzen hat finden können. Was die Philosophie betrifft, so zeigt die Tatsache, daß er Iamblichos' große Erwiderung provoziert hat, wie weit er davon entfernt ist. Wir finden aber in *Über die Geheimlehren* keine Verteidigung der heidnischen Religion, sondern eine Debatte über die Methode: Wie kann man Theologie und Philosophie in Einklang bringen? Ganz anders als Plotin, der sich kaum für die äußere Welt interessierte und lehrte, wie man sich von der Welt trennen muß, um über sie zum transzendenten Geist und zum Einen emporzusteigen, ein Weg, der nur dem Philosophen offenstand, wollte Porphyrios einen Weg zur Glückseligkeit finden, der allen Menschen zugänglich war (302F Smith). Der Durchschnittsmensch ist zur Philosophie nicht fähig, und wenn die wahre Erlösung, mit Gott eins zu werden, in der Philosophie nur durch die Tätigkeit des Geistes und der Vernunft zuteil wird, muß man sich der Religion zuwenden, um einen Erlösungsweg für den nichtphilosophischen Menschen zu finden.

Wir wissen, daß Porphyrios zugunsten des Heidentums in die Religionspolitik eingegriffen und vielleicht den Kaiser Diokletian beraten hat, als dieser in seinem Kampf gegen das Christentum versuchte, die heidnischen Kulte wieder ins Leben zu rufen. Die bei weitem berühmteste Schrift des Porphyrios *Gegen die Christen* (*Contra Christianos*) ist wahrscheinlich vor dieser Zeit geschrieben, hat aber wohl dazu beigetragen, daß er vom Kaiser als Berater gerufen wurde. Es ist Porphyrios jedoch nicht gelungen, aus Religion und platonischer Philosophie eine Einheit zu schaffen. Selbst die wirkungsvollsten Rituale konnten seiner Meinung nach den Menschen nur bis zur Sternenwelt emporheben (288F; 288aF Smith). Die Probleme, welche die Religion dem Porphyrios bereitete, können von dem *Brief an Anebon* abgelesen werden, und wir haben zudem die scharfe Kritik des Iamblichos, der in *Über die Geheimlehren* das wesentliche Mißverständnis des Porphyrios aufzudecken versucht. Auf fast jeder Seite können wir lesen, Porphyrios habe Theologie, Religion und Philosophie vermischt. Schwerpunkt der Hermeneutik des Iamblichos ist es, diese drei Bereiche voneinander zu trennen. Es muß zu Verwirrung und Konfusion führen, wenn wir Mittel und Methode der Philosophie auf theologische oder religiöse Angelegenheiten anwenden. »Wir werden Ihnen in allem die angebrachte und angemessene Antwort geben: Theologisches werden wir theologisch, Theurgisches dagegen theurgisch beantworten; philosophische Fragen werden wir mit Ihnen zusammen philosophisch untersuchen« (*myst.*I 2 p. 7,2–6). Damit will Iamblichos drei Bereiche unterscheiden: die Theurgie, die Theologie und die Philosophie.
Das Wort ›Theurgie‹ bezeichnet entweder das Einwirken der Götter auf die Menschen oder umgekehrt das Einwirken der Menschen auf die Götter. Es bezieht sich auf eine bestimmte Art religiöser Praxis, die von philosophischen Begriffen stark beeinflußt war, als Ziel die Erlösung der Seele hatte und in Form ausgefallener Rituale vollzogen wurde. Die Theurgie wird oft als Magie betrachtet; sie könnte aber auch als eine Art Sakrament bezeichnet werden. Im Unterschied zur ihr ist die Theologie rein theoretisch. Auch Theologie und Philosophie bilden klar voneinander zu unterscheidende Bereiche. Die Theologie behandelt die Götter der Tradition und des Kultes, die Philosophie die transzendenten Wesenheiten der Metaphysiker: die Seele, den Geist und das Eine. Diese theologischen und philosophischen Wesenheiten scheinen sich teilweise miteinander zu decken; so könnten z. B. die Götter als Geister gesehen werden. Genau hier liegt das Problem, das Iamblichos lösen wollte. Denn obwohl sie sich vielleicht teilweise einander überschneiden, darf man doch nicht dieselben Kategorien anwenden, wenn man über sie re-

den oder denken will. Eine der ersten Aporien, die Porphyrios im *Brief an Anebon* erwähnt (*myst.*I 4), bezieht sich auf die Klassifizierung der Götter. Wie kann man die unterschiedliche Rangordnung der Götter erklären? Es gibt Götter, Daimonen und Heroen. Wie unterscheiden sie sich voneinander? Mehrere Theorien werden von Porphyrios vorgeschlagen, jede wird untersucht und in gewissen Hinsichten als mangelhaft erwiesen. Wenn die Götter sich in ihrem Wesen unterscheiden, können sie nicht derselben Klasse oder demselben Genus angehören und büßen so ihre Einheit ein. Vielleicht ist ihre Macht oder ihre physische Erscheinung das Entscheidende. Aber nur die niedrigeren oder innerweltlichen Götter haben einen Körper; die überweltlichen haben nichts mit dem Materiellen zu tun. Wenn wir die Götter mit reinen Geistern und die Daimonen mit Seelen vergleichen, können wir nicht erklären, wie man zum Unkörperlichen beten kann. Unterscheiden sie sich durch ihre Aktivität? Es könnte sein, daß die einen passiv und die anderen aktiv sind. Vielleicht denkt Porphyrios hier an die Voraussetzungen der Theurgie, die zu erfordern scheint, daß der Gott etwas erleidet, daß er von Priestern oder Theurgen beeinflußt wird. In diesem Fall aber würden die Götter, die nicht passiv sind, von den theurgischen Ritualen nicht beeinflußt werden, so daß die Rituale umsonst wären. Mit anderen Worten: diese Erklärungen stimmen nicht mit den Tatsachen der religiösen Erfahrung überein und sind deshalb auszuschließen.
Für Iamblichos sind diese Aporien die Folgen eines grundlegenden Fehlers. Porphyrios habe die Kategorien der Philosophie im Bereich der Theologie oder Theurgie anwenden wollen. Natürlich müssen wir Wörter und die Vernunft (*dianoia*) benutzen, wenn wir von den Göttern überhaupt sprechen oder an sie denken wollen. Dabei dürfen wir aber nicht übersehen, daß wir unsere Wörter analog verwenden, wenn wir mit ihnen das Göttliche beschreiben. Obwohl die Rangordnung der Götter für Porphyrios schwer zu erklären war, stand er vor einer noch größeren Schwierigkeit. In der Praxis der Theurgie war es üblich, an die Götter Befehle zu richten. Für die Anwesenden sah es so aus, als ob die Götter von den Theurgen erpreßt oder gezwungen würden, zu den Menschen herabzusteigen. Wie aber kann ein höheres Wesen einem niedrigeren gehorsam sein? In diesem Fall müßte der Theurg mächtiger sein als der Gott. Damit kann Iamblichos nur einverstanden sein. Natürlich kann der Mensch den Gott nicht bezwingen. Die Wirksamkeit der Theurgie komme nicht von uns, erklärt Iamblichos. Vielmehr seien die Symbole (die Wörter und Gesten usw. des Rituals) von sich aus und die unaussprechbare Macht der Götter, auf welche die Symbole sich beziehen, Ursachen der Wirksamkeit der Theurgie. Unsere Tätigkeiten und

unsere Tugenden sind auch notwendig, aber nur als Mitursachen. Während Porphyrios bezweifelte, ob das Göttliche mit den Heilsmitteln der Theurgie erreicht werden könne, läßt Iamblichos daran keinen Zweifel. Plotin hatte die Macht der Götter anerkannt, auf die Religion jedoch wenig Wert gelegt; Poprhyrios wollte die Religion in die Metaphysik des Neuplatonismus einbauen; erst Iamblichos ist es gelungen, den Grund für eine Art Zusammenleben von Philosophie und Religion zu legen.

Porphyrios' Schriften: *Kommentar zu den Chaldäischen Orakeln, Über die Statuen* und *Über die Rückkehr der Seele* (*De regressu animae*) sind in diesem allgemeinen Zusammenhang zu sehen. Die zuletzt genannte Formulierung, die von Augustinus in *De civitate Dei* zitiert wird, dürfte die Inhaltsangabe eines Teiles einer Arbeit, der sich mit den Grenzen und Gefahren der Theurgie beschäftigt, und nicht der Titel eines ganzen Buches sein.

Schließlich ist einiges über traditionelle religiöse Formen zu sagen. Im *Brief an Marcella*, einem von Porphyrios an seine Gattin gerichteten frommen literarischen Brief, zu einer Zeit verfaßt, als er sie wegen eines wichtigen zum »Nutzen der Hellenen« (*Marc.*4) übernommenen Auftrags verlassen mußte, führt er sich selbst als philosophischen Führer seiner Gattin ein und ermuntert sie zur Abkehr vom Körperlichen, zur Sorge um ihre eigene Seele und zum Aufstieg durch den Geist zum Göttlichen. Es wird klar unterschieden zwischen der Seele und dem Geist, welcher das wahre Ich darstellt und uns mit Gott als dem universalen Geist verbindet. In bezug auf Gebet und Opfer hat Porphyrios viele Ratschläge zu geben. Gott habe sie selbstverständlich nicht nötig; auch könnten sie denen schaden, die sie nicht in frommer und reiner Absicht darbringen. Dennoch wird der Philosoph sich normalerweise an die traditionellen Frömmigkeitsformen halten, und er wird dabei von guten Dämonen unterstützt werden. Es wird ein Gleichgewicht von innerer Disposition und äußeren frommen Handlungen empfohlen. Die innere Disposition ist am wichtigsten, aber ebenso notwendig ist die aus ganzem Herzen dargebrachte äußere Gabe (*abst.* II 61). Ritual und Gebet ohne Tugend nützen nichts, und der Weise wird Gott ähnlich und ehrt ihn auch ohne zu beten (*Marc.* 16). Dennoch müsse man Gott auch in den überlieferten Formen verehren (*Marc.*18).

Die Schrift *Über die Enthaltung vom Essen von Tieren* (*De abstinentia*), von der dreieinhalb Bücher erhalten sind, ist in erster Linie eine Verteidigung des pythagoreischen Verbotes des Schlachtens und Essens von Tieren. Der Neupythagoreismus hat in der Entwicklung des Neuplatonismus eine wichtige Rolle gespielt, und der gelehrte Porphyrios kannte den Pythagoreismus und dessen Rolle im Plato-

nismus, wie seine Zitate aus dem Neupythagoreer Moderatus beweisen. Sein *Leben des Pythagoras*, das einzige erhaltene Buch aus seiner *Geschichte der Philosophie*, ist eine Mischung von anekdotenhafter Geschichtsschreibung und philosophischer Propädeutik. Die zuletzt genannte Rolle hat die legendäre Lebensbeschreibung des Pythagoras später gespielt: Sie diente den Kandidaten der platonischen Schulen als ethisch-religiöse Einführung.
Der Vegetarismus hat in der Schule Plotins eine wichtige Rolle gespielt. Porphyrios berichtet, Plotin sei selbst Vegetarier gewesen (*Vita Plot.* 2) und dem Senator Rogatianus habe der Vegetarismus geholfen, sein seelisches Gleichgewicht wiederzufinden. Es war jedoch erforderlich, die auf deren Lehre von der Seelenwanderung beruhende Ablehnung der Tieropfer durch die Pythagoreer mit den üblichen Tieropfern in Einklang zu bringen. Porphyrios behauptet, der Verzicht auf Tieropfer gehöre einem früheren, vollkommeneren Zeitalter der menschlichen Gesellschaft an. Dem Philosophen aber ist der Verzicht auf Tieropfer und die Enthaltung von Tierfleisch noch immer zu empfehlen. Er kann als »Erstlingsopfer« den Göttern »einen reinen Geist und eine von Leidenschaften freie Seele« darbringen (*abst.*II 61).

5. Das Christentum

Porphyrios hat nicht gezögert, als Feind und scharfer Kritiker des Christentums aufzutreten. Sein Werk *Gegen die Christen*, das fünfzehn Bände umfaßte und fast siebenhundert Seiten zählte, hat so erfolgreich gewirkt, daß es mehrmals, 324 von Konstantin, 448 von Theodosius II und noch 451 und 536 gesetzlich verboten und verbrannt wurde. Porphyrios hat klar gesehen, daß die Offenbarung im Christentum eine weitaus wesentlichere Rolle spielt als in der heidnischen Religion und Philosophie, weil das Christentum mit der Offenbarung und der geschichtlichen Gestalt Christi, der Neuplatonismus dagegen mit der Vernunft anfangen muß. Porphyrios hat sich deshalb bei seinem Angriff darauf konzentriert, die Glaubwürdigkeit der Heiligen Schrift und besonders des Buches Daniel zu untergraben. Dieses Buch, von dem man annahm, es sei im sechsten Jahrhundert v. Chr. verfaßt worden, wurde für die Christen des zweiten und dritten Jahrhunderts deswegen zunehmend wichtig, weil sämtliche historischen Ereignisse der hellenistischen Zeit und der Zeit Christi in ihm prophezeit waren und dadurch das Christentum als legitimer Nachfolger des Judentums bestätigt schien. Porphyrios bewies, daß es nicht im sechsten, sondern im zweiten Jahrhundert v. Chr. verfaßt

worden war, daß der Verfasser also nicht prophezeie, sondern historische Ereignisse seiner Zeit (Antiochos IV 175–164 v. Chr.) aus erster Hand und eigener Erfahrung beschreibe.
Wo er sich dem Neuen Testament zuwendet, bemerkt man, daß er seine Kritik nicht auf die Gestalt Christi, sondern auf Apostel und Anhänger richtet – und zwar besonders auf deren Darstellung und Auslegung des Lebens Christi –, weil Christus selbst mit seinen Heilungswundern als gottähnlicher Weiser und als Botschafter der Götter ohne Schwierigkeiten in die neuplatonische Seinsordnung eingestuft werden könnte. Die heftigen Auseinandersetzungen zwischen Petrus und Paulus bildeten einen Hauptangriffspunkt; so wird z. B. der Streit über die Beschneidung (Gal 2,11; *Contra Christ.*Fr.21) besonders hervorgehoben. Unter den philosophischen Vorwürfen sind folgende zu erwähnen: Die Christen mißbrauchten die allegorische Methode der Interpretation; der christliche Glaube sei blind und unkritisch; unhaltbar seien die Lehre von der Menschwerdung des Logos, die christliche Auffassung, daß die Welt vergänglich sei und untergehen werde, die Ablehnung der Präexistenz der Seele durch die Christen und die Lehre von der Auferstehung des Leibes. Hinter Porphyrios' Kritik an der johanneischen Beschreibung des Abendmahls als »das Fleisch des Menschensohns essen und sein Blut trinken« (Joh 6,53; *Contra Christ.*Fr.69) steht wahrscheinlich die pythagoreische Lehre von der Enthaltung vom Fleischessen.
Wenn man bedenkt, daß Porpyhrios auf seiner Suche nach einem universalen Heilsweg den religiösen Traditionen der Ägypter, Chaldäer und Juden gewissermaßen entgegenkommt, mag seine entschiedene Feindschaft gegen das Christentum merkwürdig erscheinen. Sie erklärt sich teilweise durch den Ausschließlichkeitsanspruch des Christentums und dessen Behauptung, Christus sei der Sohn Gottes, denn mit einem Christus als Heros oder Daimon hätte Prophyrios leicht zurechtkommen können. Ein willkommenes Ziel seines Angriffs sind die Anhänger Christi, weil sie dessen Lehre entstellt hätten und als Betrüger entlarvt worden seien.

6. Nachleben

Der größte Dienst, den Porphyrios der Philosophie erwiesen hat, dürfte darin bestehen, daß er die Überlieferung der Philosophie Plotins gesichert und die logischen Schriften des Aristoteles zur Grundlage des Philosophiestudiums gemacht hat. Porphyrios hat Plotin gedrängt, seine Gedanken schriftlich niederzulegen. Ihm verdanken wir auch unsere Plotinausgabe, eine sorgfältige Edition, die er in sechs Bücher mit je neun Kapitel (daher der Titel *Enneaden*) gegliedert und mit einer hilfreichen Einführung, dem sogenannten *Leben Plotins*, ausgestattet hat. Seine nicht erhaltenen Enneadenkommentare haben einen großen Einfluß auf ein breiteres Publikum und auf einzelne Philosophen ausgeübt, weil sie einen Zugang zu den schwer verständlichen Gedankengängen Plotins erschlossen. Mit großer Wahrscheinlichkeit waren es diese Kommentare, die Augustinus in die Ideenwelt Plotins einführten, obwohl Augustinus nicht auf sie, sondern auf Abhandlungen des Porphyrios (z. B. *Philosophie aus Orakeln*, *Die Rückkehr der Seele*) verweist. Wahrscheinlich ist aber auch, daß Augustinus durch eine indirekte Tradition Zugang zu Porphyrios und Plotin hatte: die von ihm so genannten »Bücher der Platoniker« (*libri Platonicorum*), die auch spätere Vermittler der Lehren des Porphyrios und Plotin einschließen. Im griechischen Osten war Porphyrios nicht nur heidnischen Philosophen wie Iamblichos, der vielleicht sein Schüler war, und Proklos bekannt, sondern er beeinflußte auch christliche Denker wie Basileios den Großen, Gregor von Nyssa, Synesios von Kyrene, Nemesios von Emesa, Aineias von Gaza und Zacharias von Gaza.

Einen bleibenden Einfluß haben vor allem anderen die Kommentare zu den logischen Schriften des Aristoteles ausgeübt, die darauf zurückgehen, daß einer seiner Schüler, der beim Lesen der *Kategorien* Probleme hatte, Porphyrios um Hilfe bat. Die *Einführung in die Kategorienlehre* (*Isagoge*) und der kurze *Kommentar zu den Kategorien* sind für die Neuplatoniker zu Schultexten geworden. An einigen Universitäten bildeten diese beiden kurzen Abhandlungen bis zum Ende des achtzehnten Jahrhunderts die unentbehrliche Einführung in die Logik. Ihnen ist es auch zuzuschreiben, daß für die diesseitige Welt der Erfahrung die Kategorien des Aristoteles an die Stelle der Kategorien von Platons Dialog *Sophistes* traten, deren Geltungsbereich von den Neuplatonikern von nun an auf die jenseitige Welt des Geistes beschränkt wurde. Das führte zu einer klaren und übersichtlichen Vorgehensweise, die es ermöglichte, den seit den Mittelplatonikern und Plotin zunehmenden aristotelischen Einfluß in das neuplatonische System zu integrieren. Ein großer Kommentar zu den *Kategorien*, der sofort von den nachfolgenden Kommentatoren benutzt wurde und deshalb nicht erhalten ist, war Ausgangspunkt sowohl wichtiger metaphysischer Begriffe als auch, durch die Vermittlung des Boethius, des mittelalterlichen Universalienstreits.

John Dillon

Iamblichos

In der Vergangenheit hat sich eine faire Einschätzung des Beitrags von Iamblichos zur Entwicklung der griechischen Philosophie als beinahe unmöglich erwiesen. Den Philosophiehistorikern seit der Aufklärung erschien so vieles an seiner philosophischen Position gänzlich fremd, daß sie sich damit zufrieden gaben, ihm die Rolle eines Bösewichts zu geben, der für alles verantwortlich war, was am Platonismus (der vorherrschenden Philosophie der späten Kaiserzeit, bis ein vergleichsweise ›gereinigter‹, wenn auch immer noch platonischer, Aristotelismus in der Mitte des fünften Jahrhunderts in Alexandria aufkam) falsch erschien, indem er die Philosophie mit Religion und, schlimmer noch, mit magischen Praktiken infizierte. Eine vollständige Übersicht über die abfälligen Bemerkungen über Iamblichos, die sich bei anerkannten Philosophiehistorikern finden, ergäbe eine interessante Untersuchung, aber es besteht wohl keine Notwendigkeit, sich hier damit aufzuhalten.
Ziel dieses Kapitels ist, nach einem kurzen Blick auf Iamblichos Leben und seine Werke die hervorstechenden Züge seines philosophischen Systems zu untersuchen. Dabei soll der Versuch gemacht werden, eine Einschätzung seines Beitrags zum späteren Platonismus und seiner Stellung in der Entwicklung von Philosophie und Theologie im allgemeinen zu leisten.

1. Leben und Werke

Iamblichos' Herkunft ist bemerkenswert. Wie sein älterer Zeitgenosse und Mentor Porphyrios ist er semitischer Abstammung; er ist Nachkomme einer alten vornehmen Familie Syriens, und zwar, wie der späte Platoniker Damaskios in seinem *Leben des Isidor* berichtet (p. 2 Zintzen), der Familie, die das erbliche Priesterkönigtum von Emesa innehatte, das Sampsigeramos zu Beginn des ersten Jahrhunderts v. Chr. gegründet hatte. Der Nachfolger dieses Herrschers war sein Sohn Iamblichos, dessen Nachfolger wiederum ein Sampsigeramos war, und dieser Wechsel dauerte weitere eineinhalb Jahrhunderte an. Die Familie regierte in Emesa bis zur Herrschaft des Domitian, als sie von der römischen Regierung abgesetzt wurde. Aber selbst danach war sie, wie Inschriften belegen, im Gebiet von Emesa einflußreich. Von Iamblichos selbst jedoch berichtet Eunapios (*Leben der Sophisten*, p. 457 Boissonade), daß er nicht aus Emesa, sondern aus einer Stadt etwas nördlich von Emesa, Chalkis bei Belum (heute *Qinnesrin*), kommt. Chalkis war eine strategisch wichtige Stadt im Osten des Orontestals, an der Straße von Beroea (Aleppo) nach Apamea und von Antiochien in den Osten. Iamblichos' Herkunft aus Chalkis ist vielleicht auf eine dynastische Hochzeit zurückzuführen; möglicherweise hat eine Tochter des ehemaligen Königshauses von Emesa in eine vornehme Familie von Chalkis eingeheiratet, und ihr Sohn wurde nach dem Großvater auf der mütterlichen Seite benannt. Aber solche Spekulationen führen vielleicht nicht weit.

In jedem Fall besteht kein Zweifel, daß Iamblichos aus einer vornehmen Familie stammt. Diese Herkunft könnte seine intellektuelle Entwicklung durchaus beeinflußt haben. In verschiedener Weise zeigt sich, daß er als Philosoph dazu neigt, die platonische Lehre mit älterer Weisheit zu verbinden (vor allem, aber nicht ausschließlich chaldäischer Prägung), und innerhalb des Platonismus selbst ist er es, der mehr als jeder andere eine verzweigte Hierarchie von Ebenen des Seins entwirft (von denen viele mit traditionellen Göttern und kleineren Gottheiten identifiziert waren), was ein Grundzug des Athener Platonismus von Syrianos und Proklos und dann von Damaskios ist. Mit Iamblichos und seinem Eintreten für die Theurgie als notwendige Ergänzung der Theologie wird der Platonismus zudem expliziter zur Religion. Vor seiner Zeit waren die bei platonischen Philosophen so beliebten mystischen Bilder (die tatsächlich auf Platon selbst zurückgehen) soweit wir das beurteilen können nicht mehr als eben nur Bilder. Bei Iamblichos findet sich eine ernsthafte Betonung des Rituals, die es Kaiser Julian möglich machte, seine Kirche auf diesen ziemlich wackeligen Felsen zu bauen.

Iamblichos' Herkunft ist also möglicherweise nicht ohne Bedeutung. Trotzdem bleibt es meiner Ansicht nach wahr, daß der größte Teil seiner Philosophie aus der platonischen Tradition erklärt werden kann. Es steht außer Frage, daß er irgendwann in seinem Leben, wahrscheinlich in Rom, Porphyrios' Schüler war und viel von ihm gelernt hat. In seinen Schriften (wie sie uns überliefert sind) finden wir jedoch durchweg die Tendenz, seinen Meister in jeder erdenklichen Frage anzugreifen.

Dieser Eindruck ist allerdings sicherlich etwas irreführend, da spätere Autoritäten wie Proklos, Damaskios und Simplikios dazu neigen, nur über die Fragen zu berichten, in denen Porphyrios und Iamblichos nicht übereinstimmten, und die vielen Punkte der Lehre und Exegese übergingen, hinsichtlich derer sie übereinstimmten oder wo Iamblichos tatsächlich nur von Porphyrios abschrieb. Trotzdem waren sie sich in wichtigen Punkten nicht einig, und dies wurde von

ihren Nachfolgern gesehen. Diese Punkte will ich in der Darstellung von Iamblichos' eigener philosophischer Position untersuchen.
Ein großes Problem bei Iamblichos wie auch bei Porphyrios ist natürlich, daß seine ernsthafteren philosophischen Werke nicht überliefert sind und wir für unser Wissen über sie von späteren Quellen, v.a. den oben erwähnten, abhängig sind. Bekanntlich waren die Standards für Zitatangaben und Zuschreibungen in der Antike nicht hoch. Oft muß eine ausdrückliche Bezugnahme auf eine frühere Autorität als die Spitze eines Eisberges von Abhängigkeiten angesehen werden, da solche Bezugnahmen, vor allem bei Proklos, meist in das nahtlose Gewebe der eigenen Prosa des Autors eingeflochten sind. Unter den späteren Autoritäten hat nur Simplikios die bemerkenswerte Eigenschaft, wörtlich (oder beinahe wörtlich) zu zitieren. So können wir nie mit Sicherheit davon ausgehen, daß wir es mit einem zuverlässigen Hinweis auf oder einer vollständigen Darstellung von Iamblichos Ansichten zu tun haben. Trotzdem entsteht, wie wir sehen werden, ein ziemlich konsistentes Bild.
Um zum Werdegang unseres Philosophen zurückzukehren: so wie wir nicht genau wissen, wann Iamblichos bei Porphyrios studiert hat (noch mit Sicherheit, wo), wissen wir nicht, wann er ihn verlassen hat, um nach Syrien zurückzukehren und seine eigene Schule zu gründen. Aus der Tatsache, daß er nach Syrien zurückgekehrt ist anstatt als Nachfolger von Porphyrios in Rom zu bleiben (soweit wir wissen war er immerhin der hervorragendste Schüler von Porphyrios), kann man mit gutem Grund schließen, daß er Porphyrios einige Zeit vor dem Tod des Meisters verlassen hat, der wahrscheinlich kurz nach 305 n. Chr. anzusetzen ist. Diese Trennung mag auf zunehmende Divergenzen in ihren philosophischen Positionen zurückzuführen sein, aber auf eine solche Hypothese kann man sich nicht festlegen.
Iamblichos kehrte also nach Syrien zurück, wahrscheinlich zunächst für einige Zeit nach Daphne, die bekannte Vorstadt von Antiochien, schließlich aber nach Apamea, der Heimatstadt des Numenios im zweiten Jahrhundert und in jüngerer Zeit der Ort, an dem Plotins älterer Schüler, Amelius Gentilianus, seinen Lebensabend verbrachte. Hier errichtete er eine Schule, über die wir aus Eunapios' Darstellung in seinen *Leben der Philosophen* (p.458–9 Boissonade) einiges erfahren. Er zog eine beachtliche Anhängerschaft an, darunter ein Mitglied der dortigen Adelsschicht, Sopater, der zugleich als Patron und als ältester Schüler aufgetreten zu sein scheint, Aidesios, der als Nachfolger die Leitung der Schule übernahm und sie nach Pergamon umsiedelte (aufgrund von Belästigungen durch die christliche Regierung in Syrien), und Eustathios, den Nachfolger von Aidesios

(und Lehrer von Eunapios), der sich um das Jahr 357 in Caesarea niedergelassen zu haben scheint. Möglicherweise waren unter seinen Schülern auch Theodoros von Asine (wenn er der Theodoros »aus Griechenland« ist, den Eunapios erwähnt, a. a. O.), Dexippos, der einen kurzen überlieferten Kommentar in Fragen und Antworten zu den *Kategorien* des Aristoteles verfaßt hat (eine gute Quelle für zumindest einen Teil von Iamblichos' eigenem verlorenen Kommentar), und Hierios, der der Meister des vielbeschworenen Mentors von Kaiser Julian, Maximus von Ephesos, wurde.

Der Unterricht an der Schule scheint einen einführenden Kurs in pythagoreischer Philosophie umfaßt zu haben, dessen vornehmlicher Sinn es gewesen sein dürfte, den Charakter auszubilden und die natürlichen Anlagen der Studenten zu kultivieren. Es folgte die Lektüre und Interpretation der Werke von Aristoteles und Platon, wobei Aristoteles, vor allem auf den Gebieten der Logik und Physik, als Einführung zu Platon diente. Wir haben Hinweise auf Kommentare des Iamblichos zu den *Kategorien* (ausgiebig verwendet von Simplikios in seinem Kommentar zu demselben Werk), zur *Hermeneutik* und zur *Ersten Analytik*. Was Platon angeht, so schrieb Iamblichos, wobei er auf Einführungsmethoden des Mittleren Platonismus in den Platonismus aufbaute (wie die, die in Albinos' *Prologos* beschrieben werden), eine genaue Anzahl und Reihenfolge von Dialogen vor, die studiert werden sollten. In den *Anonymen Prolegomena zur platonischen Philosophie* (Kap. 26) finden wir einen Kurs von zehn Dialogen – *Alkibiades I*, *Gorgias*, *Phaidon*, *Kratylos*, *Theaitetos*, *Sophistes*, *Politikos*, *Phaidros*, *Symposion* und *Philebos* –, die schließlich zu den beiden Gipfeln der platonischen Philosophie, dem *Parmenides* und dem *Timaios*, führten, ersterer ›theologischen‹, letzterer ›physikalischen‹ Inhalts.

Ein neuer Gedanke des Iamblichos, der ihm allgemein von den späteren Kommentatoren zugeschrieben wird, ist das Prinzip, daß jedes gut aufgebaute philosophische Werk, wofür Platons Dialoge das beste Beispiel sind, ein grundlegendes Thema oder *skopos* haben sollte, auf das alle seine Teile bezogen sind. Das führt zu bizarren Konsequenzen, vor allem hinsichtlich der einleitenden Teile der Dialoge, die jetzt durchweg eine allegorische Bedeutung erhalten. Die einleitenden Teile des *Timaios* und des *Parmenides* z. B. werden in Proklos' Kommentaren äußerst differenziert allegorisch interpretiert, wobei deutlich ist, daß dieser Prozeß mit Iamblichos begann.

Es ist nicht klar, zu wievielen Dialogen Iamblichos Kommentare schrieb. Eindeutige Belege haben wir nur für den *Timaios* (häufige Zitate bei Proklos und einige wichtige Zitate in Simplikios' *Kommentar zu Aristoteles' Physik*), den *Parmenides* (ein Beleg bei Syrianos,

*In Met.*p. 38,38 und relativ eindeutige Verwendungen bei Damaskios an verschiedenen Stellen seines *In Parmenidem*, – Proklos vermeidet, außer auf Syrianos, direkte Bezugnahmen auf seine Vorgänger) und den *Phaidros* (ein Beleg in Proklos *Platonischer Theologie* IV 23,p. 215,27 und Zitate des Iamblichos zu detaillierten Punkten bei Hermeias in seinem Kommentar); es finden sich jedoch auch Hinweise auf Erläuterungen zu anderen Dialogen des anerkannten Corpus – *Alkibiades*, *Phaidon*, *Sophistes* und *Philebos* –, die auf Kommentare hinzuweisen scheinen.
Neben seiner Tätigkeit als Platon- und Aristoteleskommentator hat Iamblichos viele andere Werke verfaßt. Am bedeutendsten war vielleicht (obwohl wir unser Urteil nur auf sehr wenig Material stützen können) sein umfassender Kommentar (in mindestens achtundzwanzig Büchern) zu der theosophischen Kompilation aus dem zweiten Jahrhundert n. Chr., an der auch Porphyrios sehr interessiert war, den *Chaldäischen Orakeln*. Er bildete ohne Zweifel die Grundlage für jede spätere Synthese der *Orakel* mit dem platonischen System und war für Syrianos und Proklos von großer Bedeutung.
Ein wichtiges überliefertes Werk wird seit der lateinischen Übersetzung von Marsilio Ficino von 1497 *Über die Mysterien der Ägypter* genannt (*De mysteriis Aegyptorum*). Sein eigentlicher Titel ist *Antwort des Lehrers Abammon auf den Brief des Porphyrios an Anebo und Lösungen für die Probleme, die in ihm aufgeworfen werden*. Diese Abhandlung, scheinbar aus der Feder eines ägytischen Hohepriesters, aber durch Proklos in seinem verlorenen *Kommentar zu Plotins Enneaden* als Iamblichos' Werk ausgewiesen, enthält, obgleich sie eine Verteidigungsschrift der Theurgie gegen Porphyrios' skeptische Einwände ist, einiges an philosophischen Überlegungen, was die Philosophie des Iamblichos insgesamt zu erhellen hilft.
Bedeutend ist auch ein Werk, das wir als ›Das Kompendium der pythagoreischen Lehre‹ bezeichnen können, – eine zehnbändige Einführung in Pythagoras und seine Philosophie, von der vier Bände (und möglicherweise der Inhalt eines fünften, wenn wir die *Theologie der Arithmetik* als solchen betrachten wollen) überliefert sind, das *Pythagoreische Leben* (das eine Lebensbeschreibung des Pythagoras und die Darstellung der Lebensweise nach den pythagoreischen Prinzipien umfaßt), der *Protreptikos*, die *Allgemeine Wissenschaft der Mathematik*, und ein Kommentar zu der *Einführung in die Arithmetik* des Pythagoreers Nikomachos von Gerasa aus dem zweiten Jahrhundert. Aus seiner Schrift *Über die Seele* sind in Stobaios' *Anthologie* umfassende Auszüge überliefert, auf die eine Reihe von Bemerkungen in Simplikios' (oder Priskians) Kommentar zu Aristoteles' *De anima* bezogen werden können.

Ein weiteres Werk, das später einflußreich wurde und heute verloren ist, hieß *Über die Götter*. Wahrscheinlich ist es die Grundlage für Werke wie Sallustios' *Über die Götter und die Welt* und die vierte und fünfte Rede des Kaisers Julian, *An den König Helios* und *An die Mutter der Götter*. Weiter gab es eine Abhandlung *Über Bilder*, die wahrscheinlich unter anderem von der theurgischen Weihe und ›Animation‹ von Statuen handelte; eine Schrift *Über die Tugenden*, in der Iamblichos seine Theorie der sieben Grade der Tugend darlegte; einen Kommentar zu den *Goldenen Versen* des Pythagoras und verschiedene kleinere Schriften, die ebenfalls verloren gegangen sind. Schließlich gab es ein Corpus von Briefen, von denen neunzehn in der *Anthologie* des Stobaios überliefert sind. Einige von ihnen, wie etwa *Über das Schicksal* an Makedonios, *Über Dialektik* an Sopater und *Über die Selbstbeherrschung* an die Dame Arete, sind philosophisch von Belang.
Iamblichos scheint etwa 325 n. Chr. gestorben zu sein. Zu dieser Zeit war er eine hoch angesehene Persönlichkeit. Unter den Werken des Kaisers Julian ist uns eine Gruppe von Briefen überliefert (*Briefe* 181–6 Bidez-Cumont), die ein unbekannter Bewunderer in den zwanziger Jahren des vierten Jahrhunderts an Iamblichos geschrieben hat. Der Verfasser der Briefe war zu dieser Zeit im Stab des Kaisers Licinius auf einem Feldzug. Die Briefe geben einen Eindruck von der sozialen Stellung des Philosophen in der Gesellschaft seiner Zeit und lassen das Netzwerk der Beziehungen erahnen, das zwischen ihm und der hellenischen politischen Aristokratie des östlichen Reiches bestand. Es waren wohl der Sturz des Licinius im Jahre 324 und die Errichtung einer christlichen Regierung in Syrien durch Konstantin, die zur Umsiedelung der Schule nach Kleinasien nach Iamblichos Tod geführt haben.

2. Iamblichos und Plotin

Iamblichos philosophisches System ist im wesentlichen eine Ausarbeitung von Plotins Platonismus, wenn es auch stark von neupythagoreischen Schriften und der Theosophie der *Chaldäischen Orakel* beeinflußt ist. Neben seinen Lehrern Anatolios und Porphyrios haben ihn die Schriften des Neupythagoreers Nikomachos von Gerasa, der um 150 n. Chr. lebte, entscheidend geprägt. Zum Beispiel macht er in seinem *Kommentar zu Aristoteles Kategorien* und im *Protreptikos* ausgiebig Gebrauch von ›Archytas‹ und anderen neupythagoreischen Pseudepigrapha. Er vertrat, gemeinsam mit Moderatus von Gades, die Position, daß Platon im Grunde ein Pythagoreer war, und aus demselben Grund erweist er Speusippos großen Respekt.

Im Anschluß an die neue Richtung, die Plotin dem Platonismus gegeben hatte, entstanden gewissermaßen als natürliche Folge eine Reihe von scholastischen Ausarbeitungen der Lehre. Von seinen eigenen Schülern bleibt Porphyrios Plotins Geist offenkundig am treusten, doch selbst bei ihm finden sich formale Differenzierungen verschiedener Gedanken Plotins. Zum Beispiel unterscheidet er drei ›Momente‹ in der Hypostase des Intellekt: Seiendes, Leben und wahrer Intellekt, oder er findet in *Enn.*I 2 *vier* Ebenen der Tugend, wo Plotin tatsächlich nur zwei unterscheidet. Amelios dagegen scheint, obwohl er der ältere Schüler ist, eine starke Tendenz gehabt zu haben, auf eine Art, die spätere Entwicklungen vorwegnimmt, Triaden in der Natur der Dinge zu entdecken.

Porphyrios und Amelios bleiben Plotin jedoch in bestimmten wichtigen Punkten treu. Obwohl beide stärker als er dem konventionellen Aberglauben zugeneigt sind, scheinen sie die Überlegenheit der theoretischen Philosophie über die Theurgie und auch die vergleichsweise optimistische Sicht der menschlichen Seele, die Plotin vertreten hatte, nach der ihr höchstes Element in dauernder Berührung mit der intelligiblen Welt »oben bleibt«, aufrechterhalten zu haben. Auch werden beide von Iamblichos in seiner Schrift *De anima* dafür kritisiert, nicht angemessen zwischen den verschiedenen Weisen der Vereinigung der menschlichen Seele mit Körpern und den unterschiedlichen Gründen dafür unterschieden zu haben. Weiter sind ihre Ansichten vom Einem als dem ersten Prinzip, obwohl sie sich voneinander unterscheiden, viel einfacher als die von Iamblichos und seinen Nachfolgern, was auch für ihre Vorstellung von den Arten der Verbindung zwischen den Hypostasen zutrifft.

Obwohl Iamblichos mit Nachdruck seine eigene platonische Orthodoxie vertrat, zögerte er nicht, seine direkten Vorgänger in allen erdenklichen Punkten zu kritisieren. Eine Untersuchung seiner philosophischen Position muß so notwendig eine beständige Reflexion darauf, in welcher Beziehung er vor allem zu Plotin und dessen Schule steht, mit einschließen. Unter dieser Rücksicht wende ich mich nun der Untersuchung der für ihn charakteristischen Lehren zu.

3. Metaphysik und ›Physik‹

3.1 Natur und Status der Seele

Wenn wir gewissermaßen im Zentrum, nicht am höchsten Punkt, des metaphysischen Universums beginnen, so ist der Begriff der Seele und ihre Stellung relativ zu dem, was über und unter ihr ist, ein wichtiger Streitpunkt. Ich will hier ansetzen, und nicht etwa beim

Begriff des ersten Prinzips, des Einen, weil Iamblichos Sicht der Natur und Stellung der Seele, anders als bei Plotin und Porphyrios, seine Einstellung zu allen anderen Fragen zu prägen scheint. Iamblichos spürt, daß Plotin und seine Schule, und vor ihnen Numenios, in ihrem Eifer, die Stellung der menschliche Seele zu erhöhen und ihre Verwandtschaft mit den Göttern zu betonen, ihren wahren metaphysischen Status schlicht unkenntlich gemacht haben.

Seine eigene Position (die selbst nicht ohne Schwierigkeiten ist, wie wir sehen werden) beruht auf einem ausgeprägten Bewußtsein der mittleren und vermittelnden Stellung der Seele im Universum, verbunden mit einer gründlicheren Exegese bestimmter Stellen aus dem *Timaios* wie z. B. 35a–c und 43cd. Aus den Zeugnissen des späteren Neuplatonikers Priskianos in seinem Kommentar zu Aristoteles' *De anima* und in seiner Schrift *Metaphrasis in Theophrastum*, der in beiden Werken freimütig seine weitgehende Abhängigkeit von Iamblichos zugibt, können wir dessen Lehre in einigen Details rekonstruieren.

Iamblichos setzt an bei dem Prinzip, daß die Natur jeder Substanz der Natur der Potenzen und Akte, die von ihr ausgehen, entsprechen sollte. Im Fall der Seele bringt dieselbe Substanz zu einer Zeit gute und vollkommene Akte hervor und zu einer anderen Zeit schlechte und unvollkommene. Hieraus müssen wir schließen, daß diese Akte aus einer *veränderlichen* Substanz hervorgehen. Nach Priscian (*Metaphr.* p. 31,27 ff.) vertrat Iamblichos die Ansicht, daß die Seele weder unveränderlich ist noch sich vollständig verändert: »die einzelne Seele umfaßt beide Eigenschaften gleichermaßen, Beständigkeit und Veränderung, so daß auch hier wiederum ihre mittlere Stellung erhalten bleibt; denn höhere Wesen sind vollständig gleichbleibend, sterbliche aber vollständig veränderlich. Die einzelne Seele aber, die als Mitte geteilt und multipliziert mit weltlichen Wesen ist, bleibt nicht nur beständig, sondern verändert sich auch, weil sie so viele teilbare Leben durchlebt. Und nicht nur in ihren Haltungen sondern auch *in ihrer Substanz* verändert sie sich irgendwie« (32,13–19).

Das ist eine gewagte Position für einen Platoniker, und sie ist nicht ohne Schwierigkeiten. Vor allem könnte ihr Inkohärenz vorgeworfen werden. Was heißt es, daß die Substanz der Seele sowohl gleichbleibend wie veränderlich ist? Vielleicht stellt Iamblichos zu bereitwillig konträre Attribute wie ›gleichbleibend‹ und ›veränderlich‹ nebeneinander und denkt, daß er damit etwas sagt. Aber es muß, denke ich, zugestanden werden, daß er versucht, sich dem alten platonischen Problem der Zwischenstellung der Seele zu stellen. Plotin geht in seinem Versuch, das Problem zu lösen, in die andere Richtung, indem er letztlich leugnet, daß die *wahre* Seele überhaupt affiziert

wird (vgl. z. B. *Enn*.III.6,1–5): das, was affiziert werde, sei eigentlich eine ›Spur‹ der Seele ist, die den Körper erhellt.
Ein weiteres Merkmal der unverkennbaren Position des Iamblichos ist seine Lehre vom ›Fahrzeug‹ (*ochema*) der Seele, – ein wichtiges Element der Psychologie aller Neuplatoniker nach Plotin, das dazu diente, das Geheimnis der Vereinigung der immateriellen Seele mit dem materiellen Körper zu erklären. Der Begriff des Fahrzeugs scheint zuerst im Mittleren Platonismus entwickelt worden zu sein. Seine Grundlage war eine Interpretation der himmlischen ›Fahrzeuge‹, auf die der Demiurg im *Timaios* (41e) die Seelen hebt, bevor er sie zur Wiedergeburt auf die Erde schickt, verbunden mit der aristotelischen Lehre vom ›mitgeborenen Pneuma‹ (*symphyton pneuma*), wie sie in *De generatione animalium* (736b27 ff.) entwickelt wird. Plotin scheint den Begriff beinahe zu ignorieren, im späteren neuplatonischen Denken wird er jedoch wichtig.
Iamblichos Lehre in dieser Frage ist eng verbunden mit seiner Begeisterung für die Theurgie. Im Gegensatz zu Porphyrios (nach dem das Fahrzeug sich nach dem Tod wieder in die verschiedenen planetarischen Sphären auflöst) vertrat er die Ansicht, daß sowohl die irrationale Seele wie auch das Fahrzeug unsterblich sind und als solche im Universum weiterbestehen, nachdem die rationale Seele in das Reich des Intelligiblen aufgestiegen ist. Es ist nicht ganz klar, wie diese Position zu verstehen ist, aber es scheint, daß Iamblichos sich vorstellte, daß das Fahrzeug, gereinigt oder auf eine andere Weise, die Rückkehr der Seele in ihrer nächsten Inkarnation erwartet und sich wieder mit ihr verbindet. So würde es dazu dienen, daß die moralischen Errungenschaften der vorherigen Inkarnation erhalten bleiben, und es der Seele ermöglichen, sich im nächsten Leben größeren Dingen zuzuwenden.
Auf jeden Fall kann Iamblichos' Lehre von der Seele eine zentrale Bedeutung für seine gesamte philosophische Position zugeschrieben werden, vor allem dafür, daß er in der Theurgie ein notwendiges Mittel zum Erlangen des Glücks oder der Vereinigung mit Gott sah. Werfen wir jetzt einen Blick auf das Universums des Iamblichos, wobei wir diesmal am höchsten Punkt beginnen wollen.

3.2 Das henadische Reich

Iamblichos scheint der einzige Neuplatoniker gewesen zu sein, der so weit ging, über dem ursprünglichen Einen ein weiteres absolutes erstes Prinzip zu postulieren, das er ›das Unaussprechbare‹ nannte. Die Mehrheit der Platoniker vor und nach ihm waren mit einem einzigen ersten Prinzip, dem Einen, zufrieden. Iamblichos aber geht es offenbar um den Widerspruch, der zwischen dem Begriff eines absolut transzendenten Prinzips, zu dem man durch negative Überlegungen gelangt und das keine direkte Beziehung oder Wirkung auf irgendetwas anderes hat, und einem erschaffenden ersten Prinzip, das die Quelle der Einheit und Existenz aller anderen Dinge ist, gesehen werden kann. In der flüssigeren Philosophie Plotins sind diese zwei Aspekte des Einen verschmolzen, was unvermeidliche Spannungen mit sich bringt. Porphyrios scheint versucht zu haben, diese Schwierigkeiten zu lösen, indem er das Eine als erstes Prinzip mit dem höchsten Element, dem ›Vater‹ (in chaldäischer Terminologie) der noetischen Dreiheit identifiziert hat. Iamblichos Lösung liegt in der Unterscheidung in zwei verschiedene ›Eine‹, wobei er das erste als »gänzlich unaussprechbar« bewahrt, und ein zweites postuliert, das über einer Dreiheit von henadischen Entitäten steht ohne mit ihr zu korrelieren, die aus dem *Philebos* abgeleitet ist: Begrenzung, Unbegrenztheit und die Mischung von beidem, wobei letztere als das Eins-Sein (*hen on*) auch als das erste Element der nächsten Ebene des Seins, des Reichs des Intelligiblen, dient.

Wir erkennen hier bereits zwei bedeutsame Tendenzen in Iamblichos Denken, – die Bereitschaft, Entitäten zu vervielfachen, so daß sie jedem Unterschied der Funktionen, der im intelligiblen Universum wahrgenommen wird, entsprechen, und das Bemühen, plötzliche ›Sprünge‹ oder Lücken in der Kette des Seins zu vermeiden, indem er dazwischenliegende Entitäten oder ›Momente‹ in einer gegebenen Hypostase oder zwischen Hypostasen postulierte, das sogenannte ›Prinzip der Vollständigkeit‹. In diesem Zusammenhang ist es ein grundlegendes Prinzip in Iamblichos' Metaphysik, daß der niedrigste Aspekt einer höheren Hypostase gleichzeitig auch der höchste, transzendente Aspekt der nächstniedrigeren ist, der über ihr als eine Einheit ›früher als das an ihr Teilhabende‹ steht.

Wiederum werden Widersprüchlichkeiten, die in Plotins Philosophie vertuscht oder übergangen werden, durch das scholastischere Denken seines Nachfolgers offengelegt. Auf der einen Seite ist es notwendig, daß die niedrigeren Ordnungen an den höheren teilhaben, damit der Prozeß des Hervorgangs und der Rückkehr stattfinden kann, und auf der anderen Seite müssen die höheren Ordnungen wesentlich rein und in sich unvermischt sein. Plotin tut das Problem durch die Formel ab, daß die höheren Ordnungen etwas von sich an die niedrigeren abgeben können, ohne davon selbst affiziert zu werden, so wie die Sonne Hitze und Licht abgibt. Die gründlichere Analyse durch den scholastischen Geist des Iamblichos führte dagegen zum Postulat von drei Aspekten oder ›Momenten‹ jeder Hypostase, die (a) für die Hypostase in ihrer reinen Form, (b) im Gegensatz hierzu für die Hypostase, wie die nächstniedrigere Ebene an ihr teilhat, und (c) für die Hypostase, wie sie in der nächstniedrigeren Ebene des Seins reflektiert wird, standen. Entsprechend bezeichnete er die drei Ebenen als ›das, woran keine Teilhabe besteht‹ (*amethektos*), ›das, woran Teihabe besteht‹ (*metechomenos*) und als ›in Teilhabe‹ oder ›in Beziehung‹ (*kata methexin, en schesei*). Für das Reich des Intellekts postuliert Iamblichos als leitende Einheit, an der keine Teilhabe besteht, das Eins-Sein (*hen on*), das er auch mit dem *aei on*, der Ewigkeit, und dem Paradigma aus dem *Timaios* identifiziert.

3.3 Das noetische Reich

Wie bereits bemerkt wurde, ist der Status des Eins-Seins zweideutig, da es zugleich das niedrigste Element des henadischen Reichs ist und Iamblichos annimmt, daß es jede normale Form menschlichen Verstehens übersteigt.

Diese Entität, in ihrem Vermögen als Monade des Reichs des Intellekts, generiert wiederum eine Dreiheit von Sein, Leben und Intellekt. Porphyrios hatte diese triadische Struktur schon für den *Nous* entworfen, aber wie wir gesehen haben hatte er das Reich des Einen stark vereinfacht. Bei Iamblichos werden die drei ›Momente‹ klar unterschieden: In *In Tim.* Fr.65 Dillon (zu *Tim.*38a) heißt es von der Zeit, sie erhalte je unterschiedliche Qualitäten von Seiendem, Leben und Intellekt; in *In Alc.*Fr.8 wird eine interessante Lehre über das Ausmaß des Einflusses der drei Momente nach unten dargelegt.

Wie Iamblichos zwischen der höchsten Monade des intelligiblen Reichs und dem ersten Element der Triade unterschied, ist nicht ganz klar, aber er scheint sie unterschieden zu haben, so wie er im Bezug auf das henadische Reich das zweite Eine von der Dreiheit der Entitäten unter ihm unterscheidet. Wir haben zudem Belege, daß er die komplexeren triadischen Modelle der Athener Schule weitgehend vorwegnahm. Hierzu gibt es keinen Hinweis in den erhaltenen Fragmenten seiner Kommentare, aber ein interessanter Beleg findet sich in einem Essay von Iamblichos, auf das Proklos sich bezieht, *Über die Rede des Zeus im Timaios*.

In seinem *Timaios-Kommentar* (Fr.34) hatte Iamblichos erklärt. daß der Demiurg das gesamte intelligible Reich »in eines versammelt und in sich selbst hält«. Proklos (*In Tim.*I 307,17 ff.) deutet dies so, daß Iamblichos die ganze intelligible Welt Demiurg nennt (und versucht, ihn zu widerlegen, indem er einen anderen mehr chaldäisch beeinflußten Text von Iamblichos zitiert, in dem er dem Demiurg »den dritten Rang unter den Vätern der intellektuellen Hebdomade« zuschreibt), aber die Formulierung muß nicht den Sinn haben, den Proklos ihr zuschreiben will. Wahrscheinlich macht Iamblichos hier eine Anspielung auf den orphischen Mythos, in dem Zeus Phanes und den gesamten früheren von ihm geschaffenen Kosmos verschluckt. Streng genommen aber muß der Demiurg mit dem dritten Element der intelligiblen Welt, dem wahren Intellekt, identifiziert werden, und, wenn Iamblichos ›genauer‹ ist, mit dem aktiv schaffenden Element in der intellektuellen Ordnung der Götter, der niedrigsten der drei Ordnungen (intelligibel, intelligibel-intelligent, intelligent), in die Iamblichos das Reich des *Nous* bereits unterschieden zu haben scheint. Was Iamblichos dann meinen würde ist, daß der Demiurg in irgendeiner Weise die gesamte noetische Welt verkörpert oder umfaßt, zu dem Zweck, ihren Gehalt als *logoi* an die nächste Ebene des Seins, d. h. die Seele, weiterzugeben.

3.4 Die Seele als Hypostase; Zeit und Raum

Die Seele im allgemeinen als das höchste vermittelnde Element im Universum wurde bereits behandelt, aber einige besondere Eigenschaften dieser Hypostase in Iamblichos' System müssen noch erwähnt werden. Erinnern wir uns an das allgemeine Prinzip, daß das höchste Element einer niedrigeren Hypostase im wesentlichen identisch ist mit dem niedrigsten Element der nächsthöheren. Im Fall der Seele ist demnach die Monade der Seele oder ›reine‹ Seele im wesentlichen dasselbe wie der Intellekt ›in Teilhabe‹ (*en methexei*). Iamblichos verweist an verschiedenen Stellen seines *Timaios-Kommentars* (vgl. *In Tim.*Fr.50,54–6 Dillon) auf diese Entität.
So ist also die Monade der Seele vorzustellen. Am anderen Ende der Ordnung der Dinge stehen die einzelnen Seelen, auf ihre ›Fahrzeuge‹ gehoben und in Körper versenkt, die wir bereits diskutiert haben. Innerhalb der Hypostase der Seele sind jedoch zwei Entitäten angesiedelt, die Iamblichos auf eine sehr charakteristische Weise behandelt, – Zeit und Raum.
Die innere Struktur des psychischen Reichs mußte auch die transzendente Zeit erfassen, die in diesem Reich dieselbe Stellung hat wie der *Aion* im noetischen, – den Status einer transzendenten Monade, die das Reich, an dessen Spitze sie steht, mit dem Reich darüber verbindet. In seinem *Kommentar zu den Kategorien* unterscheidet Iamblichos, wobei er sich auf eine (tendenziöse) Auslegung der pseudo-archytischen Abhandlung *Über das Universum* stützt, zwischen dem Wesen der Zeit in der noetischen Welt, das ›ohne Teile‹ und ewig unveränderlich ist, und ihrer Tätigkeit in der physikalischen Welt, wo sie sich als eine endlose Folge flüchtiger ›jetzt-Punkte‹ zeigt und trotzdem eine Struktur für den Fluß der physikali-

schen Phänomene vorgibt. Diese Unterscheidung zweier ›Zeiten‹ oder Ebenen der Zeit ist eine neue Vorstellung; sie ist ein wichtiger Beitrag von Iamblichos zur Theorie der Zeit.

Da sich die Zeit in räumlicher Ausdehnung manifestiert, verweist die Diskussion der Zeit auf das Problem des Raums (oder Orts). Von Iamblichos' Ansichten über den Raum wissen wir aus seinem *Kommentar zu den Kategorien*, aus dem Simplikios seine ›intellektuelle Lehre‹ (*noera theōria*) überliefert, und aus seinem *Kommentar zum Timaios* (Fr.90 Dillon). Er verwirft jeglichen Begriff des Raums wie den von Aristoteles oder den der Atomisten, der ihn zu einer rein passiven Entität erklärt. Für Iamblichos hat der Raum, obwohl er auf seiner niedrigsten Ebene eng mit dem Körperlichen und dem Reich der physikalischen Ausdehnung verbunden ist, den Status einer unkörperlichen Ursache. Im *Timaios-Kommentar* definiert er ›Ort‹ (*topos*) als »eine körperliche Kraft, die Körper trägt und stützt, die die hochhebt, die fallen, und die zusammenbringt, die zerstreut werden, wobei er sie gleichzeitig zur Vollendung bringt und von allen Seiten umschließt.« Der Ort muß also als die Kraft angesehen werden, die räumliche Unterscheidung verursacht und erhält und so individuelle Objekte als solche definiert. Aus der Textstelle im *Kategorien-Kommentar* geht hervor, daß ›Ort‹ eine Eigenschaft aller Ebenen des Universums ist, wobei jede höhere Entität als der ›Ort‹ dessen angesehen wird, was unter ihr steht, – die Seele als Ort des Kosmos, der Intellekt als Ort der Seele, und schließlich ›Gott‹ (womit er hier das Eine meinen muß) als Ort von allem. »Denn man muß«, so Iamblichos (363,9 ff.), »die gesamte Natur des Orts ausdehnen auf alle Dinge überhaupt, die als Entitäten in anderen Entitäten enthalten existieren, nicht homonym gesprochen, sondern als wirkliche Aussage des Genus. Denn es besteht genau eine Beziehung zwischen den Dingen, die umfassen, und den Dingen, die umfaßt werden; sie ist überall dieselbe, unterscheidet sich aber hinsichtlich der unterschiedlichen Grade an Wirklichkeit dessen, was teilhat, – denn die Beziehung ist bei Körpern anders als bei Unkörperlichem.«

Diese Ausweitung des Raumbegriffs, so daß er alle Ebenen der Wirklichkeit umfaßt, ist charakteristisch für Iamblichos ›höhere Interpretation‹ der Kategorien und eine Entwicklung, von der Simplikios selbst sich entschieden distanziert (364,7 ff.). Auf die Lehren von Syrianos und Proklos dagegen hatte sie prägenden Einfluß.

3.5 Götter und Dämonen

Ein letzter Aspekt des intelligiblen Universums muß besprochen werden, der für Iamblichos große Bedeutung hat, – die Natur und die Rangfolge der verschiedenen Klassen von Göttern und anderen ›höheren Wesen‹ (*kreittona genē*, wie er sie nennt), zu denen nicht nur die Dämonen, sondern auch Engel, Helden und Herrscher gehören. Aus Textstellen wie *In Tim.*Fr.74 Dillon (= Proclus, *In Tim.*III 167,32ff.) ist ersichtlich, daß Iamblichos jegliches euhemeristisches Wegrationalisieren der Götter und jede Identifikation der Götter mit den Elementen im Stil der Stoiker ablehnte. Aber mit Sicherheit glaubte er nicht an die Götter in ihrer traditionellen Form. Die seltsame Reihe von Identifikationen, die er für die in *Tim.* 40e (vgl. *In Tim.*Fr.45–8 Dillon) erwähnten Götter angibt, zeigt, daß er in ihnen immaterielle Kräfte sah, die auf verschiedenen Ebenen innerhalb des und über dem Kosmos wirken. Die Einteilung der Götter, die der Protegé von Kaiser Julian Sallustios in seiner Schrift *Über die Götter und die Welt* vornimmt, in (a) innerkosmisch und überkosmisch, (b) innerhalb der überkosmischen in die drei Gruppen, die das Wesen, den Intellekt und die Seele (wahrscheinlich) der innerkosmischen Götter erschaffen, und (c) unter den innerkosmischen in die vier Gruppen, von denen eine für die Erschaffung des Kosmos, eine für seine Beseelung, eine für dessen Harmonisierung und eine für seinen Schutz verantwortlich ist, stammt vermutlich ursprünglich von Iamblichos. Dasselbe gilt für die theologischen Inhalte von Julians *Hymnen an den König Helios* und *An die Mutter der Götter*, wobei er in ersterem den Einfluß von Iamblichos explizit zugibt, und für Proklos' Einteilung der Götter in den Sätzen 151–9 der *Elemente der Theologie* in ›väterlich‹, ›erschaffend‹, ›vervollkommnend‹ und ›schützend‹.

Die Götter der Metaphysik des Iamblichos können am besten so vorgestellt werden, daß sie auf ihrer höchsten Ebene Henaden eines bestimmten Typs sind. Diese göttlichen Henaden manifestieren sich dann in einer Folge von niedrigeren Ebenen, intelligibel, intelligent, psychisch und innerkosmisch, und bilden so ›Ketten‹ (*seirai*) des Einflusses im ganzen Universum. Von diesen Göttern wiederum hängt, wie oben bereits erwähnt wurde, eine Reihe anderer höherer Wesen ab, die die Lücke zwischen Göttern und Menschen auffüllen. Diesen wenden wir uns jetzt zu.

Bezüglich der Dämonen beginnen wir vielleicht am besten mit der Lehre aus *De mysteriis.* In *De myst.*I 5,15–17 wird eine viergliedrige Einteilung der physikalischen Welt vorgestellt, die möglicherweise Platons Einteilung in die vier Elemente im *Timaios* nachempfunden ist. Der höchste Platz wird von den Göttern eingenommen, der niedrigste von ›reinen Seelen‹. Zwischen diesen Extremen gibt es zwei mittlere Positionen, von denen eine das Geschlecht der Heroen einnimmt, das mehr den Seelen verwandt ist, und die andere die Dämonen, die enger mit den Göttern verwandt sind, obgleich sie immer noch weit unter ihnen stehen. Die Dämonen »dienen dem Willen der Götter, machen ihre verborgene Güte sichtbar und geben ihrer überlegenen Gestaltlosigkeit Gestalt« (16,13 ff.); sie dienen auch dazu, die Gnaden, an denen sie teilhaben, an die Seinsklassen unter ihnen weiterzugeben, – all dies ist letztlich stark von Platon (*Symp.* 202e) geprägt.

Wir finden also in *De myst.*I ein geistiges Universum in vier Ebenen, in dem die Dämonen, wenn man so sagen darf, den Platz der Luft im materiellen Universum einnehmen, und die Heroen helfen, das Ganze zusammenzuhalten. Insgesamt werden die Dämonen als aktive Prinzipien der Götter gezeigt, während die Heroen eher im Zusammenhang damit dargestellt werden, daß sie Seelen retten und sie nach oben führen. Die Einteilungen sind etwas künstlich und überschneiden sich, aber Iamblichos muß seine viergliedrige Hierarchie beibehalten.

3.6 Natur und Materie

Wir können uns jetzt dem zuwenden, was wir über Iamblichos Ansichten zur physikalischen Welt und ihrer Zusammensetzung wissen. Mit Sicherheit wies er entsprechend dem allgemeinen Konsens unter den Platonikern den Glauben von Plutarch und Attikos an eine zeitliche Erschaffung der Welt und die vorausliegende Existenz einer bösen oder ungeordneten Weltseele zurück. Er hat jedoch einen starken Sinn für die Macht des Schicksals (*heimarmenē*), das eigentlich die Macht der materiellen Welt (*physis*) über die menschliche Seele ist. Die ausführlichste überlieferte Diskussion dieser Frage findet sich in seinem *Brief an Makedonios über das Schicksal*, von dem Fragmente bei Stobaios erhalten sind (*Anth.*I 80; II 173 Wachs.); das Thema wird jedoch auch in *De mysteriis* aufgenommen (VIII 7; X 5). Obwohl seine Sicht der Natur der Seele wie wir gesehen haben weniger optimistisch ist als die von Plotin oder Porphyrios, gewährt er dem Schicksal nur Macht über die zweite oder niedrigere Seele und erkennt an, daß die reine Seele sich durch die Praxis der Theurgie befreien kann. Wie die späteren Platoniker allgemein und nicht zuletzt Plotin (in *Enn.*III 2–3), bringt Iamblichos es nicht fertig, die stoische Theorie des Schicksals ganz zu verwerfen, aber er versucht, sie der göttlichen Vorhersehung unterzuordnen.

Betrachten wir nun kurz seine Theorie der Materie. Im Erschaffen der Welt gibt der Demiurg der Materie Gestalt, und seine *logoi*-durchdringen sie ununterbrochen. Die hervorstechende Eigenschaft der Materie ist ›Andersartigkeit‹ (*heterotēs*), die zurückverfolgt werden kann bis zur Zweiheit (von Begrenzung und Unbegrenztheit), die auf Iamblichos' zweites Eine im henadischen Reich folgt (vgl. *In Tim.*Fr.7 Dillon). In *In Tim.*Fr.9 Dillon finden wir einen Hinweis auf die Kraft der Materie, *heterotes* in die *logoi*, die aus dem Intellekt hervorgehen, einzuführen. Diese ›differenzierende Eigenschaft‹ ist dem gesamten Kosmos, über und unter dem Mond, eigen. Iamblichos kritisiert in *In Tim.*Fr.46 Dillon Porphyrios für seinen Vorschlag, daß *heterotes* und Vielheit nur der sublunaren Sphäre eigen sind. Das höchste, was Iamblichos zugesteht, ist, daß einige Gestalten im Kosmos »sich der Gleichheit und Stabilität erfreuen«, während andere sich »der Bewegung und Andersartigkeit erfreuen«, wobei erstere die Ursachen von einzigartigen und ewigen Dingen (wie den Himmelskörpern) sind, letztere Ursachen von Dingen, die der Bewegung und Vielheit unterliegen. Damit richtet er sich gegen das Aufstellen einer zu scharfen Unterscheidung zwischen den höheren und den niedrigeren Ebenen des physikalischen Kosmos.

Was den letzten Ursprung der Materie betrifft, haben wir eine wertvolle Textstelle aus dem ersten Buch der *Chaldäischen Theologie* von Iamblichos, überliefert bei Johannes Lydos (*De Mens.*175,8 ff. Wünsch), in der Iamblichos versucht, das chaldäische Epitheton von der Materie als *patrogenes*, ›geboren vom Vater‹, mit der orthodoxen platonischen Lehre zu vereinbaren. Er schreibt, die Materie sei ewig, aber es habe nie eine Zeit gegeben, in der ihre Existenz nicht von der ordnenden Kraft des Demiurgen abhängig gewesen sei. Da der Demiurg in seiner Existenz letztlich vom Einen abhängig ist, kann er aufnehmen, was die Lehre der *Orakel* gewesen zu sein scheint und sicherlich Plotins Lehre war, – daß die Materie für ihre Existenz vom Einen abhängig ist.

4. Ethik

Wir können jetzt von der Metaphysik und ›Physik‹ zur Ethik übergehen. Es ist keine Schrift von Iamblichos überliefert, die speziell mit Ethik befaßt wäre. So müssen wir seine Lehre aus dem zusammensetzen, was wir an Belegen aus anderen Werken entnehmen können. Von einer Abhandlung wie dem *Protreptikos* könnte man annehmen, daß sie über die ethische Lehre Auskunft gibt, und tatsächlich ist sie hier von Nutzen, wenn auch nicht so sehr, wie man vermuten könnte. Erstens ist sie über weite Strecken ein Stückwerk aus Zitaten, so daß sich Iamblichos eigene Ansichten nur davon ableiten lassen, auf welche Autoritäten er sich bezieht. Aus diesen kann man jedoch schließen, daß er wie Plotin und Porphyrios eher dem strengeren Flügel des Platonismus zugeneigt war, der mehr vom Stoizismus und Pythagoreismus als vom Peripatos beeinflußt war, die Auslöschung der Leidenschaften statt ihrer Mäßigung forderte und die These vertrat, Tugend sei allein ausreichend für das Glück, unabhängig von körperlichen oder äußeren Gütern. Das ›Ziel des Lebens‹ (*telos*) ist ›Verähnlichung mit Gott‹ (*homoiōsis theōi*), die durch *gnōsis* erreicht werden kann. »Wissen über die Götter ist Tugend und Weisheit und vollkommenes Glück und macht uns den Göttern ähnlich« schreibt er in *Protr.* Kap. 3 (p. 1,14 f. Pistelli) in der Kommentierung der *Goldenen Verse* des Pythagoras. Später (Kap. 14) zitiert er auch die berühmte Stelle aus dem *Theaitetos* (176bc) zum selben Thema. In diesen Äußerungen unterscheidet er sich nicht sehr von der späteren platonischen Tradition, aber vielleicht sind sie dennoch wert, erwähnt zu werden.

Charakteristischer ist sein Beitrag zur Theorie der Grade der Tugend, obwohl er eigentlich nur eine scholastische Ausarbeitung der Lehre seiner direkten Vorgänger, vor allem des Porphyrios, ist. In der ersten Gruppe der Nachschriften von Damaskios' Vorlesungen über den *Phaidon* finden wir eine Zusammenfassung von Iamblichos' Schrift *Über die Tugenden* (auf die auf p. 143 Norvin ausdrücklich Bezug genommen wird), die die Grundlage der späteren neuplatonischen Theorie der Tugenden gebildet zu haben scheint.

Plotin unterscheidet in *Enn.* I 2 zwischen ›bürgerlichen Tugenden‹ (*politikai aretai*) oder der ›bürgerlichen‹ *Ebene* der Tugenden, und den ›reinigenden Tugenden‹ (*kathartikai aretai*). Die bürgerlichen Tugenden, wie sie besonders im vierten Buch des *Staats* beschrieben sind, sind ohne Frage vorzüglich; sie sind die Normen, nach denen wir im täglichen Leben handeln sollen, aber sie sind nicht die Betätigungen in der Tugend, durch die wir Ähnlichkeit mit Gott erlangen können. Dies sind die Übungen der Reinigung und der Befreiung vom eigenen Körper, wie sie vor allem im *Phaidon* diskutiert werden. Porphyrios arbeitet diese Unterscheidung in den *Sententiae* (p. 32 Lamberz, mehr oder weniger eine Abschrift von *Enn.* I 2) aus, formalisiert aber die Unterscheidung zwischen ›bürgerlichen‹ und ›reinigenden‹ Tugenden und fügt zwei weitere Grade hinzu, die ›kontemplativen‹ und die ›archetypischen‹ Tugenden, die Plotin zwar schon erwähnt, aber nicht als eigene Grade postuliert, wobei erstere die der »Seele, die *nous* in sich selbst enthält und von ihm erfüllt wird« ist, letztere die, die dem *Nous* selbst eigen ist, der strikt über der Tugend steht. Iamblichos hat dieses System noch weitergehend ausgearbeitet, indem er an beiden Enden Grade hinzufügte und so zu sieben Graden der Tugend gelangte: (1) natürlich (*physikai*), (2) ethisch, (3) bürgerlich, (4) reinigend, (5) kontemplativ, (6) archetypisch, (7) hieratisch. Durch diese differenzierte Hierarchie der Tugenden ist zumindest

ein kleiner Einblick in die Ordnung und Tendenz in Iamblichos ethischer Lehre möglich, die offenbar ein wichtiger Teil des Unterrichts in seiner Schule war. Die letzte Stufe, so hinzugefügt, als sollte sie die höchste Stufe nach Porphyrios' Schema noch übertreffen, behauptet die Überlegenheit der Theurgie über die rein theoretische Philosophie. Die hieratischen Tugenden sind die des vollendeten Theurgen. Das ganze Schema, das von der Athener Schule aufgenommen wurde, liefert später das strukturgebende Prinzip für Marinos' hagiographisches *Leben des Proklos*.
Der Großteil der überlieferten Auszüge aus Iamblichos' *Briefen* handelt von ethischen Themen, aber sie tragen kaum etwas außer allgemeinen Aussagen bei. Er schrieb an Sopater über Tugend, an Asphalios über *phronēsis*, an die Dame Arete über *sōphrosunē*, an Olympios über Mut und an Anatolios (vermutlich sein alter Lehrer) über Gerechtigkeit. Der Brief an Olympios enthält die Unterscheidung zwischen »Mut im eigentlichsten Sinne«, der »die Gleichheit und stabile Verfassung des Intellekts in sich selbst« ist, und dem Mut, der von dieser höheren Art abstammt und mit der Kontrolle der Leidenschaften in der Frage, was zu fürchten und was nicht zu fürchten ist, befaßt ist. Das ist eine Unterscheidung, die alle Neuplatoniker vornahmen, und sie steht im Einklang mit Iamblichos' Einteilung der verschiedenen Ebenen der Tugend.

5. Logik

Iamblichos' Beiträge zur Entwicklung der Logik im engeren Sinne sind nicht von großer Bedeutung. Er hat nichts geschrieben, was der *Eisagoge* des Porphyrios auch nur vergleichbar wäre. Die Beiträge, die er leistet, finden sich vor allem in seinem *Kommentar zu den Kategorien*, wobei es ihm hier in erster Linie darum geht, die Kohärenz und Richtigkeit der aristotelischen Theorie gegen Angriffe aus der feindlichen Tradition, deren bekannteste Vertreter Nikostratos im zweiten Jahrhundert n. Chr. und Plotin selbst in den *Enneaden* VI 1–3 waren, zu verteidigen. Iamblichos selbst schreibt, wie Simplikios bezeugt (*In Cat.*2, 9 ff.), zu großen Teilen einfach Porphyrios umfangreichen Kommentar ab, und sein Kommentar läßt sich, soweit er es wert ist, aus den entsprechenden Stellen bei Simplikios rekonstruieren. Bezüglich des ersten Teils des Kommentars kann man auch auf den kurzen Kommentar in Dialogform von Iamblichos' Schüler Dexippos zurückgreifen, der erklärt (p. 5,10 ff. Busse), daß er sich auf das Werk seines Meisters stützt und häufig wörtliche Übereinstimmungen mit Simplikios zeigt.

Nach Simplikios bestanden Iamblichos' wichtigste Beiträge in der Einführung der Abhandlung des Pythagoreers Archytas *Peri tou katholou logou* (in Wirklichkeit ein Pseudoepigraphon, vermutlich aus dem ersten Jahrhundert n. Chr.) in die exegetische Tradition, wofür er den Grund anführte, Aristoteles habe sie als Quelle benutzt, und in der Anwendung einer ›transzendentalen Auslegung‹ (*noera theōria*) in seinem gesamten Kommentar, – eine Methode, die für gewöhnlich darin besteht, Aristoteles' Lehre auf eine Wahrheit über das intelligible Reich zu beziehen. Nichts davon hat jedoch mit Logik im strengen Sinne zu tun.

Die wenigen uns erhaltenen Berichte über seinen Kommentar zur *Ersten Analytik*, die von den späteren Kommentatoren Ammonios und Stephanos überliefert werden, betreffen dagegen logische Fragen im eigentlichen Sinn. Es wird berichtet, Iamblichos habe mit Alexander von Aphrodisias über die richtige Form einer ›dialektischen‹ Frage diskutiert, die Aristoteles in *An.Pr.*A 1,24a16 ff. behandelt, und dabei Boethos in seiner These, daß die zweite und dritte Figur des Syllogismus ›vollkommen‹ sind, gegen die Ansicht des Aristoteles verteidigt. Weiter soll er Aristoteles' These aus *An.Pr.*A 9 gestützt haben, nach der in einem gemischten Syllogismus mit einem notwendigen Obersatz und einem allgemeinen Untersatz der Syllogismus dem Modus des Obersatzes folgt. All diese Ansichten erweisen sich leider als falsch, aber seine Diskussionsbeiträge zeigen zumindest, daß er die Aristotelischen logischen Schriften im Detail kannte und sich für sie interessierte.

6. Wirkungsgeschichte

Der Respekt für Iamblichos als Philosoph hat in den letzten Jahren zugenommen, da sein entscheidender Beitrag zur Lehre der späteren Athener Schule des Neuplatonismus klarer herausgestellt worden ist. Sein Einfluß auf Syrianos, und damit auch auf Proklos, war von größter Bedeutung, wie beide offen zugeben (obgleich sie ebenso häufig seine Positionen verwerfen oder verbessern). Auf diese Weise leitete er eine scholastische Tradition des Platonismus ein, die sich in die Schriften von Männern wie Damaskios und dem christlichen Autor Dionysios Aeropagita verzweigte, bis zu späten byzantinischen Autoren wie Michael Psellos reichte und durch die Übersetzungen von Wilhelm von Moerbeke im zwölften Jahrhundert und später von Marsilio Ficino in den Westen gelangte.

Iamblichos' Kommentare scheinen die Schließung der platonischen Schule in Athen im Jahre 529 n. Chr. nicht lange überlebt zu haben. Damaskios, Olympiodoros und Simplikios können aus ihnen zitieren, und ebenso Johannes von Stoboi aus seiner Schrift *De anima* und seinen Briefen, Johannes Lydos aus der Abhandlung *Über die Götter* und dem Kommentar zu den *Chaldäischen Orakeln*, aber Psellos und die byzantinischen Gelehrten nach ihm scheinen für ihre Bezugnahmen auf Iamblichos' Kommentare und andere technische Schriften von Proklos abhängig zu sein. Nur seine ›exoterischen‹ Werke, die *Pythagoreische Sequenz* und *De mysteriis*, haben bis in spätere byzantinische Zeiten und bis heute überlebt und so ein verzerrtes und unangemessenes Bild seiner philosophischen Leistungen gegeben.

Aus dem Englischen übersetzt von Katja Vogt.

Christian Wildberg

Johannes Philoponos

Johannes Philoponos, auch Johannes Grammatikos genannt, ist wohl die zugänglichste und faszinierendste Gestalt unter den neuplatonischen Philosophen der Spätantike. Zugänglich ist er deshalb, weil er ein durch und durch aristotelischer Denker war, der sich intensiv mit Problemen der Naturphilosophie befaßte. Auf dem schwierigen, für viele Vertreter des Neuplatonismus so charakteristischen Gebiet der spekulativen Metaphysik dagegen hielt er sich zurück. Faszinierend ist er, weil er der erste war, der sich als überzeugter Christ kritisch und offensiv mit Aristoteles, ja mit der gesamten neuplatonischen Tradition auseinandersetzte, ohne dabei die heidnische Philosophie einfach gegen christliche Theologie einzutauschen.

Wissenschaftshistoriker haben in der jüngsten Vergangenheit Johannes Philoponos ein sehr starkes Interesse entgegengebracht. Das liegt zum Teil daran, daß er im Vergleich mit seinen Zeitgenossen wie ein eigenwilliger, ja geradezu moderner Denker anmutet. Nicht nur, daß er auf dem Gebiet der Naturphilosophie bahnbrechende Gedanken entwarf und auf diese Weise einen wichtigen Beitrag zur Entwicklung der Naturwissenschaft leistete; man findet bei ihm auch, wie bei den großen Gestalten der Renaissance-Philosophie, einen besonderen Forschergeist, der den Autoritäten der Antike kritisch und frei gegenübersteht. Wir werden weiter unten noch ausführlicher darauf zurückkommen. An dieser Stelle sei lediglich angemerkt, daß derselbe kritische Geist, der Philoponos zum Vorreiter der Emanzipation vom Aristotelismus werden ließ, ihn auch dazu verleitete, theologische Positionen zu beziehen, die ihm die schärfste Verurteilung von seiten des orthodoxen Christentums eintrugen.

1. Leben und Werk

Über die äußeren Lebensumstände des Philoponos wüßten wir gern mehr zu berichten. Sein Leben und Werk ist auf jeden Fall eng mit der Stadt Alexandria verbunden. Vermutlich wurde er dort um das Jahr 490 n. Chr. geboren; er starb ca. 570, also ziemlich genau zu dem Zeitpunkt, als in Mekka der Religionsstifter Mohammed geboren wurde. Johannes Philoponos steht somit am Ende einer Epoche. Wenn wir der Überlieferung trauen dürfen, begann er seine wissenschaftliche Laufbahn als Schüler des Philosophen Ammonios Hermeiou (ca. 440–520), dessen Kollegnachschriften er anfertigte und herausgab. Die Titel einiger Aristoteles-Kommentare, die unter dem Namen des Johannes Grammatikos überliefert sind, weisen darauf hin, daß sie *ek ton sunousion Ammoniou* entstanden, also auf der Lehrtätigkeit des Ammonios zurückgehen. Es handelt sich um die Kommentare zu *Über Entstehen und Vergehen*, zu der Schrift *Über die Seele* sowie zur *Ersten* und *Zweiten Analytik*. Ammonios war ein Schüler des Proklos von Athen gewesen und leitete die berühmte Schule der Neuplatoniker in Alexandria, die neben der Schule in Athen eines der wichtigsten Zentren antiker Gelehrsamkeit war. Ammonios muß bereits ein Greis gewesen sein, als Philoponos als junger Mann das Studium der Philosophie bei ihm aufnahm.

Beruhen die frühen Kommentare auf der Lehrtätigkeit des Ammonios, so nennen die späteren Kommentare allein Johannes Grammatikos oder Philoponos als Autor. Philoponos selbst hat sich als ›Grammatikos‹, also als Philologe, nicht als Philosoph bezeichnet. Man hat die Frage gestellt, ob es überhaupt möglich gewesen sei, daß ein Grammatiklehrer philosophische Vorlesungen halten und Kommentare abfassen konnte. Eine Erklärung könnte sein, daß der Tod des Ammonios eine gewisse Lücke in den philosophischen Lehrbetrieb gerissen hatte: Simplikios, neben Philoponos der andere Meisterschüler, arbeitete in Athen, und die Nachfolge als Schuloberhaupt in Alexandria trat zunächst der Mathematiker Eutokios an; erst in den dreißiger Jahren des 6. Jh. konnte wieder einem Philosophen, Olympiodor, die Leitung der Schule übertragen werden. Wir dürfen also annehmen, daß die Kommentare des Philoponos in diese Interimszeit gehören und tatsächlich aus seiner eigenen Lehrtätigkeit hervorgegangen sind.

Johannes Philoponos war Christ, und es ist immer wieder diskutiert worden, ob er als Christ geboren worden sei oder sich erst im Mannesalter zum Christentum bekehrt habe. Die antiken Zeugnisse geben hierüber keine Auskunft; seine Werke lassen nur die Feststellung zu, daß die Kommentare keine typisch christlichen Sprachwendungen enthalten, die späteren Streitschriften jedoch immer deutlicher gedanklich dem Christentum verpflichtet sind. Andererseits legen seine theologischen Schriften nie die philosophische Denk- und Redeweise ab. Nun wird niemand ›als Christ‹ geboren; es ist allerdings wahrscheinlich, daß Johannes in einem christlichen Umfeld aufwuchs, seinen Glauben aber erst im Zuge der damals üblichen Erwachsenentaufe angenommen und aktiv ausgeübt hat. Möglicherweise ist er der in Alexandria tätigen, sozial engagierten Bruderschaft der ›Philoponoi‹ beigetreten, woher sein Beiname ›Philoponos‹ (Freund der Arbeit) rühren könnte. Dagegen spricht allerdings, daß er auch in theologischen Kreisen weiterhin als Johannes Grammatikos bekannt war, und daß der Beiname ›Philoponos‹ in der Antike auch heidnischen Gelehrten beigelegt wurde und deshalb nicht ohne weiteres mit der christlichen Bruderschaft in Verbindung gebracht werden sollte.

Das Lebenswerk des Philoponos läßt sich in drei Abschnitte unterteilen: die Aristoteles-Kommentare, die hauptsächlich polemischen Traktate über die Ewigkeit der Welt und schließlich die theologischen Werke. In diesem kurzen Abriß kann das Gesamtwerk in der wahrscheinlichen chronologischen Reihenfolge (s. dazu das Verzeichnis der Hauptwerke) nicht durchgegangen und erläutert werden. Gerade die frühen Kommentare enthalten vieles, was nur für den Erforscher des Aristotelismus und späten Neuplatonismus wichtig und interessant ist. Statt dessen sollen die Hauptgedanken und Theorien vorgestellt und erläutert werden, die sich mit seinem Namen verbinden und ihn zu einer bedeutenden Gestalt der Philosophiegeschichte machen. Auch auf seine theologischen Lehren, die ihn in die Kirchengeschichte eingehen ließen, wird kurz eingegangen.

2. Philoponos als Kommentator und Kritiker

Die wichtigsten Neuerungen, für die Philoponos berühmt geworden ist, fallen in den Bereich der Naturphilosophie. Wir werfen zuerst einen Blick in den Kommentar zu der Schrift *Über die Seele* (*De anima*; CAG XV). Dies ist ein frühes Werk, das im wesentlichen wohl die Gedanken des Ammonios wiedergibt; die Psychologie des jungen Philoponos dagegen läßt sich einem nur lateinisch überlieferten Kommentar zu *De anima* III entnehmen (vgl. das Werkverzeichnis). In den Erläuterungen zu *De anima* II 7 findet man eine ausführliche Diskussion der aristotelischen Auffassung des Lichtes (S. 330 ff.), welche sehr wohl von Philoponos stammen könnte. Aristoteles hatte Licht für unkörperlich gehalten und dessen Erscheinen als den Übergang des Zustandes eines Mediums von potentieller zu aktueller Transparenz definiert (*De anima* 418b). Die Begriffe, auf die es ankommt, lauten *dynamis*, Potentialität, und *energeia*, Aktualität. Unbefriedigend an dieser Auffassung ist, daß sie weder den Gesetzen der Optik Raum bietet noch erklären kann, warum etwa die Erde durch das Sonnenlicht erwärmt wird. Philoponos kritisiert deshalb diese Theorie. Um die genannten Phänomene besser erklären zu können, faßt er den Begriff *energeia* nicht als Zustand der ›Aktualität‹, sondern als ›Aktivität‹ auf: das Licht sei oder besitze eine Aktivität, die wie die Aktivität der Seele in der Lage sei, körperliche Dinge zu erwärmen. Licht wird nach dieser Auffassung zu einem dynamischen Prozeß. In dem Kommentar zur *Meteorologie*, seinem vermut-

lich letzten Kommentar, wird das Licht implizit sogar als etwas Körperliches aufgefaßt: Hitze entstehe, wenn die Lichtstrahlen der Sonne auf der Erde reflektiert werden und die Luft durch Reibung erwärmen. Die thermische Kraft der Sonne konnte Aristoteles nur schwer erklären, weil er für die Himmelskörper den Äther als materielles Substrat annahm. Der Meteorologie-Kommentar des Philoponos gehört in eine Zeit, in der er die aristotelische Lehre von diesem fünften, unwandelbaren Element der Himmelsregion bereits aufgegeben hatte. Dort wird von ihm deshalb die Sonne selbst als heiß, als ein feuriger Körper bezeichnet.
Der Physik-Kommentar, der auf das Jahr 517 datiert werden kann (wobei es wohl eine spätere Überarbeitung gegeben hat), enthält eine Fülle kritischer Überlegungen zum naturphilosophischen Hauptwerk des Aristoteles. Die berühmteste ist die Kritik an der aristotelischen Vorstellung von der ›Antiperistasis‹ und Philoponos' eigene, daran anschließende Formulierung der sogenannten Impetustheorie. Das Problem war das folgende: Warum bewegt sich ein Gegenstand, der z. B. von einem Menschen geworfen wird, weiter in Wurfrichtung fort, nachdem er die Hand des Werfenden verlassen hat? Diese scheinbar simple Frage hat Naturphilosophen von der Antike bis in die Neuzeit sehr beschäftigt. Die Antwort, die Aristoteles gegeben hatte, lautete, daß für die Fortdauer der Bewegung das Medium (also die Luft) verantwortlich sein müsse; durch den Abwurf des Projektils werde die Luft davor verdrängt und nach hinten gewirbelt; der so entstandene Luftwirbel bewege das Projektil immer weiter fort. Diese Antwort mag bizarr klingen (sie befriedigte Aristoteles selbst nicht recht), doch ergibt sie sich folgerichtig aus den Fundamentalsätzen seiner Dynamik: 1. Jede Bewegung hat eine Bewegungsursache; 2. Beweger und Bewegtes müssen miteinander in Kontakt stehen. Wie die Renaissance-Philosophen Jahrhunderte später, lehnte Philoponos die aristotelische Antiperistasis-Theorie kategorisch ab. Aus seiner langen Diskussion sei nur ein Zitat herausgegriffen:

> »Wenn jemand einen Stein mit Gewalt schleudert, wird dann der Stein deshalb zu einer naturwidrigen Bewegung gezwungen, weil die Luft hinter dem Stein in Bewegung gesetzt wurde, oder überträgt der Werfende auf den Stein auch eine Bewegungskraft (*dunamin kinētikēn*)? Wenn auf den Stein nun überhaupt keine Kraft übertragen wird, sondern er sich nur bewegt, weil die Luft angestoßen wurde . . ., welche Notwendigkeit besteht dann eigentlich, daß der Stein überhaupt von der Hand berührt werde?«
> (*In phys.* 641,13–17)

Um die Theorie noch weiter zu diskreditieren, läßt Philoponos in einem Gedankenexperiment unzählige Windmaschinen auffahren, die ja nach dieser Auffassung in der Lage sein müßten, Geschosse über weite Distanzen zu bewegen. Das ist natürlich unmöglich. Die Antwort, die Philoponos selbst zur Lösung des Wurfproblems vorschlägt, lautet, daß der Werfende dem Projektil eine Bewegungskraft (in der Philosophie der Renaissance »Impetus« genannt) verleihe, aufgrund derer es seine Flugbahn fortsetze. Die Kraft erschöpfe sich im Laufe der Bewegung, so daß am Ende das Projektil zu Boden fällt. Diese Theorie vom Impetus wird als ein wichtiger Übergangsschritt von der aristotelischen Dynamik zur Inertialtheorie Newtons aufgefaßt. Inwieweit Philoponos die Idee in Auseinandersetzung mit Aristoteles selbständig entwickelt hat oder sich von vorbereitenden Gedanken, etwa bei Hipparch (2.Jh. v. Chr.), inspirieren ließ, ist aus dem Text des Physik-Kommentars nicht ersichtlich.
Die Impetustheorie hat später bei Philoponos noch eine weitere Entwicklung durchgemacht. Obwohl die Theorie im Zusammenhang einer Erklärung erzwungener Projektilbewegungen entstanden ist, hat Philoponos erkannt, daß sie sich auf andere Bewegungsphänomene anwenden läßt. Einem kurzen Text in dem zwischen 546 und 560 entstandenen Kommentar zur biblischen Schöpfungsgeschichte (*De opificio mundi*) haben Wissenschaftshistoriker besondere Aufmerksamkeit geschenkt. In Kapitel I 12 polemisiert Philoponos gegen die Vorstellung des Theodor von Mopsuestia (4./5.Jh.), der behauptet hatte, die Himmelskörper würden von Engeln bewegt:

> »Die Anhänger der Meinung des Theodoros sollen uns doch sagen, aus welcher göttlich inspirierten Schrift sie gelernt haben, daß Engel den Mond, die Sonne und die einzelnen Sterne bewegen, indem sie diese von vorn wie Arbeitstiere ziehen oder von hinten schieben wie die Lastenwälzer oder auch beides, oder sie auf den Schultern schleppen? Was wäre wohl lächerlicher als das? Es ist ja wohl nicht unmöglich, daß Gott bei der Schöpfung dem Mond, der Sonne und den übrigen Sternen eine Bewegungskraft (*kinetiken dunamin*) verliehen hat (wie den schweren und leichten Körpern ihre Bewegungstendenzen, ja wie allen Lebewesen die Bewegungen, die von der ihnen einwohnenden Seele herrühren), so daß die Engel sie nicht mit Gewalt zu bewegen brauchen. Denn alles, was sich nicht naturgemäß bewegt, führt seine Bewegung erzwungenermaßen und widernatürlich aus und wird zerstört. Wie sollten die Engel es auch aushalten, so viele und so riesige Körper eine so lange Zeit gewaltsam zu schleppen?«(*De opificio mundi I 12, 28,20–29,9*)

Das Zitat ist ein gutes Beispiel für den Stil und den Tonfall der polemischen Argumentation des Philoponos. Er schlägt hier vor – und es handelt sich um nicht viel mehr als einen Vorschlag –, die Bewegungen der Sterne und Planeten im Sinne der Impetustheorie zu begreifen: mit dem Schöpfungsakt habe Gott den Himmelskörpern einen Bewegungsimpuls verliehen. Sie bewegen sich nach demselben Prinzip wie die Wurfgeschosse, nur daß Philoponos diese Himmelsbewegung offenbar nicht als eine *erzwungene*, sondern als ihre *natürliche* Bewegung verstehen will. Er vergleicht sie nämlich mit den natürlichen Bewegungen der vier Elemente und sogar mit den Bewegungen der Seele bei den Lebewesen. Der Grundgedanke der Impetustheorie, nämlich die Übertragbarkeit von Bewegungskräften, wird von Philoponos auf alle in der Welt vorkommenden Arten von Bewegungen angewendet. Es mag dahingestellt bleiben, wie einleuchtend diese weite Anwendung ist; im Falle der Lebewesen wirkt der Vergleich sicherlich überspannt. Bemerkenswert ist aber, daß hier zum ersten Mal der Versuch unternommen wird, sämtliche Bewegungsphänomene des Universums mit den Prinzipien einer einzigen Theorie zu erfassen. Aristoteles hatte zur Erklärung der natürlichen Bewegungen der Elemente, der widernatürlichen der Projektile und der seelischen der Lebewesen jeweils andere Erklärungsprinzipien heranziehen müssen.

An die Impetustheorie des Physik-Kommentars schließen sich weitere wichtige Diskussionen aristotelischer Grundbegriffe an. So werden von Philoponos die Definitionen des Ortes, den ein Körper einnimmt, und des Raumes neu bestimmt, die Vorstellung des Vakuums rehabilitiert und der aristotelische Materiebegriff modifiziert. Eine Kritik der aristotelischen Auffassung der Zeit, die Aristoteles bekanntlich für ewig hielt, sollte sich als besonders fruchtbar erweisen.

Einer der Hauptstreitpunkte zwischen Heiden und Christen war nämlich die Frage nach der Ewigkeit der Welt. Von vielen griechischen Philosophen wurde die immerwährende Existenz des Kosmos für eine unumstößliche Wahrheit gehalten. Die Christen bestritten dies natürlich. Im 5.Jh. hatte der Neuplatoniker Proklos von Athen (ca. 411–485) eigens eine Schrift verfaßt, in der er den Christen achtzehn Argumente vorhielt, die seiner Meinung nach stichhaltig die Ewigkeit der Welt erwiesen. Um das Jahr 529, in dem die aus der platonischen Akademie hervorgegangene Philosophenschule in Athen von Kaiser Justinian geschlossen wurde, verfaßte Philoponos seine Streitschrift *Über die Ewigkeit der Welt gegen Proklos*. Dieses Werk ist so etwas wie ein Anti-Kommentar: Nach jedem Zitat eines ›Beweises‹ für die Ewigkeit wird der gesamte Argumentationsgang des

Proklos geprüft und vollständig demontiert. Die christliche Motivation des Philoponos ist in dieser Schrift eindeutig; trotzdem finden sich keine typisch christlichen Argumentationsweisen, etwa das Pochen auf die Gewißheit biblischer Offenbarung. Philoponos bekämpft seinen Gegner mit dessen Mitteln auf philosophischem Terrain. Dabei interpretiert er den Platonischen Dialog *Timaios* als Schöpfungsbericht und scheut sich nicht, gravierende Meinungsverschiedenheiten zwischen Aristoteles und Platon beim Namen zu nennen. Philoponos selbst geht so weit, philosophisch eine Lehre zu begründen, die griechische Philosophen niemals akzeptierten: die Welt sei vom Schöpfer aus dem Nichts erschaffen worden (*Contra Proclum* VIII.IX). Philoponos räumt ein, daß allein Gott zu einer solchen Schöpfung fähig sei; die Natur könne alle Dinge nur aus etwas bereits Existentem entstehen lassen.

An die Streitschrift gegen Proklos schließt sich etwa um 532 eine Polemik an, die in philosophischen Kreise sofort hohe Wellen geschlagen haben muß. Der Titel lautete *Über die Ewigkeit der Welt gegen Aristoteles*; das Werk ist leider nur noch aus Fragmenten zu rekonstruieren, die fast alle bei Simplikios überliefert sind. In den ersten fünf Büchern setzte sich Philoponos ausführlich mit der Äthertheorie des Aristoteles auseinander (vgl. *De caelo* I 1–4). Dessen Argumentation, daß die Himmelskörper aus einem fünften, ewigen und unwandelbaren Element bestünden, wird restlos widerlegt. Damit gelingt Philoponos zweierlei: zum einen beseitigt er einen wichtigen Stützpfeiler für die Position der Verfechter der Ewigkeit, zum anderen überwindet er die aristotelische Aufspaltung des Universums in zwei materiell völlig unterschiedliche Bereiche, die Region des Werdens und Vergehens unterhalb und die Region ewiger Kreisbewegung oberhalb des Mondes. Nach Philoponos besteht die Himmelsregion aus demselben materiellen Substrat, das auch den Bereich unterhalb des Mondes konstituiert. Er nennt dieses Substrat die »dreidimensionale körperliche Ausdehnung«. Das Postulat der materiellen Einheit des Universums entspricht seinen Bemühungen um eine einheitliche Theorie der Dynamik.

Der vielleicht wichtigste Teil des Werkes gegen Aristoteles ist die ausführliche Kritik der aristotelischen Beweise der Ewigkeit von Zeit und Bewegung aus dem achten Buch der *Physik*. Philoponos entwickelt diese Kritik bis hin zu einer Argumentationskette, welche die Unmöglichkeit einer immerwährenden Existenz der Welt erweisen soll (bei Simplikios, *In phys.* 1178 f. = *Contra Aristotelem* Fr.132). Drei Prämissen spielen dabei eine Rolle; für sich genommen widerspricht keine irgendwelchen aristotelischen Grundsätzen: 1. Wenn die Existenz von B die frühere Existenz von A voraussetzt, dann kann B nicht entstehen, bevor A entstanden ist; 2. das Unendliche kann weder real existieren noch abgezählt oder vergrößert werden; 3. eine Sache kann nicht entstehen, wenn dafür nacheinander eine unendliche Anzahl anderer Dinge zuerst entstanden sein müssen. Hieraus zieht Philoponos den Schluß, die Annahme einer ewigen Welt, die als eine unendliche Kette von Ereignissen in der Zeit vorgestellt wird, sei unhaltbar.

In den dreißiger Jahren folgen noch andere, offenbar unpolemische Traktate, die sich mit der Ewigkeit der Welt befassen; auch einige mathematisch-technische Schriften scheinen in diese Zeit zu fallen. Aber die philosophische Karriere des Philoponos ist im wesentlichen beendet. In der alexandrinischen Philosophenschule behauptet sich der traditionelle Geist des Neuplatonismus. Spätere Kommentare aus Alexandria sind durchweg heidnischen Charakters, auch wenn die Werke bald unter so schön christlich klingenden Verfassernamen wie ›David‹ und ›Elias‹ zirkulieren sollten.

Um die philosophiehistorische Bedeutung des Johannes Philoponos richtig einschätzen zu können, muß man berücksichtigen, daß seine Art und Weise des Philosophierens ganz und gar nicht den Erwartungen entsprach, die ein Lehrer an einer neuplatonischen Philosophenschule zu erfüllen hatte. Die philosophischen Seminare konzentrierten sich darauf, die Werke der großen Philosophen zu kommentieren, und jedes dieser Seminare galt als ein Schritt innerhalb eines umfassenden Curriculums, das mit Aristoteles begann und bei den späten Dialogen Platons enden sollte. Eine der Hauptaufgaben des Lehrers war es nun, die Harmonie zwischen Platon und Aristoteles aufzuzeigen, ja sogar die Harmonie der Meinungen fast aller alten Philosophen. (Dies ist, nebenbei bemerkt, ein Grund, warum der Neuplatoniker Simplikios in seinen Kommentaren so häufig die Vorsokratiker zitiert.) Das Studium der Philosophie bedeutete darüber hinaus nicht nur intellektuelle Schulung des Geistes, sondern zugleich auch religiöse Praxis, um der Seele den Aufstieg von der materiellen Welt in ihre ideelle Heimat zu ermöglichen. Ziel der Philosophie ist die Soteriologie. Ein auf diesen Voraussetzungen beruhendes Denken konnte nur ein konservatives Antlitz tragen. Das heuristische Prinzip der Harmonie der Philosophen lief darauf hinaus, die großen philosophischen Vorfahren als absolute Autoritäten anzuerkennen. Diskrepanzen etwa zwischen Platon und Aristoteles wurden nicht auf tatsächliche Meinungsverschiedenheiten zurückgeführt, sondern mit Verweisen auf die unterschiedlichen Perspektiven dieser Denker oder auf das unzulängliche Verständnis des Interpreten verwischt.

Philoponos hat sich von dieser Doppellast der Autorität und des

Harmoniegedankens befreien können. Dies allein ist eine ungeheure Leistung. Wie mag es zu dieser Emanzipation gekommen sein? Verschiedene Antworten sind gegeben worden, z. B. daß Philoponos sich auf kirchlichen Druck zu der scharfen Kritik an fundamentalen neuplatonischen Lehrsätzen entschlossen hätte. Andere meinen, Philoponos sei zu seinen Theorien, besonders der Impetustheorie, durch die Wahrnehmung veränderter sozialer und ökonomischer Verhältnisse in der Spätantike angeregt worden. Eine überzeugende Entstehungs- und Entwicklungsgeschichte seines Denkens ist bislang noch nicht geschrieben worden. Sie wird vermutlich nicht umhin können, die Tatsache ernst zu nehmen, daß Philoponos überzeugter Christ gewesen ist, und daß dieser Umstand zumindest den soteriologischen Aspekt der antiken Philosophie für ihn bedeutungslos werden ließ. Damit reduzierte sich zwangsläufig das Moment der Autorität der alten Philosophen; anstatt ihre Harmonie demonstrieren zu müssen, konnte Philoponos seinen Blick gerade für die Meinungsverschiedenheiten, ja inneren Ungereimtheiten und Widersprüche schärfen. Erst unter diesen veränderten Voraussetzungen war der Weg frei für eine unvoreingenommene Neureflexion zentraler Fragen der Physik und Metaphysik.

3. Philoponos als Theologe

Etwa fünfzehn Jahre nach den polemischen Schriften gegen Aristoteles, um 546–49, veröffentlichte Philoponos den bereits erwähnten Kommentar zur biblischen Schöpfungsgeschichte *De opificio mundi*. Philoponos hat sich von Basileios dem Großen inspirieren lassen, gibt aber auch eine Fülle von Hinweisen auf Aristoteles, Platon und Ptolemaios sowie andere griechische Philosophen. Die Entstehungszeit der Schrift ist umstritten; einige sind der Meinung, Philoponos habe sie erst im hohen Alter 557–60 geschrieben. Jedenfalls ist es sein einziges theologisches Werk, das uns vollständig auf Griechisch erhalten ist; die anderen Schriften sind zum Teil in syrischer Übersetzung zugänglich, oft genug aber nur fragmentarisch.
Soweit wir es anhand der Fragmente beurteilen können, verbanden diese späteren theologischen Traktate Christentum und aristotelische Philosophie in eigenartiger Weise. Mag der Inhalt auch theologischer Natur sein, die Art und Weise der Argumentation, ja selbst die Sprache ist häufig aristotelisch. Am Vorabend des fünften Konzils (Konstantinopel, 553) veröffentlichte Philoponos die Schrift *Der Schiedsrichter(diaitetes)*, in der er sachlich aber mit Nachdruck die Sache der Monophysiten verteidigt. Der Monophysitismus, oder besser Miaphysitismus, ist eine christologische Doktrin, die im 5. und

6.Jh. weite Teile der Christen im Ostteil des Reiches erfaßt hatte. Die Stadt Alexandria war eine Hochburg der Miaphysiten. Diesen ging es hauptsächlich um das rechte Bekenntnis der Gottheit Christi; die Auffassung der antiochenischen Nestorianer, Jesus Christus sei ein besonders inspirierter und moralisch hoch entwickelter Mensch gewesen, wurde strikt abgelehnt. Eines der theologischen Hauptanliegen des Johannes Philoponos war es, den Miaphysitismus mit philosophischen Argumenten zu untermauern und in der Reichskirche durchzusetzen. Diesbezüglich ist von ihm sogar ein Brief an den Kaiser Justinian überliefert.

Besonderen Anstoß nahmen die Miaphysiten an der Verbindung christologischer Formeln, wie sie auf dem Konzil von Chalkedon 451 verabschiedet worden waren. Dort hieß es, Christus sei a) substanzgleich (*homoousios*) mit dem Vater, b) substanzgleich mit uns, c) eine Person und eine Hypostase und d) erkennbar in zwei Naturen (*en duo phusesin . . .gnōrizomenon*). Die letzte Aussage entstand unter dem Einfluß einer Formulierung des Papstes Leo: *»unitatem personae in utraque natura intelligendam«*. Dies konnte als Konzession an diejenigen verstanden werden, die auch die Menschheit Jesu zur Geltung bringen wollten. Philoponos' Haupteinwand besteht nun in dem Argument, es sei vollkommen widersinnig, von einem einzigen Subjekt (vgl. c) zwei ganz verschiedene Naturen auszusagen (vgl. d). Im *Schiedsrichter* vertritt Philoponos daher die Auffassung der Miaphysiten, die Formel »in zwei Naturen« sei am besten ganz aufzugeben. Sie sei zugleich schlechte Theologie und schlechte Philosophie. Denn, so argumentiert Philoponos, im Zusammenhang der Glaubensformel von Chalkedon hätten die Begriffe ›Natur‹ und ›Hypostase‹ fast dieselbe Bedeutung. (Philoponos ist nicht der Meinung, wie zuweilen behauptet wird, ›Natur‹ und ›Hypostase‹ seien in jedem Falle identisch.) Der Begriff ›Natur‹ habe zwei Bedeutungen, eine allgemeine und eine partikuläre: man könne von der menschlichen Natur im allgemeinen oder von der Natur eines besonderen Menschen, eines Individuums reden. Bei der Rede von der Vereinigung der beiden Naturen in Christus könne es sich nun nicht um den allgemeinen Naturbegriff handeln, also nicht um ›Gottheit‹ und ›Menschheit‹. Andernfalls müßte man behaupten, auch der Vater und der heilige Geist seien Mensch geworden, da der allgemeine Naturbegriff ›Gottheit‹ ja auch auf sie zutrifft. Der Naturbegriff in der Glaubensformel bezeichne also die besondere Natur des Logos und die besondere Natur des Menschen Jesus. Und, so argumentiert Philoponos weiter, eben diese partikuläre Natur sei dasselbe wie ›Hypostase‹, ein Begriff, den Philoponos stets in enge Beziehung setzt zu ›Person‹ und ›Individuum‹. Da Christus eine Person, eine

Hypostase sei (vgl. c), könne er notwendigerweise nur eine Natur besitzen. Philoponos räumt natürlich ein, daß es sich hierbei um eine komplexe Natur handele, welche die Merkmale der göttlichen Natur und der menschlichen Natur miteinander vereinige. Die Formulierung, die er immer wieder anführt, lautet daher *mia phusis sunthetos*.

In der Kirchengeschichte steht der Name Johannes Philoponos aber noch mit einer viel bedenklicheren Lehre in Verbindung, dem Tritheismus. Hierbei geht es nicht um die Natur Christi, sondern um das Wesen der Trinität. Die Tritheisten machten nur eine relativ unbedeutende Faktion innerhalb der großen miaphysitischen Bewegung aus. Es sind wiederum philosophische Gründe, die Philoponos dazu veranlaßten, die orthodoxe trinitarische Formel von »einer Substanz (*ousia*) in drei Hypostasen« genauer zu bestimmen. Wir hatten bereits im *Schiedsrichter* gesehen, daß Philoponos das Wort ›Hypostase‹ synonym mit den Begriffen ›Person‹ und ›Individuum‹ verwendet. Aristotelisch gesprochen bedeutet Hypostase etwa so viel wie ›erste Substanz‹, also das konkrete Individuum, *dieser* Mensch, *dieser* Gegenstand. Allgemeine Gattungsbegriffe bezeichnete Aristoteles in der Kategorienschrift als »zweite Substanzen«. In dem späten Werk *Über die Trinität* argumentiert Philoponos, daß die drei Hypostasen ja keine Akzidenzien der göttlichen Substanz seien; vielmehr sei hier von drei verschiedenen, konkreten Substanzen mit verschiedenen Eigenschaften die Rede. Nur unter dieser Annahme sei es auch korrekt, von Substanzgleichheit (vgl. das *homoousios*) zu sprechen; gäbe es nur *eine* göttliche Substanz, dann wäre die Aussage wohl kaum sinnvoll, die göttliche Substanz sei substanzgleich mit sich selbst. Die Trinität bestehe also aus drei ersten Substanzen, Vater, Sohn und Heiliger Geist; darüber hinaus gebe es aber keine vierte Substanz: wenn die Kappadokischen Väter von einer *ousia* in drei Hypostasen redeten, dann konnte mit *ousia* nur ›zweite Substanz‹ gemeint sein, also ein abstrakter Gattungsbegriff. Ganz aristotelisch behauptet Philoponos, dieser Gattungsbegriff existiere, wie jede Universalie, nur im menschlichen Verstand. Damit wird aber der Monotheismus, das Fundament christlicher Theologie, offenbar auf einen bloßen Verstandesbegriff reduziert. Gleichwohl hat Philoponos stets bestritten, seine Lehre habe etwas mit Polytheismus zu tun. Denn im Gegensatz zu den heidnischen Gottheiten, die jeweils eine unterschiedliche Natur besitzen, haben die drei Hypostasen der Trinität dieselbe göttliche Natur.

Zwar hatte Philoponos seine Anhänger, die stolz darauf waren, einen Philosophen in ihren Reihen zu haben; aber diese Art rationalistischer Theologie konnte kaum bei Christen Anklang finden, die

nicht schon ohnehin von einer aristotelischen Ontologie überzeugt waren. Die sogenannten Tritheisten stießen daher auch sofort auf erheblichen Widerstand. Philoponos selbst wurde zusammen mit einigen Gesinnungsgenossen auf dem dritten Konzil von Konstantinopel 680–81 posthum verurteilt.
Man liest häufig, daß Johannes Philoponos, gleichsam als Vorläufer zu Thomas von Aquin, einer der ersten Denker gewesen sei, der Christentum und aristotelische Philosophie miteinander in Einklang gebracht habe. Seine Zeitgenossen werden dies anders gesehen haben. Heidnische Philosophen waren zumindest empört über die Art und Weise, wie jemand von der Warte des Christentums aus an der Weisheit von Jahrhunderten herumkritisierte, und christliche Theologen wehrten sich wohl nicht zu Unrecht gegen den Versuch, das Mysterium eines universalen Heilsgeschehens auf das Maß aristotelischer Begrifflichkeit zurechtzustutzen.

4. Einfluß

Aufgrund seiner Trinitätslehre wurde Philoponos von der Kirche anathematisiert; einer weiteren Rezeption seiner theologischen Ansichten war damit der Riegel vorgeschoben. Auch auf philosophischem Gebiet scheint sein unmittelbarer Einfluß eher begrenzt gewesen zu sein. In späteren Kommentaren aus der alexandrinischen Schule, etwa in den unter christlichen Namen überlieferten Werken des David und Elias, findet man nur einen einzigen kritischen Hinweis auf Philoponos (Elias, *In cat.*246,14). Der Athener Philosoph Simplikios kommt in seinen Kommentaren zu *De caelo* und zur *Physik* allerdings immer wieder auf »des Grammatikers« Schrift gegen Aristoteles zu sprechen – ungern, wie er beteuert. Ihm verdanken wir es zwar, daß das Werk überhaupt aus den Zitaten rekonstruiert werden kann, aber seine höchst ironische und nicht selten geistvolle Polemik hat dazu beigetragen, daß Philoponos in späterer Zeit oft unterschätzt wurde. So einflußreiche Denker wie Thomas von Aquin (ca.1224–1274) und später Zabarella (1533–1589) hielten nichts von dem alexandrinischen Gelehrten. Dasselbe gilt im großen und ganzen für die arabischen Philosophen, die sich zwar mit Philoponos auseinandersetzten, dann aber regelmäßig für Aristoteles Partei ergriffen. Die Argumente gegen die Unendlichkeit von Zeit und Bewegung scheinen schließlich Bonaventura (ca.1217–1274) und den jüdischen Philosophen Gersonides (1288–1344) beeinflußt zu haben. Die Impetustheorie wurde im 14.Jh. von Johannes Buridan (ca.1295–1356) und Nikolaus von Oresme (ca.1325–1382) neu formuliert. Im 16.Jh. erschienen die Kommentare des Philoponos in lateinischer Übersetzung und trugen erheblich zu seiner Bekanntheit bei. Besonders der Physikkommentar hatte einen großen Einfluß, der sich z. B. gut bei Gianfrancesco Pico della Mirandola (1469–1533) und Galilio Galilei (1564–1642) nachweisen läßt.

Bibliographien

Zur Philosophie der Antike als ganzer

1. Gesamtdarstellungen und Einführungen

Guthrie, W.K.C., A history of Greek philosophy, 6 Bde., Cambridge 1962–1981.
Flashar, H. (Hg.), Die Philosophie der Antike (Grundriss der Geschichte der Philosophie, begründet von Friedrich Ueberweg), Basel.[Bisher erschienen:]
Bd. 3: 1983, Ältere Akademie, Aristoteles, Peripatos (H. J. Krämer, H.Flashar, F. Wehrli).
Bd. 4: 1994, Die hellenistische Philosophie (M. Erler, H. Flashar, G. Gawlick, W. Görler, P. Steinmetz).
Hadot, P. 1995, Qu‹ est-ce que la philosophie antique?, Paris.
Ricken, F. ²1993, Philosophie der Antike, Stuttgart.
Röd, W. (Hg.), Geschichte der Philosophie, München
Bd. 1: Röd, W. ²1988, Von Thales bis Demokrit.
Bd. 2: Graeser, A. ²1993, Sophistik und Sokratik. Platon und Aristoteles.
Bd. 3: Hossenfelder, M. ²1995, Stoa, Epikureismus und Skepsis.
Röd, W. 1994, Der Weg der Philososphie von den Anfängen bis ins 20. Jahrhundert. Erster Band: Altertum, Mittelalter, Renaissance, München.
Zeller, E., Die Philosophie der Griechen in ihrer geschichtlichen Entwicklung, Leipzig: I 1 ⁶1919; I 2 ⁶1920; II 1 ⁵1922; II 2 ⁴1921; III 1–2 ⁵1923 (Nachdruck Hildesheim 1990).

2. Nachschlagewerke

Der kleine Pauly. Lexikon der Antike (5 Bde.), München (dtv) 1979.
Lexikon der Alten Welt, Zürich/Stuttgart (Artemis) 1965.
The Oxford Classical Dictionary, 2nd. edition by N.G. Hammond/ H.H. Scullard, Oxford 1970.

Abkürzungen:
M Sextus Empiricus, Adversus Mathematicos
PE Eusebius von Caesarea, Praeparatio evangelica
PH Sextus Empiricus, Pyrrhoneae hypotyposes

1. Ausgaben, Übersetzungen, Kommentare

Sextus Empiricus, ed. with an English translation by R.G.Bury, 4 Bde., London 1933–1949 (Nachdruck 1976)
Sextus Empiricus, Grundriß der pyrrhonischen Skepsis, eingel. u. übers. v. M. Hossenfelder, Frankfurt a.M. 1968 (^{2}1985).
Diogenes Laertius, ed. with an English translation by R. D. Hicks, 2 Bde., London-Cambridge 1950.
– Leben und Meinungen berühmter Philosophen, Buch I-X, übers. v. O. Apelt, neu hg. v. K. Reich, Hamburg 1967.
Eusèbe de Césarée, La préparation évangélique [griech.-franz.], Livres XIV-XV, Intr., trad. et ann. par É. des Places, Paris 1987.
Annas, J./Barnes, J. 1985, The Modes of Scepticism. Ancient texts and modern interpretations, Cambridge.
Decleva Caizzi, F.: Pirrone, Testimonianze, Napoli 1981.
Long A.A./Sedley, D.N., The Hellenistic philosophers, Bd. 1: Translations of the principal sources with philosophical commentary; Bd. 2: Greek and Latin texts with notes and bibliography, Cambridge 1987

2. Literatur

2.1 Bibliographie

Ferraria, L./Santese, G., Bibliografia sullo scetticismo antico (1880–1978), in: Giannantoni, G. (Ed.), Lo scetticismo antico, Bd. 2, Napoli 1981, 753–850.

2.2 Gesamtdarstellungen, Einführungen

Görler, W. 1994, Pyrrhon von Elis, in: Grundriß der Geschichte der Philosophie, hg. von H. Flashar, Basel, Bd. 4, 732–759.
Hankinson, R.J. 1994, The Sceptics, London.
Hossenfelder, M. 1985, Die Philosophie der Antike 3: Stoa, Epikureismus und Skepsis (Geschichte der Philosophie, hg. v. W. Röd, Bd. 3), München (^{2}1995).
Long, A.A. 1974, Hellenistic Philosophy. Stoics, Epicureans, Sceptics, London (^{2}Berkeley Cal. 1986).
Ricken, F. 1994, Antike Skeptiker, München.

2.3 Monographien

Barnes, J. 1990, The toils of Scepticism, Cambridge.
Dumont, J.-P. 1985, Le Scepticisme et le phénomène. Essai sur la signification et les origines du pyrrhonisme, Paris.
Glucker, J. 1978, Antiochus and the Late Academy, Göttingen.

2.4 Aufsatzsammlungen

Barnes, J./Burnyeat, M./Schofield, M. (Hg.) 1980, Doubt and dogmatism. Studies in Hellenistic epistemology, Oxford (²1989).
Burnyeat, M. (Hg.) 1983, The Sceptical tradition, Berkeley Cal.
Voelke, A.-J. (Hg.) 1990, Le scepticisme antique. Perspectives historiques et systématiques (Cahiers de la Revue de Théologie et de Philosophie 15), Genf.
Williams, M. (Hg.) 1993, Scepticism, Dartmouth.

2.5 Aufsätze

Burnyeat, M.F. 1980, Tranquillity without a stop: Timon, Frag.68, in: The Classical Quarterly N.S. 30, 86–93.
Couissin, P. 1929, L'origine et l'évolution de l‹ epochḛ, in: Revue des études greques 42, 373–397.
Engstler, A. 1995, Urteilsenthaltung und Glück. Eine Verteidigung ethisch motivierter Skepsis, in: Zeitschrift für philosophische Forschung 49, 194–219.
Flintoff, E. 1980, Pyrrho and India, in: Phronesis 25, 88–108.
Frede, M. 1979, Des Skeptikers Meinungen, in: Neue Hefte für Philosophie 15/16, 102–129.
Fritz, K. v. 1963, Pyrrhon, in: RE 24,1, 89–106.
Horkheimer, M. 1938, Montaigne und die Funktion der Skepsis, in: ders., Die gesellschaftliche Funktion der Philosophie, Frankfurt a.M. 1979, 210–269.
Hossenfelder, M. 1994, Umgang mit Alternativen in der Skepsis, in: Ethik und Sozialwissenschaften 5 (1994) 567–575.621–627.
House, D.K. 1980, The Life of Sextus Empiricus, in: Classical Quarterly 30, 227–238.
Nussbaum, M. 1991, Skeptic purgatives: Therapeutic arguments in ancient scepticism, in: Journal of the History of Philosophy 29, 521–557.

2.6 Zur Wirkungsgeschichte

Albert, H. 1968 , Traktat über kritische Vernunft, Tübingen (⁴1982).
Bayle, P. 1697–1702, Dictionnaire historique et critique, Paris (²1820–24; Nachdruck Genf 1992).
Boost, P.F. 1797, Untersuchung der Resultate der dogmatischen und skeptischen Kritik, über das Daseyn der Dinge Frankfurt a. M.
Descartes, R. 1641, Meditationen über die Grundlagen der Philosophie mit den sämtlichen Einwänden und Erwiderungen (Hamburg 1972).
Hiley, D. 1988, Philosophy in question. Essays on a Pyrrhonian theme, Chicago.
Marquard, O. 1981, Abschied vom Prinzipiellen, Stuttgart.
Montaigne, M. de 1753/54, Essais (1595), nach der Ausgabe von P. Coste übers. v. J. D. Tietz, 3 Bde., Leipzig (Nachdruck Zürich 1992).
Popkin, R.H. 1979, The history of Scepticism from Erasmus to Spinoza, Berkeley Cal.
Schulze, G.E. 1805, Die Hauptmomente der skeptischen Denkart über die menschliche Erkenntnis, in: Jaeschke, W. (Hg.), Transzendentalphilosophie und Spekulation, Quellenband, Hamburg 1993, 357–383.
Strawson, P.F. 1985, Scepticism and naturalism: some varieties, New York (dt. Königstein Ts. 1987).
Walser, M. 1994, Stimmung 94, Eggingen.

1. Textausgaben, Übersetzungen, Kommentare

Arnim, H.v. 1902–24, Stoicorum Veterum Fragmenta (=SVF), 4 Bde., Leipzig (Nachdruck Stuttgart 1964).
Hülser, K. 1987–88, Die Fragmente zur Dialektik der Stoiker. Neue Sammlung der Texte mit deutscher Übersetzung, 4 Bde. Stuttgart-Bad Cannstatt.
Long, A.A./Sedley, D.N. 1987, The Hellenistic philosophers, 2 Bde., Bd. 1: Translations of the principal sources. With philosophical commentary; Bd. 2: Greek and Latin texts with notes and bibliography, Cambridge.
Pohlenz, M. 1950, Stoa und Stoiker. Die Gründer. Panaitios. Poseidonios. Eingeleitet und übertragen, Zürich (²1964).

2. Literatur

2.1 Gesamtdarstellungen, Einführungen

Forschner, M. 1981, Die stoische Ethik, Stuttgart (²1995).
Long, A.A. 1974, Hellenistic philosophy, London (²Berkeley Cal. 1986).
Pohlenz, M. 1948, Die Stoa, 2 Bde., Göttingen (⁴1972).
Rist, J.M. 1969, Stoic philosophy, Cambridge.
Sandbach, F.H. 1975, The Stoics, London (²Bristol 1989).
Steinmetz, P. 1994, Die Stoa, in: H.Flashar (Hg.), Grundriss der Geschichte der Philosophie. Die Philosophie der Antike 4: Die hellenistische Philosophie, Basel, 493–716.

2.2 Monographien

Barwick, K. 1957, Probleme der stoischen Sprachlehre und Rhetorik, Berlin.
Dragona-Monachou, M. 1976, The Stoic arguments for the existence and the providence of the gods, Athens.
Ebert, Th. 1991, Dialektiker und frühe Stoiker bei Sextus Empiricus, Göttingen.
Egli, U. 1967, Zur stoischen Dialektik, Basel.
Engberg-Pedersen, T. 1990, The Stoic theory of oikeiosis, Aarhus.
Frede, M. 1974, Die stoische Logik, Göttingen.
Gould, J. 1970, The philosophy of Chrysippus, Leiden.
Graeser, A. 1975, Zenon von Kition, Berlin.
Inwood, B. 1985, Ethics and human action in Early Stoicism, Oxford (²1987).
Mates, B. 1953, Stoic logic, Berkeley Cal. (²1961).
Reesor, M.E. 1989, The nature of man in early Stoic philosophy, London.
Rieth, O. 1933, Grundbegriffe der stoischen Ethik, Berlin.
Sambursky, S. 1959, Physics of the Stoics, London.
Schofield, M. 1991, The Stoic idea of the city, Cambridge.
Schubert, A. 1994, Untersuchungen zur stoischen Bedeutungslehre.
Tsekourakis, D. 1974, Studies in the terminology of early Stoic ethics, Wiesbaden.
Voelke, A.-J. 1973, L'idee de volonté dans le stoicisme, Paris.
Watson, G. 1966, The Stoic theory of knowledge, Belfast.

2.3 Aufsatzsammlungen

Brunschwig, J. (Hg.) 1978, Les Stoiciens et leur logique, Paris.
Döring, K./Ebert, Th. (Hg.) 1993, Dialektiker und Stoiker, Stuttgart.
Epp, R.H.(Hg.) 1985, Recovering the Stoics, The Southern Journal of Philosophy 23, Suppl., Memphis Tenn.
Long, A.A. (Hg.) 1971, Problems in Stoicism, London.
Rist J.M. (Hg.) 1978, The Stoics, Berkeley Cal.

2.4 Aufsätze

Annas, J. 1992, Hellenistic philosophy of mind, Berkeley Cal., 37–122.
Nussbaum, M. 1994, The therapy of desire. Theory and practice in Hellenistic ethics, Princeton N.J., 316–401.
Striker, G. 1991, Following nature: a study in Stoic ethics, in: Oxford Studies in Ancient Philosophy 9, 1–74.

Epikur

1. Textausgaben, Übersetzungen, Kommentare

Epicurea, ed. H. Usener, Leipzig 1887 (Nachdruck Stuttgart 1966).
Epicuro. Opere, ed. G. Arrighetti, Turino 1960 (²1973).
Epicurus. The extant remains, ed. with transl. and notes by C. Bailey, Oxford 1926 (Nachdruck Hildesheim 1975).
Epicurus. Epistulae tres et ratae sententiae, ed. P. von der Muehll, Stuttgart 1922 (Nachdruck 1966).
Epikur. Briefe, Sprüche, Werkfragmente, übersetzt und herausgegeben von H.-W. Krautz, Stuttgart 1985.
Epikur. Von der Überwindung der Furcht. Katechismus, Lehrbriefe, Spruchsammlung, Fragmente, eingeleitet und übertragen von O. Gigon, Zürich 1949 (³1983, Nachdruck München 1986).
Griechische Atomisten. Texte und Kommentare zum materialistischen Denken der Antike, hg. v. F. Jürss, R. Müller, E. G. Schmidt, Leipzig 1988.
Long, A.A./Sedley, D.N. 1987, The Hellenistic philosophers , Bd. 1, Translations of the principal sources, with philosophical commentary; Bd. 2, Greek and Latin texts with notes and bibliography, Cambridge.

2. Literatur

2.1 Gesamtdarstellungen, Einführungen

Bailey, C. 1928, The Greek atomists and Epicurus, Oxford (Nachdruck New York 1964).
Erler, M. 1994, Epikur. Die Schule Epikurs. Lukrez, in: Grundriß der Geschichte der Philosophie. Die Philosophie der Antike. Bd. 4: Die hellenistische Philosophie, hg. v. H. Flashar, Basel, 29–490. [Darstellung von Werk, Lehre und Nachleben, mit ausführlicher Bibliographie]
Hossenfelder, M. 1985, Die Philosophie der Antike 3. Stoa, Epikureismus und Skepsis (Geschichte der Philosophie, hg. v. W. Röd, Bd. 3), München.
– 1991, Epikur, München.
Long. A.A. 1974, Hellenistic philosophy. Stoics, Epicureans, Sceptics, London (²1986).

Rist, J.M. 1972, Epicurus. An introduction, Cambridge.
Schmid, W. 1962, Epikur, in: Reallexikon f. Antike u. Christentum, Bd. 5, Stuttgart, 681–819.
Steckel, H. 1968, Epikuros, in: RE Suppl. 11, 579ff.

2.2 Monographien

Asmis, E. 1984, Epicurus‹ Scientific Method (Cornell Studies in Classical Philology 42), Ithaca N.Y.
Bignone, E. 1936 , L'Aristotele perduto e la formazione filosofica di Epicuro, Firenze (²1973).
Clay, D. 1983, Lucretius and Epicurus, Ithaca N.Y.
Diano, C. 1974, Scritti Epicurei, Firenze.
Englert, W. 1987, Epicurus on the swerve and voluntary action, Decature Ga.
Festugière, A.J. ²1968, Epicure et ses dieux, Paris.
Furley, D. 1967, Two studies in the Greek atomists, Princeton.
– 1987, The Greek cosmologists, Cambridge, Bd. 1: The formation of the atomic theory and its earliest critics.
Gigante, M. ²1983, Ricerche filodemee, Napoli.
Gosling, C.J.B./Taylor, C.C.W. 1982, The Greeks on pleasure.
Hadot, P. 1991, Philosophie als Lebensform, Berlin.
Jürss, F. 1991, Die epikureische Erkenntnistheorie, Berlin.
Kleve, K. 1963, Gnosis Theon. Die Lehre von der natürlichen Gotteserkenntnis in der epikureischen Theologie (Symbolae Osloenses, Suppl. 19), Oslo.
Krämer, H.J. 1971, Platonismus und hellenistische Philosophie. Berlin.
Lemke, D. 1973, Die Theologie Epikurs, München.
Manuwald, A. 1972, Die Prolepsislehre Epikurs, Bonn.
Merlan, Ph. 1960, Studies in Epicurus and Aristotle (Klass.-philol. Studien 22) Wiesbaden.
Mitsis, P. 1988, Epicurus‹ ethical theory. The pleasures of invulnerability, Ithaca NY.
Müller, R. 1991, Die epikureische Ethik, Berlin.
Nussbaum, M. 1994, The therapy of desire. Theory and practice in Hellenistic ethics, Princeton NJ.
Striker, G. 1974, Kritērion tēs alētheias, in: Nachr. der Akad. Wiss. Göttingen, I. Phil.-hist. Kl. Nr. 2, Göttingen, 51–110.

2.3 Aufsatzsammlungen

ANRW II 36.4 (darin u. a. Aufsätze zur epikureischen Tradition, zu Philodem, zu Diogenian, zu Diogenes aus Oinoanda).
Classen, C.J. (Hg.) 1986, Probleme der Lukrezforschung, Hildesheim.
Everson, St. (Hg.) 1991, Psychology (Companions to ancient thought 2), Cambridge.
Philippson, R. 1983, Studien zu Epikur und den Epikureern, Hildesheim.
Schofield, M./Burnyeat, M./Barnes, J.(Hgg.) 1980, Doubt and dogmatism. Studies in Hellenistic epistemology, Oxford.
Schofield, M./Striker, G.(Hg.) 1986, The norms of nature. Studies in Hellenistic ethics, Cambridge.

2.4 Aufsätze

Brunschwig, J. 1986, The Cradle Argument in Epicureanism and Stoicism, in: Schofield/Striker (Hg.).

Clay, D. 1983, Individual and community in the first generation of the Epicurean School, in: Syzetesis. Studi sull'epicureismo greco e romano offerti a Marcello Gigante, Biblioteca della parola del passato 16, Bd. 1, Neapel, 255–279.
Dihle, A. 1986, Philosophie-Fachwissenschaft-Allgemeinbildung, in: Aspects de la philosophie hellénistique, hg.v. H. Flashar/O. Gigon (Fondation Hardt, Entretiens sur l'Antiquité Classique 32), Vandoeuvre-Genève, 185 ff.
Erler, M. 1992, Orthodoxie und Anpassung. Philodem, ein Panaitios des Kepos?, in: Museum Helveticum 49, 5–23.
– 1993, Philologia medicans. Wie die Epikureer die Texte des Meisters lasen, in: W.Kullmann/J. Althoff (Hg.), Vermittlung und Tradierung von Wissen in der griechischen Kultur (Scriptoralia 61), Tübingen, 281–303.
Gigante, M. 1975, »Philosophia medicans«, in: Filodemo, Cronache Ercolanensi 5, 53–61.
Furley, D. 1971, Knowledge of atoms and void in Epicureanism, in: J.P. Anton/G.L. Kustas (Hg.), Essays in ancient Greek philosophy, Albany NY.
– 1986, Nothing to us?, in: M. Schofield/G. Striker(Hg.), The norms of nature, Cambridge, 75–91.
Gigon, O. 1986, Zur Psychologie Epikurs, in: Aspects de la philosophie hellénistique, hg. v.H. Flashar/O. Gigon (Fondation Hardt, Entretiens sur l'Antiquité Classique 32), Vandœuvre-Genève, 67 ff.
Grilli, A. [2]1993, Kepos, in: H.H. Schmitt/E. Vogt (Hg.), Kleines Lexikon des Hellenismus, Wiesbaden, 347–369.
Hossenfelder, M. 1986, Epicurus – hedonist malgré lui, in: Schofield/Striker (Hg.) 245–263.
Kullmann, W. 1980, Zu den historischen Voraussetzungen der Beweismethoden des Lukrez, in: Rhein. Mus. 123, 98–125.
Long, A.A. 1971, Aisthesis, prolepsis and linguistic theory in Epicurus, in: Bull. of the Inst. of Class. Stud. 18, 114–133.
Long, A.A. 1986, Pleasure and social utility. The virtues of being Epicurean, in: H. Flashar/O. Gigon (Hg.), Aspects de la philosophie hellénistique (Fondation Hardt, Entretiens sur l'Antiquité Classique 32), Vandoeuvre-Genève, 283 ff.
Nussbaum, M. 1986, Therapeutic arguments: Epicurus and Aristotle, in: Schofield/Striker (Hg.). 31–74.
Obbink, D. 1989, The atheism of Epicurus, in: Greek, Roman and Byzantine Studies 30, 187–223.
Purinton, J.S. 1993, Epicurus on the telos, in: Phronesis 38, 281–320.
Schmid, W. 1951, Götter und Menschen in der Theologie Epikurs, in: Rhein. Mus. NF 94, 97–156.
Sedley, D. 1989, Philosophical allegiance in the Greco-Roman world, in: Griffin, M./Barnes, J. (Hg.), Philosophia Togata. Essays on philosophy and Roman society, Oxford, 97–11.
– 1983, Epicurus‹ Refutation of determinism, in: Syzetesis. Studi sull‹ epicureismo greco e romano offerti a Marcello Gigante, Bd. 1, Biblioteca della parola del passato 16, Napoli, 11–51.
– 1973, Epicurus, On Nature Book XXVIII, Cronache Ercolanensi 3, 5–83.
Van der Waerdt, P.A. 1987, The justice of the Epicurean wise man, in: Class. Quarterly 81, 402–422.

1. Textausgaben, Übersetzungen, Kommentare

Edelstein, L./Kidd, I.G. 1972, Poseidonius I, The Fragments, Cambridge (^{2}1989). [maßgebliche Edition der bezeugten Fragmente]
Kidd, I.G. 1988, Poseidonius II, The Commentary (2 Bde.), Cambridge. [vollständiger Kommentar und Bibliographie]
Theiler, W. 1982, Poseidonios: Die Fragmente, Berlin. [Methode der Reinhardt-Tradtion; kritisch zu benutzen]
Jakoby, F. Die Fragmente der griechischen Historiker (FGrH), zweiter Teil, A 87: Poseidonios von Apameia, Leiden 1961; C: Kommentar, Leiden 1963. [nur die historischen Fragmente]

2. Literatur

2.1 Monographien

Laffranque, M. 1964, Poseidonios d'Apamée, Paris.
Malitz, J. 1983, Die Historien des Poseidonios (Zetemata 79), München.
Reinhardt, K. 1921, Poseidonios, München. [das klassische Werk der älteren Tradition]

2.2 Aufsätze zum ›neuen‹ Poseidonios

Algra, K.A. 1993, Posidonius' conception of the extra-cosmic void, Mnemosyne 46, 473–505.
Bringmann, K. 1986, Geschichte und Psychologie bei Poseidonios, in: Fondation Hardt, Entretiens 32, Aspects de la philosophie hellénistique, Genève, 29–66.
Halm, D.E. 1989, Posidonius‹ theory of historical causation, in: ANRW II 36.3, 1325–1363.
Kidd, I.G. 1971, Posidonius on emotions, in: Problems in Stoicism, hg. v. A.A.Long, London, 200–215.
– 1978a, Philosophy and science in Posidonius, in: Antike und Abendland 24, 7–15.
– 1978b, Moral actions and rules in Stoic ethics, in: The Stoics, hg.v.J.M.Rist, Berkeley/London, 247–258.
– 1978c, Posidonius and logic, in: Les Stoiciens et leur logique, hg.v.J.Brunschwig, Paris, 273–283.
– 1983, Euemptosia – proneness to disease, in: On Stoic and Peripatetic Ethics. The Work of Arius Didymus (Rutgers Univ. Studies in Classical Humanities, Bd. 1) hg. v. W.W.Fortenbaugh, New Brunswick/London, 107–113.
– 1986, Posidonian methodology and the self-sufficiency of virtue, in: Fondation Hardt, Entretiens 32, Aspects de la philosophie hellénistique, Genève, 1–28.
– 1988, Orthos Logos as a criterion of truth in the Stoa, in: The Criterion of truth, hg.v.P.M.Huby/G.C.Neal, Liverpool.
– 1988, Posidonius as philosopher-historian, in: Philosophia Togata, hg.v.J Barnes/M.T.Griffin, Oxford.
Mansfeld, J. 1991, The idea of the will in Chrysippus, Posidonius and Galen, in: Proceedings of the Boston Area Colloquium in Ancient Philosophy, Bd. 7, hg.v.J.J.Cleary, New York, 107–157.

1. Textausgaben, Übersetzungen, Kommentare

De oratore, ed. K. Kumaniecki, Leipzig 1969 (Teubner).
De oratore. Über den Redner, lat./dt., übers., komm. und mit einer Einl. hg. von H. Merklin, Stuttgart 1976 (Reclam).
Staatstheoretische Schriften [d.i.: De re publica, De legibus], lat./dt., hg. von K. Ziegler, Berlin, zugleich Darmstadt 1974; Nachdrucke, zuletzt 1988.
De re publica. Vom Gemeinwesen, übers. und hg. v. K. Büchner, Stuttgart 1979; Nachdrucke (Reclam).
De legibus. Textbearbeitung, Einleitung, kritischer Apparat und erklärendes Verzeichnis der Eigennamen v. K. Ziegler, Heidelberg 1950, 3. Auflage, überarbeitet und durch Nachträge ergänzt v. W. Görler, Freiburg i.B. 1979.
Über die Gesetze, übers., erl. und mit einem Essay hg. von E. Bader und L. Wittmann, Reinbek 1969.
Hortensius. Lucullus. Academici libri, lat./dt., hg., übers. und komm. v. L. Straume-Zimmermann, O. Gigon und F. Broemser, Zürich 1990 (Tusculum).
Academica. The text revised and explained by J. S. Reid, London 1885; Nachdrucke.
Academicorum reliquiae cum Lucullo, recogn. O. Plasberg, Leipzig 1922; Nachdruck Stuttgart 1966 (Teubner).
Hortensius. Lucullus. Academici libri, lat./dt., hg., übers. und komm. v. L. Straume-Zimmermann, O. Gigon und F. Broemser, Zürich, München 1990 (Tusculum).
Akademische Abhandlungen: [nur] Lucullus. Text und Übersetzung von C. Schäublin, Einleitung von A. Graeser und C. Schäublin, Anmerkungen von A. Bächli und A. Graeser, Hamburg 1995 (Philosophische Bibliothek 479).
De finibus bonorum et malorum, recogn. T. Schiche, Leipzig 1915; Nachdruck Stuttgart 1961 (Teubner).
De finibus bonorum et malorum. Über das höchste Gut und das größte Übel, lat./dt., übers. und hg. v. H. Merklin, Stuttgart 1989 (Reclam).
Tusculanarum disputationum libri V. Mit Benutzung v. O. Heines Ausgabe erklärt v. M. Pohlenz. Erstes Heft: Libri I et II, Leipzig, Berlin 1912; Nachdruck Stuttgart 1957. [Mehr ist nicht erschienen; das ebenfalls 1957 nachgedruckte ›Zweite Heft‹ gehört zur Ausgabe v. O. Heine Leipzig 1864, ^{4}1896.]
Tusculanae disputationes, recogn. M. Pohlenz, Leipzig 1918; Nachdruck Stuttgart 1965 (Teubner).
Gespräche in Tusculum. Übers., Komm. und Nachwort v. O. Gigon, Stuttgart 1973; Nachdruck 1991 (dtv).
De natura deorum, ed. with comm. by A. S. Pease, 2 Bde., Cambridge MA 1955–58; Nachdruck Darmstadt 1968.
Vom Wesen der Götter, lat./dt., hg., übers. und erläutert von W. Gerlach und K. Bayer, München 1978; Nachdruck 1990 (Tusculum).
De divinatione, ed. by A. S. Pease, in: University of Illinois Studies in Lang. and Lit. 6 (1920) 161–500, 8 (1923) 153–474; Nachdruck Darmstadt 1963.
Über die Wahrsagung. De divinatione, lat./dt., hg. und übers. v. C. Schäublin. Mit einer Einführung, Anmerkungen und Literaturhinweisen, Zürich, München 1991 (Tusculum).

De fato. Über das Fatum, lat./dt., hg. v. K. Bayer, München 1963, [3]1980 (Tusculum).
Cato Maior de senectute. Cato der Ältere. Über das Alter, ed. M. Faltner, München 1963, [2]1980. Neuausgabe 1988 zus. mit Laelius (Tusculum).
Cato Maior de senectute, ed. with introd. and comm. by J. G. F. Powell, Cambridge 1988.
Laelius de amicitia. Laelius. Über die Freundschaft, ed. M. Faltner, München 1961, [3]1980; Neuausgabe 1988 zus. mit Cato Maior (Tusculum).
De officiis. Vom pflichtgemäßen Handeln. Übers., komm. und hg. v. H. Gunermann, Stuttgart [3]1992 (Reclam).
De officiis, Recogn. brevique adnotatione critica instruxit M. Winterbottom, Oxford 1994.

2. Literatur

2.1 Spezialzeitschrift

Ciceroniana. Rivista di Studi Ciceroniani. Nuova serie, Rom 1973ff. [Enthält die auf den Colloquia Tulliana gehaltenen Vorträge]

2.2 Gesamtdarstellungen, Einführungen

Gawlick, G./Görler, W. 1994, Cicero, in: Grundriss der Geschichte der Philosophie. Die Philosophie der Antike. Bd. 4: Die hellenistische Philosophie, hg.v. H. Flashar, Basel, 991–1168. [mit ausführlicher Bibliographie]
Görler, W. 1974, Untersuchungen zu Ciceros Philosophie, Heidelberg.
Hirzel, R. 1877–1883, Untersuchungen zu Ciceros philosophischen Schriften, Leipzig (Nachdruck Hildesheim 1964).
MacKendrick, P. 1989, The philosophical books of Cicero, London.
Philippson, R. 1939, M. Tullius Cicero. Die philosophischen Schriften, in: RE II 13, 1104–1192.
Süss, W. 1966, Cicero. Eine Einführung in seine philosophischen Schriften, mit Ausnahme der staatsphilosophischen Werke, Wiesbaden.

2.3 Monographien

Becker, E. 1938, Technik und Szenerie des ciceronischen Dialogs, Osnabrück.
Fuhrmann, M. 1989, Cicero und die römische Republik, München ([3]1991).
Gelzer, M. 1969, Cicero. Ein biographischer Versuch, Wiesbaden. [im wesentlichen identisch mit dem Beitrag: Cicero als Politiker, in RE II 13 (1939) 827–1091]
Girardet, K. M. 1983, Die Ordnung der Welt. Ein Beitrag zur philosophischen und politischen Interpretation von Ciceros Schrift De legibus, Wiesbaden.
Glucker, J. 1978, Antiochus and the Late Academy, Göttingen.
Görler, W. 1994, Älterer Pyrrhonismus. Jüngere Akademie. Antiochos aus Askalon, in: Grundriss der Geschichte der Philosophie. Die Philosophie der Antike. Bd. 4: Die hellenistische Philosophie, hg.v. H. Flashar, Basel, 717–990. [mit ausführlicher Bibliographie]
Graff, J. 1963, Ciceros Selbstauffassung, Heidelberg.
Habicht, C. 1990, Cicero der Politiker, München.
Hagendahl, H. 1967, Augustine and the Latin classics, Göteborg.
Heilmann, W. 1982, Ethische Reflexion und römische Lebenswirklichkeit in Ciceros Schrift De officiis, Wiesbaden.

Johann, H.-T. 1981, Gerechtigkeit und Nutzen. Studien zur ciceronischen und hellenistischen Naturrechts- und Staatslehre, Heidelberg.
Krämer, H. J. 1971, Platonismus und hellenistische Philosophie, Berlin.
Lévy, C. 1992, Cicero Academicus. Recherches sur les ›Académiques‹ et sur la philosophie cicéronienne, Roma.
Michel, A. 1960, Rhétorique et philosophie chez Cicéron, Paris.
Ricken, F. 1994, Antike Skeptiker, München.
Rüegg, W. 1946, Cicero und der Humanismus. Formale Untersuchungen über Petrarca und Erasmus, Zürich.
Schmitt, C. B. 1972, Cicero scepticus. A study of the influence of the ›Academica‹ in the Renaissance, Den Haag.
Suerbaum, W. 31977, Vom antiken zum frühmittelalterlichen Staatsbegriff, Münster i. W.
Testard, M. 1958, Saint Augustin et Cicéron, 2 Bde., Paris.
van den Bruwaene, M. 1937, La théologie de Cicéron, Louvain.
Zielinski, T. 41929, Cicero im Wandel der Jahrhunderte, Leipzig (Nachdruck Stuttgart 1967).
Zoll, G. 1962, Cicero Platonis aemulus. Untersuchung über die Form von Ciceros Dialogen, besonders von De oratore, Zürich.

2.4 *Aufsatzsammlungen*

Büchner, K. (Hg.) 1971, Das neue Cicerobild (Wege der Forschung 27), Darmstadt.
Griffin, M./Barnes, J. (Hg.) 1989, Philosophia togata, Oxford.
Leff, M. (Hg.) 1988, Cicero on Tatnic. Papers from The Rutgers University Conference on De oratore, Rhetorica 6,3.
Powell, J. G. F. (Hg.) 1995, Cicero the philosopher, Oxford.

2.5 *Aufsätze*

Allen, J. 1994, Academic probabilism and Stoic epistemology, in: Classical Quarterly 44, 85–113.
Bett, R. 1989, Carneades‹ pithanon, in: Oxford Studies in Ancient Philosophy 7, 59–94.
Ferrary, J.-L. 1995, The statesman and the law in the political philosophy of Cicero, in: A. Laks/M. Schofield (Hg.), Justice and generosity, Cambridge, 48–73.
Gawlick, G. 1963, Cicero and the enlightenment, in: Studies on Voltaire and the eighteenth century 25, 657–682.
– 1995, »Nihil tam absurde dici potest ...«, in: R. W. Puster (Hg.), Veritas filia temporis?, Berlin, 103–114.
Gigon, O. 1944, Zur Geschichte der sogenannten Neuen Akademie, in: Museum Helveticum 1, 47–64.
– 1977, Studien zu Ciceros De re publica, in: ders., Die antike Philosophie als Maßstab und Realität, Zürich, 208–355.
Girardet, K. M. 1989, ›Naturrecht‹ bei Aristoteles und bei Cicero (De legibus), in: W. W. Fortenbaugh/P. Steinmetz (Hg.), Cicero's knowledge of the Peripatos, New Brunswick N.J.
Glucker, J. 1965, ›Consulares philosophi‹ again, in: Revue des Études Augustiniennes 11, 229–234.
Görler, W. 1988, From Athens to Tusculum: Gleaning the background of Cicero's De oratore, in: M. Leff (Hg.), Cicero on Tatnic, Rhetorica 6,3, 215–235.

– 1989, Cicero und die ›Schule des Aristoteles‹, in: W. W. Fortenbaugh/P. Steinmetz (Hg.), Cicero's knowledge of the Peripatos, New Brunswick N.J., 246–263.
– 1990, Cicero zwischen Politik und Philosophie, in: Ciceroniana n.s.7, 61–73.
– 1992, Ein sprachlicher Zufall und seine Folgen. ›Wahrscheinliches‹ bei Karneades und bei Cicero, in: C. W. Müller/K. Sier/J. Werner (Hg.), Zum Umgang mit fremden Sprachen in der griechisch-römischen Antike, Stuttgart, 159–171.
– 1995, Silencing the troublemaker: De legibus 1. 39 and the continuity of Cicero's scepticism, in: J.G.F. Powell (Hg.), Cicero the philosopher, Oxford, 85–113.
– 1996, Zum literarischen Charakter und zur Struktur der ›Tusculanae disputationes‹, in: Lenaika. Festschrift C. W. Müller, Leipzig.
Lefèvre, E. 1988, Cicero als skeptischer Akademiker. Eine Einführung in die Schrift ›Academici libri‹, in: H.W. Schmidt/P. Wülfing (Hg.), Antikes Denken – Moderne Schule, Heidelberg, 108–132.
Patzig, G. 1979, Cicero als Philosoph, am Beispiel der Schrift ›De finibus‹, in: Gymnasium 86, 304–322.
Ruch, M. 1959, ›Consulares philosophi‹ chez Cicéron et chez Saint Augustin, in: Revue des Études Augustiniennes 5, 99–102.
Strasburger, H. 1966, Der Scipionenkreis, in: Hermes 94, 60–72.
Striker, G. 1980, Sceptical strategies, in: M. Schofield/ M.F. Burnyeat/J. Barnes (Hg.), Doubt and dogmatism, Oxford, 54–83.
Zetzel, J.E.G. 1972, Cicero and the Scipionic circle, in: Harvard Studies in Classical Philology 76, 173–180.

Lukrez

1. Textausgaben, Übersetzungen, Kommentare

1.1 Gesamtausgaben und Übersetzungen

T. Lucretius Carus De rerum natura libri sex, hg. v. K. Lachmann, Berlin 1850.
– hg. v. H.A.G. Munro, Cambridge 1864 (^{2}1886).
– hg. v. C. Giussani. Revisione del testo, comm. e studi introd., Torino 1896–98 (Nachdruck New York 1980).
– hg. und übers. v. H. Diels, posthum hg. v. J. Mewaldt, 2 Bde, Berlin 1923–24 (Nachdruck der Übersetzung mit Einl. und Erl. v. E.G. Schmidt, München 1991).
Lucrèce, De la nature, hg. und übers. v. A. Ernout, 2 Bde., Paris 1920 (^{10}1965–1966).
Ernout, A./Robin, L. 1925–1928, De rerum natura, Commentaire exégétique, 3 Bde., Paris (^{2}1962).
Titi Lucreti Cari De rerum natura libri sex, ed. with proleg., trsl. and comm. by C. Bailey, 3 Bde., Oxford 1947.
– hg. v. J. Martin, Leipzig: Teubner 1934, ^{6}1969.

Lukrez, Über die Natur der Dinge, hg. und übers. v. J. Martin, Berlin 1972.
T. Lucreti Cari De rerum natura, hg. v. K. Buechner, Wiesbaden 1966.
De rerum natura. Welt aus Atomen, hg. und übers. v. K. Buechner, Zürich 1956 (²Stuttgart 1973).
T. Lucreti Cari De rerum natura libri sex, hg. v. C. Müller, Zürich 1975.
– ed. by M. F. Smith, trsl. by W.H.D. Rouse, Cambridge MA/London 1975.
Lukrez, Vom Wesen des Weltalls, übers. v. D. Ebener, Leipzig 1989.

1.2 Kommentierte Ausgaben einzelner Bücher

Lucretius De rerum natura I, ed. with comm. by P.M. Brown, Bristol 1984.
Lucretius De rerum natura III, ed. with comm. by E.J. Kenney, Cambridge 1971.
Lucretius De rerum natura IV, ed. with comm. by J. Godwin, Warminster 1986.
Lucretius De rerum natura V, ed. with comm. by C. Costa, Oxford 1984.
Brown, R.D. 1987, Lucretius on love and sex. A commentary on De rerum natura IV 1030–1287 with prolegomena, text and translation, Leiden.

2. Literatur

2.1 Bibliographien

Dalzell, A. 1973, A bibliography of works on Lucretius (1945–1972), in: Classical World 66, 389–427 und 67, 65–112.
Di Giovine, C. 1983, Lucrezio, in: Syzetesis. Studi sull'epicureismo greco e romano offerti a Marcello Gigante, Napoli, Bd. 2, 649–677.
Erler, M. 1994. [siehe unter 2.2]
Gordon, C.A. 1962, A bibliography of Lucretius, London (²Winchester 1985, hg. von E.J. Kenny). [nur Editionen, keine Sekundärliteratur]
Perelli, L. 1978, Rassegna di studi lucreziani (1968–1977), in: Bollettino di Studi Latini 8, 277–308.
Reitz, C. 1992, Lukrez in der Forschung der letzten dreißig Jahre, in: Der Altsprachliche Unterricht 35, 68–80.

2.2 Gesamtdarstellungen, Einführungen

Dalzell, A. 1982, Lucretius, in: E.J. Kenney (Hg.), The Cambridge history of classical literature, Bd. 2: Latin literature, Cambridge, 207–229.
Der Altsprachliche Unterricht 35 (1992) Heft 3.
Erler, M. 1994, Lukrez, in: Grundriß der Geschichte der Philosophie. Die Philosophie der Antike. Bd. 4: Die hellenistische Philosophie, hg. v. H. Flashar, Basel 381–490. [Bibliographie]
Kenney, E.J. 1977, Lucretius (Greece and Rome) Oxford.
Klingner, F. ⁴1961, Römische Geisteswelt, München, 191–217.

2.3 Monographien

Ackermann, E. 1979, Lukrez und der Mythos, Wiesbaden.
Alfano Caranci, L. 1988, Il mondo animato di Lucrezio, Napoli.
Bergson, H. 1884, Extraits de Lucrèce, Paris.
Bonelli, G. 1984, I motivi profondi della poesia lucreziana, Bruxelles.
Boyancé, P. 1963, Lucrèce et l'épicurisme, Paris.
Dionigi, I. 1988, Lucrezio. Le parole e le cose, Bologna.

Ferrero, L. 1949, Poetica nuova in Lucrezio, Firenze.
Giancotti, F. ²1978, Il preludio di Lucrezio, Messina/Firenze.
– 1989, Religio natura voluptas. Studi su Lucrezio con una antologia di testi annotati e tradotti, Bologna.
Ludwig, H. 1976, Materialismus und Metaphysik. Studien zur epikureischen Philosophie bei T. Lucretius Carus, Köln.
Milanese, G. 1989, Lucida carmina. Comunicazione e scrittura da Epicuro a Lucrezio, Milano.
Minadeo,R. 1969, The Lyre of Science, Detroit.
Minyard, J.D. 1985, Lucretius and the Late Republic, Leiden.
Perelli., L. 1969, Lucrezio poeta della angoscia, Firenze.
Salem, J. 1990, La mort n'est rien pour nous. Lucrèce et l'éthique, Paris.
Santayana, G. 1910, Three philosophical poets: Lucretius, Dante and Goethe, Cambridge.
Schmidt, J. 1990, Lukrez, der Kepos und die Stoiker, Frankfurt a.M.
Schrijvers, P.H. 1970, Horror ac divina voluptas. Étude sur la poétique et la poésie de Lucrèce, Amsterdam.
Segal, C. 1990, Lucretius on death and anxiety. Poetry and philosophy in De rerum natura, Princeton.
Stork, T. 1960, Nil igitur mors est ad nos. Der Schlußteil des dritten Lukrezbuches und sein Verhältnis zur Konsolationsliteratur, Bonn.
West, D. 1969, The imagery and poetry of Lucretius, Edinburgh.

2.4 Aufsatzsammlungen

Classen, C.J. (Hg.) 1986, Probleme der Lukrezforschung, Hildesheim.
Lucrezio: L'atomo e la parola. Colloquio lucreziano, Bologna 26. 1. 1989, Bologna 1990.

2.5 Aufsätze

Asmis, E. 1982, Lucretius‹ Venus and Stoic Zeus, in: Hermes 110, 458–470.
Barié, P. 1990, Poesie als Medium der Wahrheit. Gedanken zum Selbstverständnis des Dichters Lukrez, in: Der Altsprachliche Unterricht 33, 20–30.
Barra, G. 1988, Senso del divino e ispirazione poetica nel De rerum natura di Lucrezio, in: Vichiana 17, 81–98.
Boella, H. 1991, Quam clare Lucretius rerum naturae infinitatem perspexerit, quam vehementer senserit, in: Vox Latina 27, 222–225.
Fornaro, P. 1988, Di un Lucrezio leopardiano, in: Orpheus 9, 185–197.
Garbugino, G. 1987, L'aggettivazione in Lucrezio, in: Analysis 1, 9–41, Genova (Dipartim. Archeol. e Filologia Classica).
– 1989, Immagine, mito e allegoria in Lucrezio, in: Analysis 2, 9–107, Genova (Dipartim. Archeeol. e Filologia Classica).
Gianotti, G.F. 1979, Dinamica dei motivi comuni, in: Gianotti, G.F./Donini, P.L., Modelli filosofici e letterari. Lucrezio, Orazio, Seneca, Bologna, 5–60.
Glei, R. 1992, Erkenntnis als Aphrodisiakum. Poetische und philosophische Voluptas bei Lukrez, in: Antike und Abendland 38, 82–94.
Jope, J. 1983, Lucretius‹ psychoanalytic insight. His notion of unconscious motivation, in: Phoenix 37, 224–238.
Kleve, K. 1989, Lucretius in Herculaneum, in: Cronache Ercolanesi 19, 5–27.
Rochette, B. 1992, Nudus... infans...A propos de Lucrèce, V 222–227, in: Les Études Classiques 60, 63–73.

Romano, D. 1977, Bergson interprete di Lucrezio, in: Rivista di Cultura Classica e Medioevale, 683–692.
Salem, J. 1994, Comment traduire *religio* chez Lucrèce?..., In: Les Études Classiques 62, 3–26.

Philon

1. Textausgaben und Übersetzungen

1.1 Textausgaben

Cohn, L./Wendland, P./Reiter, S. (Hg.), Philonis Alexandrini opera quae supersunt, 6 Bde., Berlin 1896–1915. [Noch immer die maßgebliche kritische Ausgabe der in Griechisch überlieferten Werke Philons. Für die Ausgaben der auf Armenisch und Lateinisch überlieferten Schriften siehe die Bibliographien unter 2.1.]

1.2 Übersetzungen

Philo von Alexandria, Die Werke in deutscher Übersetzung, hg. von L. Cohn, I. Heinemann, M. Adler und W. Theiler, Bd0.1–6 Breslau 1909–1938 ²Berlin 1962; Bd. 7 Berlin 1964. [mit wertvollem Sachregister von W. Theiler]
Philo, ed. with an English translation by F.H. Colson, G.H. Whitaker (and R. Marcus), 10 Bde. und 2 Supplementbde. (Loeb Classical Library) London 1929–1962.
Les oeuvres de Philon d'Alexandrie, publieés sous le patronage de l'Université de Lyon par R.Arnaldez, C. Mondésert, J. Pouilloux, 38 Bde., Paris 1961–92. [mit griech. Text und Anmerkungen]
The works of Philo complete and unabridged: New updated version, translated by C.D. Yonge, with a foreword by D. M. Scholer, Peabody MA 1993. [Nachdruck der Ausgabe von 1854–55, mit moderner Numerierung]
Philo of Alexandria, The contemplative life, The giants and selections. Translation and introduction by D. Winston, preface by J. Dillon (The Classics of Western Spirituality), New York 1981. [die beste Anthologie]
[Außerdem gibt es eine vollständige spanische und unvollständige italienische und hebräische Übersetzungen: siehe die Bibliographien unter 2.1.]

2. Literatur

2.1 Bibliographien

Goodhart H.L./Goodenough, E.R. 1938, A general bibliography of Philo Judaeus, in: E.R. Goodenough, The politics of Philo Judaeus. Practice and theory, New Haven CT (Nachdruck Hildesheim 1967) 125–321. [vollständig, bis 1936]
Radice, R./Runia D.T. et al. 1988, Philo of Alexandria. An annotated bibliography 1937–1986, Vigiliae Christianae Supplements 8, Leiden (²1992). [vollständig]
Seit 1987 erscheinen jährliche Bibliographien in: The Studia Philonica Annual, hg. von D.T. Runia.

2.2 Einführungen

Borgen, P. 1984, Philo of Alexandria, in: Stone, M.E. (Hg.), Jewish writings of the Second Temple Period, Assen, 233–282.
Bréhier, E. 1908, Les idées philosophiques et religieuses de Philon d'Alexandrie, Paris ([3]1950). [noch immer wertvoll]
Dillon, J. 1977, The Middle Platonists, London. [sehr gut zu Philons Platonismus]
Goodenough, E.R. 1940, An introduction to Philo Judaeus, New Haven CT ([2]Oxford 1962). [etwas veraltet]
Kraus Reggiani, C./Reale G./Radice, R. 1987, Filone di Alessandria. La filosofia Mosaica, Milano.
Martín, J.P. 1986, Fílon de Alejandría y la génesis de la cultura occidental, Buenos Aires.
Morris, J. 1987, Philo the Jewish philosopher, in: Schürer, E./Vermes, G. et al., The history of the Jewish people in the age of Jesus Christ (175 B.C. – A.D.135), Bd. 3.2, Edinburgh, 809–889. [sehr gut zu Philons Schriften]
Sandmel, S. 1979, Philo of Alexandria. An introduction, New York. [gut zu lesen, aber nicht immer zuverlässig]
Williamson, R. 1989, Jews in the Hellenistic world, Bd. 2 Philo, Cambridge.
Winston, D. 1985, Logos and mystical theology in Philo of Alexandria, Cincinnati Iowa.

2.3 Monographien

Burkhardt, H. 1988, Die Inspiration heiliger Schriften bei Philo von Alexandrien, Giessen.
Goulet, R., La philosophie de Moïse: essai de reconstruction d'un commentaire philosophie préphilonien du Pentateuque (Paris 1987). [kontroverse These über die jüdische alexandrianische Exegese vor Philon]
Mendelson, A. 1988, Philo's Jewish identity, Atlanta GA.
Montes-Peral, L.A. 1987, Akataleptos theos. Der unerfaßbare Gott, Leiden.
Nikiprowetzky, V. 1977, Le commentaire de l'Écritur chez Philon d'Alexandrie. Son caractère et sa portée. Observations philologiques, Leiden. [grundlegend zur Rolle der Exegese]
Radice, R. 1989, Platonismo e creazionismo in Filone di Alessandria, Milano. [vertritt die kontroverse Ansicht, Philon sei ein Katalysator für die Entwicklung des Mittleren Platonismus]
Runia, D.T. 1986, Philo of Alexandria and the Timaeus of Plato, Leiden.
– 1993, Philo in Early Christian Literature. A survey, Assen.
Sly, D. 1990, Philo's perception of women, Atlanta GA.
Tobin, T. 1983, The creation of man: Philo and the history of interpretation, Washington D.C.
Völker, W. 1938, Fortschritt und Vollendung bei Philo von Alexandrien. Eine Studie zur Geschichte der Frömmigkeit, Leipzig. [zu kritisch, aber noch immer grundlegend für Philons Ethik]
Wolfson, H.A. 1947, Philo. Foundations of religious philosophy in Judaism, Christianity and Islam, 2 Bde., Cambridge MA ([4]1968). [hervorragende Synthese, aber zu sehr systematisierend]
Zeller, D. 1990, Charis bei Philon und Paulus, Stuttgart.

2.4 Aufsatzsammlungen

Amir, Y. 1983, Die hellenistische Gestalt des Judentums bei Philon von Alexandrien, Neukirchen.

ANRW II 21.1 (1984) Philon. [guter Überblick über den Stand der Forschung 1980; beachte bes. D. Winston, Philo's ethical theory (372–416) und R. Barraclough, Philo's politics. Roman rule and Hellenistic Judaism (417–553)]
Runia, D.T. 1990, Exegesis and philosophy. Studies on Philo of Alexandria, London.

2.4 Aufsätze

Mansfeld, J. 1988, Philosophy in the service of Scripture. Philo's exegetical strategies, in: Dillon, J.M./Long, A.A.(Hg.), The question of »eclecticism«, Berkeley CA, 70–102.
Runia, D.T. 1990, How to search Philo, in: The Studia Philonica Annual 2, 106–139. [über den Gebrauch von Lexika und Datenbanken für die Philon-Forschung]
Sellin, G. 1992, Gotteserkenntnis und Gotteserfahrung bei Philo von Alexandria, in: Klauck H.-J. (Hg.), Monotheismus und Christologie. Zur Gottesfrage im hellenistischen Judentum und im Urchristentum, Freiburg i.B., 17–41.
Winston, D. 1990, Judaism and Hellenism. Hidden tensions in Philo's thought, in: The Studia Philonica Annual 2, 1–19. [mit wichtigen Beobachtungen zu Philons Theorie der Prophezeihung]

Seneca

1. Textausgaben und Übersetzungen

L. Annaeus Seneca, Epistulae morales, ed. L.D. Reynolds, Oxford 1965.
– Dialogi, ed. L.D. Reynolds, Oxford 1977.
– Philosophische Schriften. Lat u. dt.. Lat. Text von A. Bourgery u. R. Waltz. Hg. von M. Rosenbach, 5 Bde., Darmstadt 1995.
– Naturwissenschaftliche Untersuchungen/Naturales quaestiones, hg. u. übers. von M.F.A. Brok, Darmstadt 1995.
– Sämtliche Tragödien. Lat. u. dt. Übers. u. erläutert von Th. Thomann, München Bd. 1 ^{2}1978 Bd. 2 1969.

2. Literatur

2.1 Bibliographien

Motto, A.L./Clark, J.M. 1989, Seneca. A critical bibliography (1900/1980), Amsterdam.
Abel, K. 1985, Seneca. Leben und Leistung, in: ANRW II 32.2, 654–775.
Chaumartin, F.R. 1989, Quarante ans de recherche sur les oeuvres philosophiques de Sénèque, in: ANRW II 36.3, 1545–1605.

2.2 Gesamtdarstellungen

Boeder, H. 1980, Topologie der Metaphysik, Freiburg.
Knoche, U. 1933, Der Philosoph Seneca, Frankfurt. [eine kurze, aber eine der klügsten und feinsten Arbeiten zu Seneca]
Griffin, M.T. 1976, Seneca. A philosopher in politics, Oxford. [vorwiegend historisch, überaus verläßlich; vgl. auch V. Rudich, Political dissidents under Nero, London 1993, bes. 112ff.]

– 1984, Nero. The end of a dynasty, Oxford (Nachdruck 1987).
Grimal, P. 1978, Seneca. Macht und Ohnmacht des Geistes, Darmstadt. [material- und kenntnisreich, auf dem
Forschungsstande von etwa 1970, voller -interessanterHypothesen und Vermutungen]
Maurach, G. ²1996, Geschichte der römischen Philosophie, Darmstadt, 105–129.
– ²1996, Seneca. Leben und Werk, Darmstadt.

2.3 Monographien

Abel, K. 1967, Bauformen in Senecas Dialogen, Heidelberg. [eindringliche Strukturuntersuchungen]
Cancik, H. 1967, Untersuchungen zu Senecas Epistulae Morales (Spudasmata 18), Hildesheim [kluge Erforschung literarischer Aspekte der Briefe]
Fantham, E. 1982, Seneca's Troades, Princeton NJ.
Hadot, I. 1969, Seneca und die griechisch-römische Tradition der Seelenleitung, Berlin.
Maurach, G. 1970, Der Bau von Senecas Epistulae Morales, Heidelberg.
Waiblinger, F.P. 1977, Senecas Naturales Quaestiones (Zetemata 70), München. [Klärung literarischer Elemente]

2.4 Aufsatzsammlungen

Lefèvre, E. (Hg.) 1972, Senecas Trasödien (Wege der Forschung 310), Darmstadt.
– (Hg.) 1978, Der Einfluß Senecas auf das europäische Drama, Darmstadt.
Maurach, G. (Hg.) ²1987, Seneca als Philosoph (Wege der Forschung 414), Darmstadt.
Senecas Tragödien, Wege d. Forschg. 310, Darmstadt 1972.

2.5 Aufsätze

Abel, K. 1983, Das Propatheia-Problem, in: Hermes 111, 78 ff. [Vorbereitetsein auf Wechselfälle des Schicksals]
Herington, C. 1966, Senecan Tragedy, Arion 5, 422–471.
Regenbogen, O. 1936, Seneca als Denker römischer Willenshaltung, jetzt in: ders., Kleine Schriften, München 1961, 387 ff.
Seidensticker, B./Armstrong, D. 1985, Seneca Tragicus, in: ANRW II 32.2, 916–968. [Bibliographie]
Stahl, G. 1987, Die Naturales Quaestiones Senecas, in: Hermes 92 (1964) 425 ff. (zitiert nach dem Nachdruck in Maurach 1987) [Klärung von philosophischen Elementen].

1. Textausgabe und Übersetzungen

Plutarchi Chaeronensis Moralia, edidit G.N. Bernadakis, Leipzig 1888–1896.
Plutarchi Moralia, ediderunt C. Hubert et al., vol.I-VII, Leipzig 1925 ff.
Plutarch's Moralia, ed. with an English translation by F.C. Babbit et al., The Loeb Classical Library, 15 vol., London 1927 ff.
Plutarchi vitae parallelae, ediderunt C. Lindskog, K. Ziegler, Leipzig 1914–1939.
Plutarque Vies, ed. et traduction française par R. Flacelière et al., Collection des Universités de France, 15 vol., Paris 1964–1974.
Plutarchs Werke, in: Griechische Prosaiker in neuen Übersetzungen, hg. von G.L.F. Tafel, C.N. Osiander und G. Schwab, 50 Bde., Stuttgart 1828–1861.
Plutarch, Moralia, übers. von O. Apelt, 3 Bde., Leipzig 1926–1927.
Plutarch, Moralia, übers. von W. Ax, Leipzig 1942.
Plutarch, Lebensbeschreibungen, Gesamtausgabe, übers. von J.F. Kaltwasser und H. Floerke, 6 Bde., München 1964.
Plutarch, Große Griechen und Römer. Aus dem Griechischen übertragen , eingeleitet und erläutert von K. Ziegler,
6 Bde., München 1979–1980.

2. Literatur

2.1 Einführende Gesamtdarstellungen

Barrow,R.H. 1967, Plutarch and his Times, London.
Russell, D.A. 1972, Plutarch, London.
Volkmann, R. 1869, Leben, Schriften und Philosophie des Plutarch von Chaironeia, Berlin (Nachdruck Leipzig 1970).
Ziegler, K. 1951, Plutarchos, in: RE 21, 635–962 (einzeln veröffentl. Stuttgart 1949, überarbeitet 1964).

2.2 Monographien und Aufsätze

Babut, D. 1969, Plutarque et le Stoicisme, Publications de l'Université de Lyon, Paris.
Boulogne, J. 1986, Plutarch et l'épicurisme, Dissertation, Universität von Paris, Paris.
Brenk, F.E. 1977, In Mist Apparelled, Leiden.
Helmbold, W.C./O'Neil,E.N. 1959, Plutarchs Quotations, Baltimore.
Hershbell, J.P. 1992, Plutarch and Stoicism, in: ANRW II 36.5, 3336–3352.
– 1992, Plutarch and Epicureanism, in: ANRW II 36.5, 3353–3383.
Jones, C.P. 1966, Towards a Chronology of Plutarch's Works, in: Journal of Roman Studies 56, 61–74.
– 1971, Plutarch and Rome, London.
Jones, R.M. 1916, The Platonism of Plutarch, Menasha, Wisconsin.
Soury, G. 1942, La demonologie de Plutarque, Paris.
Wardman, A. 1974, Plutarch's Lives, London.

2.3 Zum geistesgeschichtlichen Hintergrund

Dihle, A. 1956, Studien zur griechischen Biographie, Göttingen.
Dillon, A. 1977, The Middle Platonists, London.

1. Textausgaben, Übersetzungen, Kommentare

Epicteti Disserationes ab Arriano digestae, edidit H. Schenkel, Leipzig ²1916 (Nachdruck Stuttgart 1965).

Epictetus, The Discourses as reported by Arrian, the Manual and fragments, ed. with an English translation by W.A. Goldfather, The Loeb Classical Library, London, vol.I 1925, vol.II 1928.

Épictète Entretiens, ed. et traduction française par J. Souilhé, A. Jagu, Collection des Universités de France, 4 vol., Paris 1948–1969.

Billerbeck, M., Epiktet. Vom Kynismus. Herausgegeben und übersetzt mit einem Kommentar (Philosophia Antiqua 34), Leiden 1978 (Nachdruck 1985).

Nickel, R., Epiktet, Teles, Musionus, Wege zum Glück. Auf der Grundlage der Übertragung von W. Capelle neu übersetzt , mit Anmerkungen versehen und eingeleitet. Zürich 1987.

2. Literatur

2.1 Bibliographien

Oldfather, W.A. 1927, Contributions toward a bibliography of Epictet (University of Illinois Bulletin 25) Urbana Ill.

– 1952, Contributions toward a bibliography of Epictet. A supplement, hrsg. v. M. Harman, Urbana Ill.

2.2 Monographien

Bonhöffer, A. 1890, Epictet und die Stoa, Stuttgart (Nachdruck Stuttgart 1968).

– 1894, Die Ethik des Stoikers Epictet, Stuttgart (Nachdruck Stuttgart 1968).

– 1911, Epiktet und das Neue Testament (Religionsgeschichtliche Versuche und Vorarbeiten 10), Gießen (Nachdruck Berlin 1964).

Colardeau, T. 1903, Étude sur Épictète, Paris.

Döring, K. 1979, Exemplum Socratis: Studien zur Sokratesnachwirkung in der kynisch-stoischen Popularphilosophie der frühen Kaiserzeit und im frühen Christentum (Hermes Einzelschriften 42), Wiesbaden.

Gretenkord, J.C. 1981, Der Freiheitsbegriff Epiktets, Bochum.

Hijmans Jr., B.L. 1959, *ASKESIS.* Notes on Epictetus' educational system, Assen.

Jagu, A. 1946, Épictète et Platon, Paris.

Stadter, P.A. 1980, Arrian of Nicodemia, Chapel Hill N.C.

2.3 Aufsätze

Brunt, P.M. 1977, From Epictetus to Arrian, in: Athenaeum 55, 19–48.

DeLacy, P. 1943, The logical structure of the ethics of Epictetus, in: Classical Philology 38, 112–125.

Dobbin, R. 1991, ›Prohairesis‹ in Epictetus, in: Ancient Philosophy 11, 111–135.

Döring, K. 1974, Sokrates bei Epiktet, in: Studia Platonica, Festschrift H. Gundert, hg. v. K. Döring /W. Kullman, Amsterdam, 1974, 195–226.

Hartmann, K. 1905, Arrian und Epiktet, in: Neue Jahrbücher 15, 248–275.

Hershbell, J.P. 1989, The Stoicism of Epictetus: Twentieth century perspectives, in: ANRW II 36.3, 2148–2163.
Long, A.A. 1982, Epictetus, in: Ancient writers, hrsg. v. J. Luce, New York, 985–996.
Millar, F. 1965, Epictetus and the Imperial Court, in: Journal of Roman Studies 55, 141–148.
Spanneut, M. 1962, Epiktet, in: Reallexikon für Antike und Christentum, Bd. 5. (1962) 599–681.
Stanton, G.R. 1968, The cosmopolitan ideas of Epictetus and Marcus Aurelius, Phronesis 13, 183–195.
Starr, C.G. 1949, Epictetus and the tyrant, in: Classical Philology 44, 20–29.
Van Geytenbeek, A.C. 1962, Musonius Rufus and Greek Diatribe, Assen.
Wirth, T. 1967, Arrians Erinnerungen an Epiktet, in: Museum Helveticum 24, 149–189 3–216.

2.4 Darstellungen der stoischen Philosophie

Long, A.A. 1974, Hellenistic Philosophy, London (^{2}1986).
More, P.E. 1923, Hellenistic Philsophies, Princeton.
Pohlenz, M. 1948/49, Die Stoa. Geschichte einer geistigen Bewegung, 2 Bde., Göttingen.
Rist, J.M. 1968, Stoic philosophy, Cambridge.
Rutherford, R.B. 1989, The Meditations of Marcus Aurelius: A study, Oxford.
Sandbach, F.A. 1975, The Stoics, London.

Mark Aurel

1. Textausgaben und Übersetzungen

1.1 Textausgaben

Marci Aurelii Antonini Ad se ipsum librum XII ed. J. Dalfen, Leipzig ^{2}1987. [mit Bibliographie]
M. C. Fronto, Epistulae ed. M. P. J. Van den Hout, Leipzig 1988. [darin die Briefe von Marc Aurel an Fronto]

1.2 . Übersetzungen

Theiler, W. ^{2}1974, Kaiser Marc Aurel. Wege zu sich selbst, hg. und übertragen, Zürich .
Nickel, R. 1990, Marc Aurel. Wege zu sich selbst, hg. und übersetzt von R. Nickel, Darmstadt.
Cortassa, G. 1984, Scritti di Marco Aurelio. Lettere a Frontone, Pensieri, Documenti, Torino.
[Die hier zitierten Übersetzungen sind entweder von W. Theiler oder von R. Nickel oder von I. Hadot (in: P. Hadot 1991) übernommen.]

2. Literatur

2.1 Monographien

Birley, A.R. ^{2}1977, Mark Aurel, Kaiser und Philosoph, München.

Cortassa, G. 1989, Il Filosofo, i libri, la memoria. Poeti e filosofi nei Pensieri di Marco Aurelio, Torino.
Dalfen, J. 1967, Formgeschichtliche Untersuchungen zu den Selbstbetrachtungen Marc Aurels, Diss. München.
Fittschen, K. 1982, Die Bildnistypen der Faustina minor und die Fecunditas Augustae, Göttingen.
Hadot, P. 1991, Philosophie als Lebensform, Berlin, 69–100.
– 1992, La citadelle intérieure. Introduction aux Pensées de Marc Aurèle, Paris.
Honoré, T. 1983, Emperors and Lawyers, London, 12–14.
Maier, B. 1985, Philosophie und römisches Kaisertum. Studien zu ihren wechselseitigen Beziehungen in der Zeit von Caesar bis Marc Aurel, Diss. Wien.
Martinazolli, P. 1951, La »Successio« di Marco Aurelio. Struttura e spirito del primo libro dei Pensieri, Bari.
Misch, G. ³1950, Geschichte der Autobiographie, Bd. 1.2, Frankfurt a.M.
Rutherford, R.E. 1989, The meditations of Marcus Aurelius. A study, Oxford.

2.2 Aufsatzsammlung

Klein, R. (Hg.) 1979, Marc Aurel, Darmstadt.

2.3 Aufsätze

Brunt, P.A. 1974, Marcus Aurelius in his Meditations, in: Journal of Roman Studies 64, 1–20.
Williams, W. 1976, Individuality in the Imperial Constitutions: Hadrian and the Antonines, in: Journal of Roman Studies 66, 67–83.

Plotin

1. Textausgaben, Übersetzungen, Kommentare

1.1 Gesamtausgaben und Gesamtübersetzungen (20. Jh.)

Plotini opera, ed. P. Henry/H.-R. Schwyzer, 3 Bde., Paris 1951–73. [editio maior = H-S¹]
Dies., Plotini opera, 3 Bde., Oxford 1964–82. [editio minor = H-S²; maßgebliche Ausgabe; Bd. 3 mit Addenda zur gesamten Ausgabe; ferner: H.-R. Schwyzer: Corrigenda ad Plotini textum, in: Museum Helv. 44 (1987) 191–205. Plotin wird zitiert nach Enneade, Schrift, Kapitel und Zeile, z. B. VI 9,4,1]
Plotin. Ennéades. Texte établi et traduit par É. Bréhier, 6 Bde., Paris 1924–38 (²1963–67). [Enthält wertvolle Einführungen (Notices) zu den einzelnen Schriften]
Plotins Schriften, übers. v. R. Harder. Neubearbeitung mit griech. Lesetext u. Anm., fortgef. v. R. Beutler/W. Theiler, 6 Bde., Hamburg 1956–71 (= Harder²).
Plotinus, Greek text with an English transl. by A.H. Armstrong, 7 Bde., London 1966–88.
Plotinus, The Enneads. Transl. by St. MacKenna, revised by B.S. Page, London 1917, ⁴1969.

Plotino, Enneadi. Prima versione integra e commentario critico di V. Cilento, 3 Bde., Bari 1947–49.
Porfirio, Vida de Plotino. Plotino, Ennéadas. Introd., traducc. y notas de Jesús Igal, 2 Bde. (Enn. I-IV), Madrid 1982–85.
[Übersetzungen ferner in Niederländisch, Japanisch, Polnisch und Hebräisch]

1.2 Kommentierte Teilausgaben und Teilübersetzungen

[Vgl. dazu auch ANRW II 36,1 (1987) 598–600 u. Beierwaltes 1991, 255 f.]
I 8: E. Schröder, Plotins *Abhandlung Pothen ta kaka*, Rostock 1916.
II 4: J.-M. Narbonne: Plotin, Les deux matières, Paris 1993.
III 2–3: P. Boot: Plotinus. Over Voorzienigheid, Amsterdam 1984.
III 5: P. Hadot, Plotin. Traité 50; Introd., trad., comment. et notes, Paris 1990.
III 6: D.B. Fleet: Plotinus. Introd., Transl., Com., Oxford 1995.
III 7: W. Beierwaltes, Plotin. Über Ewigkeit und Zeit. Griech. Text, Übers., Einl. u. Komment., Frankfurt 1967 ([3]1981).
III 8; V 8; V 5; II 9: V. Cilento, Paideia Antignostica. Introd. e comment., Firenze 1971.
IV 8; V 4; V 1; V 6; V 3: K. Kremer: Plotin. Seele-Geist-Eines. Einl., Text, Übers., Erläuterungen, Hamburg 1990.
V 1: M. Atkinson, Plotinus, Ennead V 1, Oxford 1983 ([2]1985).
V 3: W. Beierwaltes, Selbsterkenntnis und Erfahrung der Einheit. Text, Einl., Übers., Interpr., Erläuterungen, Frankfurt a.M. 1991.
H. Oosthout: Modes of knowledge and the transcendental. An introduction to Plotinus Ennead V 3 [49], Amsterdam 1991.
V 9; VI 8: W. Beierwaltes: Plotin. Geist-Ideen-Freiheit. Einl., Text, Übers., Erläuterungen, Hamburg 1990.
VI 6: J. Bertier, L. Brisson u. a., Plotin: Traité sur les nombres. Introd., texte grec, trad., comment. et index grec, Paris 1980.
VI 7: P. Hadot: Plotin. Traité 38. Introd., trad., comment. et notes, Paris 1988.
VI 8: G. Leroux: Traité sur la liberté et la volonté de l'Un. Introd., texte grec, trad., et comment., Paris 1990.
VI 9: J. Igal: Commentaria in Plotini »De Bono sive De Uno« librum, in: Helmantica 22 (1971) 273–304.
P. Hadot: Plotin. Traité 9. Introd., trad., comment. et notes, Paris 1994.

2. Literatur

2.1 Bibliographien

Mariłn, B. 1949, Bibliografia critica degli studi Plotiniani, in Bd. 3 der ital. Übers. v. Cilento, 389–651. [Fast vollständig bis 1949; separat publiziert 1949]
Blumenthal, H.J. 1987, in: ANRW II 36.1, 562–570 [für 1951–1971].
Corrigan K./ O'Cleirigh P. 1987, in: ANRW II 36.1, 595–623 [für 1971–1986].

2.2 Lexikon

Sleemann, J.H.(†)/Pollet, G.: Lexicon Plotinianum, Leiden 1980. [Verbesserungen v. H.-R. Schwyzer, in: Museum Helv. 44 (1987) 205–210]

2.3 Einführungen

Harder[2] [die Einleitungen zu den einzelnen Schriften in den Kommentarbänden; siehe oben 1.].
Bréhier [die Notices; siehe oben 1.].
Beierwaltes, W. 1990 [Kommentierte Ausgabe und Übersetzung V 9 u. VI 8; siehe oben 1.2].
Kremer, K. 1990 [Kommentierte Ausgabe und Übersetzung von IV 8, V 4, V 1, V 6 u. V 3; siehe oben 1.2].
O'Meara, D.J. 1995, Plotinus. An Introduction to the Enneads, Oxford.

2.4 Monographien

Alt, K. 1993, Weltflucht und Weltbejahung, Stuttgart.
Armstrong, A.H. 1940, The architecture of the intelligible universe in the philosophy of Plotinus, Cambridge (²Amsterdam 1967).
Arnou, R. 1921, Le désir de Dieu dans la philosophie de Plotin, Paris (²Rom 1967).
Beierwaltes, W. 1972a, Platonismus und Idealismus, Frankfurt a.M.
– 1985, Denken des Einen. Studien zur neuplatonischen Philosophie und ihrer Wirkungsgeschichte, Frankfurt a.M., 14–192.
Blumenthal, H.J. 1971, Plotinus‹ psychology, The Hague.
Bréhier, É. 1928, La philosophie de Plotin, Paris (⁴1968).
Brisson, L. u. a. 1982, Porphyre. La vie de Plotin I. Travaux préliminaire et index grec complet, Paris.
Bussanich, J. 1988, The One and its relation to Intellect in Plotinus. A commentary on selected texts, Leiden.
Graeser, A. 1972, Plotinus and the Stoics, Leiden.
Hadot, P. 1963, Plotin ou la simplicité du regard, Paris (³1989).
Halfwassen, J. 1992, Der Aufstieg zum Einen. Untersuchungen zu Platon und Plotin, Stuttgart.
- 1994, Geist und Selbstbewußtsein. Studien zu Plotin und Numenios, Stuttgart.
Harder, R. 1960, Kleine Schriften, hg. v. W. Marg, München, 257–302.
Krämer, H.J. 1964, Der Ursprung der Geistmetaphysik. Untersuchungen zur Geschichte des Platonismus zwischen Platon und Plotin, Amsterdam (²1967).
Kremer, K. 1966, Die neuplatonische Seinsphilosophie und ihre Wirkung auf Thomas von Aquin (Studien zur Problemgeschichte der antiken und mittelalterlichen Philosophie, hg. von J. Hirschberger, 1) Leiden (²1971).
– 1969, Gott und Welt in der klassischen Metaphysik. Vom Sein der ›Dinge‹ in Gott, Stuttgart.
Kristeller, P.O. 1929, Der Begriff der Seele in der Ethik Plotins, Tübingen.
Lloyd, A.C. 1980, The anatomy of Neoplatonism, Oxford (Nachdruck 1991).
O'Brien, D. 1991, Plotinus on the origin of matter, Napoli.
– 1993, Théodicée plotinienne, théodicée gnostique, Leiden.
O'Daly, G.J.P. 1973, Plotinus‹ philosophy of the self, Shannon Ireland.
Rist, J.M. 1967, Plotinus. The road to reality, London.
Schwyzer,H.-R. ²1978, Plotinos, München. [Sonderausgabe des gleichnamigen Artikels in RE 21.1 (1951) mit den Ergänzungen aus RE Suppl.15 (1978)]
Szlezák, Th.A. 1979, Platon und Aristoteles in der Nuslehre Plotins, Basel.

Theiler, W. 1966, Forschungen zum Neuplatonismus, Berlin.
Zeller, E. ^{5}1923, Die Philosophie der Griechen, III/2, Leipzig.

2.5 Aufsatzsammlungen

Siehe Beierwaltes 1990, XLIV; 1991, 256 f. (siehe oben 1.2) und Halfwassen 1992, 409–411 (siehe oben 2.4).

2.6 Aufsätze

Baltes, M. 1986, Ammonios Sakkas, in: Reallexikon für Antike und Christentum, Suppl. 3, 323–332.
Beierwaltes, W. 1972b, Johannes v. Skythopolis und Plotin, in: Studia Patristica 12, 3–7.
Blumenthal, H.J. 1987, Plotinus in the light of twenty years‹ scholarship, 1951–71, in: ANRW II 36.1, 528–570.
Dodds, E.R. 1960, Numenius and Ammonius, in: Les sources de Plotin (Fondation Hardt. Entretiens sur l'antiquité classique 5), Vandoeuvres-Genève.
– 1977, Tradition and personal achievement in the philosophy of Plotinus, in: Journal of Roman Studies 50 (1960); dt.: Tradition und persönliche Leistung in der Philosophie Plotins, in: C. Zintzen (Hg.), Die Philosophie des Neuplatonismus, Darmstadt 1977, 58–74.
Dörrie, H. 1955, Ammonios, der Lehrer Plotins, in: Hermes 83, 439–77.
Hadot, P. 1960, Etre, vie, pensée chez Plotin et avant Plotin, in: Les sources de Plotin (Fondation Hardt. Entretiens sur l'antiquité classique 5), Vandoeuvres-Genève, 105–157.
– 1987, L'union de l'âme avec l'intellect divin dans l'expérience mystique plotinienne, in: G. Boss/G. Seel (Hg.), Proclus et son influence, Zürich, 3–27.
Henry, P. 1977, The place of Plotinus in the history of thought, in: MacKenna, St. ^{4}1969, Plotinus. The Enneads [siehe oben 1.1] XXXV-LXIII; dt.: Plotins Standort in der Geschichte des Denkens, in: C. Zintzen (Hg.), Die Philosophie des Neuplatonismus, Darmstadt 1977, 118–64.
Jonas, H. 1964, Plotins Tugendlehre. Analyse und Kritik, in: F. Wiedmann (Hg.), Epimeleia. Festschrift H. Kuhn, München, 143–173.
– 1971, The soul in Gnosticism and Plotinus, in: P.M. Schuhl/P. Hadot (Hg.), Le Néoplatonisme, Paris, 45–53.
Kraus, P. 1941, Plotin chez les Arabes, in: Bulletin de l'Institut d'Égypte 23, 263–295.
Kremer, K. 1981, Selbsterkenntnis als Gotteserkenntnis nach Plotin, in: International Studies of Philosophy 13, 41–68.
– 1987, Bonum est diffusivum sui. Ein Beitrag zum Verhältnis von Neuplatonismus und Christentum, in: ANRW II 36.2, 994–1032.
– 1991, Mystische Erfahrung und Denken bei Plotin, in: Trierer Theologische Zeitschrift 100, 163–86.
– 1995, Wie geht das Viele aus dem Einen hervor? Plotins quaestio vexata im Spiegel der Schrift V 3,11 (49), in: J. Reiter u. a. (Hg.), Aus reichen Quellen leben. Festschrift H. Weber, Trier, 251–62.
Narbonne, J.-M. 1987, Plotin et le problème de la génération de la matière, in: Dionysius 11, 3–31.
O'Meara, D.J. 1980, Gnosticism and the making of the world in Plotinus, in: The rediscovery of Gnosticism, Bd. 1: The school of Valentinus, hg.v. B. Layton, Leiden, 365–78.

Puech, H.-C. 1960, Plotin et les Gnostiques, in: Les sources de Plotin (Fondation Hardt. Entretiens sur l'antiquité classique 5), Vandoeuvres-Genève, 161–190.
Schroeder, F.M. 1987a, Ammonius Saccas, in: ANRW II 36.1, 493–526.
– 1987b, Synousia, synaisthesis and synesis: Presence and dependence in the Plotinian philosophy of consciousness, in: ANRW II 36.1, 677–699.
Schwyzer, H.-R. 1944, Die zwiefache Sicht in der Philosophie Plotins, in: Museum Helv. 1, 87–99.
– 1960, »Bewußt« und »Unbewußt« bei Plotin, in: Les sources de Plotin (Fondation Hardt. Entretiens sur l'antiquité classique 5), Vandoeuvres-Genève, 343–90.
– 1973, Zu Plotins Deutung der sogen. platonischen Materie, in: Zetesis. Album amicorum. Festschrift E. de Strycker, Utrecht, 266–80.
– 1976, Plotins letztes Wort, in: Museum Helv. 33, 85–97.
– 1983, Ammonios Sakkas, der Lehrer Plotins. Vorträge Rhein.-Westfäl. Akad. d. Wissenschaften, Geistesw. 260, Opladen.
Zimmermann, F.W. 1986, The origins of the so-called Theology of Aristotle, in: J. Kraye/W.F. Ryan/C.B. Schmitt (Hg.), Pseudo-Aristotle in the Middle Ages, London, 110–240.

Porphyrios

1. Textausgaben, Übersetzungen, Kommentare

Brisson, L. 1982, 1992, Porphyre, La vie de Plotin, comm., trad., notes, bibliogr., index, vol.I 1982, vol.II 1992, Paris.
des Places, É. 1982, Porphyre, Vie de Pythagore, ed. et trad., Collection des Universités de France, Paris.
Harder, R./Marg, W. 1958, Porphyrios, Über Plotins Leben und die Ordnung seiner Schriften. Text, Übersetzung, Anmerkungen, Hamburg.
Harnack, A.v. (Hg.) 1916, Porphyrius, Gegen die Christen, 15 Bücher. Zeugnisse, Fragmente und Referate (Abh. Königl. Preußische Akademie der Wissenschaften, Philos.-hist. Klasse Nr. 1), Berlin.
Lamberz, E. (Hg.) 1975, Porphyrius, Sententiae ad intelligibilia ducentes, Leipzig.
Pötscher, W. 1969, Porphyrios, PROS MARKELLAN. Herausgegeben, übersetzt, eingeleitet und erklärt, Leiden.
Smith, A. (ed.), Porphyrii philosophi fragmenta, Stuttgart 1993.
Sodano, A.R. (Hg.) 1964, Porphyrius, In Platonis Timaeum commentariorum fragmenta, Napoli.
Strange, St.K. 1992, Porphyry, On Aristotle's Categories, ed. and transl., Ithaca NY 1992.

2. Literatur

2.1 Bibliographie

Smith, A. 1987, Porphyrian studies since 1913, in: ANRW 36.2, 719–773.

2.2 Monographie, Aufsatzsammlung

Dörrie, H. u. a. 1966, Porphyre (Entretiens Fondation Hardt 12), Vandoeuvres-Genève.
Hadot, P. 1963, Porphyre et Victorinus, 2 Bde., Paris.

Iamblichos

1. Textausgaben, Übersetzungen, Kommentare

Albrecht, M.v. 1963, Iamblichos, Pythagoras [De vita Pythagorica liber], hg., übersetzt und eingeleitet, Zürich.
Des Places, E. (Hg.) 1966, Iamblique, Les Mystéres d'Egypte, Paris.
Dillon, J.M. 1973, Jamblichus, In Platonis Dialogos Commentariorum Fragmenta, Leiden.
– 1991, Iamblichus, On the Pythagorean way of life: text, translation and notes, Atlanta Ga.
Festa, N. (Hg.) 1975, Iamblichi de communi mathematica scientia liber, Stuttgart.
Hopfner, Th. 1922, Jamblichus, Über die Geheimlehren. Aus dem Griechischen übersetzt, eingeleitet und erklärt, Leipzig (Nachdruck Hildesheim 1987).
Larsen, B.D. 1972, Jamblique de Chalcis, Exégéte et Philosophe, Aarhus. [Fragmentsammlung mit Kommentar]
Pistelli, H. (Hg.) 1888, Iamblichi Protrepticus, Leipzig (Nachdruck Stuttgart 1967).
Pistelli, H./Klein, K. (Hg.) 1975, Iamblichi in Nicomachi arithmeticam introductionem liber, Stuttgart.
Schönberger, O. 1984, Iamblichos, Aufruf zur Philosophie. Erste deutsche Gesamtübersetzung, Würzburg.

2. Literatur

2.1 Monographien

Cremer, F.W. 1969, Die chaldäischen Orakel und Jamblich De Mysteriis, Meisenheim am Glan.
Gersh, S. 1978, From Jamblichus to Eriugena, Leiden.
O'Meara, D. 1989, Pythagoras Revived: Mathematics and Philosophy in Late Antiquity, Oxford.
Nasemann, B. 1991, Theurgie und Philosophie in Jamblichs De Mysteriis, Stuttgart.
Sambursky, S. 1982, The Concept of Place in Late Neoplatonism, Jerusalem.
Sambursky, S./Pines,S. 1971, The Concept of Time in Late Neoplatonism, Jerusalem.
Shaw, G. 1995, Theurgy and the Soul: The Neoplatonism of Jamblichus, State Park Penn.
Wallis, R.T. 1972, Neoplatonism, London.

2.1 Aufsätze

Bidet, J. 1919, Le philosophe Jamblique et son école, in: Revue des études grecques 32, 29–40.

Des Places, E. 1975, La religion de Jamblique, in: De Jamblique à Proclus (Entretiens Fondation Hardt 21), Vandoeuvres-Genève, 69–102.
Deuse, W. 1988, Der Demiurg bei Porphyrios und Jamblich, in: Die Philosophie des Neuplatonismus, hg. v. C. Zintzen, Darmstadt.
Dillon, J.M. 1987, Jamblichus of Chalcis, in: ANRW II 36.2, 862–909.
Larsen, B.D. 1975, La place de Jamblique dans la philosophie antique tardive, in: De Jamblique à Proclus (Entretiens Fondation Hardt 21), Vandoeuvres-Genève, 1–34.
Praechter, K. 1910, Richtungen und Schulen im Neuplatonismus, in: Genethliakon für Karl Robert, Berlin (Nachdruck in: ders., Kleine Schriften, hg.v. H. Dörrie, Hildesheim/New York 1973, 165–216).

Johannes Philoponos

1. Textausgaben der Hauptwerke in deren wahrscheinlicher chronologischer Reihenfolge

Abkürzungen:
CAG Commentaria in Aristotelem Graeca, hg. von der Preußischen Akademie der Wissenschaften, 23 Bde., Berlin 1882–1909 (Nachdruck 1960 ff.).
CLCAG Corpus Latinum Commentariorum in Aristotelem Graecorum, hg. vom Centre de Wulf-Mansion, Louvain, Paris.

- Über Wörter mit unterschiedlicher Bedeutung aufgrund eines Unterschieds im Akzent (De vocabulis quae diversum significatum exhibent secundum differentiam accentus), (ca. 510–15), hg. von L.W. Daly, American Philosophical Society Memoirs 151, Philadelphia 1983.
- Kommentar zu Aristoteles: ›Über Entstehen und Vergehen‹ (De generatione et corruptione), (ca. 510–15), hg. von H. Vitelli, CAG XIV 2, 1897.

[Wie die Kommentare zu ›De anima‹ und den Analytiken beruht dieser Kommentar auf dem Unterricht des Ammonios und enthält noch keine Kritik an Aristoteles.]

- Kommentar zu Aristoteles: ›Über die Seele‹ (De anima), (ca. 510–15), hg. von M. Hayduck, CAG XV, 1897.

[Ein sehr reifes Werk, das offenbar die Ideen des Ammonios widerspiegelt. Die Echtheit des Kommentars zum dritten Buch wird angezweifelt, da eine lateinische Fassung überliefert ist, die von dem griechischen Text abweicht; vgl. Jean Philopon, Commentaire sur le de anima d'Aristote, traduction de Guillaume de Moerbeke, hg. von G. Verbeke, CLCAG III, 1966; Übers. ins Engl.: W. Charlton, F. Bossier, Philoponus, On Aristotle on the Intellect (de Anima 3.4–8), London 1991].

- Kommentar zu Aristoteles: ›Kategorien‹ (Categorias), (ca. 512–17), hg. von A. Busse, CAG XIII 1, 1898.
- Kommentar zu Aristoteles: ›Erste Analytik‹ (Analytica priora), (ca. 512–17), hg. von M. Wallies, CAG XIII 2, 1905.

[Der einzige vollständige Kommentar zu diesem Werk aus der Antike; Nachschrift der Seminare des Ammonios.]

- Kommentar zu Aristoteles: ›Zweite Analytik‹ (Analytica posteriora), (ca. 515–20), hg. von M. Wallies, CAG XIII 3, 1909.

[Ebenfalls eine Nachschrift der Seminare des Ammonios mit Anzeichen einer späteren Bearbeitung.]

– Kommentar zu Aristoteles: ›Physikvorlesung‹ (Physica auscultatio), (517), hg. von H. Vitelli, CAG XVI-XVII, 1887–88. Übersetzungen ins Engl.: A.R. Lacey, Philoponus, On Aristotle's Physics 2, London 1993; M. Edwards, Philoponus, On Aristotle's Physics 3, London 1994; P. Lettinck, Philoponus, On Aristotle's Physics 5 to 8, London 1993/4 (einschl. arabischer Fragmente); D. Furley, Philoponus, Corollaries on place and void, London 1991.

[Der wichtigste und berühmteste Kommentar des Philoponos; er enthält umfangreiche Kritiken der aristotelischen Theorien der Zeit, des Raumes, des Leeren, der Materie und des Wurfes.]

– Über die Ewigkeit der Welt gegen Proklos (De aeternitate mundi contra Proclum), (529), hg. von H. Rabe, Leipzig 1899; ND Hildesheim 1984.

[Eine ausführliche Kritik der achtzehn Argumente des Proklos für die Ewigkeit der Welt.]

– Über die Ewigkeit der Welt gegen Aristoteles (De aeternitate mundi contra Aristotelem), (ca. 530–34), nicht erhalten. Fragmente in engl. Übers.: C. Wildberg, Philoponus, Against Aristotle on the eternity of the world, London 1987.

[Eine ausführliche Widerlegung der aristotelischen Äthertheorie und der Lehre über die Ewigkeit von Zeit und Bewegung; das Werk bestand aus mindestens acht Büchern.]

– Kommentar zu Aristoteles: ›Meteorologie‹ (Meteorologica), (ca. 530–35), hg. von M. Hayduck, CAG XIV 1, 1901.

– Über die Kontingenz der Welt (De contingentia mundi), (ca. 530–35), nicht erhalten. Eine arabische Zusammenfassung ist übers. von S. Pines, An Arabic summary of a lost work of John Philoponus, in: Israel Oriental Studies 2 (1972) 320–352. Vgl. auch D. Furley/C. Wildberg, Philoponus, Corollaries on place and void with Simplicius, Against Philoponus on the eternity of the world, London 1991, 95–141.

– Über den Gebrauch und die Konstruktion des Astrolabiums, (De usu astrolabii eiusque constructione libellus), (ca. 520–40), hg. von H. Hase, Bonn 1839 (= Rheinisches Museum für Philologie 6 (1839) 127–171); Nachdruck und frz. Übers.: A.P. Segonds, Jean Philopon, traité de l'astrolabe, Paris 1981; engl. Übers. von H.W. Green in: R.T. Gunther (Hg.), The astrolabes of the world, Bd. 1/2, Oxford 1932 (Nachdruck London 1976), 61–81.

[Der älteste erhaltene Traktat über das Astrolabium.]

– Kommentar zu Nikomachos: ›Einführung in die Arithmetik‹ (In Nicomachi arithmeticam introductionem), (ca. 530–40), hg. von R. Hoche, Teil I /II Wesel 1864/65, Teil III Berlin 1867.

– Über die Schöpfung der Welt (De opificio mundi), (ca. 546–60), hg. von W. Reichardt, Leipzig 1897.

[Ein theologisch-philosophischer Kommentar zur biblischen Schöpfungsgeschichte.]

– Der Schiedsrichter (Diaitetes), (ca. 552), nicht auf Griechisch erhalten. Syrischer Text mit lat. Übers. in A. Sanda, Opuscula monophysitica Ioannis Philoponi, Beirut 1930; auszugsw. in dt. Übers. bei W. Böhm, Johannes Philoponos, Grammatikos von Alexandrien, München 1967, 414–429.

[Eine philosophische Rechtfertigung des Miaphysitismus.]

– Über die Trinität (De trinitate), (567), nicht erhalten. Syrischer Text mit lat. Übers.: A. Van Roey, Les fragments trithéites de Jean Philopon, Orientalia Lovaniensia Periodica 11 (1980) 135–163.

[Eine Quelle für die Rekonstruktion der Trinitätslehre des Johannes Philoponos.]

2. Literatur

Böhm, W. 1967, Johannes Philoponos, Grammatikos von Alexandrien, München.
Haas, F.A.J. de 1996, John Philoponus' new definition of prime matter. Aspects of its background in Neoplatonism and the ancient commentary tradition, Leiden.
Hainthaler, T. 1990, Johannes Philoponus, Philosoph und Theologe in Alexandria, in: A. Grillmeier, Jesus der Christus im Glauben der Kirche, Bd. 2.4: Die Kirche von Alexandrien mit Nubien und Äthiopien nach 451, Freiburg i.B., 109–149.
Kaster, R.A. 1988, Guardians of language: The grammarian and society in late antiquity, Berkeley Cal., 334–38.
Krafft, F. 1988, Aristoteles aus christlicher Sicht. Umformungen aristotelischer Bewegungslehren durch Johannes Philoponos, in: J.-F. Bergier (Hg.), Zwischen Wahn, Glaube und Wissenschaft, Zürich, 51–85.
Lee, T.-S. 1984, Die griechische Tradition der aristotelischen Syllogistik in der Spätantike, Göttingen 1984.
Sambursky, S. 1965, Das physikalische Weltbild der Antike, Zürich.
Scholten, C. 1996, Antike Naturphilosophie und christliche Ksomologie in der Schrift »De opificio mundi« des Johannes Philoponos, Berlin.
Sorabji, R.R.K. 1983, Time, creation, and the continuum, London, 193–231.
– (Hg.) 1987, Philoponus and the rejection of Aristotelian science, London.
– 1988, Matter, space, and motion, London, 227–248.
Verbeke, G. 1985, Levels of human thinking in Philoponus, in: C. Laga/J.A. Munitz/L.van Rompay(Hg.), After Chalcedon: Studies in theology and church history, Leuven, 451–470.
Verrycken, K. 1990, The development of Philoponus‹ thought and its chronology, in: R.R.K.Sorabji (Hg.), Aristotle transformed, London, 233–74.
Wildberg, C. 1988, John Philoponus‹ criticism of Aristotle's theory of aether, Berlin.
Wolff, M. 1971, Fallgesetz und Massebegriff, Berlin.

Zeittafel

1050–900	Besiedelung der Westküste Kleinasiens durch die Griechen
750–600 v. Chr.	Gründung griechischer Kolonien im Mittelmeerraum, vor allem in Unteritalien und Sizilien
ca. 725	Hesiod geboren
ca. ab 700	Beginn der schriftlichen Fixierung von *Ilias* und *Odyssee*
648	Archilochos, der erste griechische Lyriker, beschreibt die Sonnenfinsternis dieses Jahres
6. Jh.	Thales, Anaximander, Anaximenes
594	Reformen des Solon
ca. 570–475/0	Xenophanes
ca. 570–480	Pythagoras
ca. 540–470	Heraklit
525/4–456/5	Aischylos
522/18	Pindar geboren
ca. 515–445	Parmenides
499	Beginn des ionischen Aufstands gegen die Perser
494–434	Empedokles
490	Schlacht bei Marathon
ca. 484-nach 430	Herodot
ca. 470/60–380	Demokrit
ca. 485–385	Gorgias
ca. 485/4–407/6	Euripides
469–399	Sokrates
461–429	Zeitalter des Perikles (geb.495/0)
460–375/51	Hippokrates von Kos
450/35-ca.370	Eukleides aus Megara
ca. 445–365	Antisthenes
ca. 430–355	Aristipp d.Ä.
431–404	Peloponnesischer Krieg
428/27–347	Platon
405–367	Regierungszeit Dionysios' I. von Syrakus
384–322	Aristoteles
338	Schlacht von Chaironeia: Sieg Philipps von Makedonien über die Griechen
336–323	Regierungszeit Alexanders des Großen
372/0–287/6	Theophrast
ca. 360–270	Pyrrhon
347–268	Die Ältere Akademie unter Speusipp, Xenokrates, Polemon und Krates
341–271/0	Epikur
ca. 333/2–262/1	Zenon aus Kition
ca. 310–230/29	Kleanthes
281/77–208/4	Chrysipp

268	Arkesilaos wird Leiter der Akademie: Beginn der Mittleren (oder Neuen) Akademie
ca. 135–51	Poseidonios
1. Jh. v. Chr.	Ainesidemos
3.1.106–7.12.43	Cicero
ca. 96–52	Lukrez
47–44	Dikatur Caesars
27 v. Chr.-14 n. Chr.	Prinzipat des Augustus
ca. 15 v. Chr.-50 n. Chr.	Philon von Alexandrien
4/1 v. Chr.-65 n. Chr.	Seneca
ca. 45–125	Plutarch
ca. 50–120	Epiktet
161–180	Regierungszeit des Kaisers Mark Aurel (geb.121)
ca. 170–244/9	Philostratos II., Verfasser der *Leben der Sophisten*
204–270	Plotin
234–305	Porphyrios
303–305	Christenverfolgung des Kaisers Diokletian
ca. 250–330	Iamblichos
306–337	Konstantin der Große Kaiser
ca. 490–570	Johannes Philoponos
529	Edikt des Kaisers Justininan, daß in Athen niemand mehr Philosophie lehren dürfe

Personenregister

Die Autoren

Guido Bonelli ist Professor für Griechische Literatur an der Universität Turin. Veröffentlichungen u. a.: *La critica estetica* (*Atti e Memorie dell'Accademia Toscana* 37, 1972, 251–287; 38, 1973, 373–418; 39, 1974, 153–204); *Aporie etiche in Epicuro* (1979); *I motivi profondi della poesia lucreziana* (1984); *Il mondo poetico di Pindaro* (1987); *Socrate sileno. Dinamica erotica e figurazione scenica nel* Convito *di Platone* (1991); *Nietzsche e le* Raccanti *di Euripide*, in: *L'Antiquité Classique* (60, 1991, 62–88); *La concezione tucididae dell'esercizio del potere* (ibid. 64, 1995, 27–56).

John Dillon ist Regius Professor of Greek am Trinity College in Dublin und Mitglied der Royal Irish Academy. Veröffentlichungen u. a.: *Iamblichi Chalcidensis in Platonis Dialogos Commentariorum Fragmenta* (1973); *The Middle Platonists* (1977, ²1996); *Two Treatises of Philo Judaeus* (1983, mit D. Winston); *Proclus‹ Commentary on Plato's Parmenides* (1987, mit G. Morrow); *The Golden Chain: Studies in the Development of Platonism and Christianity. Collected Essays* (1990); *Iamblichus, On the Pythagorean Way of Life* (1991, mit J. Hershbell); *Alcinous, The Handbook of Platonism* (1993).

Achim Engstler ist Lehrender am Philosophischen Seminar der Universität Münster. Seit 1994 im Vorstand der Spinoza-Gesellschaft (Hannover). Veröffentlichungen u. a.: *Untersuchungen zum Idealismus Solomon Maimons* (1990); Mithersg.: *Spinoza* (1990); *Perspektiven und Probleme systematischer Philosophie* (1996); Artikel in Fachzeitschriften und Lexika zu den Themenbereichen: Antiker und Moderner Skeptizismus, Spinozismus, Nachkantische Philosophie, Religionsphilosophie der Gegenwart. In Vorbereitung ist eine größere Untersuchung zur Skeptizismus-Diskussion in der deutschen Philosophie nach Kant.

Michael Erler ist ordentlicher Professor für Gräzistik an der Universität Würzburg. Veröffentlichungen u. a.: Proklos Diadochos, *Über die Existenz des Bösen* (1978); Proklos Diadochus, *Über die Vorsehung, das Schicksal und den freien Willen an Theodoros, den Ingenieur (Mechaniker)* (1980); Isaak Sebastokrator, *Über Vorsehung und Schicksal* (1979); *Der Sinn der Aporien in den Dialogen Platons. Übungsstücke zur Anleitung im philosophischen Denken* (1978), ital.: *Il senso delle aporie nei dialoghi di Platone. Esercizi di avviamento al pensiero filosofico* (Traduzione di C.Cattolica del Sacro Cruore) (1991); *I dialoghi aporetici di Platone alla luce del nuovo paradigma ermeneutico* (1991); *Epikur – Die Schule Epikurs – Lucrez* (1994); zahlreiche Artikel in Fachzeitschriften und Lexika zu griechischer und römischer Philosophe, griechischem Drama, hellenistischer und spätantiker Literatur.

Maximilian Forschner ist ordentlicher Professor für Philosophie in Erlangen. Veröffentlichungen u. a.: *Gesetz und Freiheit. Zum Problem der Autonomie bei Immanuel Kant* (1972); *Rousseau* (1977); *Die stoische Ethik. Über den Zusammenhang von Natur-, Sprach- und Moralphilosophie im altstoischen System* (1981, ²1995); *Mensch und Gesellschaft. Grundbegriffe der Sozialphilosophie* (1989); *Über das Glück des Menschen. Aristoteles, Epikur, Stoa, Thomas von Aquin, Kant* (1993, ²1994).

Woldemar Görler ist ordentlicher Professor für Klassische Philologie an der Universität des Saarlandes. Veröffentlichungen zur antiken Komödie, zur hellenistischen Philosophie, zu Cicero, Vergil und zur lateinischen Dichtersprache.

Pierre Hadot ist emeritierter Professor für Geschichte der hellenistischen und römischen Philosophie am Collège de France in Paris und korrespondierendes Mitglied der Akademie der Wissenschaften und der Literatur in Mainz. Veröffentlichungen u. a.: *Zur Idee der Naturgeheimnisse. Beim Betrachten des Widmungsblattes in den Humboldt'schen ›Ideen zu einer Geographie der Pflanzen‹* (1982); *Philosophie als Lebensform. Geistige Übungen in der Antike* (1991); *La Citadelle intérieure. Introduction aux Pensées de Marc Aurèle* (1992); *Qu'est-ce que la philosophie antique?* (1995); *Les Écrits de Plotin, traités 9, 38 et 50* (1990–1994; kommentierte Übersetzungen von Plotins Traktaten).

Jackson P. Hershbell ist ordentlicher Professor für Klassische Philologie mit den Schwerpunkten antike Philosophie und griechische Literatur an der University of Minnesota, Minneapolis. Veröffentlichungen u. a.: *Pseudo-Plutarch, Axiochus* (1980); Iamblichus, *De vita pythagorica* (1991, mit J. Dillon); zahlreiche Artikel in Fachzeitschriften.

Ian G. Kidd ist Professor Emeritus of Greek an der University of St. Andrews, Scotland, und Fellow of the British Academy. Veröffentlichungen u.a: Posidonius, *The Fragments* (1972, 1989, mit L. Edelstein); Posidonius, *The Commentary* (1988); Plutarch, *Essays* (1992, mit R. Waterfield); Beiträge zu: *Problems in Stoicism* (1971); *The Stoics* (1978); *Les Stoiciens et leur logique* (1978); *Stoic and Peripatetic Ethics* (1983); *Aspects de la philosophie hellénistique* (1986); *The Criterion of Truth* (1989); *Philosophia Togata* (1989); *Theophrastus* (1992); *Socratic Questions* (1992); Artikel in Fachzeitschriften und Enzyklopädien.

Klaus Kremer ist (emeritierter) ordentlicher Professor für Philosphie in Trier und seit 1993 Leiter des dortigen Cusanus-Instituts. Veröffentlichungen u. a.: *Die neuplatonische Seinsphilosophie und ihre Wirkung auf Thomas von Aquin* (1966, ²1971); *Gott und Welt in der klassischen Metaphysik* (1969); zahlreiche Aufsätze in Fachzeitschriften und Sammelbänden zu den Gebieten Metaphysik, Philosophische Gotteslehre und Erkenntnistheorie in Antike und Mittelalter.

Gregor Maurach ist Professor für Klassische Philologie an der Universität Osnabrück. Forschungsschwerpunkte: antike Lyrik und Komödie, römische Philosophie, mittelalterliche Naturkunde. Einschlägige Veröffentlichungen: *Geschichte der römischen Philosophie* (²1996); *Seneca. Leben und Werk* (²1996).

David T. Runia ist ordentlicher Professor für Antike und Mittelalterliche Philosophie an der Rijksuniversität Leiden und außerordentlicher Professor für Antike Philosophie an der Universität Utrecht. Veröffentlichungen u. a.: *Philo of Alexandria and the* Timaeus *of Plato* (1986); *Exegesis and scripture: Studies on Philo of Alexandria* (1990); *Philo in Early Christian Literature: a Survey* (1993); *Philo and the Church Fathers: a Collection of Papers* (1995).

Andrew Smith ist ordentlicher Professor für Klassische Philologie am University College Dublin. Veröffentlichungen u. a.: *Porphyry's Place in the Neoplatonic Tradition* (1974); *Porphyrian Studies since 1913* (ANRW II 36.2, 1987, 718–773); *Porphyrius: Fragmenta* (1993).

Christian Wildberg ist Associate Professor of Classics in Princeton. Veröffentlichungen u. a.: Philoponus, *Against Aristotle on the eternity of the world* (1987); *John Philoponus' criticism of Aristotles' theory of aether* (1988).